Michael Hesemann

Jesus in Ägypten

Michael Hesemann

Jesus in Ägypten

Das Geheimnis der Kopten

Mit 34 Abbildungen

Herbig

Bildnachweis Textteil: Alle Abbildungen aus dem Archiv des Autors, außer: Kartografie Eckehard Radehose, Schliersee: 1; Yuliya Tkachova: 3, 13; commons.wikimedia.org: 14; Servizio Fotografico de l'Osservatore Romano, Vatikanstaat: 17

Bildnachweis Farbbildteil: Alle Abbildungen aus dem Archiv des Autors, außer: Yuliya Tkachova: 4, 6, 11, 12, 14, 16; Official White House Photo/ Chuck Kennedy: 17

Den Märtyrern vom Maspero-Platz
und ihrem Traum von einer
Gleichberechtigung der Kopten
in Ägypten gewidmet.

MIX
Papier aus verantwortungsvollen Quellen
FSC® C014496
FSC www.fsc.org

Besuchen Sie uns im Internet unter:
www.herbig-verlag.de

Schutzumschlag: Wolfgang Heinzel
Umschlagmotiv: picture-alliance, Frankfurt
Satz: EDV-Fotosatz Huber/Verlagsservice G. Pfeifer, Germering
Gesetzt aus: 11,25 pt/14,14 pt Minion
Druck und Bindung: GGP Media GmbH, Pößneck
Printed in Germany
ISBN 978-3-7766-2697-1

Inhalt

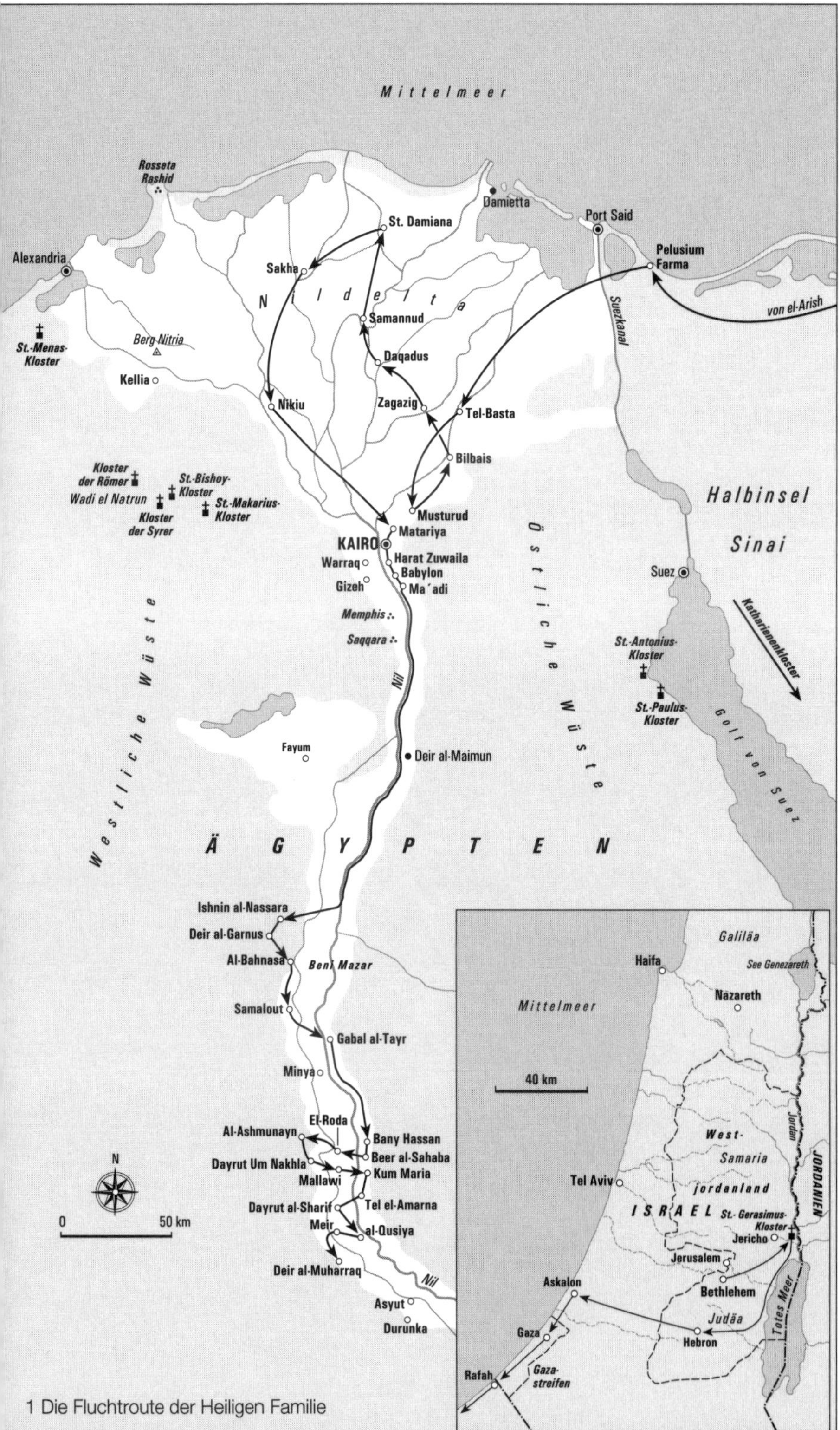

1 Die Fluchtroute der Heiligen Familie

Vorwort

Es ist ein intellektueller und ein spiritueller Genuss, das Buch *Jesus in Ägypten* von Michael Hesemann zu lesen.

Das Thema der Flucht der Heiligen Familie nach Ägypten und ihres anschließenden Aufenthaltes in unserem Heimatland ist von besonderer Bedeutung für die Geschichte und Entstehung unserer koptischen Kirche.

Unser Papst Shenouda III. hat deswegen Ägypten als Pilgerland und »zweites Jerusalem« bezeichnet. Schließlich gibt es – außer dem Heiligen Land – kein weiteres Land, das von der Heiligen Familie besucht worden ist.

Neben der überaus bewegenden Thematik dieses Buches fesseln aber auch die Erzählweise und der Schreibstil seines Autors. So fällt es wahrlich schwer, das Buch wieder aus der Hand zu legen, wenn man einmal mit der Lektüre begonnen hat. Immer wieder versetzen Hesemanns feine Beobachtungsgabe und seine farbigen und detailgetreuen Schilderungen den Leser in die Zeit Jesu Christi und zu den Stätten, die er und seine Familie auf ihrer Flucht besucht haben, an denen er gewirkt und bleibende Erinnerungen hinterlassen hat. Es gelingt dem Autor aber auch, die gegenwärtige Situation dort gekonnt, ja perfekt zu vermitteln. Mir ist rätselhaft, wie ein deutscher Schriftsteller die Feinheiten und oft auch Mehrdeutigkeiten unserer blumigen arabischen Sprache so tief erfassen kann.

So kann ich dieses Buch mit gutem Gewissen gleichermaßen einem Fachpublikum wie dem interessierten Laien empfehlen. Seine solide Darstellung der historisch-archäologischen Forschung, der Kirchen- und Konzilsgeschichte, aber auch der aktuellen politischen und kirchlichen Situation in Ägypten in dieser Zeit des Umbruchs, der veränderten Strukturen und neuen Gefahren für unsere Glaubensbrüder machen dieses Buch besonders wertvoll.

Wir danken Herrn Hesemann, dass er unsere Geschichte und Kultur so treffend darzustellen vermochte und sie auf eine so wunderbare Art und Weise der deutschen Öffentlichkeit näherbringen kann.

Anba Damian
Koptischer Bischof für Deutschland

Koptisch-orthodoxes Kloster der Heiligen Jungfrau
und des hl. Mauritius
Höxter-Brenkhausen, 9. Juli 2012

Einleitung
Eine Bibel auf dem Nil

Am 3. Paremhat im 1692. Jahr der Ära der Märtyrer[1], dem 12. März 1976 westlicher Zeitrechnung, ereignete sich in Ma'adi am Nil ein Wunder. Es war ein Freitag, eigentlich der Feiertag der Muslime, doch da der Sonntag in Ägypten ein gewöhnlicher Arbeitstag ist, nutzen auch die ägyptischen Christen diesen einzigen freien Tag der Woche zur Feier ihrer Liturgie. Nach dem Schlusssegen, als die letzten ihrer gutturalen Gesänge zum Klang der Zimbeln verstummt waren, verließen erst die Gottesdienstbesucher, dann, nachdem sie ihre liturgischen Gewänder abgelegt hatten, auch die Geistlichen und Diakone das Gotteshaus zu einem gemütlichen Beisammensein in der Frühlingssonne. Schon bei den Urchristen war es Sitte, sich nach der Eucharistiefeier zur sogenannten *Agape* (wörtlich: »Liebesmahl«) zu treffen, sprich: zum gemeinsamen Essen. Noch heute pflegen die meisten Kirchen des Ostens diesen Brauch: Jeder bringt etwas mit, das dann in der Gemeinschaft geteilt wird.

In Gedanken verloren, innerlich noch bewegt von der anderthalb Jahrtausende alten, zweistündigen Liturgie, die er soeben mitgefeiert hatte, starrte ein junger Diakon namens Dama'an Magalli auf den Nil, der unterhalb seiner Kirche entlangfließt. Diese Lage direkt am Flussufer ist es, die Ma'adi schon früh zu einem heiligen Ort der ägyptischen Kirche gemacht hat. Hier, so glauben die Kopten, fand die Tochter des Pharao den Binsenkorb mit dem Knaben Moses, hier soll zur Zeit Jesu eine jüdische Synagoge gestanden haben, hier, so heißt es, habe die Heilige Familie auf ihrer Flucht nach Ägypten ein Boot bestiegen, das sie ins sichere Oberägypten brachte. Noch heute zeigt man den Gläubigen die angeblich originale Treppe, auf deren Stufen Maria und Josef, das Jesuskind und die mitreisende Hebamme Salome zum Flussufer hinabgestiegen sein sollen.

Seit diesen Tagen hat sich viel verändert. Damals war Ma'adi ein kleiner Anlegeplatz für Pilger, die weiter zum Heiligtum Heliopolis reisten, und für Kaufleute, die Güter für die Garnisonsfestung von Babylon (das heutige Alt-Kairo) abliefern wollten. Heute ist es ein Villen- und Diplomatenvorort der ägyptischen Hauptstadt. Zwölf Kilometer vom lauten, hektischen und unsäglich chaotischen Stadtzentrum entfernt, gilt es geradezu als Oase der Ruhe und der gehobenen Lebensart. Die Häuser sind so elegant, die Straßen leer und so ungewohnt sauber, dass man glaubt, irgendwo an die Riviera oder zumindest in die Levante versetzt zu sein. Am Nilufer wechseln sich mondäne Yachthäfen mit weiß glänzenden Motorbooten und luxuriöse Feinschmeckerrestaurants ab. Nirgendwo sonst ist Ägypten so europäisch wie hier in Ma'adi, wo fast jede christliche Konfession des Westens mindestens ein Gotteshaus unterhält. Inmitten ihrer meist neugotischen Architektur und der Jugendstil-Villen aus der Kolonialzeit wirkt die koptische Marienkirche mit ihrem angrenzenden Kloster wie ein Relikt aus einer anderen Zeit. Ihre Wände sind mit sandfarbenem Nilschlamm bedeckt und werden von drei Kuppeln aus getrocknetem Lehm überragt, jede mit einem kupfernen Kreuz geschmückt. Die Ursprünge des Gotteshauses liegen im Dunkeln. Schon um 383 schrieb Egeria, eine pilgernde Nonne aus dem Pyrenäenraum, in ihrem Reisebericht: »Dort befindet sich oberhalb des Flussufers das Anwesen, wo die heilige Maria mit dem Herrn lebte, als sie in Ägypten in der Fremde war.«[2] Da laut ihren Angaben dieses »Anwesen« auf halber Strecke »zwischen Memphis und Babylon« lag, kann sie nur Ma'adi gemeint haben. Dann aber muss es schon im 4. Jahrhundert als Heiligtum gegolten haben, auch wenn die Entstehung der Kirche bislang ins 6. Jahrhundert datiert wurde. Die vergängliche Lehmbauweise, die ägyptische Sitte, eine zerfallene Kirche einfach abzureißen und an ihrer Stelle eine neue zu bauen, aber auch die gewaltsamen Zerstörungen in den nicht seltenen Zeiten der Christenverfolgung mögen der Grund dafür sein, dass es keine Überreste aus dieser Zeit mehr gibt. Jedenfalls erwähnt schon der koptische Abt und Geschichtsschreiber Abu el-Makarim (vor 1160 – nach 1190) in seiner *Geschichte der Kirchen und Klöster Ägyptens* ein Kloster in Ma'adi, das damals *Miniet El Sudan* hieß. Dieses Kloster soll den Namen *al-Adaweya* getragen haben, was, ebenso wie Ma'adi, von dem arabischen Verb *adda* = »überqueren« abgeleitet ist, aber auch »von der Fähre« bzw. »die Fähren« bedeuten kann. Die Kirche in ihrer heutigen Gestalt wurde erst um 1900 neu errichtet, als auch die Terrasse entstand, auf der sich an diesem Freitagvormittag die Gläubigen versammelten.

Doch nicht die Geschichte seiner Kirche, nicht die eingezäunte *Heilige Treppe*, auf der Gläubige ihre auf kleinen Zetteln notierten Gebetsanliegen hinterließen, ja nicht einmal die Schönheit des Nils zog den jungen Diakon an diesem Morgen in seinen Bann, sondern etwas auf dem Fluss, das dort nicht hingehörte. Zuerst war es nur vage zu erkennen, dann trieb es auf den graubraunen Fluten näher auf ihn zu, bis er keinen Zweifel mehr hatte: Auf dem Fluss schwamm ein aufgeschlagenes Buch!

Zuerst dachte Magalli, es müsse sich um Abfall handeln, dann wurde ihm schlagartig bewusst, wie unmöglich das war. Papier, so wusste er nur zu gut, saugt sich in Minuten voll mit Wasser, wird schwer wie ein Stein und versinkt in den Fluten. Dass ein Buch, dazu noch aufgeschlagen, so lange auf den Wellen des Nils trieb, war praktisch eine physikalische Unmöglichkeit.

»Seht ihr das Buch?«, schoss es aus ihm heraus. »Was ist das?« Doch kaum war ihm klar, dass ihm niemand seine Frage beantworten konnte, da hielt ihn auch nichts mehr. Er stürmte die Treppe zum Flussufer hinunter, zog kurzerhand sein weißes Oberhemd aus und sprang beherzt in die Fluten. Nach ein paar kräftigen Schwimmbewegungen hatte er das Buch erreicht und zog es hinter sich her an Land.

Erst als er, von den schaulustigen Mitgliedern seiner Kirchengemeinde und den herbeigeeilten Geistlichen umringt, das große, schwere Buch genauer anschaute, stockte ihm der Atem. Es war eine Bibel, eine der ersten gedruckten Übersetzungen der *Heiligen Schrift* ins Arabische überhaupt, 1865 herausgegeben von den amerikanischen Missionaren Eli Smith und Cornelius van Dyck, wie sich bald herausstellen sollte. Aufgeschlagen war eine Stelle im Buch des Propheten Jesaja, ausgerechnet jene, in der es um Ägypten geht. Laut las Megalli vor:

2 Die »schwimmende Bibel« von Ma'adi wird heute wie eine Reliquie verehrt

> »An jenem Tag wird es für den Herrn mitten in Ägypten einen Altar geben und an Ägyptens Grenze wird ein Steinmal für den Herrn aufgestellt (…). Der Herr wird sich den Ägyptern offenbaren und die Ägypter werden an jenem Tag den Herrn erkennen (…). Denn der Herr der Heere wird sie segnen und sagen: Gesegnet ist Ägypten, mein Volk …« (Jes 19, 19–25)

»Ein Wunder!«, platzte es aus ihm heraus; es war das letzte Wort, das nicht im darauffolgenden Stimmengewirr unterging. Ja, es war ein Wunder, davon waren bald alle überzeugt. So verbreitete sich die Kunde von der schwimmenden Bibel von Ma'adi wie ein Lauffeuer in den christlichen Gemeinden Ägyptens. Dass dieser Fund ausgerechnet an der Stelle gemacht wurde, an der die Heilige Familie ihre Nilfahrt begonnen haben soll, verlieh ihm eine ganz besondere Bedeutung.
So ließ *Abuna*[3] Yuhanna Abd el-Masih, der Priester dieser Kirche, der einer ganzen Dynastie von Gemeindepfarrern entstammte, die Bibel zunächst so, wie sie gefunden wurde, trocknen. Später überführte er

sie, von schützenden Klarsichthüllen umgeben, in die Reliquienkammer seiner Kirche, wo sie noch heute den Gläubigen gezeigt und inbrünstig verehrt wird. Hier sah ich sie das erste Mal im März 2010, als ich für mein Buch über das Leben der Gottesmutter Maria[4] den Spuren ihrer Flucht nach Ägypten folgte.
24 Jahre nach dem Vorfall, den viele Kopten[5] als »Zeichen Gottes« verstanden, am 1. Juni 2000, kam es in der Marienkirche von Ma'adi zu einer denkwürdigen Begegnung ägyptischer Würdenträger aus Religion und Politik. Den Anlass dazu bot die 2000-Jahr-Feier der Ankunft der Heiligen Familie in Ägypten. Gekommen waren das Oberhaupt der *Koptisch-Orthodoxen Kirche*, Papst Shenouda III., der koptisch-katholische Patriarch Stephanus III., Rev. Dr. Safwat al-Bayadi von der Koptisch-Evangelischen Gemeinschaft, Muhammad Sayyid Tantawi, der muslimische Großmufti Ägyptens und Großscheich der *al-Azhar-Universität*, Ägyptens Premierminister Atef Ebeid, Außenminister Amr Musa sowie weitere Regierungsvertreter. Gemeinsam wohnten sie am Nilufer einer Tonbildschau bei, die in elf Teilen die Stationen der Heiligen Familie auf ihrer Flucht durch das Nilland präsentierte. Für einen Augenblick schien es so, als hätten sich »Kreuz und Halbmond«, das christliche und das islamische Ägypten, friedlich vereint, um gemeinsam das Jubiläum des wichtigsten Ereignisses in der gewiss so reichen Geschichte ihrer Heimat zu feiern.
Das Treffen war speziell von Papst Shenouda III. gründlich vorbereitet worden. So hatten Experten seiner *Koptisch-Orthodoxen Kirche* die Stätten des Landes, die uralte Traditionen vom Besuch der Heiligen Familie pflegten, besucht, historische Zeugnisse dokumentiert und diese in einem 168-seitigen, großformatigen Buch veröffentlicht, das in zehn Sprachen übersetzt wurde. Zusätzlich enthält es eine von Shenouda III. autorisierte und damit gewissermaßen kanonisierte Rekonstruktion der Fluchtroute. In seinem Vorwort versichert der koptische Papst[6]:

> »Die Heilige Familie besuchte während ihres Aufenthalts in Ägypten, der dreieinhalb Jahre dauerte, viele Städte in Ober- und Unterägypten. Viele Kirchen wurden an den Stätten errichtet, die durch den Besuch unseres Herrn Jesus Christus, der Jungfrau Maria und Josefs, des Zim-

> mermanns, gesegnet wurden. Diese Kirchen gelten als die ältesten und heiligsten aller Kirchen.«

Doch obwohl auch das Ägyptische Fremdenverkehrsministerium mit einer eigenen Broschüre zum Besuch der koptischen Heiligtümer einlud, blieben die erhofften Pilger aus dem Westen aus. Nur ein Jahr später, mit den Anschlägen vom 11. September 2001, verdunkelte sich der Himmel über der arabischen Welt. Nach der ägyptischen Revolution vom Januar 2011 kam es erneut zu einem Einbruch der Besucherzahlen, während die Christen am Nil einer ungewissen Zukunft entgegenblicken.
Auch ich brauchte ein ganzes Jahrzehnt, bis ich beschloss, auf den Spuren der Heiligen Familie das Nilland zu bereisen. Was mir dabei begegnete, waren eine Kirche und eine Christenheit, die so völlig anders ist, gerade weil sie noch heute kompromisslos genau das glaubt und lebt, was vor fast zwei Jahrtausenden die Apostel und Kirchenväter lehrten. Nicht nur diese Glaubensgewissheit, sondern auch ihre tiefe Verbundenheit mit dem Übernatürlichen, die sich in zahlreichen Wundern und Mirakeln offenbart (von denen die schwimmende Bibel von Ma'adi eines der unspektakulärsten ist), faszinierte mich. Auf drei Reisen im März 2010, August 2011 und März 2012 tauchte ich immer tiefer in die geheimnisvolle Welt der Kopten ein. Von dieser Entdeckungsreise handelt das vorliegende Buch.
Sie fand statt in einer Zeit, die den wohl gravierendsten Umbruch in der ägyptischen Politik und Gesellschaft seit der Unabhängigkeit des Landes markiert. Einem Christen darf Ägypten nicht gleichgültig sein. Wir alle können und müssen dazu beitragen, dass die Welt, die dieses Buch beschreibt, nicht von Fanatikern zerstört wird. So möchte ich Sie dazu einladen, sich selbst auf die Suche nach dem christlichen Ägypten zu begeben, das jenseits der pharaonischen Monumente und dem islamisch dominierten Alltag leider allzu oft übersehen wird. Dabei ist es gerade das Ägypten der Kopten, dem wir so vieles verdanken und das uns am meisten zu sagen hat.

Düsseldorf, am 1. Juni 2012
Michael Hesemann

Wer sind die Kopten?

Kopten sind die Christen Ägyptens und wahren Erben der pharaonischen Kultur. Ihr Name kam mit der Invasion der muslimischen Araber im 7. Jh. auf, die sie als *Dar al-Qipt*, »Haus der Kopten«, bezeichneten. Dabei ist das arabische *Qipt* oder *Qupt* eine Verballhornung des griechischen Wortes *ai-gyptos*, das schon Homer bekannt war; die Araber hielten *ai* für eine Vorsilbe, entsprechend ihrem *al-*. Tatsächlich stammt der Name Ägypten aus der Sprache der Pharaonen, wo zunächst die Hauptstadt Memphis, dann das ganze Land als *Hai-ku-Ptah*, »Haus der Seele des (Schöpfergottes) Ptah« bezeichnet wurde. Es gibt eine koptische Schrift, die dem Griechischen entlehnt ist, es aber um sechs Buchstaben erweitert, und eine koptische Sprache, die auf die Sprache der Pharaonen zurückgeht; heute wird sie allerdings nur noch als Sakralsprache benutzt, ähnlich dem Latein in der katholischen Kirche. Zudem haben die Kopten eine eigene Zeitrechnung, die mit dem Jahr der Amtseinführung des römischen Kaisers und Christenverfolgers Diokletian 284 n. Chr., der *Ära der Märtyrer*, beginnt. Ihre Monate sind 30 Tage lang und tragen nach wie vor altägyptische Namen, darunter auch die pharaonischer Götter wie *Hathor* und *Thout*. Am Jahresende, das auf den 6. September fällt, werden fünf (in Schaltjahren sechs) Sondertage (*Epagomenen*) eingefügt.

Koptologie ist eine eigene Wissenschaft, die ihren Ursprung in Deutschland hat. Auf Anraten Wilhelm von Humboldts richtete der preußische König Friedrich Wilhelm IV. 1845 an der neu gegründeten Universität Berlin den ersten Lehrstuhl für koptische Sprache und Literatur ein. Heute wird das Fach in Deutschland leider nur noch an den Universitäten Göttingen, München, Berlin und Münster gelehrt.

Nach Angaben der deutschen Bundesregierung[7] leben in Ägypten 12 Millionen Kopten, was 15 Prozent der Gesamtbevölkerung des Landes entspräche, und ca. 3 Millionen im Exil, davon ca. 6000 in Deutschland, 5000 in Österreich und vielleicht 1000 ín der Schweiz. Koptische Klöster gibt es in Höxter (NRW) und Kröffelbach (Hessen), koptische Gemeinden in 20 Städten, darunter Berlin, Frankfurt, Stuttgart und Düsseldorf. Dazu kommen ein koptisches Kloster (in Obersiebenbrunn) und neun Gemeinden in Österreich, darunter Wien (mit vier koptischen Kirchen), Graz, Linz und Klagenfurt sowie sechs Gemeinden in der Schweiz, u.a. in Zürich, Basel, Biel und

Lausanne. Die koptische Kirche steht unter Leitung des Patriarchen von Alexandria auf dem Stuhl des hl. Markus, der seit dem 3. Jh. den Ehrentitel *Papst* trägt; zuletzt Shenouda III., der im März 2012 verstarb. Oberster Repräsentant der Kopten in Deutschland ist Generalbischof *Anba* Damian, in Österreich seit 2004 *Anba* Gabriel. Terrorakte gegen koptische Kirchen, aber auch ihre alltägliche Diskriminierung im muslimisch dominieren Ägypten bringen sie leider regelmäßig in die Schlagzeilen.

I Das Geheimnis der ersten Weihnacht

Bethlehem, am 9 Mesori im 1727. Jahr der Ära der Märtyrer (15.8.2011)

»Glaubst du, die Engel hatten sich geirrt?«
Einen Augenblick lang starrte ich leicht erschrocken in Yuliyas weit geöffnete, braune Augen, dann wusste ich, dass sie mich nur provozieren wollte.
Nach einigem Suchen und Fragen hatten wir es gefunden, das *Hirtenfeld* von Bethlehem, das heute liebevoll von den Franziskanern der *Custodia Terrae Santae* gehütet wird. Den Ort, an dem der Überlieferung nach in der ersten Weihnacht die Hirten lagerten, als ihnen der »Engel des Herrn« erschien. Jeder, der einmal christliche Weihnachten gefeiert hat, kennt die entsprechende Stelle im *Lukas-Evangelium*, die auf unzähligen Gemälden, in Millionen Weihnachtskrippen und Zigtausenden Krippenspielen immer wieder dargestellt wurde:

> »In jener Gegend lagerten Hirten auf freiem Feld und hielten Nachtwache bei ihrer Herde. Da trat der Engel des Herrn zu ihnen, und der Glanz des Herrn umstrahlte sie. Sie fürchteten sich sehr, der Engel aber sagte zu ihnen: Fürchtet euch nicht, denn ich verkünde euch eine große Freude, die dem ganzen Volk zuteil werden soll: Heute ist euch in der Stadt Davids der Retter geboren; es ist der Messias, der Herr. Und das soll euch als Zeichen dienen: Ihr werdet ein Kind finden, das, in Windeln gewickelt, in einer Krippe liegt. Und plötzlich war bei dem Engel ein großes, himmlisches Heer, das Gott lobte und sprach: Verherrlicht ist Gott in der Höhe und auf Erden ist Friede bei den Menschen seiner Gnade.« (Lk 2,8–14)

Seit einer Stunde hatten wir dieses *Hirtenfeld* inspiziert: zuerst die moderne, kuppelförmige Kapelle besucht, deren Fresken die Szenen aus dem Evangelium so eindrucksvoll-realistisch darstellen, dann die umliegenden Höhlenkapellen, in denen Pilgergruppen aus aller Welt das heilige Messopfer zelebrieren, schließlich die Ruinen von Klöstern und Basiliken aus dem 4. und 5. Jahrhundert, der »Hochzeit« des spätantiken Pilgerbetriebs im Heiligen Land. Einer Zeit, in der sich die Mütter, Ehefrauen und Witwen der römischen und frühen byzantinischen Kaiser gegenseitig darin übertrafen, die Wirkungsstätten Christi mit noch prachtvolleren Kirchen auszustatten, teils aus Eitelkeit, teils in der echten Hoffnung, damit ein gottgefälliges Werk zu tun.

Dann tat sich vor uns eine breite Schlucht auf, zu der hin die Hügel von Bethlehem sanft abfielen – ausgezeichnetes Weideland für grasende Schafe, das war klar, denn wo ein *Wadi*, ein ausgetrocknetes Flussbett, ist, da gibt es auch Grundwasser und saftiges Gras. Dort, wo es felsiger wurde, tat sich ein breiter, tiefer Schlund auf, der in eine geräumige Höhle führte. Solche Höhlen, das wusste ich, dienten den Juden vor 2000 Jahren wie den Beduinen noch zu Anfang des letzten Jahrhunderts als Ställe für ihre Herden. Einen plausibleren Ort gab es also gar nicht für die Engelerscheinung der Hirten, daran bestand kein Zweifel. Doch trotzdem schien etwas Entscheidendes zu fehlen. Ich setzte mich auf den Fels, der die Höhle umgab, und versuchte, etwas vom *genius loci*, vom Geist dieser heiligen Stätte, in mich aufzunehmen, was nicht gerade leichtfiel. Gleich hinter der Höhle erhob sich eine hässliche Betonplattform, auf der sich ganze Haufen verrosteter Eisenträger, Plastikröhren und anderer Bauelemente türmten. Auf der anderen Seite, an den sanften Hängen des Wadis, reihten sich die Betontürme einer Hochhaussiedlung aneinander zu einem fast surreal futuristischen Bild von atemberaubender Hässlichkeit. In der Ferne schlängelte sich eine Betonmauer durch die biblische Landschaft und schien sie zu zerreißen. Auf der anderen Seite der Mauer lag Israel; die Israelis hatten sie nach der *zweiten Intifada* im Herbst 2000 errichten lassen, um sich und ihr Land vor Selbstmordattentätern aus den palästinensischen Autonomiegebieten – zu denen Bethlehem gehört – zu schützen.

So gesehen hatte Yuliya völlig recht: An dem Ort, an dem die Engel der ersten Weihnacht »Friede auf Erden« verkündeten, herrscht leider alles andere als der ersehnte Frieden. Das Land, das den Völkern den Erlöser schenkte, ist in den Händen verfeindeter Brüder, die es nötig machen, hässliche Betonwände zu errichten. Diese Mauer, gedacht als Schutzwall gegen islamistische Selbstmordattentäter, hält aber vor allem eines ab: Pilgertouristen, die noch vor wenigen Jahren so einfach und schnell von ihren Hotels und Herbergen in Jerusalem einen Abstecher in das nur sechs Kilometer entfernte Bethlehem machen konnten.

Das ist heute längst nicht mehr so leicht. Lange Schlangen von Personenwagen und Bussen warten geduldig vor dem einzigen Übergang in die palästinensischen Autonomiegebiete. Nicht selten kommt es vor, dass wegen einer realen oder potenziellen Gefahr die Tore für Stunden geschlossen bleiben. So ist der Abstecher in den Geburtsort Jesu längst zum Abenteuer, auf jeden Fall aber zum zeitaufwendigen Tagestrip geworden. Die Leidtragenden sind die Christen von Bethlehem, die noch vor zwölf Jahren ein gutes Auskommen mit dem Verkauf handgeschnitzter Krippen aus Olivenholz und anderer frommer Souvenirs hatten. Ihnen bleiben jetzt schlichtweg die Kunden weg.

Dieser Umstand, aber auch die zunehmende Radikalisierung ihrer islamischen Nachbarn zwingt nicht wenige, deren Familien seit Generationen und Jahrhunderten hier ansässig sind, zur Auswanderung. Während sich die Zahl der Moscheen in den letzten 50 Jahren verzehnfachte, sank der Anteil der Christen an der bethlehemitischen Bevölkerung von etwa 80 Prozent auf unter 25 Prozent (wobei die Zahlen je nach Quelle beträchtlich schwanken).

»Ich weiß, was Du meinst«, antwortete ich Yuliya, die Geschichte und Kunstgeschichte studiert, ukrainisch-katholische Christin ist und mich auf fast allen meinen Reisen begleitet, auf ihre anfangs gestellte Frage. »Doch du musst zwei Dinge berücksichtigen. Zunächst einmal haben die Engel diesen Frieden den Menschen verheißen, die in Gottes Gnade stehen. Gottes Gnade ist ein Geschenk, ein Angebot, das wir annehmen oder ablehnen können. Ohne sie, ohne den Glauben in unseren Herzen, kann und wird es keinen echten, dauerhaften Frieden geben, weder hier, im Heiligen Land, noch anderswo.«

Durch ihr Nicken signalisierte mir Yuliya, dass sie das genauso sah.
»Vor allem aber«, fuhr ich fort, »beschreibt das *Lukas-Evangelium* eine Momentaufnahme. Die Engel prophezeien ja nichts, sie verkünden nur die Geburt des Erlösers. Tatsächlich aber wurde Gott zu einem Zeitpunkt Mensch, als auf der ganzen Welt zumindest annähernd Friede herrschte. Nur wenige Jahre vor der Geburt Christi, im Jahr 9 v. Chr., ließ Kaiser Augustus (32 v. Chr. – 14 n. Chr.), den Lukas erwähnt, in Rom nicht nur den Beginn eines neuen Zeitalters des Friedens ausrufen, er setzte ihm auch ein Denkmal: den *Ara Pacis Augustae*, den ›Altar des Augusteischen Friedens‹, dessen Überreste man noch heute am Tiberufer besichtigen kann.«
»Ich weiß, ich habe ihn gesehen«, bestätigte Yuliya; wir sind oft genug zusammen in Rom.
»Und das beweist, dass die Menschwerdung Gottes kein Zufallsereignis war, dass alles einem höheren Plan folgte, den man sehr wohl als *göttliche Vorsehung* bezeichnen kann. Denn der Zeitpunkt war wirklich optimal. Nur drei Jahrzehnte zuvor herrschte im Römischen Reich ein blutiger Bürgerkrieg, davor, also vor der Aneignung durch die Römer, war Judäa ein staubiges Provinzkönigreich quasi am Ende der Welt. Erst Herodes der Große, der biblische Bösewicht, hat es groß gemacht, hat durch kluge Geschäfte mit den Römern dem Land zu Reichtum verholfen, Städte, Burgen und Paläste gebaut und einen Tempel errichtet, der die antike Welt staunen ließ, der selbst bei den Heiden als das prachtvollste Bauwerk seiner Zeit galt. Plötzlich war alles, was aus Judäa kam, gefragt: Pökelfisch vom See Genezareth wurde auf Roms Märkten als Delikatesse gehandelt, jüdische Gemeinden florierten, selbst eine Kaiserin – Neros Gattin Poppaea – konvertierte zum mosaischen Glauben.
Und ein paar Jahrzehnte später? Mit dem jüdischen Aufstand des Jahres 66 versank der Stern Judäas; vier Jahre später wurde Jerusalem von den Römern zurückerobert und zerstört, der herrliche Tempel ging in Flammen auf, die Juden wurden vertrieben oder als Sklaven in alle Welt verkauft. Da wäre eine Missionstätigkeit wie etwa die des hl. Paulus undenkbar gewesen. Hinzu kam, dass erst Augustus Männern wie Paulus die richtige Infrastruktur zur Verfügung stellte. Erst unter ihm wurde das gewaltige Straßennetz angelegt, das die Apostel

nutzten, um in so vielen Städten und Ländern wie möglich das Evangelium zu verkünden.
Das Römische Reich unter Augustus war schließlich die erste globalisierte Zivilisation der Antike: es hatte schnelle, sichere Kommunikations- und Verkehrswege und es war ein riesiges Gebiet, in dem nur eine Sprache gesprochen wurde. Während Latein als Amtssprache galt, war die Umgangssprache *Koiné*-Griechisch, ein vereinfachtes Griechisch, das im Reich jeder verstand. Das war dann auch die Sprache der christlichen Mission: Die vier Evangelien und die Apostelbriefe wurden sämtlich in *Koiné*-Griechisch verfasst.«
»Diese Einheitssprache war wirklich ein großer Vorteil«, bestätigte Yuliya, »stell dir vor, einer wie der hl. Paulus hätte erst noch die ganzen Landessprachen lernen müssen.«
»Eben, das meine ich. Paulus wirkte nach der heutigen politischen Geografie in zehn Staaten[8], in denen acht verschiedene Sprachen gesprochen werden. Selbst seine Reise von Jerusalem nach Damaskus wäre heute unmöglich gewesen, da Israelis, ja sogar Touristen mit einem israelischen Stempel im Pass in Syrien Einreiseverbot haben. Trotzdem sind wir heute, knapp 2000 Jahre später, zum ersten Mal wieder auf dem Weg, eine globalisierte Gesellschaft aufzubauen, dieses Mal mit dem Internet als Kommunikationsmittel und Englisch als Weltsprache. Zudem gibt es erst seit 1948 wieder einen jüdischen Staat.
In den Jahrtausenden zuvor boten sich diese optimalen Bedingungen zur Verkündigung einer *frohen Botschaft*, die ihren Ursprung beim *Auserwählten Volk* des *Alten Bundes* hatte, nur ein einziges Mal: In dem Zeitraum zwischen der Reichseinigung durch Augustus 31 v. Chr. und dem *Jüdischen Aufstand* 66 n. Chr. – und genau in die Mitte dieses knappen Jahrhunderts fielen die 34 Jahre des Wirkens Jesu. Das, da bin ich mir sicher, ist kein Zufall, das trägt die Handschrift Gottes, der hier in die Geschichte eingewirkt, ja Mensch und damit Geschichte geworden ist.
Lukas bemüht sich offensichtlich, dieses geschichtliche Moment zum Ausdruck zu bringen, indem er sein Evangelium wie eine Chronik beginnt, mit präzisen Zeit- und Ortsangaben: ›Zur Zeit des Herodes …‹ (Lk 1,5), ›in jenen Tagen ließ Kaiser Augustus …‹ (2,1), ›da-

mals war Quirinius Statthalter von Syrien‹ (2,2) oder, ein Kapitel später: ›Es war im fünfzehnten Jahr der Regierung des Kaisers Tiberius; Pontius Pilatus war Statthalter von Judäa, Herodes Tetrarch von Galiläa, sein Bruder Philippus Tetrarch von Ituräa und Trachonitis, Lysanias Tetrarch von Abilene; Hohepriester waren Hannas und Kajaphas‹ (3,1–2), was ja alles auf ein ganz konkretes Jahr hindeutet, nämlich 27 n. Chr.[9] Wenn Jesus damals ›etwa dreißig Jahre‹ alt war, wie Lukas (3,23) schreibt, dann muss er tatsächlich in den Jahren vor ›Christi Geburt‹ und, wie Matthäus und Lukas betonen, noch zur Amtszeit des Herodes (37–4 v. Chr.) geboren worden sein. Insofern sind die Evangelien in ihrer Chronologie also schlüssig.«

»Doch trotzdem wurde uns im Studium wie im Religionsunterricht eingeimpft, sie bloß nicht als Geschichtsbücher zu lesen. Sie seien reine Glaubenszeugnisse mit nur geringem historischem Anspruch«, stellte Yuliya fest.

»Nun, diese Lesart hat sich erst in den letzten Jahrzehnten auch in der katholischen Theologie durchgesetzt«, erwiderte ich, »obwohl sie auf zwei Protestanten zurückgeht, David-Friedrich Strauß und Rudolf Bultmann. Für Strauß und Bultmann waren die Evangelien Mythen, da sie Dinge beschrieben, die mit dem rationalistisch-naturwissenschaftlichen Weltbild der Aufklärung nicht vereinbar sind: Wunder! Berichte, in denen von Engelerscheinungen, der Jungfrauengeburt, Wunderheilungen, Dämonenaustreibungen, Prophezeiungen und der Auferstehung und Himmelfahrt Jesu die Rede ist, konnten nicht wahr sein, weil sie es nicht sein durften. Die frühen Christen, so hieß es plötzlich, hätten diese Wunderdinge Jesus angedichtet, um ihn künstlich aufzuwerten. Tatsächlich aber sei er ein charismatischer jüdischer Wanderprediger gewesen, der allenfalls eine tiefe Gotterkenntnis gehabt habe.«

»Und der am Kreuz gestorben, begraben und nie auferstanden ist«, brachte Yuliya es auf den Punkt.

»… und dessen Leichnam in einem römischen Massengrab verrottete. In der Verzweiflung hätten seine Jünger ihm dann die Auferstehung angedichtet, um damit auszudrücken, dass seine Lehre ewig lebt.«

»Was ist daran christlich?«

»Nun, wenn man den christlichen Glauben mit den Worten des hl. Paulus definiert, gar nichts mehr. Der nämlich sagte in aller Deutlichkeit: ›Ist aber Christus nicht auferweckt worden, dann ist unsere Verkündigung leer und euer Glaube sinnlos. Wir werden dann auch als falsche Zeugen Gottes entlarvt …‹ (1 Kor 15,14–15). So folgte auf die Krise der Theologie eine Krise des Glaubens mit leeren Kirchen.«

»Wenn das aber sogar an Universitäten gelehrt wird, was macht dich sicher, dass Strauß, Bultmann und ihre Schüler irrten?«

»Dass sie von falschen Voraussetzungen ausgingen! Als Bultmann lehrte, das war zur Nazi-Zeit, gab es noch keinen Staat Israel, gab es noch keine systematischen archäologischen Ausgrabungen im Heiligen Land. Heute wissen wir dank der Archäologie, wie präzise die Evangelien das Leben in Judäa und Galiläa zur Zeit Jesu schildern. Ortsnamen, sogar Personennamen wurden bestätigt. So erwähnt das *Markus-Evangelium* einen Simon von Cyrene, der von den Römern gezwungen wurde, das Kreuz Jesu zu tragen. Zwei Söhne soll er gehabt haben, Rufus und Alexander (Mk 15,21).

Mit diesem Hinweis konnte lange niemand etwas anfangen, bis Archäologen 1941 im Kidrontal östlich der Altstadt von Jerusalem ein jüdisches Grab aus dem 1. Jahrhundert öffneten, in dem mehrere Ossuarien, also jüdische Gebeinurnen, gelagert waren. Eine davon trug die Inschrift ›Alexander von Cyrene, Sohn des Simon‹. Es hat also diesen Simon von Cyrene und zumindest seinen Sohn Alexander tatsächlich gegeben. Obwohl sie aus Nordafrika stammten und eigentlich nur als Pilger zum Paschafest nach Jerusalem gekommen waren, muss damals etwas geschehen sein, das sie veranlasste, für den Rest ihres Lebens in Jerusalem zu bleiben. Ich denke, sie sind damals Christen geworden und haben sich der Urgemeinde angeschlossen. Da sich die Urgemeinde im Haus der Mutter des Evangelisten Markus traf, kannte er natürlich ihre Namen. Daraus folgt aber, dass das *Markus-Evangelium* zur Zeit der Augenzeugen entstand und nicht Jahrzehnte später irgendwo in weiter Ferne.

Genau diese Annahme bestätigte sich, als man 1952 in einer der Höhlen am Toten Meer Papyrusfragmente mit griechischer Beschriftung fand. Eines davon, so sind Experten überzeugt, stammte von einer frühen Abschrift des *Markus-Evangeliums*. Sie muss noch vor dem Jahr 50 entstanden sein, nur 20 Jahre nach dem Tod, nein, nach der Auferstehung Jesu!«

»Doch im *Markus-Evangelium* wird die Geburt Jesu nicht erwähnt, nur bei Matthäus und Lukas. Und du musst zugeben, sie wirkt schon ziemlich legendenhaft. Da sollen Engel den Hirten erschienen sein, zog ein Stern vor den Weisen daher. Das klingt doch sehr nach einem frommen Märchen.«

»Auf den ersten Blick gewiss. So behaupten die bibelkritischen Exegeten auch, die Volkszählung des Augustus habe Lukas nur erfunden oder vordatiert, um Jesus unbedingt in Bethlehem auf die Welt kommen zu lassen, weil die Juden nun mal glaubten, dass dort der Messias geboren werden würde. Erst bei näherer Betrachtung klingt dann doch alles plausibel.«

»Nicht ganz, Michael. Quirinius, der von Lukas in Zusammenhang mit der Volkszählung genannt wird, war nun nachweisbar erst um 6 n. Chr. Statthalter von Syrien, als Judäa gerade römische Provinz unter dem Befehl eines Präfekten wurde. Damals fand die sogenannte *Provinzschätzung* statt, um die zukünftigen Steuereinnahmen zu bestimmen, was zu ziemlichen Unruhen bei den Juden führte.«

»Alles richtig, Yuliya. Allerdings steht nur in der deutschen Übersetzung, Quirinius sei ›Statthalter‹ gewesen. Tatsächlich heißt es im griechischen Originaltext des *Lukas-Evangeliums* aber, er habe die *hêgemoneuontos tês Surias*, also die ›Oberherrschaft über Syrien‹ inne gehabt, was ein ziemlich dehnbarer Begriff ist, der in antiken Quellen auch für kaiserliche Legaten und Finanzprokuratoren verwendet wurde.[10] Das passt also auch zu einer Funktion, die Quirinius zwischen 15 und 5/4 v. Chr. ausübte, als er kaiserlicher Legat und Oberkommandant der drei in Syrien stationierten Legionen war. Damals fand nachweisbar eine Reihe von Steuerschätzungen in den östlichen Vasallenkönigreichen des Augustus statt, etwa 8/7 v. Chr. im Stadtstaat Apamea im heutigen Syrien oder gegen 6 v. Chr. im Nabatäerreich, dem heutigen Jordanien, das denselben Status hatte wie das Reich des Herodes. Dass Augustus nach dem Tod des Herodes 4 v. Chr. den Samaritanern Steuergeschenke machte, beweist jedenfalls, dass es vorher schon eine solche Schätzung gegeben haben muss.«

»Und warum mussten dann Maria und Josef von Nazareth nach Bethlehem?«

»Weil die Römer zwei Steuern kannten, eine Kopf- und eine Bodensteuer, und beide mussten dort entrichtet werden, wo jemand Landbesitz hatte. Das ist bezeugt, ein paar antike Steuererklärungen sind in den trockenen Wüsten Israels und Ägyptens noch erhalten geblieben. Nun gibt es eine alte Schrift, das sogenannte *Protevangelium des Jakobus*. Es entstand irgendwann zu Anfang des 2. Jahrhunderts im Umfeld der *Herrenverwandten* – der Cousins Jesu, die zu den ersten Bischöfen von Jerusalem gewählt wurden. Darin heißt es, Maria sei die einzige Tochter eines wohlhabenden Viehzüchters aus dem Hause Davids gewesen, der aus Bethlehem stammte. Das ist nicht unwahrscheinlich, denn schon Paulus betonte, dass Jesus ›dem Fleische nach‹ ein Nachkomme des biblischen Königs David sei, also nicht nur, weil Josef ihn adoptiert hatte.

Nach jüdischem Recht musste Landbesitz in der Sippe bleiben, die einzige Tochter also einen entfernten Verwandten heiraten, den der Vater *pro forma* adoptierte. Das erklärt, weshalb wir im *Matthäus-Evangelium* einen anderen Stammbaum Josefs finden als im *Lukas-Evangelium*; der eine, bei Matthäus, ist sein biologischer Stammbaum, der andere, bei Lukas, sein juristischer, denn da wird plötzlich ein *Eli* zu seinem Vater. *Eli* ist die Kurzform von *Eliachim*, woraus im Griechischen *Joachim* wurde, und so hieß der Vater Mariens.

Deshalb mussten Maria und Josef nicht in Nazareth, wo Josef als Zimmermann oder Bauhandwerker tätig war, sondern in Bethlehem, wo Marias ererbtes Stück Land lag, ›geschätzt‹ werden. Vielleicht lag die Stallhöhle, in der Jesus geboren wurde, sogar auf diesem Land und bot sich als Unterkunft an.«

Bevor wir zum Hirtenfeld fuhren, hatten wir die *Geburtskirche* im Zentrum des heutigen Bethlehem aufgesucht. Ihr mächtiges, 1500-jähriges Gemäuer umschließt eine Höhle, nicht unähnlich jener auf dem *Hirtenfeld*. Über ihr wurde der Hauptaltar errichtet, während Pilger nach wie vor in ihr Innerstes hinabsteigen können, um jenen Ort zu verehren, an dem »Jesus Christus aus der Jungfrau Maria geboren wurde«. So jedenfalls heißt es wörtlich auf einem Stern, der die Stätte der Menschwerdung Gottes schmückt. Schräg

gegenüber, in einer Seitenkammer der Höhle, befinden sich zwei in den weichen Kalkstein geschlagene Futtertröge für die Tiere. In eine dieser Krippen soll Maria das neugeborene Kind gelegt haben.
Das *Lukas-Evangelium* sagt nichts von einer Höhle, es erwähnt nur einen »Stall«, aber für jeden, der das Heilige Land kennt, war damals wie heute klar, was damit gemeint ist. Holzställe gab und gibt es in waldreichen Ländern, im kargen Judäa aber, wo das Holz knapp war, nutzte man die natürlichen Höhlen der verkarsteten Landschaft oder schlug künstliche in den weichen Fels. Selbst Häuser setzte man vor oder über diese natürlichen Klimakammern: warm und trocken im feuchtkalten Winter, kühlend in den heißen Sommermonaten.
Doch die Lokaltradition wusste viel mehr, als im Evangelium steht. Schon im frühen 2. Jahrhundert erwähnt *Justin der Märtyrer*, der aus Sichem in Samaria stammte, in einem Kommentar die Stallhöhle *bei* Bethlehem; tatsächlich lag das antike Dorf ein ganzes Stück östlich vom heutigen, durch die Geburtskirche bestimmten Stadtzentrum.
Als der römische Kaiser Hadrian um 134 n. Chr. alle jüdischen und christlichen Heiligtümer durch heidnische Tempel ersetzen ließ, wurde sie zur Kulthöhle des Attis umfunktioniert. Doch noch um 200 n. Chr. schrieb Origenes, einer der großen Theologen des ägyptischen Alexandria: »Was da gezeigt wird, ist in der Gegend jedermann bekannt. Selbst die Heiden sagen es jedem, der es hören will, dass in der besagten Höhle ein gewisser Jesus geboren wurde.«
Erst die heilige Helena, die Mutter des ersten christlichen Kaisers, Konstantins des Großen, machte im Jahre 325 dem heidnischen Spuk ein Ende und ließ über eben dieser Höhle die *Geburtskirche* errichten.
»Und weißt du, was mich überzeugt, dass sowohl dieses Hirtenfeld wie die Geburtshöhle authentisch sind?«, fragte ich Yuliya, um ihr gleich die Antwort zu liefern: »Schau diese Schlucht, dieses *Wadi* entlang. Wenn du von hier aus in Richtung Bethlehem weiterläufst, immer dem Hang folgend, dann kommst du automatisch zu der Geburtsgrotte. Es kann sich also genau so zugetragen haben, wie es im *Lukas-Evangelium* heißt, einmal vorausgesetzt, dass die Hirten wirklich eine Engelserscheinung hatten:

»Als die Engel sie verlassen hatten und in den Himmel zurückgekehrt waren, sagten die Hirten zueinander: Kommt, wir gehen nach Bethlehem, um das Ereignis zu sehen, das uns der Herr verkünden ließ. So eilten sie hin und fanden Maria und Josef und das Kind, das in der Krippe lag.« (Lk 2,15–16)

»Und warum gibt es zwei Geburtsgeschichten, weshalb endet hier der Bericht des Lukas, warum verschweigt er den Besuch der Sterndeuter, die Flucht nach Ägypten?«
»Ich weiß es nicht. Sicher ist, dass die beiden Evangelisten völlig unterschiedliche Quellen benutzten. Lukas beschreibt alles aus der Perspektive Mariens, und tatsächlich behauptet die christliche Tradition, er sei der Gottesmutter noch persönlich begegnet. Matthäus dagegen scheint sich auf eine Tradition zu berufen, in der Josef im Vordergrund stand. Ich halte beide Berichte, die sich so wunderbar ergänzen, für gleich wertvoll. Denn immerhin erwähnt Matthäus den Stern von Bethlehem, und der ist eine astronomische Tatsache.«
»Du meinst die dreifache Konjunktion der Planeten Jupiter und Saturn im Jahre 7 v. Chr.?«
»Nein, die hielt man früher mal für den Stern von Bethlehem. Das ist aber nicht gerade überzeugend, zumal im *Protevangelium* die Weisen mit den Worten zitiert werden: ›Wir sahen einen gewaltigen Stern, der leuchtete unter den anderen Gestirnen auf und ließ ihr Licht erblassen.‹ Solch ein astronomisches Phänomen, das Aufleuchten eines scheinbar neuen Sternes, gibt es tatsächlich: es nennt sich *Supernova*, eigentlich ist es eine Sternexplosion. Eine solche *Supernova* gab es tatsächlich im fraglichen Zeitraum, wie der bekannte britische Astronom Mark Kidger 1999 nach der Auswertung alter astronomischer Aufzeichnungen aus China und Korea feststellte. Sie erschien im März 5 v. Chr. im Sternbild Adler und war bis Ende Mai 5 v. Chr. sichtbar. Das war ziemlich exakt ein Jahr vor dem Tod des Herodes!«[11]
Einen Augenblick lang rechnete Yuliya nach, dann nickte sie: »Also hatte Lukas recht, als er schrieb, dass Jesus im ›fünfzehnten Jahr der Regierung des Kaisers Tiberius‹, also 27 n. Chr., ›etwa 30 Jahre alt‹ gewesen sei; exakt war er 31, weil es das Jahr ›0‹ ja nicht gibt. Auf

1 v. Chr. folgt bekanntlich 1 n. Chr. Aber wenn der Stern im März erschien, müssten wir dann nicht Weihnachten praktisch zu Ostern feiern?«

»Du wirst lachen«, bestätigte ich ihr, »aber genau das hat man einst gemacht!«

Eigentlich kannten die ersten Christen noch gar kein Weihnachtsfest. Geburtstage zu feiern galt als heidnischer Brauch. Trotzdem machten sie sich natürlich Gedanken über den Zeitpunkt der Geburt Jesu, wie einer der großen ägyptischen Kirchenväter, Clemens von Alexandria (150–215), berichtete: »Es gibt jene, die nicht nur das Jahr der Geburt unseres Herrn, sondern auch den Tag bestimmt haben; und sie sagen, sie fand statt im 28. Jahr des Augustus und am 25. Pachon (…) andere sagen, er sei am 24. oder 25. Parmuthi geboren worden.«

Die Alleinherrschaft des Kaisers Oktavian begann mit seiner Ausrufung zum *dux Italiae*, als der ganze Westen den Treueeid auf ihn leistete, im Jahre 32 v. Chr. Clemens meint also das Jahr 5 v. Chr., auch wenn der ukrainische Mönch Dionysius Exiguus, der um 500 im Auftrag des Papstes unsere Zeitrechnung begründete, die Jahre seit der Verleihung des Ehrentitels *Augustus* an Oktavian rechnete und dadurch auf das *Jahr 1* kam. Der altägyptische Monat *Pachon* war damals der erste Monat des altägyptischen Jahres und entsprach in etwa unserem März, der *Parmuthi* (heute: *Paremoude*) dem April. Hippolyt von Rom (170–235) glaubte sogar, dass Jesus am gleichen Kalendertag geboren wurde, an dem er den Kreuzestod erlitt, also am *14. Nisan* nach dem jüdischen Kalender. Das war im Jahr der Kreuzigung, 30 n. Chr., der 7. April. Aber einige Christen, darunter der Römer Tertullian, setzten den Tod und die Auferstehung Christi ein Jahr früher an, auf 29 n. Chr., als der 14. Nisan ein 25. März war.

»Bei den Römern gab es allerdings den Glauben, dass der wahre Geburtstag eines Menschen sein Zeugungstag sei. So ließ Augustus, der im September geboren wurde, den Steinbock als sein Sternbild auf Münzen prägen, denn im Dezember wurde er gezeugt. Das setzte sich bald auch bei den Christen durch. So wird noch heute der 25. März als *Mariä Verkündigung* gefeiert, während man die Geburt Christi im Westen neun Monate später ansetzte«, fuhr ich fort, »andere Kirchen, etwa die armenische, hatten den historischen Kreuzigungstermin bewahrt und datierten jetzt Weihnachten auf den 7. Januar. Die gregorianische Kalenderreform führte schließlich dazu, dass heute an drei Tagen die Geburt Christi gefeiert wird – am 25. Dezember (im Westen), am 7. Januar (bei allen orthodoxen Kirchen, die den julianischen Kalender bewahrten) und am 20. Januar (bei den Armeniern, die ebenfalls nach dem julianischen Kalender rechnen).«

»Der Weihnachtstermin hat also nichts mit dem heidnischen Fest des *Unbesiegten Sonnengottes* zu tun, wie immer behauptet wird?«

»Nein, obwohl man bald erkannte, dass es ein symbolträchtiges Datum war, schließlich galt Christus als das Licht, das in der Finsternis erschien. Dass die Heiden am gleichen Tag den Sonnengott *Sol Invictus* feierten, wurde dann eher als Zeichen der Vorsehung interpretiert. Dabei ist völlig ausgeschlossen, dass Jesus im Winter geboren wurde, wenn wir dem Bericht des Lukas Glauben schenken, der die ›Hirten auf freiem Feld‹ als Zeugen seiner Menschwerdung nennt. Denn der jüdische Talmud schrieb vor: ›Die Herden werden im Nisan (März) auf die Weiden gebracht und im Marcheschwan (November) zurück in ihre Ställe geführt.‹ Das macht den März zu einem sehr viel realistischeren Termin, nicht nur wegen der *Supernova,* die 5 v. Chr. erschien.«

»Den Stern von Bethlehem hat es also wirklich gegeben: ein astronomisches Ereignis, das zeitlich mit der Geburt Jesu zusammenfiel. Stimmt dann auch die Geschichte von den *Heiligen Drei Königen*?«, fragte Yuliya. Sie war nachdenklich geworden.

»Davon bin ich überzeugt, nur dass es keine Könige waren. Dazu hat sie der Volksglaube gemacht und der Kirchenvater Tertullian, der in ihrem Auftreten unbedingt den 72. Psalm[12] erfüllt sehen wollte. Bei Matthäus heißen sie auch nicht ›Sterndeuter‹ oder ›Weise‹, wie in unseren Bibelübersetzungen, sondern *Magoi.*

Und *Magoi*, das wusste jeder Gebildete in der Antike seit den Büchern des griechischen Geschichtsschreibers Herodot, waren die Priesterkaste der Meder, eines persischen Volkes. Die galten tatsächlich in der gesamten antiken Welt als *Sterndeuter*, doch sie waren viel mehr. Ihre Religion hatte den entscheidenden Impuls bekommen, als bei ihnen im 6. Jahrhundert vor Christus der Prophet Zarathustra auftauchte. Zarathustra lehrte, dass es nur einen höchsten Gott gibt,

Ahura Mazda, und seinen Widersacher *Ahriman*. Ständig würden die Kräfte des Guten gegen die Mächte *Ahrimans*, des Bösen, kämpfen. Eines Tages aber, so prophezeite er, würde der Menschheit ein Retter gesandt werden, den er *Saoshyant* – wörtlich: Heilbringer – nannte. Er würde von einer Jungfrau geboren, das Böse besiegen, Tote zum Leben erwecken und ein neues Zeitalter einleiten. Seine Geburt würde angezeigt, wenn ein neuer Stern am Himmel erscheint. Nach dem, so trug er ihnen auf, sollten seine Anhänger, die *Magoi*, Ausschau halten. Was meinst du, wie sie darauf reagierten, als die *Supernova* am Himmel erschien, ausgerechnet im Sternbild des *Adlers*, dem Symbol *Ahura Mazdas*, ihres Gottes?«

»Aber warum suchten sie ausgerechnet in Judäa und nicht in Persien nach diesem Retter?«

»Zarathustra war ein Zeitgenosse des Propheten Daniel, beide wirkten zur gleichen Zeit am medisch-persischen Königshof in Ekbatana, dem heutigen Hamadan. Zarathustra wusste also von den Messias-Prophezeiungen der Juden, war vielleicht sogar von ihnen inspiriert worden. Die Perser haben die Juden sehr geschätzt. So hat der persische König Kyros II., der ein Anhänger der Zarathustra-Religion war, sie nicht nur aus der babylonischen Gefangenschaft entlassen, sondern ihnen auch noch den Wiederaufbau ihres Tempels finanziert. Es gab sogar eine persische Königin, die Jüdin war, Esther, die eine jüdische Kolonie in Ekbatana gründete, in der Stadt also, in der auch die *Magoi* ihr Kultzentrum hatten. Die wussten also ganz genau, wo sie zu suchen hatten: Zunächst in Jerusalem, der Stadt des Tempels. Erst dort erfuhren sie dann weitere Details. Etwa die jüdische Prophezeiung, der Messias würde in Bethlehem geboren werden.«

»Und der Stern war bei ihrer Ankunft immer noch sichtbar?«

»Ja, nach den alten chinesischen und koreanischen Aufzeichnungen bis Ende Mai. Mittlerweile war das Sternbild *Adler* aber dank der Himmelsmechanik nach Süden gewandert. Das heißt: Wenn die *Magoi* bei Morgendämmerung in Jerusalem aufbrachen und nach Bethlehem zogen, das genau im Süden liegt, müssen sie den Eindruck gehabt haben, dass der Stern ihnen vorausging. Und was schreibt Matthäus: »Und der Stern, den sie hatten aufgehen sehen, zog vor ihnen her bis zu dem Ort, wo das Kind war; dort blieb er stehen.« (Mt 2,9)

Das war natürlich ein subjektiver Eindruck, ebenso wie es ein subjektiver Eindruck ist, dass die Sonne im Osten ›aufgeht‹, aber genau so muss das ihnen vorgekommen sein. Jedenfalls ist das alles viel zu präzise geschildert, als dass Matthäus es sich hätte ausdenken können.«

»Gibt es denn keine anderen Quellen, die den Stern beschreiben, zu denen Matthäus Zugang gehabt haben könnte?«

»Eben nicht! Zwar berichtet der jüdische Geschichtsschreiber Flavius Josephus von einem Aufstand der Pharisäer, die 5 v. Chr. fest damit rechneten, dass Gott ihnen einen neuen König senden würde, aber er erwähnt nicht, was ihnen den Anlass dazu gab. Außerdem waren die Prophezeiungen und Lehren Zarathustras im griechisch-römischen Kulturraum eher unbekannt. Woher hätte Matthäus also von der Prophezeiung vom Stern des *Saoshyant* wissen können? Hinzu kommt noch ein Detail: Weil er um seinen Thron fürchtete, gab König Herodes gleich nach dem Besuch der *Magoi* Befehl, alle Knaben in Bethlehem ›bis zum Alter von zwei Jahren‹ (Mt 2,16) zu töten. Warum zwei Jahre? Nun, als die *Magoi* bei Herodes waren, hatten sie Jesus ja noch nicht gefunden, wussten also nicht, wie alt er war. Sie konnten nur erzählen, was sie am Himmel beobachtet hatten. Und da sie gute Astrologen waren, werden sie auch die dreifache Jupiter-Saturn-Konjunktion seit Mai 7 v. Chr. erwähnt haben. Immerhin war Jupiter für antike Astrologen der Stern der Könige, Saturn stand für die Juden; weil der Samstag, der Saturn-Tag, ihr heiliger Tag ist, glaubte man, sie beteten den Saturn an. Diese Konstellation war den *Magoi* gewiss aufgefallen, obwohl erst die Supernova ihnen offenbarte, dass dieser *König der Juden* der verheißene Retter sein musste.

Nun liegen zwischen ihrer heiligen Stadt Ekbatana und Jerusalem, wenn man die alten Karawanenwege nimmt, exakt 1518 Kilometer. Bei einer Tagesleistung von 35 Kilometern, die damals als Durchschnitt galt, müssen sie nach 44 Tagen ihr Ziel erreicht haben. Rechnen wir noch ein paar Tage Reisevorbereitungen hinzu, so kommen wir auf gut zwei Monate. Sie trafen also Mitte Mai 5 v. Chr. in Jerusalem ein. Und weißt du, wann man noch im 4. Jahrhundert, wie uns eine antike Pilgerin namens Egeria berichtet, in Jerusalem das *Fest der unschuldigen Kinder von Bethlehem* feierte? Am 18. Mai! So steht es auch in den alten armenischen Festtagskalendern. Das passt also alles so wunderbar zusammen, dass wir Matthäus einfach glauben müssen.«

»Hat es den Kindermord von Bethlehem denn wirklich gegeben?«

»Nun, es gibt keine direkte Bestätigung, doch er würde ins Bild passen, das wir von Herodes haben. Flavius Josephus etwa bestätigt, dass der König sich in seinen letzten Jahren in einen paranoiden Tyrannen verwandelte. Ständig sah er sich von Verschwörungen umgeben, die er auf brutalste Weise niederschlug. Sogar drei seiner Söhne ließ er neben 300 seiner Offiziere hinrichten, weil er glaubte, sie wollten ihm den Thron streitig machen. 6000 Pharisäer, die ihm den Treueeid verweigerten, verurteilte er ebenso zum Tode wie jugendliche Demonstranten, die den römischen Adler niederrissen, den er über dem Haupttor des Tempels anbringen ließ; sie wurden lebendig verbrannt. ›Schließlich verbitterte sich sein Gemüt derart, dass er auch die Unschuldigsten nicht mehr gnädig ansah‹, schrieb der Chronist. Allerdings: In Bethlehem und Umgebung lebten damals höchstens 1000 Menschen, es gab also nur ein paar Dutzend Knaben unter zwei Jahren. Der Mord an ihnen war zwar ein schreckliches Verbrechen, doch angesichts all der anderen Bluttaten des längst Wahnsinnigen mag er Josephus nicht erwähnenswert erschienen sein. Erst eine ein paar Jahrzehnte später entstandene jüdische Apokryphe, die *Himmelfahrt des Moses*, spricht von einem ›Blutbefehl‹ des Herodes, ›wie es in Ägypten geschah‹ – gemeint war die Order des Pharaos, alle erstgeborenen jüdischen Knaben zu töten.«

»Dann glaubst du also, dass die Heilige Familie vor Herodes nach Ägypten geflüchtet ist, wie es im Matthäus-Evangelium heißt:

> ›Als die Sterndeuter wieder gegangen waren, erschien dem Josef im Traum ein Engel des Herrn und sagte: Steh auf, nimm das Kind und seine Mutter und flieh nach Ägypten; dort bleibe, bis ich dir etwas anderes auftrage; denn Herodes wird das Kind suchen, um es zu töten. Da stand Josef in der Nacht auf und floh mit dem Kind und dessen Mutter nach Ägypten. Dort blieb er bis zum Tod des Herodes. Denn es sollte sich erfüllen, was der Herr durch den Propheten gesagt hat: Aus Ägypten habe ich meinen Sohn gerufen.‹ (Mt 2,13–15)?

Immerhin sind die meisten Theologen der Ansicht, dass Matthäus sich das ausgedacht hat, um noch plausibler zu machen, dass Jesus der Messias ist.«

»Ich kenne diese Thesen«, winkte ich ab. »Die ganze Kindheitsgeschichte sollen sich Lukas und Matthäus aus rein theologischen Gründen ausgedacht haben. Dabei hatte die junge Kirche damals so viele Gegner, die hätten ja nur die Menschen in Bethlehem und Nazareth fragen brauchen, um zu beweisen, dass das alles Lug und Trug ist. Doch im Gegenteil, versichert uns Origenes, selbst die Heiden wussten noch, wo sich das Wunder der Geburt Jesu zugetragen hat. Noch absurder ist es, Matthäus zu unterstellen, er hätte sich aus ähnlichen Motiven die Flucht nach Ägypten ausgedacht. Denn kein Jude hat je geglaubt, dass der Messias aus Ägypten kommen würde!«

»Aber was ist dann mit der Prophezeiung, die Matthäus zitiert?«

»Die finden wir beim Propheten Hosea, doch dort hat sie rein gar nichts mit dem Messias zu tun. Wörtlich schreibt er: ›Als Israel jung war, gewann ich ihn lieb, ich rief meinen Sohn aus Ägypten. Je mehr ich sie rief, desto mehr liefen sie von mir weg und brachten den Götterbildern Rauchopfer dar.‹ (Hos 11,1–2).

Die Worte des Propheten beziehen sich also auf das jüdische Volk, auf den Exodus unter Moses und darauf, dass die Israeliten, als sie denn endlich im *Gelobten Land* lebten, Gott untreu wurden und den Götzen ihrer Nachbarn huldigten. Daraus hätte Matthäus nie seine Fluchtgeschichte ableiten können! Im Gegenteil, wir sehen hier doch, dass der Evangelist ganz anders arbeitete, als ihm gemeinhin unterstellt wird. Dass er krampfhaft versuchte, zu den Lebensstationen Jesu auf Biegen und Brechen irgendetwas in den Schriften der Propheten zu finden, weil er überzeugt war, dass alles vorausgesagt worden ist. Das aber heißt: Zuerst war die Biografie Jesu da, dann fügte Matthäus seine Deutung hinzu, zog noch so fragwürdige Referenzstellen aus der Schrift heran, nur weil sie ihm gerade ins Konzept passten.

Damit ist sicher, dass Jesus als Kind in Ägypten war, Yuliya. Das war keineswegs ungewöhnlich, denn ganz Alexandria war damals voll von politischen Flüchtlingen aus dem Reich des wahnsinnigen Tyrannen. Seine jüdische Gemeinde war die größte außerhalb Israels;

laut Philo von Alexandria lebten damals ›nicht weniger als eine Million Juden in Alexandria und dem Land von den steilen Hängen in Richtung Libyens bis zu den Grenzen Äthiopiens‹. Das wären gut zwölf Prozent der ägyptischen Gesamtbevölkerung gewesen, die Flavius Josephus mit ›7,5 Millionen außerhalb Alexandrias‹, also mit fast 8,5 Millionen Menschen, angab.
Herodes selbst war 40 v. Chr. nach Ägypten geflohen, als ihm der legitime hasmonäische Thronfolger den frisch unter den Nagel gerissenen Thron wieder streitig machte. Erst von dort aus segelte er nach Rom, um sich die Unterstützung des Senats zu sichern. Die Frage ist nur, ob es wirklich Spuren dieser Flucht gibt, wie die ägyptischen Christen behaupten, oder ob das fromme Legenden sind, gläubigem Wunschdenken entsprungen. Das, so hoffe ich, werden wir auf unserer Suche klären. Und du musst zugeben, Bethlehem ist der beste Ort, um damit zu beginnen.«
»Ganz bestimmt. Schließlich hat in Bethlehem alles seinen Anfang genommen.«
Es war schon spät geworden, gleich würde das Hirtenfeldgelände geschlossen werden. Bevor wir Bethlehem wieder verließen, wollten wir noch die erste Station der Heiligen Familie auf ihrer Flucht nach Ägypten aufsuchen, die sogenannte *Milchgrotte*. Sie liegt in einer schmalen Straße, gleich hinter der *Geburtskirche* und so sehr zurückversetzt, dass man sie fast übersehen könnte. Ein weißes, schmiedeeisernes Gitter trennt sie von der Straße, geschmückt mit dem roten Jerusalem-Kreuz der *Custodia Terrae Santae* der Franziskaner im Heiligen Land.
Das 1871 auf den Fundamenten einer Kreuzfahrerkapelle neu errichtete Kirchlein kann seinen italienischen Architekten unschwer verleugnen. Doch passiert man die charmante, aber recht unspektakuläre Fassade, betritt man eine der geheimnisvollsten Stätten der Geburtsstadt Jesu. Ihre Verehrung ist seit dem 4. Jahrhundert bezeugt, im Jahre 385 gründete hier die hl. Paula, eine Schülerin des hl. Hieronymus, ein Kloster mit einer Maria geweihten Kirche. Eine breite Treppe führt hinab in ein Höhlenlabyrinth, in dem sich, von Marmorsäulen und Steinmauern gestützt, eine kleine Kapelle mit einem Steinaltar vor einer vergoldeten Statue der Gottesmutter befindet.

Das Gemälde einer *Madonna lactans* – also einer das Jesuskind stillenden Gottesmutter – und eine bunt bemalte Figurengruppe der Heiligen Familie auf der Flucht zeigen an, welche biblischen Ereignisse sich hier zugetragen haben sollen.

Eine alte armenische Überlieferung berichtet, dass sich die Heilige Familie vor ihrer Flucht nach Ägypten in dieser Grotte aufgehalten habe und von hier aus aufgebrochen sei. Als Maria ihrem Kind die Brust reichte, fielen Tropfen der Muttermilch auf den Felsen und färbten ihn milchig weiß, heißt es in der Legende. Tatsächlich besteht die Grotte aus Kalkstein, der speziell nach Regenfällen in milchigem Sinter von der Decke tropft. Was heute wissenschaftlich erklärt werden kann – Tropfsteinhöhlen entstehen auf die gleiche Weise –, erschien den Menschen des Mittelalters als ein Wunder. So füllten sie das Kalksteinpulver aus der Grotte in kleine Fläschchen ab, deren Inhalt als wundertätige *Marienmilch* bald in ganz Europa Verbreitung fand.

Noch heute gibt es Tausende angeblicher Reliquien *de lacte B.M.V.*, also von »der Milch der Heiligen Jungfrau«, die gerne von aufgeklärten Skeptikern als Argument gegen die christliche Reliquienverehrung zitiert werden, so, als würden naive Christen tatsächlich glauben, dass die Muttermilch Mariens mehr als 2000 Jahre überdauert hätte. Noch im frühen 20. Jahrhundert kamen Frauen aus ganz Palästina hierher, um kleine, mit eben diesem Pulver gefüllte Tütchen zu empfangen, die sie in ihrem Wasser, Kaffee oder Tee tranken, in der Hoffnung, immer genügend Muttermilch zu haben.

Erst nach dem *Zweiten Vatikanischen Konzil* beschlossen die Franziskaner, diesem lokalen Aberglauben keinen weiteren Vorschub zu leisten und die Marienmilch-Tütchen nicht mehr zu verteilen. Trotzdem blieb das Milchgrotten-Kirchlein ein beliebter Wallfahrtsort nicht nur bei den palästinensischen Christen, sondern auch bei muslimischen Frauen, die noch immer hierherkommen, um den Segen Mariens zu empfangen.

Für sie freilich wirkt die Darstellung von der Flucht der Heiligen Familie eher irritierend. Dass der heilige Josef einen Esel besaß, das steht zwar nicht in den kanonischen Evangelien, aber im apokryphen *Protevangelium*. Doch wer saß auf dem Reittier? In der gesamten islamischen Welt ist es üblich, dass der Mann auf seinem Esel reitend durch die Lande zieht, während Frau und Kinder, meist von einer Staubwolke eingehüllt, hinterher traben. Dass es im Judentum anders war, enthüllt schon das *Alte Testament*: »Da holte Mose seine Frau und seine Söhne, setzte sie auf einen Esel und trat den Rückweg nach Ägypten an. Den Gottesstab hielt er in der Hand.« (2 Mos 4,19)

Die christliche Tradition ist also eindeutig und steht im Einklang mit der jüdischen Sitte, auch wenn diese Erkenntnis für islamische Frauen wie ein Kulturschock wirken muss. Vielleicht kommen sie deshalb so gerne zum Beten in die Milchgrotte, weil Maria für sie auch das Versprechen eines anderen Frauenbildes bedeutet, eines Glaubens, in dem die Mutter geehrt wird und das »starke Geschlecht« –ganz *gentleman-like*- die Beschützerrolle übernimmt.

Ich ließ Yuliya fahren, als wir wieder in unseren Mietwagen stiegen, um uns auf den Rückweg nach Jerusalem zu machen. Nach der umständlichen und zeitraubenden »Ausreise« aus den palästinensischen Autonomiegebieten mit gleich doppelter Kontrolle an der einzigen, streng bewachten Zufahrt trafen wir bei Dunkelheit endlich in unserer Unterkunft ein, dem *Päpstlichen Institut Notre Dame de Jerusalem*. Wir gingen recht früh zu Bett, denn wir hatten uns für den nächsten Tag viel vorgenommen. Unsere Reise auf den Spuren der Heiligen Familie hatte gerade erst begonnen.

II Die Säule Gottes

Taba, Sinai, am 12 Mesori im 1727. Jahr der Ära der Märtyrer (18.8.2011)

Das Knattern eines tief fliegenden Helikopters riss mich unsanft aus dem Schlaf, bevor ich, nicht allzu weit von uns entfernt, das Heulen von Polizeisirenen wahrnahm. Wer im Nahen Osten unterwegs ist, weiß, dass in dieser Region die Gefahr eines Terroranschlags allgegenwärtig ist. Zu verhärtet sind die Fronten, zu heftig kochen die Emotionen, und oft genügt ein Funke, um einen Großbrand auszulösen. Erst als ich mich mühsam aus dem Bett gewälzt, zum Fernseher geschleppt und CNN eingeschaltet hatte, wurde mir klar, wie knapp wir einem Zwischenfall entkommen waren, der beinahe unsere Reisepläne zunichte gemacht hätte.

Ein palästinensisches Terrorkommando aus dem Gaza-Streifen hatte in der Nacht zuvor den Sinai durchquert, um in den Morgenstunden über die wenig bewachte ägyptisch-israelische Grenze in den Süden Israels einzudringen, wo es vier Anschläge verübte. Zunächst eröffneten die Männer auf der Nationalstraße 12 nordwestlich von Eilat das Feuer auf einen Reisebus, dann beschossen sie ein israelisches Fahrzeug mit panzerbrechenden Waffen. Bei einem dritten Zwischenfall wurde ein weiterer Bus mit automatischen Waffen unter Feuer genommen, doch der Fahrer gab Gas und entkam den Attentätern. Ziel einer vierten Anschlags war eine israelische Militärpatrouille. Mindestens sieben Menschen starben, bevor Israel zurückschlagen konnte.

Soldaten nahmen die Verfolgung auf, stellten die Terroristen an der ägyptischen Grenze und töteten sie, hieß es in der israelischen Presse. Aus Ägypten wurde bekannt, dass bei den Kämpfen auch fünf Grenzsoldaten ums Leben kamen. Für einen Augenblick schien es, als würde die prekäre Lage im Nahen Osten eskalieren. Israel warf den Ägyptern vor, die Kontrolle über den Sinai zu verlieren, und kündigte eine verstärkte Befestigung der Grenze an. Der Grenzübergang Taba, von dem unser Hotel nur ein paar Hundert Meter entfernt lag, wurde bis auf Weiteres geschlossen.

Dabei war es nur einem glücklichen Zufall zu verdanken, dass wir diese Nacht bereits in Ägypten verbracht hatten. Weil wir nicht genau wussten, wie lange unsere Recherchen dauern würden, hatten wir uns für den 18. August um 10.00 Uhr morgens mit einem ägyptischen Freund am Grenzübergang Taba verabredet. In Israel kann man als Europäer problemlos mit dem Mietwagen umterwegs sein, in Ägypten ist davon dringend abzuraten: Die Beschilderung ist meist in arabischer Schrift gehalten, der Fahrstil der Ägypter, gelinde gesagt, gewöhnungsbedürftig. So hatten wir Fado M., einen jungen, koptischen Christen, gebeten, uns einen Wagen mit Fahrer zu besorgen. Wir kannten Fado seit unserer letzten Ägyptenreise, als wir in seiner Pfarrkirche in Asyut Zeugen einer Marienerscheinung interviewt hatten und er übersetzt hatte. Seitdem standen wir mit ihm in regelmäßigem Kontakt, er versorgte uns mit Neuigkeiten aus seiner Heimat. Als Fado uns anbot, unsere nächste Reise zu organisieren, nahmen wir dankend an.

Am 16. August waren wir früh in Jerusalem aufgebrochen, um die Suche auf den Spuren der Heiligen Familie aufzunehmen. Unser erstes Ziel war ein Kloster am Jordan, das wir nur allzu gut kannten; hier hatten wir bereits 2006 die früheste Verehrung des *Bluttuches Christi* lokalisiert.[13] Es ist nach dem hl. Gerasimus benannt, der hier im Jahre 455 seine erste *laura* oder Eremitenkolonie gründete. Als die Perser 614 plündernd und brandschatzend in das Heilige Land einfielen, wurden sein Kloster zerstört, seine Mönche getötet. Auf die Perser folgten die Muslime, die Lage am Jordan blieb unsicher, es drohten Überfälle kriegerischer Beduinen. Erst unter der Herrschaft der Kreuzritter wagten griechische Mönche im 12. Jahrhundert eine Neugründung, um das Kloster gut ein Jahrhundert später wieder aufgeben zu müssen. Der heutige Bau stammt aus dem 19. Jahrhundert und wird von Mönchen aus Zypern bewohnt. Jedem, der den Jordan entlang nach Galiläa fährt, fällt seine silberne Kuppel auf.

Der hl. Gerasimus (ca. 400–475) gilt als »Gründervater und Schutzpatron der Wüste am Jordan«. Er wurde in Lykien im Südwesten Kleinasiens (der heutigen Türkei) geboren und wuchs in einem wohlhabenden Elternhaus auf. Doch schon früh war er des Materiellen überdrüssig und sehnte sich nach einem gottgefälligen Leben. Als er von den Taten und Wundern der ägyptischen Mönchsheiligen erfuhr, reiste er in das Nilland, um ihrem Beispiel zu folgen und ein Leben als Eremit zu führen. Dort muss er mit den Legenden vom Besuch der Heiligen Familie in Berührung gekommen sein. Um das Jahr 440 kam er in das Heilige Land, um fortan dort zu leben, wo sie der Tradition nach auf ihrer Flucht nach Ägypten das erste Mal gerastet haben soll. Als andere Gottsucher seinem Beispiel folgten, führte er bei ihnen die Ordensregel des ägyptischen Klostergründers Pachomius ein.

»Wir nennen dieses Kloster auch *Kalamonia,* ›guter Ort‹«, hatte uns bei unserem ersten Besuch ein graubärtiger Mönch namens Demetrios erklärt. »Hier verbrachte die Heilige Familie ihre erste Nacht auf der Flucht nach Ägypten. Daran erinnert noch heute ein Altar in unserer Kapelle.« Das Jordanufer war zumindest ein logisches erstes Ziel, wenn man aus Bethlehem kam. Nach Norden konnte die Heilige Familie nicht, da lag Jerusalem, die Stadt des Herodes. Im Süden von Bethlehem überragt noch heute die mächtigste Burg des Tyrannen, das *Herodium*, den alten Karawanenweg. Wahrscheinlich war die dort stationierte Garnison sogar für den Kindermord verantwortlich. Der Weg nach Westen, ins Bergland von Juda, wäre zu anstrengend für die junge Mutter und auch zu unsicher gewesen. Den Weg nach Osten dagegen, über Jericho, kannte sie gut; ihn nahmen die Pilger aus Galiläa, wenn sie dreimal im Jahr zu den Tempelfesten nach Jerusalem strömten.

Doch kaum waren sie am Jordanufer angekommen, müssen die Flüchtigen es sich anderes überlegt haben. Nach Nazareth zurückzukehren, das ebenfalls im Herrschaftsgebiet des Herodes lag, war viel zu riskant. Auch der Weg nach Süden war ihnen versperrt. Zu beiden Seiten des Toten Meeres befanden sich Burgen des Königs, die Felsenfestung Masada im Westen, die ebenso trutzige Burg Machaerus im Osten, gleich an der alten *Weihrauchstraße* gelegen; sie gelangte drei Jahrzehnte später zu zweifelhaftem Ruhm, als hier Johannes der Täufer hingerichtet wurde. Doch neben den alten Karawanenwegen durch die Wüste gab es noch eine zweite Möglichkeit, nach Ägypten zu gelangen: über die *Via Maris*, die Küstenstrasse. Sie war sogar schneller, bequemer, sicherer und wurde deshalb auch stärker frequentiert.

»Doch wie kommt man von hier an die Küste?«, wollte Yuliya wissen, »Führt nicht der einzige Weg über Jerusalem?«

»Es gibt noch einen zweiten Weg, nämlich über Hebron«, verriet mir ein Blick auf die Karte: »Wenn man von hier aus 28 Kilometer nach Süden zieht, am Westufer des Toten Meeres entlang, kommt man auf einen alten Weg, der nach Hebron führt. Und von Hebron aus geht es bequem in einem weiteren Tagesmarsch nach Askalon, in die alte Phönizierstadt an der *Via Maris.*«

Beide Stationen erwähnt die Tradition. Vier frühe Quellen berichten über die Flucht der Heiligen Familie. Sie gehören zur Gattung der sogenannten *Apokryphen*, also der Schriften biblischen Inhalts, die aus unterschiedlichen Gründen nicht in den *Kanon* des *Neuen Testaments* aufgenommen wurden. Das mochte daran liegen, dass man sie für irrelevant oder nicht glaubwürdig hielt, dass sie fragwürdige oder ketzerische Inhalte hatten oder dass sie den Kirchenvätern, die den Kanon definierten, einfach nicht bekannt waren. Tatsächlich gibt es Apokryphen, die leicht als plumpe Fälschungen im nachgeahmten Stil der Evangelien zu erkennen sind, aber auch solche, die durchaus glaubwürdige und historisch verifizierbare Informationen beinhalten. Zu den letzteren gehört etwa das bereits erwähnte *Protevangelium*, das auf den *Herrenverwandten* Jakobus[14], einen Cousin Jesu, zurückgeht. Er wird fälschlich auch als »Bruder Jesu« bezeichnet, was allerdings auf einen Übersetzungsfehler zurückgeht. Im Aramäischen, der Sprache Jesu, wird das gleiche Wort, *ach*, für einen leiblichen Bruder ebenso wie für einen Cousin verwendet. Auch das griechische *adelphos*, das die Evangelisten benutzen, ist unspezifisch. Zum Glück verraten uns die kanonischen Evangelien die Namen der Eltern dieses Jakobus: Seine Mutter ist »die andere Maria« (siehe Mt 27,56; Mk 15,40), die *Schwester* (sprich: Schwägerin) der Gottesmutter, sein Vater jener Klopas (Joh 19,25), dem wir als *Kleopas* in der Geschichte der Emmaus-Jünger (in Lk 24,18) wieder begegnen.

Dem *Protevangelium* verdanken wir nicht nur eine historisch plausible Biografie der Gottesmutter bis zum Zeitpunkt der Geburt Christi, die das *Lukas-Evangelium* stimmig ergänzt, sondern auch – bestes Indiz für die Authentizität seiner Tradition! – die einzige astronomisch präzise Beschreibung der Supernova des Jahres 5 v. Chr., die Prof. Kidger als *Stern von Bethlehem* identifizieren konnte.

Auch die Apokryphen, die von der Flucht der Heiligen Familie berichten, können zumindest teilweise auf authentische Traditionen zurückzugehen. Allerdings sind sie erst recht spät aufgezeichnet worden, was wohl erklärt, weshalb ihre Angaben oft unpräzise und fehlerhaft sind. Zudem wurden sie nicht selten durch fantasievolle Details ausgeschmückt. Dabei handelt es sich um:

- Das sogenannte *Pseudo-Matthäus-Evangelium,* auch *Buch von der Geburt der seligen Maria und der Kindheit des Erlösers* genannt. Es besteht aus zwei Teilen, einer Überarbeitung und Erweiterung des *Protevangeliums* (frühes 2. Jh.) und einem umfangreichen Bericht über die Flucht nach Ägypten, dessen Quelle und Alter unbekannt sind. In seiner jetzigen Form wird es in das erste Viertel des 7. Jahrhunderts datiert.
- Das *Kindheitsevangelium nach Thomas* stammt zwar schon aus dem späten 2. Jahrhundert, doch es wirkt nicht allzu vertrauenerweckend. Obwohl es auch die Flucht der Heiligen Familie erwähnt, konzentriert es sich auf die angeblichen und oft eher märchenhaften Wunder, die Jesus als Kind gewirkt haben soll.
- Das *Armenische Kindheitsevangelium*, das wohl aus dem 6. Jahrhundert stammt, beruht auf einer früheren, syrischen Quelle, verfasst in Aramäisch, der Sprache Jesu. Hier könnten sich durchaus echte Traditionen mit frommen Legenden vermischt haben.
- Das *Arabische Kindheitsevangelium*, das ebenfalls aus dem Syrischen übersetzt wurde, ist mindestens seit dem 5. Jahrhundert bekannt. Es behandelt in drei Abschnitten die Geburt Jesu, die Flucht nach Ägypten und Wunder, die der Jesusknabe nach seiner Rückkehr in Nazareth gewirkt haben soll.

Von diesen Quellen erwähnt nur eine, das *Armenische Kindheitsevangelium*, die ersten Stationen der Heiligen Familie auf ihrem Fluchtweg: »Und Josef stand eiligst auf, nahm das Kind und seine Mutter und sie flohen über Askalon, einen Ort, der am Meer gelegen war, nach Hebron, wo sie sich sechs Monate in einem Versteck aufhielten.«

»Die Quelle nennt tatsächlich Hebron und Askalon«, erwiderte Yuliya leicht ironisch, »aber leider in der falschen Reihenfolge. Und sechs Monate in Hebron zu bleiben, erscheint mir auch als ein wenig zu riskant.«

»Richtig!«, stimmte ich ihr zu, »aber vergiss nicht, wie spät unsere Quelle entstand. Vorher gab es nur eine mündliche Tradition, die bestenfalls die beiden Ortsnamen überlieferte, auch wenn man ihre Reihenfolge längst vergessen hatte. Natürlich hätte es keinen Sinn ergeben, zuerst nach Askalon zu fliehen, das gleich an der Küstenstraße lag, um dann nach Hebron ins Landesinnere zurückzukehren. Zumal die Heilige Familie mit Sicherheit keine sechs Monate in Hebron blieb, sondern höchstens sechs Tage. Vielleicht fand sie bei Verwandten Unterschlupf, wollte abwarten, für den Fall, dass es auf der Küstenstraße Kontrollen gab.«

Wir beschlossen, unsere Suche in Hebron fortzusetzen, auch wenn sie uns damit praktisch ins Zentrum des Nahostkonfliktes führte. Denn an keinem Ort im Heiligen Land eskaliert der schwelende Konflikt zwischen Israelis und Palästinensern so oft wie in der Stadt, die rund um das Grab des Patriarchen Abraham und seiner Sippe entstanden ist. Um den Besitz dieses Grabes streiten noch heute die Nachkommen seiner Söhne Isaak und Ismael, Juden und Palästinenser. Seit 1998 ist Hebron zweigeteilt wie einst Berlin, besteht es aus einer palästinensisch kontrollierten »Zone H1« und einer israelisch besetzten »Zone H2«.

Das machte unsere Recherchen nicht gerade einfach, zumal die einzige griechisch-orthodoxe Kirche von Hebron mitten im Palästinensergebiet liegt. Nach endlosen Kontrollen durch beide Seiten gelang es uns schließlich, einen griechischen Priester ausfindig zu machen. Doch auf unsere Frage, wo denn hier die Heilige Familie gewohnt haben soll, reagierte er bloß mit einem Achselzucken.

Nicht viel erfolgreicher verlief unsere Suche in Askalon, einer sauberen, modernen israelischen Stadt mit zahlreichen Grünanlagen und mediterranem Flair. Eine Kirche mit einem ortskundigen Priester suchten wir allerdings vergebens; stattdessen verwies man uns auf die Ruinen eines byzantinischen Gotteshauses aus dem späten 5. Jahrhundert, das einst den heiligen Ärzten und Märtyrern Cosmas und Damian geweiht war. Zudem mussten wir hier unsere Suche unterbrechen. Der weitere Weg der Heiligen Familie führte, dem Verlauf der Küstenstraße folgend, durch das Gebiet des heutigen Gaza-Streifens, der von der radikalislamischen Hamas kontrolliert wird – einer *no go-area* selbst für hartgesottene Journalisten. Auch das Gebiet jenseits der ägyptischen Grenze, el-Arish im Norden des Sinai, war nicht sicher, seit Islamisten dort Anfang August 2011 eine Polizeistation überfallen hatten. In Flugblättern drohte eine Gruppe, die sich *al-Qaida auf dem Sinai* nannte, mit weiteren Anschlägen. Also setzten wir unseren Weg nach Ägypten auf der alternativen Wüstenroute fort; in Eilat, am Südzipfel Israels, wollten wir die Grenze überschreiten.

Der beliebte Badeort erwies sich jedoch als überteuert und überlaufen, das Hotel, in dem wir gerade noch die letzten Zimmer ergattern konnten, war von feiernden Schulklassen besetzt. Nach einer schlaflosen Nacht beschlossen wir, noch am selben Tag und nicht erst am nächsten Morgen die Grenze nach Ägypten zu überqueren. Dort, so erfuhren wir per Internet, waren günstige Zimmer selbst in den luxuriösesten Hotelanlagen zu bekommen. So überquerten wir, nachdem wir uns im ägyptischen Konsulat in Eilat ein Visum besorgt, den Mietwagen abgegeben und ein Taxi zur Grenzstation genommen hatten, zu Fuß die Grenze, um auf ägyptischer Seite von den dort vorsorglich stationierten Kofferträgern des *Taba Hilton Resorts* in Empfang genommen zu werden. Zu diesem Zeitpunkt ahnten wir noch nicht, dass diese Entscheidung unsere Pläne rettete; nur zwölf Stunden später herrschte an der israelisch-ägyptischen Grenze der Ausnahmezustand!

Zum Glück hatten Fado und unser ägyptischer Fahrer, die wir jetzt erst für elf Uhr in unser Hotel bestellten, nichts von dem Grenzzwischenfall mitbekommen. Jedenfalls waren wir froh, dass wir der politischen Realität des Jahres 2011 gerade noch entkommen waren.

3 Der Autor an der Säule von Nuweiba

»Und, Mr. Michael, wohin fahren wir?«, wollte Fado wissen, um unsere Pläne dem Fahrer, einem Moslem namens Muhammad, übersetzen zu können. »Nach Nuweiba«, erwiderte ich. »Ach, wollen Sie an den Strand?« – »Nein, oder vielleicht doch. Ich will eine Säule finden.« – »Was für eine Säule?« – »Vielleicht das Steinmal, von dem schon der Prophet Jesaja sprach …«
Jetzt wurde auch Fado neugierig. Natürlich kannte er die Verse aus Jesaja 19, die geradezu als biblische Gründungsurkunde der koptischen Kirche gelten. Dabei deutet ihre Exegese die Worte des Propheten als Hinweis auf die *Kathedra*, den Lehrstuhl und Bischofssitz des Evangelisten Markus in Alexandria. Obwohl man die Küstenstadt durchaus auch als Grenzstadt bezeichnen kann, hat mich diese Deu-

tung nie wirklich überzeugt. So fragte ich mich, ob nicht ein ganz anderes Steinmal gemeint sein könnte, das womöglich auf das zentrale Heilsereignis des *Alten Bundes* verweist.

Nuweiba ist kein mondäner Badeort mit luxuriösen Hotelanlagen, sondern eher eine Hüttensiedlung am Meer, die gerne von Hippies und Rucksacktouristen frequentiert wird. Für ein paar ägyptische Pfund pro Nacht kann man sich hier eine einfache Unterkunft mieten und das Strandleben genießen, in engem Kontakt mit den einheimischen Beduinen und umgeben von zahllosen streunenden Hunden. Doch obwohl es August und damit Ferienzeit war, wirkte Nuweiba wie ausgestorben. Die Ereignisse der letzten Monate, die politische Schieflage nach der Revolution des *Arabischen Frühlings*, verschreckte offenbar selbst alternative Touristen. Generell verzeichnete das Nilland in diesem Sommer einen Rückgang der Besucherzahlen um satte 33 Prozent.

Wir fuhren zunächst ans Meer, um einen Ortskundigen nach dem Weg zu fragen. Endlich hatten wir einen alten Beduinen namens Abdul gefunden, der vorgab zu wissen, wo sich die geheimnisvolle Säule befindet. Nachdem wir ein Bakschisch für die Führung vereinbart hatten, stieg er in seinen klapprigen Lieferwagen und fuhr voran. Zehn Minuten später hatten wir unser Ziel erreicht. Auf einer Anhöhe oberhalb der Kreuzung, an der die Straße ins Innere des Sinai von der Küstenstraße abzweigt, ragte sie so unübersehbar in den Himmel, dass wir sie eigentlich auch ohne Führer gefunden hätten.

»Seit wann steht die Säule an dieser Stelle?«, frage ich Abdul.

»Als die Israelis 1967 den Sinai besetzten, haben sie sie wieder aufgerichtet, den Betonsockel für sie gegossen. Aber wenn sie mich fragen, wie lange sie hier lag, kann ich nur antworten: Seit ewigen Zeiten. Wir haben schon als Kinder hier oben gespielt und sie gesehen, und unseren Eltern ging es nicht anders.«

»Aber was sucht so eine Säule einsam in der Landschaft? Könnte sie einst zu einem Tempel gehört haben?«

»Das kann ich mir nicht vorstellen, hier wurde nie etwas gefunden. Es gibt auch keine zweite ihrer Art. Es heißt, König Salomo habe sie errichtet, um die Stelle zu markieren, an der die Juden unter dem Propheten Moses das Rote Meer durchquerten.«

Ausgiebig betrachtete ich das fünf Meter hohe, steinerne Monument aus rotem Granit. Nirgendwo waren auch nur Spuren einer Inschrift zu erkennen. Stattdessen hatten Jugendliche sie mit Graffiti beschmiert, drei Herzen und einem Namen in arabischer Schrift. Sie könnte aus hellenistischer oder römischer Zeit stammen, also eher aus den Tagen des Herodes denn von König Salomo, dem ohnehin in der orientalischen Dichtung viel zu viel zugeschrieben wird. Aber weshalb sollte der jüdische König hier, am Ausgang eines *Wadi*, einer Schlucht, die seit Urzeiten von Karawanen durchquert wird, eine einzelne Säule errichtet haben?
Immer plausibler erschien mir, dass sie tatsächlich an den Exodus erinnern sollte. Doch hat man wirklich geglaubt, dass es hier war, wo sich das größte Wunder des *Alten Bundes* ereignet hatte? Ich erinnerte mich an die *Jüdischen Altertümer* des Flavius Josephus. Der Chronist und einstige Akteur des jüdischen Aufstands 66–70 n. Chr., den der römische Kaiser Vespasian persönlich adoptierte, hielt für die Römer die Geschichte seines gerade besiegten Volkes fest und schuf damit ein Quellenwerk ersten Ranges für jeden Historiker, der sich mit dem *Alten* und *Neuen Testament* befasst. Über den Ort, an dem die Streitwagen des Pharao die fliehenden Israeliten stellten, schrieb Flavius Josephus:

> »So hielten sie diese zwischen unzugänglichen Abhängen und dem Meer eingeschlossen. Denn an letzteres grenzt ein steiles und unwegsames Gebirge, das jeden Ausweg abschneidet. Zwischen diesem und dem Meere saßen also die Hebräer fest, und den einzigen Ausweg in die Ebene hatten die Ägypter durch ein hier angelegtes Lager versperrt.«

Besser hätte niemand den von hohen Bergen umlagerten Strand von Nuweiba beschreiben können, den außer der schmalen und leicht zu bewachenden Küstenstraße tatsächlich nur diese Schlucht mit dem Landesinneren verbindet. Der Strand war jedenfalls breit genug, um Hunderttausenden Menschen Platz zu bieten.
»Glaubst du also, dass es tatsächlich hier war, wo die Israeliten das Rote Meer durchquerten?«, riss mich Yuliya aus meinen Gedanken.

»Nein, Yuliya, das ist eher unwahrscheinlich. Denn es gibt hier zwar eine Erhebung auf dem Meeresgrund, die bis ans andere Ufer, nach Saudi Arabien, führt, aber sie befindet sich in 750 Metern Tiefe. Keine Kraft der Welt hätte das Wasser so hoch auftürmen können. Aber ich glaube, dass man diese Stelle zur Zeit des Herodes für den Schauplatz des Exodus-Geschehens hielt, weil die Erinnerung an die authentische Stätte längst verloren gegangen war. Deshalb könnte Herodes oder einer seiner Vorgänger tatsächlich diese Säule errichtet haben, um an den Durchzug der Israeliten zu erinnern.«
»Aber liegt nicht der biblische Berg Horeb in der falschen Richtung, nämlich hier auf dem Sinai?«
»Nun, zumindest der Berg, den man seit dem späten 4. Jahrhundert für den Berg Horeb hält. Zuvor war man allerdings anderer Meinung. Der heilige Paulus etwa schrieb im *Galaterbrief* vom ›Berg Sinai in Arabien‹ (Gal 4,25). Auch andere frühe Quellen verweisen auf einen Berg im Grenzland zwischen Jordanien und Saudi Arabien. Dem *Buch Exodus* zufolge lag der Berg Horeb im Lande Midian (Ex 2,15; 3,1), dem Nordwesten des heutigen Saudi Arabiens. Flavius Josephus dagegen muss eher an das heutige Jordanien gedacht haben, denn er verlegt den Kampf mit den Amalekitern in die Region »von Gobolitas und Petra«, wobei mit *Gobolitas* die römische Gebalene, das heutige Djebal-Gebirge südöstlich des Toten Meeres, gemeint ist. Dem stimmte der erste Kirchengeschichtler Eusebius von Caesarea zu, der um 310 ein Lexikon biblischer Ortsnamen, das sogenannte *Onomasticon*, herausgab. Auch darin heißt es, die Amalekiter hätten im Gebiet der Felsenstadt Petra gelebt. Den Gottesberg Horeb lokalisierte Eusebius »jenseits von Arabien in der Wüste«, also außerhalb der römischen Provinz *Arabia*, die den Westen des heutigen Jordaniens, den Süden Israels und die Halbinsel Sinai umfasste. Der Kirchenvater Hieronymus ergänzte, der Horeb würde »in der Wüste und in den Bergen der Sarazenen« liegen, wie damals die nordwestarabischen Stämme hießen. Das ist schon deshalb plausibel, weil der Sinai in biblischer Zeit zu Ägypten gehörte. Das *Wadi Arish*, das die Bibel den *Bach Ägyptens* nennt, galt als die natürliche Landesgrenze. Es liegt im Nordosten der Halbinsel, nur 45 Kilometer vom Gaza-Streifen entfernt. Auf dem Sinai befanden sich wichtige Kupfer- und Tür-

kisminen der Ägypter, waren Soldaten stationiert. Das macht es eher unwahrscheinlich, dass Moses sich hier versteckte. Insofern spricht schon einiges für die Deutung von Flavius Josephus, Eusebius und Hieronymus.«

»Interessant«, erwiderte Yuliya, »doch soweit ich weiß, steht im *Buch Exodus* nicht, dass die Israeliten das *Rote Meer* durchquerten, es ist vom *Yam Suph*, dem *Schilfmeer*, die Rede.«

»Das ist durchaus richtig«, stellte ich fest, »deshalb nahm eine Reihe von Exegeten an, damit sei vielleicht der *Große Bittersee* gemeint, ein Binnensee, durch den heute der Suezkanal verläuft. Dagegen aber spricht, dass wir den gleichen Begriff, *Yam Suph*, auch im biblischen *Buch der Könige* finden, dieses Mal mit einer eindeutigen Lokalisierung: ›König Salomo baute auch eine Flotte in Ezjon-Geber, das bei Elat an der Küste des Schilfmeers in Edom liegt.‹ (1 Kön 9,26) Elat entspricht dem heutigen Eilat am Südzipfel Israels. Wenn Salomo von dort seine Flotte aussandte, um Gold aus dem sagenhaften Land Ofir zu holen, das irgendwo am Horn von Afrika lag, dann konnte mit dem *Schilfmeer* nur der Golf von Aqaba gemeint sein. Auch das *Buch Exodus* lokalisiert das *Schilfmeer* dort, wenn es die Grenzen des *Gelobten Landes* beschreibt: ›Ich setze deine Landesgrenzen fest vom Schilfmeer bis zum Philistermeer, von der Wüste bis zum Strom.‹ (2 Mos 23,31) Da mit dem *Philistermeer* nur die levantinische Mittelmeerküste gemeint sein kann, an der die Philister siedelten, muss sich der Begriff *Schilfmeer* auf das zweite Gewässer beziehen, an das Israel noch heute grenzt: den Golf von Aqaba, den östlichen Ausläufer des Roten Meeres.«

»Doch was ist das für ein seltsamer Name, Schilfmeer?«, warf Yuliya ein. »Bekanntlich wächst im Salzwasser kein Schilf. Spricht das nicht eher für die Gleichsetzung mit einem Binnensee aus Süßwasser?«

»Gerade nicht«, lautete meine Antwort, »denn als der tschechische Orientalist und Geograf Alois Musil zu Anfang des 20. Jahrhunderts den Golf von Aqaba bereiste, beschrieb er ein seltsames Phänomen: Das Küstengewässer enthielt Süßwasser! Es stammte aus den zahlreichen Quellen, die den Felsen am Meerufer entsprangen, gespeist mit Regenwasser aus den Bergen der *Arabah*. Ein früherer Reisender, der Brite Edward Robinson, beschrieb 1838 sogar einen ausgedehnten

Süßwassersumpf am Nordzipfel des Meerbusens, in dem Schilf wuchs. Dieses einzigartige geologische Phänomen könnte der Grund dafür gewesen sein, weshalb seine Anwohner den Golf von Aqaba *Schilfmeer* nannten.

Natürlich wissen wir nicht, ob das Volk Israel hier oder an einer anderen Stelle dieses *Schilfmeer* durchquerte. Es sind so viele Fragen offen, was den Exodus betrifft. Aber es sieht so aus, als hätten die Menschen zur Zeit Jesu geglaubt, dass es hier war. Davon zeugt diese Säule. Sie steht gleich im doppelten Sinn an der Grenze Ägyptens. Einmal, weil Nuweiba nur 60 Kilometer von Eilat entfernt liegt und hier immer schon die Grenze zwischen Ägypten und Kanaan verlief. Vor allem aber, weil es Gott selbst war, der den Ägyptern eine Grenze setzte, als er den Pharao durch eine Wolkensäule (2 Mos 14,19) stoppte: bis hierher und nicht weiter! Und deshalb bin ich fest davon überzeugt, dass es diese Säule ist, auf die sich der Prophet Jesaja bezog: ›An Ägyptens Grenze wird ein Steinmal für den Herrn aufgestellt.‹«

Yuliya wurde nachdenklich. Versonnen blickte sie hinaus auf das türkisfarbene Meer und die graublauen Berge Saudi Arabiens, die sich am anderen Ufer aus seinem Dunst erhoben.

»Ich weiß, was du denkst«, unterbrach ich sie, »dort drüben müsste man einmal forschen, nach Spuren des Exodus suchen. Aber leider ist nichts schwieriger, als eine Einreisegenehmigung für das Königreich Saudi Arabien zu bekommen. Dass wir uns dort frei bewegen, auf eigene Faust recherchieren könnten, ist aufgrund der politischen Lage zurzeit völlig ausgeschlossen. Leider hat der *Arabische Frühling* das genaue Gegenteil von dem bewirkt, was die *Facebook*-Aktivisten im Sinn hatten: Statt zu einer Öffnung und Liberalisierung führten die Aufstände in fast allen Ländern zu einem Erstarken der Islamisten und einer Verhärtung der Fronten. Wir können froh sein, dass sich Ägypten noch in einer Übergangsphase befindet. Wer weiß, ob wir in ein paar Jahren noch diese Reise hier machen können.«

»Apropos Reise«, warf Fado ein, »der Fahrer will wissen, wo wir als Nächstes hinfahren.«

»Zum *Djebal Musa*, dem Mosesberg.«

»Aber sagtest du nicht gerade, dass der echte Berg Horeb auf der anderen Seite des Roten Meeres liegen muss?«

»Das glaube ich. Aber wir wollen auch nicht auf den Berg, sondern zum Katharinenkloster, das zu seinen Füßen liegt. Und das bleibt einer der wichtigsten und heiligsten Orte der Christenheit, ganz gleich, ob Moses nun diesen Berg oder einen anderen bestiegen hat, um die Zehn Gebote zu empfangen.«

III Eine Zeitkapsel in der Wüste

Halbinsel Sinai, noch immer am 12 Mesori im 1727. Jahr der Ära der Märtyrer (18.8.2011)

Unsere gut einstündige Fahrt führte zunächst durch die Bergschlucht, die Nuweiba mit der Hochebene des Zentralsinai verbindet. Auffällig erinnert hier die Landschaft an das *Wadi Rum* in Jordanien, das als Kulisse für den Hollywood-Klassiker *Lawrence von Arabien* diente. Ein Meer feinen Sandes erstreckte sich zwischen bizarren Felsen, in Jahrtausenden von den Elementen geformt. Irgendwann erschienen am Horizont die vertrauten Konturen zweier Berge, die mir verrieten, wie nahe wir unserem Ziel waren. Noch einmal erstreckte sich vor uns eine sandige Hochebene, an deren Ende, wie zwei Hörner, die beiden fast gleich großen Gipfel in den Himmel ragten: Der 2285 Meter hohe *Djebel Musa* (»Mosesberg«) zur Rechten, der 2637 Meter hohe *Djebel Katrina* (»Katharinenberg«) zur Linken, dazwischen ein schmales Tal.

Ich muss zugeben, dass diese Landschaft etwas Majestätisches an sich hat, dass sie eine großartige Kulisse für die Verkündigung des *Alten Bundes* gewesen wäre und dass es leichtfällt, die »störenden Kleinigkeiten« zu übersehen, die dann doch daran zweifeln lassen. Dazu gehört, dass es in dieser riesigen Ebene nur einen einzigen Brunnen gibt, der heute auf dem Gelände des Katharinenklosters liegt, und dessen Wasser nie ausgereicht hätte, um Hunderttausende zu versorgen. Oder dass nicht der kleinste archäologische Fund vom Lager der Israeliten zeugt, dass auf dem gesamten Sinai nicht eine Spur vom Exodus und dem 40-jährigen Aufenthalt der Israeliten in der Wüste gefunden wurde.

Trotzdem, und das ist angesichts der grandiosen Kulisse verständlich, zog es seit dem 4. Jahrhundert christliche Einsiedler, Mönche und Pilger hierher. Den frühesten Bericht, der von diesen Gläubigen zeugt, verdanken wir einer Ordensfrau namens Egeria, die um das Jahr 383 n. Chr. aus Südfrankreich oder Nordspanien ins Heilige Land gereist war: »Es befinden sich an diesem Ort am Anfang dieses Tales sehr viele Einsiedeleien und eine Kirche. Vor eben dieser Kirche aber ist ein sehr anmutiger Garten mit bestem Wasser im Überfluss; in diesem Garten steht der Dornbusch … aus dem der Herr im Feuer zu Moses sprach.«

Irgendwann zwischen der Zeit des Eusebius, der den Sinai noch in der arabischen Wüste lokalisiert hatte, und Egerias Besuch muss die Verehrung dieser Stätte ihren Anfang genommen haben. Der Überlieferung nach war es die heilige Helena, der in einer Vision offenbart wurde, dass der Gottesberg auf der Halbinsel lag, der er fortan seinen Namen gab. Die Mutter Konstantins des Großen soll auch die Stifterin der kleinen Kirche gewesen sein, die Egeria in ihrem Bericht erwähnt.

Das Kloster, das heute an ihrer Stelle steht, stammt dagegen aus dem 6. Jahrhundert. Damals wurden die Eremiten, die in den Höhlen des Berges und in Hütten zu seinen Füßen lebten, so häufig von Beduinen überfallen, dass sie im Jahre 527 den damaligen byzantinischen Kaiser um Hilfe baten. Justinian (527–565), der selbst an der Sicherung seiner südöstlichen Reichsgrenze interessiert war, zeigte sich großzügig. Er ließ für die Mönche nicht nur ein befestigtes und von hohen Mauern umgebenes Kloster errichten, sondern stationierte dort auch noch eine Söldnertruppe zu ihrem Schutz. Nie hätte der Kaiser sich träumen lassen, dass seine Gründung die nächsten 1500 Jahre überdauern und eines Tages die letzte byzantinische Bastion auf dem afrikanischen Kontinent sein würde.

Die nächsten 100 Jahre gelten als die eigentliche Blütezeit des jungen Klosters. Aus dieser Zeit stammen die Anfänge zweier Sammlungen, die das *Marienkloster*, wie es damals hieß, berühmt gemacht haben. Seine großartigen Ikonen und seine einzigartige Bibliothek waren auch der eigentliche Grund, weshalb ich das heutige *Katharinenkloster* besuchen wollte.

Gegen 14.00 Uhr klopften wir das erste Mal an seine verschlossene Pforte, die längst den ursprünglichen Zugang abgelöst hat. Von ihm zeugt noch ein hölzerner Erker, der aus den trotzigen Mauern herausragt und über einen hochklappbaren Boden verfügt. In seinem Innern steht eine Winde mit einem festen Tau, an dem ein Korb hing. Bei Bedarf konnte der Korb heruntergelassen werden, um angelieferte Güter oder Menschen aufzunehmen, die einzeln hochgezogen wurden. So verhinderte man, dass sich unliebsamer Besuch Zutritt verschaffte. Erst im 20. Jahrhundert durchbrach man die mächtigen Mauern und schuf einen bequemen Seiteneingang, den nur eine Holztür schützt. Doch jetzt, so schien es, hielten die Mönche ihre Siesta. So beschlossen wir, es eine Stunde später noch einmal zu versuchen, und die Zeit dafür zu nutzen, das umliegende Gelände ausgiebig zu inspizieren.

Doch auch um 15.00 Uhr blieb die Klosterpforte verschlossen. Erst eine Viertelstunde später hörten wir Stimmen, dann öffnete sich die Tür. Ein bärtiger Mönch im Wickelgewand der Griechisch-Orthodoxen ließ gerade zwei russische Pilger hinaus, die er wohl gerade durch das Kloster geführt hatte. Yuliya sprach ihn auf Russisch an, er ließ uns hinein; erst später stellte sich heraus, dass er auch fließend Englisch sprach.

Pater Gregorios war bereit, uns das Kloster zu zeigen, das innerhalb seiner Mauern wie ein dicht gedrängtes, kleines Dorf erschien. Vorbei am Mosesbrunnen, an dem der biblische Prophet seine spätere Frau Zipporah getroffen haben soll, führte er uns zu seinem wichtigsten Heiligtum, den *Brennenden Dornbusch*. Das immergrüne Gewächs quillt aus seiner uralten Ummauerung hervor, seine Ranken hängen bis zum Boden herunter. Ist dieser Busch tatsächlich ein Ableger des Dorns, der in ihn nie verzehrenden Flammen stand, als Gott sich das erste Mal dem Propheten Moses offenbarte?

> »Mose weidete die Schafe und Ziegen seines Schwiegervaters Jitro, des Priesters von Midian. Eines Tages trieb er das Vieh über die Steppe hinaus und kam zum Gottesberg Horeb. Dort erschien ihm der Engel des Herrn in einer Flamme, die aus einem Dornbusch emporschlug. Er schaute hin: Da brannte der Dornbusch und verbrannte doch nicht. (…) Als der Herr sah, dass Mose näher kam, um sich das anzusehen, rief Gott ihm aus dem Dornbusch zu: Mose, Mose! Er antwortete: Hier

> bin ich. Der Herr sagte: Komm nicht näher heran! Leg deine Schuhe ab; denn der Ort, wo du stehst, ist heiliger Boden.« (Ex 3, 1–5)

Zumindest in diesem Moment wünschten wir, glauben zu können, dass es wirklich an dieser Stelle war. Dieser Glaube jedenfalls gab seit 1700 Jahren Mönchen die Kraft, die Strapazen und Entbehrungen des Wüstenlebens auf sich zu nehmen, er lockt bis auf den heutigen Tag Pilger aus aller Welt an und macht diese Stätte einzigartig, ja er heiligt sie. Zumindest symbolisch steht sie für den ersten Bund, den Gott mit den Menschen schloss, für den Heilsplan, der in Jesus von Nazareth seine Vollendung fand.

Der Glaube, dass hier »heiliger Boden« ist, ließ das Kloster am Fuße des zum Gottesberg erklärten *Djebal Musa* zu einer einzigartigen Zeitkapsel werden. So, wie hier angeblich ein Dornbusch seit 3500 Jahren wächst, gedeiht und immer neue Ableger hervorbringt, so überdauerten an diesem Ort auch einige der wichtigsten Zeugnisse aus der Frühzeit des Christentums. Um sie zu schützen, hat das Hightech-Zeitalter in diesem Kloster Einzug gehalten. Längst werden seine Schätze nicht mehr in der Vorkammer der weihrauchgeschwängerten Kirche verwahrt, wie es noch bei meinem ersten Besuch vor fast 20 Jahren der Fall war, sondern hinter Panzerglas in einem modernen, klimatisierten Museum, in das uns Pater Gregorios nicht ohne Stolz führte.

Dort sind Ikonen zu sehen, die einzigartig auf der Welt sind, und doch stellen sie nur eine bescheidene Auswahl dar. Über 2000 Heiligenbilder aus 1500 Jahren Geschichte besitzt das Kloster, viel zu viele, um sie alle zu zeigen. Die Ikonen des Katharinenklosters gehören zu den ältesten der Christenheit; die ersten von ihnen hat Kaiser Justinian im 6. Jahrhundert gestiftet. Einzig einem glücklichen Zufall ist es zu verdanken, dass sie die Wirren der Zeit überdauerten.

Gleich zweimal wurde das oströmische Reich von einer Welle des Ikonoklasmus erschüttert. Die erste befahl der aus Syrien stammende byzantinische Kaiser Leo III., wahrscheinlich beeinflusst von islamischen Ideen. Im Jahre 730 ordnete er in seinem ganzen Reich die Zerstörung der heiligen Bilder an, deren Verehrung für ihn Götzendienst war. Teile der Kirche gehorchten, andere leisteten erbitterten

Widerstand. Gut ein Jahrhundert dauerte der Streit zwischen *Ikonoklasten* (Bilderzerstörern) und *Ikonodulen* (Bilderverehrern) an. Nicht einmal das *Zweite Konzil von Nicäa* (787) konnte ihn schlichten, zumal bald darauf, nämlich 815, Kaiser Leo V. erneut die Zerstörung aller Ikonen befahl. Erst ein kaiserliches Dekret aus dem Jahre 843, verfasst von der Kaiserin Theodora, ließ die Anfertigung und Verehrung der heiligen Bilder wieder zu. Doch das bedeutete, dass man praktisch neu beginnen musste; fast alles, was vor dem 8. Jahrhundert entstanden war, war zu diesem Zeitpunkt längst unwiederbringlich zerstört.

Doch es gab Ausnahmen. Da der römische Papst als Patriarch des Westens von Byzanz unabhängig war und den Ikonoklasmus von Anfang an verurteilt hatte, waren einige der kostbarsten Bilder von gläubigen Ikonodulen nach Italien gebracht worden; die meisten von ihnen hängen noch heute in römischen Kirchen. Auch der Sinai war vom Ikonoklasmus verschont geblieben; er lag längst im Herrschaftsgebiet der muslimischen Araber, die sich wenig um das *Katharinenkloster* kümmerten, weil es viel zu weit von ihren Karawanenrouten entfernt lag. Zudem konnten seine Mönche einen (wenn wohl auch geschickt gefälschten) Schutzbrief des Propheten Muhammad vorweisen, der ihnen für alle Zeiten Unversehrtheit garantierte. So blieben zu Füßen des Mosesberges Werke erhalten, die uns einen nahezu einzigartigen Eindruck von der geheimnisvollen Schönheit der frühbyzantinischen Kunst vermitteln. Zu ihnen zählt die wohl eindrucksvollste Christikone, die je gemalt wurde. Sie zeigt den segnenden Gottessohn in überirdischer Würde, ein reich geschmücktes Evangeliar in der linken Hand. Ihre besondere Ausdruckskraft verdankt sie wie die anderen frühen Ikonen einer Maltechnik, die spätestens mit dem Ikonoklasmus in Vergessenheit geriet: der *Enkaustik*. Dabei wurden in Wachs gebundene Farbpigmente noch heiß auf den Untergrund aufgetragen, was man als »einbrennen«, griechisch *enkaio*, bezeichnete. Dieses Verfahren war so aufwendig, dass es schon im 6. Jahrhundert durch die weitaus weniger beständige Malerei mit Eitempera abgelöst wurde. Der Ursprung dieser Maltechnik aber war Ägypten, wo man in der Oase von Fayum die herrlichsten Beispiele vorchristlicher Enkaustik fand.

Entdeckt hatte sie einer der bekanntesten Ausgräber des pharaonischen Ägyptens, der Brite Sir William Matthew Flinders Petrie. 1888 grub er neben der Pyramide des Pharaos Amenemhet III. (1842–1795 v. Chr.), in der Hoffnung, auf einen Friedhof aus der 12. Dynastie zu stoßen. Als seine Arbeiter stattdessen Gräber aus der Römerzeit fanden, wollte er enttäuscht abbrechen. Doch dann holten ihn seine Helfer zu der Fundstelle. Auf einer der Mumien war ein dünnes Holzbrett befestigt, auf das ein Künstler das Porträt der Toten gemalt hatte – so realistisch und fein, dass es Petrie erschien, als schaue ihn das wunderschöne junge Mädchen direkt an. Für ihn war es Verzauberung auf den ersten Blick.

Natürlich ließ der Brite weitergraben, um noch andere dieser geheimnisvoll-schönen Mumienporträts zu finden, die bislang nur aus dem Antiquitätenhandel bekannt waren. Als entsprechend umstritten galten sie dann auch; Kunsthistoriker glaubten zunächst an Fälschungen, weil sie ein absolutes Novum waren. In ihrem schockierenden Realismus sprengten sie alles, was man bislang als ägyptische Kunst definiert hatte. Erst Petries Ausgrabung ließ die Zweifler verstummen und ermöglichte zudem eine sichere Datierung: Die Tafelbilder stammten aus dem 1.-4. Jahrhundert n. Chr., der Zeit der römischen Besatzung Ägyptens. Zu dieser Zeit muss ein regelrechter Paradigmenwechsel in der Kunst stattgefunden haben, den man als die *Entdeckung des Individuums* bezeichnen kann. Zog man bis dahin idealisierte Stereotypen vor, sind die Mumienporträts von Fayum so unverwechselbar und einzigartig wie Passbilder.

500 bis 600 von ihnen wurden zumindest bis 1961 gefunden, schätzt die Wiener Kunsthistorikerin Hilde Zaloscer. Eine Zahl, die wahrscheinlich stark untertrieben ist; Hunderte weitere mögen sich in Privatsammlungen befinden. Doch drei Schlussfolgerungen lässt auch das publizierte Material zu. Erstens: Die Ägypter hatten mit der *Enkaustik* eine bis dahin in der Welt einmalige Technik entwickelt, in strahlenden Farben zu malen, die Jahrtausende überdauerten. Diese Technik wurde spätestens seit dem 4. Jahrhundert von den Christen übernommen, als sie begannen, ebenfalls auf Holzbrettern Ikonen der Gottesmutter und ihrer Heiligen zu *schreiben*, wie man in der Orthodoxie sagt, weil es eben keine Kunst, sondern *Hagiographie* ist.

Zweitens: Die Ägypter malten die Gesichter der Toten so realistisch und lebendig, wie es keine anderen Künstler der Antike taten; erst seit der Renaissance erreichte die Porträtkunst wieder ein so hohes Niveau.
Und drittens: Es kann kein Zweifel daran bestehen, dass nicht nur die Technik der *Enkaustik*, sondern auch Malstil und Perspektive der Tafelbilder von Fayum von der christlichen Ikonenmalerei übernommen wurden. Die Mumienporträts sind jedenfalls von der gleichen gelassenen und ernsten Eindringlichkeit wie die Heiligenbilder der Christen.
Auch ihre Funktion entsprach der einer Ikone. Diodorus Siculus, ein griechischer Geschichtsschreiber des 1. Jahrhunderts v. Chr., berichtet, auf welch engem Raum viele Ägypter mit ihren Toten lebten. Wer sich keine eigene Grabkammer leisten könne, so der Grieche, »baut eine neue Kammer in seinem Haus und stellt den Sarg (mit der Mumie) aufrecht an die stabilste Mauer.«
Das Abbild des Toten auf seiner Mumienmaske sollte seine Verwandten erahnen lassen, dass er im Jenseits weiterlebt. Einige der Fayum-Porträts weisen Gebrauchsspuren auf, die darauf hindeuten, dass sie zunächst im Haus des Toten aufgehängt wurden, bevor man sie mit der Leiche bestattete. Wahrscheinlich geschah dies in den 40 Tagen, die der Tote in einer Lauge aus Natronsalz lag, um völlig auszutrocknen und mumifiziert werden zu können; die noch heute übliche 40-tägige Trauerzeit um einen Toten hat darin ihren Ursprung.
Dass die Sitte, realistische Porträts geliebter Personen anzufertigen, zumindest bei einigen ägyptischen Christen auf die Heiligen übertragen wurde, beweist schon die Kritik der Kirchenväter des 2. Jahrhundert an der Praxis synkretistischer Sekten aus Ägypten, sich »Abbilder« von Pythagoras, Plato, Aristoteles und Jesus zu machen und diese zu verehren.
Doch trotz dieser ersten Skepsis muss etwas die Christen davon überzeugt haben, die Praxis der Ikonenverehrung von den Ägyptern zu übernehmen. Dabei weiß die Tradition von zwei entscheidenden Faktoren: Zum einem dem Auftauchen eines »nicht von Menschenhand gemalten« Christusporträts im syrischen Edessa (heute *Sanli Urfa* in der Türkei), mit dem Gott selbst in seiner Menschwerdung

das alttestamentliche Bilderverbot aufhob; man setzt es heute mit dem *Turiner Leichentuch* gleich. Zum anderen einem geheimnisvollen Marienbild, das keinem Geringeren als dem Evangelisten Lukas zugeschrieben wurde. Es befindet sich heute in Rom, im *Rosenkranzkloster* auf dem Monte Mario und wurde unter dem Namen *Maria Advocata* bekannt.

Natürlich ist es unmöglich zu bestimmen, wer die vielleicht älteste Ikone der Christenheit, das *römische Lukasbild*, wirklich gemalt hat, doch so viel ist sicher: Die verwendete Technik, die *Enkaustik*, ist ägyptisch, die verwendete Perspektive, das gerundete Gesicht, dagegen typisch für die syrische Kunst. Das schließt den Evangelisten zumindest nicht als Maler der *Advocata* aus. Wir wissen von ihm, dass er Syrer war und aus Antiochia stammte. Von Beruf war er Arzt. Viele große Ärzte der Antike haben in Ägypten studiert, das in den medizinischen Wissenschaften führend war. Galt das auch für Lukas? Tatsächlich glauben die Kopten, dass der Evangelist im späten 1. Jahrhundert das Gebiet um Theben in Oberägypten besuchte. Gut möglich, dass dies nicht sein erster Besuch im Nilland war.

Leider ist von Ägyptens frühesten Ikonen wenig erhalten geblieben, seit der muslimische Kalif Yazid II. 721 die Zerstörung aller christlichen Bilder in seinem Reich befahl. Nur der Sinai blieb, wie gesagt, auch davon ausgenommen.

Von dem zweiten, vielleicht noch bedeutenderen Schatz des *Katharinenklosters* zeugte in seinem Museum nur ein aufgeschlagenes Doppelblatt, jede Seite sauber in vier Spalten auf Griechisch beschrieben. Dieses Pergament ist das einzige verbliebene Relikt des berühmten *Codex Sinaiticus*, einer der beiden ältesten vollständigen Bibelhandschriften der Welt, die im 19. Jahrhundert in der Klosterbibliothek entdeckt und von einem skrupellosen Deutschen entwendet worden war.

Weit über 3000 seltene Handschriften umfasst die Klosterbibliothek, die meisten auf Griechisch (über 2000), viele auf Arabisch (etwa 700), aber auch in syrischer (etwa 300), georgischer (ca. 100) und slawischer (40), nur eine in lateinischer Sprache verfasst. Die Schriften wurden ursprünglich in der Sakristei, seit 1743 aber in einer eigenen Bibliothek verwahrt, die bald schon aus allen Nähten platzte. Der

Ruf dieser einmaligen Sammlung uralter Manuskripte zog Gelehrte aus aller Welt an, darunter den Deutschen Constantin Tischendorf (1815–1874).

Tischendorf entstammte einer protestantischen Akademikerfamilie und war schon früh von den Schriften der klassischen Antike fasziniert. Bei seinem Studium der Theologie und Philologie begeisterte er sich für die Mystik, wohingegen er der in seiner Zeit aufkommenden *historisch-kritischen Exegese* zunehmend skeptisch gegenüberstand. Sie war ein Versuch protestantischer Theologen, den Geist der Aufklärung in die Bibelwissenschaft zu tragen, der schließlich mit Bultmann im 20. Jahrhundert seine Fortsetzung fand.

Übernatürliches durfte es nach ihrer Lesart nicht geben, also wurden die Wunderberichte des *Alten* und *Neuen Testamentes* einer späten Abfassung zugeschrieben, zu einer Zeit, als sich das Historische angeblich bereits mit dem Mythischen vermischt hätte. Jesus, so behauptete etwa David Friedrich Strauß in seinem 1835 erschienenen *Das Leben Jesu*, würde uns in den Evangelien »in dem Gewande alttestamentlicher, messianischer Ideen und urchristlicher Erwartungen entgegentreten«. Ziel der Exegese sei es, den Nazarener von all diesen »Projektionen« zu befreien und so den »historischen Jesus« freizulegen. Mit dem Jesus des christlichen Glaubens hatte dieser freilich nur noch wenig gemein.

Für Tischendorf dagegen war die Bibel Wort für Wort die heilige Offenbarung Gottes, die nicht infrage gestellt werden durfte. Um dies zu beweisen, um die *Entmythologisierer* »mit den Waffen der Wissenschaft aus dem Feld zu schlagen«, beschloss er, in den Orient zu reisen und die frühesten Kopien der Evangelien aufzuspüren. Sie sollten belegen, dass ihr Text doch aus der Zeit der Augenzeugen stammt und unverändert überliefert wurde. Doch dazu galt es, den Urtext der Evangelien, die Ur-Bibel gewissermaßen, zuverlässig zu rekonstruieren.

Nach seiner Habilitation als Privatdozent in Leipzig tätig, wartete Tischendorf zunächst auf sein Erbe, um für sein Forschungsprojekt finanziell unabhängig zu sein. Als er dann noch einige wohlhabende Sponsoren gefunden hatte, begann seine große Reise auf den Spuren der frühesten Version der Heiligen Schrift. In London inspizierte er den *Codex Alexandrinus*, eine griechische Handschrift aus dem 5. Jahrhundert, die der melkitische (griechisch-orthodoxe) Patriarch von Alexandria, Kyrillos Loukaris, im Jahre 1627 dem britischen König Karl I. geschenkt hatte. In Paris gelang es dem Theologen und Philologen, den *Codex Ephremi* zu entziffern, eine Bibelhandschrift aus dem 5. Jahrhundert, die im 12. Jahrhundert mit einem Text des syrischen Kirchenvaters Ephraim überschrieben worden war (die Fachwelt spricht hier von einem *Palimpsest*). Sein Wunsch, den *Codex Vaticanus* aus dem 4. Jahrhundert zu studieren, ging dagegen nicht in Erfüllung; an ihm arbeiteten damals andere, renommiertere Gelehrte. Nur an zwei Tagen durfte er jeweils drei Stunden lang das kostbare Manuskript einsehen. So beschloss der Deutsche, im Orient selber nach möglichst frühen Textzeugen zu suchen.

Im März 1844 bestieg Tischendorf im italienischen Livorno ein Schiff, das ihn über Sizilien, Malta und Griechenland ins ägyptische Alexandria bringen sollte. Von dort aus reiste er zunächst nach Kairo, wo er sich mit den notwendigen Empfehlungsschreiben versorgte, dann weiter in den Sinai. Dort wollte schon 1761 der italienische Naturforscher Vitaliano Donati eine uralte, handgeschriebene Bibel gesehen haben.

Vor den Mauern des Klosters angekommen, überzeugten Tischendorfs Referenzen die Mönche, ihn einzulassen. Doch obwohl man ihn gastfreundlich empfing, konnte der Protestant sich für die orthodoxen Gottesmänner nicht erwärmen. Er hielt sie für falsch und verlogen, ungebildet und primitiv; und das mussten sie schon deshalb sein, weil sie die Bedeutung seiner Mission nicht sofort erkannten.

Doch wie sollten sie auch? Kritik am Wortlaut der Evangelien ist noch heute in den Ostkirchen verpönt, sie gelten als authentisch überliefert seit den Tagen der Apostel. Keinem orthodoxen Theologen würde es je in den Sinn kommen, die Lesart, die man seit Jahrhunderten benutzt, infrage zu stellen. In seinem Glauben zählen keine Äußerlichkeiten; er ist für ihn keine Sache des Verstandes und der intellektuellen Auseinandersetzung, sondern des Herzens.

Jedenfalls fühlte sich Tischendorf ständig misstrauisch beäugt und war überzeugt, dass die Mönche ihre Schätze vor ihm versteckten, statt ihn in ihre Geheimnisse einzuweihen. Wurden seine Wünsche nicht umgehend erfüllt, konnte er wütend und regelrecht ausfallend werden; dem Superior des Klosters, der von der Insel Kreta stammte, warf er schließlich vor, von »ausgeprägtester Falschheit«, ja »wie alle Kreter« ein Lügner zu sein.

Doch dann, er durchstöberte gerade die Bibliothek, fiel sein Blick auf einen Korb, aus dem eine mit großen Buchstaben beschriftete Pergamentseite ragte. Fein säuberlich war auf ihr, vierspaltig und in einer spätantiken Unzialschrift, eine Passage aus dem *Alten Testament* niedergeschrieben. Sofort begann der Deutsche, den Korb zu untersuchen, in dem sich ganze 129 Blätter in der gleichen Handschrift befanden. Sie mussten, das war ihm sofort klar, aus einer sehr alten Bibelhandschrift stammen. Zu sehr glichen sie den Seiten des *Codex Vaticanus*, den er in Rom begutachten durfte.

Fortan war Tischendorf überzeugt (oder ließ seine Förderer zumindest glauben), die wertvollen Blätter aus einem Mülleimer gerettet zu haben. So schrieb er 1871 in seinem Buch *Die Sinaibibel – Ihre Entdeckung, Herausgabe und Erwerbung*:

> »In demjenigen Raum, der die Bezeichnung Bibliothek genießt, standen rings herum an den Wänden auf Regalen gedruckte und geschriebene Bücher aufgestellt. Ich durchmusterte sie einzeln. In der Mitte der Bibliothek stand aber auch ein großer Korb mit Überresten schadhafter Handschriften. Als ich an die Prüfung desselben ging, bemerkte Kyrillos, der Bibliothekar, dass schon zweimal der Inhalt des Korbs ins Feuer geworfen sei. Es lag also jetzt die dritte Füllung vor, die allem Anschein nach dieselbe Bestimmung hatte. Wie erstaunt musste ich daher sein, als ich daraus eine Anzahl griechisch beschriebener Pergamentblätter von größtem Formate hervorzog, deren paläographische Erscheinung auf das höchste Alter schließen ließ.«

Der fragliche »Papierkorb« steht heute im Museum des Katharinenklosters, gleich neben dem Codex-Fragment, als stumme Anklage an Tischendorf. Denn natürlich haben die griechischen Mönche keine Bibelhandschriften verbrannt, wie der Deutsche weismachen wollte. Vielmehr dienten Körbe wie dieser zunächst der Aufbewahrung von

Schriftrollen, später dann der Sammlung und Lagerung einzelner Pergamentblätter. Für jeden, der etwas von alten Handschriften versteht, muss Tischendorfs Behauptung wie ein schlechter Scherz erscheinen. Denn Pergament, das nichts anderes als dünn geschabtes Leder ist, brennt schlecht. Zudem ist es als Werkstoff so wertvoll, dass man es sicher nicht vernichtet, sondern wiederverwertet hätte. Denn genau das ist ein *Palimpsest*: ein neu beschriebenes Pergament, dessen ursprüngliche Beschriftung zuvor fein säuberlich abgeschabt worden war.

»Das wusste Tischendorf, der in Paris mit einem solchen Palimpsest gearbeitet hatte, nur allzu gut«, erklärte uns Pater Gregorios nicht ohne einen Hauch von Zorn in seiner Stimme. »Aber es ging ihm nicht um die Wahrheit. Es ging ihm darum, uns als Dummköpfe und Ignoranten darzustellen und damit zu rechtfertigen, dass er uns bestohlen hat.«

Bei Tischendorf liest sich das freilich anders. Der freundliche Kyrill habe ihm die ersten 43 Blätter »auf meinen Wunsch abgetreten«, also geschenkt. Erst als er um die restlichen 86 Blätter bat, habe der Superior, »obschon er keine Kenntniss von der Sache selbst verrieth«, ihm diese verweigert.

Also musste er einen anderen Weg wählen, um dennoch sein Ziel zu erreichen. Zunächst kehrte er nach Leipzig zurück, wo er die erbeuteten 43 Seiten 1846 zu Ehren seines Gönners, des sächsischen Königs Friedrich-August II., unter dem Titel *Codex Frederico-Augustanus* veröffentlichte. Er war jetzt ein gefeierter Gelehrter mit Zugang zu den höchsten Kreisen der Gesellschaft, zudem Professor und später Ordinarius für Theologie und biblische Paläografie.

Doch dafür, ihn wieder nach Ägypten zu schicken, am besten mit den notwendigen Geldmitteln, um die verbliebenen Blätter anzukaufen, schien sich der sächsische Hof nicht zu interessieren. Bei seiner zweiten Reise in den Sinai 1853 waren die 86 Seiten zu allem Übel verschwunden, und Tischendorf fürchtete, die Mönche hätten sie an einen reichen Engländer verkauft. Erst als alle Versuche, den vermeintlichen Rivalen aus der Reserve zu locken, scheiterten, machte er sich wieder Hoffnung, auch noch in den Besitz der restlichen Pergamentblätter zu gelangen.

Anlass dazu gab ihm ein vielversprechender Kontakt, den er nach Russland geknüpft hatte. Dort gelang es Tischendorf, Zar Alexander II. für die Finanzierung einer dritten Expedition zu gewinnen. Mit üppigen Geldmitteln ausgestattet, sich mehr wie ein russischer Prinz denn wie ein deutscher Gelehrter gebend, traf Tischendorf 1859 zu seinem dritten und letzten Besuch im Katharinenkloster ein. Das Empfehlungsschreiben des politischen Oberhauptes der orthodoxen Welt steigerte freilich sein Ansehen und öffnete ihm die letzten bis dahin noch verschlossenen Türen.

Schließlich lud ihn der *Oikonomos*, der Finanzverwalter des Klosters, in seine Zelle ein. Dort zeigte er ihm, in ein rotes Tuch gehüllt, einen ganzen Stapel beschriebener Pergamente. Schnell erkannte der Deutsche, dass darunter nicht nur die 86 von ihm zurückgelassenen Blätter waren; er zählte sogar 347 Seiten. Offenbar hatten die Mönche auf eigene Faust ihre Bestände durchsucht und den wertvollen Codex bis auf die damals von ihm »erbeuteten« 43 Seiten (wenn auch nach wie vor unvollständig) rekonstruiert. Für Tischendorf ging in diesem Augenblick ein Lebenstraum in Erfüllung: Er hatte endlich seinen Schatz gefunden!

Der *Oikonomos* erlaubte ihm, die Pergamentblätter mit in sein Zimmer zu nehmen. Staunend stellte der deutsche Professor fest, dass sie offensichtlich Teil einer der frühesten Gesamtausgaben des *Alten* und *Neuen Testamentes* gewesen waren. Neben einem Großteil ihrer Bücher gehörten zu ihr auch zwei heute als *apokryph* geltende Schriften, die damals noch dem Kanon zugerechnet wurden: Ein Brief des Apostels Barnabas und der *Hirte*, die Schilderung einer Engelsoffenbarung, die einem gewissen Hermas, dem Bruder von Papst Pius I. (140-155 n. Chr.), zugeschrieben wurde.

Nur wenige Tage später schrieb Tischendorf seiner Frau in Leipzig, was diese Nacht für ihn bedeuten sollte:

> »Ich gehe im Namen des Herrn und suche nach Schätzen, die seiner Kirche Frucht tragen sollen: jetzt wusste ich es und erschrak wahrhaftig vor der Wahrheit selber. Dieser Fund ist ein Ereignis. Die ganze Handschrift, so, wie sie nun ist, ist ein unvergleichliches Kleinod für die Wissenschaft und die Kirche.«

Doch als der Deutsche ihm am nächsten Morgen für das Manuskript sein ganzes Gold anbot und noch dazu »eine beträchtliche Schenkung an das Kloster« in Aussicht stellte, lehnte der *Oikonomos* gelangweilt ab. Nur im Austausch gegen eine politische Protektion durch den Zaren und eine größere Stiftung sei er bereit, sich von den Pergamenten zu trennen. Bis dahin dürfe Tischendorf aber gerne eine wissenschaftliche Veröffentlichung des Manuskriptes vorbereiten. Es wurde ihm sogar erlaubt, es mit nach Kairo zu nehmen, wenn er dort besser arbeiten könnte. Er müsse bloß in einem Dokument versichern, nach Beendigung seiner Arbeit »dieses Manuskript der Heiligen Bruderschaft vom Sinai zurückzubringen, unbeschädigt und in gutem Erhaltungszustand, auf ihr frühestes Ersuchen.« Das handschriftliche Original des rechtsgültigen Vertrages hängt heute im Museum des Klosters. Er war das Papier nicht wert, auf dem er geschrieben wurde. Denn natürlich dachte Tischendorf nie daran, den Mönchen ihren Schatz zurückzugeben. Stattdessen kehrte er mit den 346 Seiten nach Europa zurück und präsentierte sie stolz in St. Petersburg. Pünktlich zur 1000-Jahr-Feier der russischen Monarchie, im Herbst 1862, sollte die wissenschaftliche Veröffentlichung des Codex vorliegen, mit der sich das Zarentum als Behüter der Orthodoxie feiern würde. Ihr umständlicher Titel spricht Bände: *Codex Bibliorum Sinaiticus Petropolitanus, unter den Auspicien Sr. Kaiserlichen Majestät Alexander II. dem Dunkel entzogen, nach Europa überbracht, zur Hebung und Verherrlichung christlicher Wissenschaft herausgegeben durch Constantin Tischendorf.*

Den Umstand, dass sich der Codex zu diesem Zeitpunkt offiziell noch im Besitz der Mönche befand, umging der listige Deutsche mit einem simplen Taschenspielertrick. Da die Mönche des Katharinenklosters zwischenzeitlich einen neuen Abt gewählt hatten, schrieb er diesem kurzerhand und fragte ihn, ob er etwas dagegen einzuwenden hätte, dass die Handschrift in St. Petersburg verbliebe. Als nicht gleich eine Antwort eintraf, wertete Tischendorf das als stillschweigendes Einverständnis. Schließlich wurde die Erwägung, den Codex dem Zaren möglicherweise gegen eine beachtliche Gegenleistung zu »schenken«, kurzerhand in eine tatsächliche Schenkung des Klosters an den Monarchen umgemünzt.

Erst nach jahrelangen Verhandlungen ließen sich die Mönche auf eine Entschädigungszahlung in Höhe von 9000 Goldrubeln – nach heutigem Wert etwa 300 000 Euro – ein. Tischendorf aber wurde für seine Verdienste in den russischen Adelsstand erhoben, bevor er fünf Jahre später, mit nur 59 Jahren, an den Folgen eines Schlaganfalls verstarb.

Doch die Geschichte des *Codex Sinaiticus*, wie er fortan hieß, endete keineswegs in St. Petersburg, sondern im *Britischen Museum* zu London. 1933 verkaufte ihn der sowjetische Diktator Joseph Stalin zur Finanzierung seines zweiten Fünfjahresplans gegen harte Devisen – 100 000 Pfund – an die Engländer.

Erst 1975 entdeckten die Mönche bei der Säuberung eines Raumes unter einer ihrer Kapellen 18 bislang unbekannte Blätter, die zur gleichen Handschrift gehörten. Auf weitere Fragmente, zur Bindung jüngerer Manuskripte verwendet, stießen britische Doktoranden 2009. Doch erst das digitale Zeitalter sollte zusammenführen, was so offensichtlich zusammengehört. 2006 hoben die *British Library*, die *Universitätsbibliothek Leipzig*, die *Russische Nationalbibliothek* und die Mönche des *Katharinenklosters* das Projekt *Codex Sinaiticus* aus der Taufe. Sein Ziel war, seine bekannten Bestandteile zu digitalisieren und vollständig ins Internet zu stellen. So ist der Gesamttext der neben dem *Codex Vaticanus* ältesten nahezu vollständig erhaltenen Bibelhandschrift der Welt seit Juli 2009 unter *www.codex-sinaiticus.net* online verfügbar.

Beide Codices sind wohl um das Jahr 324 entstanden. Damals, so berichtet uns Eusebius von Caesarea in seiner Kaiservita, gab Konstantin der Große zur Feier der Reichseinigung unter seiner Herrschaft 50 Prachtbibeln in Auftrag, die er unter den wichtigsten Bischofskirchen des Reiches verteilte. Bislang ungeklärt ist, wie das erst zwei Jahrhunderte später gegründete Katharinenkloster in den Besitz des Codex kam. Zumindest möglich ist, dass er für die Marienkapelle der hl. Helena bestimmt war, wahrscheinlicher aber, dass Kleriker aus dem Heiligen Land ihn 614 vor den anrückenden Persern in Sicherheit brachten. Nur hier, in dieser Zeitkapsel im Herzen der Wüste, gehütet von den letzten Byzantinern, konnte er die Wirren der nachfolgenden Jahrhunderte überdauern.

Wir dankten Pater Gregorios für die Führung und seine Erklärungen zu Tischendorf, die verständlich machten, weshalb die Bibliothek heute noch für Besucher geschlossen ist. Ein Blick auf die Uhr verriet, dass wir uns beeilen mussten: Ich wollte den legendären Gottesberg doch noch in der Abendsonne fotografieren, wenn sein Gipfel feuerrot leuchtet.

»Du weißt, weshalb die erste Kirche der heiligen Helena, weshalb das ganze Kloster einst Maria geweiht war?«, sprach mich Yuliya an, nachdem ich die letzten Bilder im Dämmerlicht geschossen hatte.

»Ich denke, es hängt mit dem Dornbusch zusammen«, erwiderte ich. Wird nicht Maria auf Ikonen auch als *brennender Dornbusch* bezeichnet und dargestellt?«

»Richtig«, bestätigte sie, »aber weißt du auch, weshalb?«

»Nein«, musste ich zugeben, »verrate es mir!«

»›Der Dornbusch ist ein Sinnbild für die reine Maria. Das Wort des Vaters kam und nahm durch sie Fleisch an. Das Feuer seiner Gottheit verbrannte den Schoß der Jungfrau nicht, und nachdem sie ihn gebar, blieb sie eine Jungfrau‹«, zitierte Yuliya einen alten Hymnus. »Deshalb verstehe ich nicht, weshalb das Kloster später zu Ehren der heiligen Katharina umbenannt wurde. Katharina lebte in Alexandria, erlitt dort ihr Martyrium. Was hat sie bittesehr mit dem Sinai zu tun?«

»Siehst du den Berg da links, gegenüber vom Mosesberg?«, fragte ich Yuliya und zeigte auf den Gipfel, der jetzt im Zwielicht lag. »Dort wurden der Legende nach ihre Reliquien entdeckt!«

Katharina von Alexandria wird im Westen zu den sieben Nothelfern gerechnet und seit dem Mittelalter inbrünstig verehrt. Dabei ist sogar umstritten, ob sie je gelebt hat. Die frühesten Berichte über ihr Martyrium jedenfalls entstanden erst viereinhalb Jahrhunderte nach ihrem Tod, als die Mönche vom Sinai ihre Reliquien entdeckt haben wollen. Zuvor, so scheint es, wusste niemand etwas von ihrem so ungewöhnlichen Leben und Sterben.

Der Legende nach lebte Katharina im 4. Jahrhundert und war die ebenso schöne wie kluge Tochter des heidnischen Königs Costus von Zypern. Schon früh von einem Einsiedler bekehrt, verlobte sie sich im Geiste mit dem Jesusknaben, der ihr einmal in einer Vision erschien. Als sie zu außerordentlicher Schönheit und Weisheit heran-

gewachsen war, drang ihr Ruf bis nach Alexandria. Kaiser Maxentius, der 307 in der Stadt weilte, ließ sie in seinen Palast vorladen und forderte sie auf, den heidnischen Göttern zu opfern. Katharina weigerte sich beharrlich und bot stattdessen an, die Wahrheit ihres Glaubens in einer Debatte mit 50 heidnischen Philosophen zu beweisen. Dabei gelang es ihr, die Gelehrten vom christlichen Glauben zu überzeugen. Zunächst war der Kaiser beeindruckt und hielt um ihre Hand an, doch sie wies ihn zurück. Empört ließ Maxentius sie festnehmen, geißeln und foltern. Als sie gerädert werden sollte, zerbrach das Rad. Das Volk glaubte an ein Wunder, der Kaiser aber tobte vor Wut. Schließlich ließ er sie köpfen, als Milch aus ihrer Halswunde floss. Da ergriffen Engel ihren Leichnam und trugen ihn auf den höchsten Berg im Sinai, den *Djebel Katrina*, behauptet die Legende.
Dort, so heißt es weiter, fanden Mönche im 8. Jahrhundert ihren unverwesten Leib. Zunächst baute man für sie auf dem Gipfel des Berges eine Kapelle, dann, wohl im 10. oder 11. Jahrhundert, brachte man sie hinunter ins Kloster, das seitdem ihren Namen trägt. Ihre unverweste Hand und ihr Schädel werden dort noch heute in eigenen Reliquiaren verehrt, der restliche Leichnam befindet sich in einem Marmorschrein in der Klosterkirche. Die Mönche behaupten, dass er Öl absondert, das als wundertätig gilt.
Vielleicht waren es die Träume und Visionen Einzelner, die zu diesen geheimnisvollen Gebeinen die nötige Lebensgeschichte lieferten, vielleicht auch nur eine Mischung aus Wunschdenken und frommer Tradition. Ganz sicher aber hat der Fund die Mönche des Sinai-Klosters so sehr beeindruckt, dass sie fortan ihr Kloster nach der Heiligen benannten. Und so war es ihr posthumes Wirken, das Katharina zu einer der bekanntesten Heiligen der Christenheit werden ließ, deren Verehrung durch die Kreuzritter auch im Westen Verbreitung fand.
Wir wussten, dass der Sinai zu viele Geheimnisse in sich birgt, um sie mit einem Besuch auch nur annähernd zu erfassen. Daher wollten wir weiter den Spuren der Heiligen Familie folgen, um gewiss eines Tages in das Kloster am Fuße des heiligen Berges zurückzukehren.

IV Das Feld der umgestürzten Idole

Tell el-Basta, am 13 Mesori im 1727. Jahr der Ära der Märtyrer (19.8.2011)

Es schien, als sei kein Stein auf dem anderen geblieben. Trümmer, so weit das Auge reichte, gleichmäßig über ein quadratisches Feld von rund 200 Metern Seitenlänge verteilt. Eher ein gigantischer Schuttplatz als eine Ruine. Strukturen, etwa die Umrisse von Gebäuden, waren nicht mehr zu erkennen. Nur wenige in jüngster Zeit wieder aufgerichtete Stelen, mit Hieroglypheninschriften und den Kartuschen altägyptischer Königsnamen geschmückt, zeugten davon, dass hier einst ein antiker Tempel stand.

Mehr als dieses steinerne Chaos verrieten uns die umherstreunenden Katzen, wo wir uns befanden. Auch sie haben einmal bessere Zeiten gesehen. Die Katze galt den Ägyptern des Altertums als heiliges Tier einer Göttin, deren Tempel sich einst an der Stelle dieses Trümmerfeldes erhob. Es trägt noch immer ihren Namen: *Tell el-Basta*, »der Hügel der Bastet«. Bei den Griechen hieß der Ort Bubastis.

Ihre Verehrung reicht zurück in die Frühzeit Ägyptens. Schon in der 2. Dynastie, um 2800 v. Chr., war die einstige Stadtgöttin im ganzen Land bekannt. Pharao Amenemhet I. (1994–1975 v. Chr.), ein Zeitgenosse Abrahams, bezeichnete sich als *Sohn der Bastet*, Ramses II. (1279–1213 v. Chr.), den viele für den Pharao des *Exodus* halten, machte die Tempelstadt zur Hauptstadt des 18. Ägyptischen Gaus.

Seine Blütezeit erlebte Bubastis in der Zeit der Lybischen (22.) Dynastie, als Scheschonk (946-924 v. Chr.) die Siedlung kurzfristig zu seiner Hauptstadt erklärte. Unter dem Namen *Schischak* finden wir den Pharao auch in der Bibel; er fiel 925 v. Chr., im fünften Jahr der Regentschaft des Salomon-Sohnes Rehabeam, über Jerusalem her

und raubte den Tempel aus (1 Kön 14,25–26). Von der Beute, darunter die goldenen Schilde Salomons, ließ er den Tempel seiner Göttin prächtiger denn je ausbauen. Es dauerte fast ein Jahrtausend, bis ein anderer »König der Juden« diesen zum Einsturz brachte, wie es heißt.
Nach ihrem Aufbruch in Gaza hatte die Heilige Familie ihre Flucht auf der *Via Maris* quer durch den heutigen Gaza-Streifen fortgesetzt. Vielleicht übernachteten die Flüchtlinge in Gaza, der einstigen Kanaaniterfestung, die der römische Konsul Aulus Gabinus im Jahre 57 v. Chr. zu einer blühenden Stadt ausbauen ließ. Jedenfalls überquerten sie das *Wadi Gaza* und kamen zunächst nach Khan Yunis, das damals *Jenysos* hieß, und dann nach *Raphia*, das heutige Rafah an der Grenze nach Ägypten. Erst 44 Kilometer westlich lag die nächste Stadt, das heutige el-Arish am *Wadi el-Arish*, der damals »Bach Ägyptens« genannt wurde und in biblischer Zeit als Landesgrenze galt.
Zur Zeitenwende hieß die Stadt *Rhinocolura*; ein grausiger Name, der so viel wie »abgeschnittene Nasen« bedeutet. Der Geograf Strabo (63 v. Chr. – 24 n. Chr.), ein Zeitgenosse Jesu, behauptet, hier würden die Nachkommen von Äthiopiern leben, die einst Ägypten angegriffen hätten; zur Strafe habe man ihnen die Nasen abgeschnitten und sie in die unwirtliche Grenzsiedlung verbannt.
Tatsächlich identifiziert man heute el-Arish mit der Grenzfestung *Tjaru*, die erstmals in königlichen Korrespondenzen aus dem 14. Jahrhundert v. Chr. erwähnt wird. Schon Pharao Horemheb (ca. 1319–1292 v. Chr.) drohte unehrlichen oder korrupten Beamten mit der physischen Verstümmelung und Verbannung in die dortige Gefangenenkolonie.
Auch durch den nächsten Ort, *Ostrakini*, das heutige Dorf Straki, müsste die Heilige Familie gekommen sein. Doch auch dort erinnert heute nichts mehr an ihren Besuch, wie schon der erste westliche Gelehrte, der sich ausgiebig mit der Flucht der Heiligen Familie befasste, resigniert feststellen musste: der Deutsche Otto Meinardus (1925–2005).
Wahrscheinlich gab und gibt es keinen Nicht-Ägypter, der sich so intensiv mit der Kultur und Tradition der Kopten befasst hat, wie Otto Meinardus. Der gebürtige Hamburger entstammte einer lutherischen Intellektuellenfamilie und war zeitlebens ein echter hanseati-

scher Weltenbummler. Nach dem Besuch des traditionsreichen *Johanneums*, des 1529 als *Gelehrtenschule* gegründeten ältesten Gymnasiums der Hansestadt, studierte er gerade einmal zwei Jahre evangelische Theologie in Hamburg, bevor er dem Ruf in die Ferne folgte. Erst besuchte er das *Richmond College* in Surrey/England, dann promovierte er an der renommierten *Harvard-Universität* in Boston/Massachusetts in den USA, wo er gleichzeitig seine erste Pfarrstelle antrat. Nach einem seelsorgerischen Intermezzo in Australien und Neuseeland gelangte er, zwischenzeitlich verheiratet und Vater zweier Kinder, 1956 nach Ägypten.

Das Land am Nil und seine zweitausendjährige christliche Tradition wurden zur Liebe seines Lebens. Während er in Ma'adi als Pastor wirkte, studierte er ostkirchliche Kunst und frühchristliche Archäologie und lehrte gleichzeitig an der *Amerikanischen Universität* in Kairo Religionswissenschaften und Sozialethik. In den folgenden zwölf Jahren eignete er sich nicht nur profundes theoretisches Wissen über die ägyptische Christenheit an, er pflegte auch intensive Kontakte zu vielen wichtigen Persönlichkeiten der koptischen Kirche. Es genügte ihm nicht, die Schriften in den Bibliotheken zu studieren, er wollte den Wüstenvätern von heute als Zeugen einer lebendigen Tradition begegnen, die zu dokumentieren er sich zur Lebensaufgabe gemacht hatte. Durch seine zahlreichen Reisen, seine Besuche in unzähligen koptischen Kirchen und längere Aufenthalte in sämtlichen Klöstern des Nillandes wurde Meinardus zum eigentlichen Begründer der modernen *Koptologie* und zum intimen Kenner des ägyptischen Christentums. Umso schwerer muss es ihm gefallen sein, das Land zu verlassen, als er nach dem Sechstagekrieg 1967 wie alle nichtägyptischen Lehrkräfte der *Amerikanischen Universität* von der ägyptischen Regierung ausgewiesen wurde.

Die nächsten sieben Jahre verbrachte Meinardus in Athen, bevor er 1975 nach Deutschland zurückkehrte. In Koblenz, wo er fortan eine evangelische Kirchengemeinde leitete, erschien 1978 sein Büchlein *Auf den Spuren der Heiligen Familie von Bethlehem nach Oberägypten*. Auf ihm beruhen alle späteren Studien über die Flucht nach Ägypten, sogar die offizielle Publikation des koptischen Patriarchats aus dem Jahre 2000 und auch dieses Buch.

Doch auch Meinardus räumte nach eingehender Recherche ein: »Weder in Gaza, wo ich mich bei orthodoxen und katholischen Christen erkundigte, noch in Khan Yunis, Rafah oder el-Arish wussten die Bewohner – es waren alle Muslime – etwas von der Flucht der Hl. Familie.«

Erst in Pelusium, dem heutigen Tell el-Farama, das im *Alten Testament Tachpanehes* heißt und wo der persische König Cambyses im Jahre 525 den letzten Pharao der 26. Dynastie, Psammetichus (oder *Psamtik*) III., vernichtend schlug, stieß er wieder auf eine Spur der Flüchtlinge. Gleich zwei Quellen aus dem 9. Jahrhundert, die Schriften des griechischen Mönches Epiphanios und das um 870 entstandene *Itinerarium Bernardi Monachi* Bernhards des Weisen nennen *Pelusium* als eine Station auf ihrem Weg. Bernhard berichtet:

> »Von Tamnis kamen wir nach Faramea, wo sich die Kirche St. Maria befindet. Dort wurde ein Platz verehrt, an dem sich die Heilige Familie auf ihrer Flucht nach Ägypten aufgehalten haben soll. In der Stadt befinden sich viele Kamele, die von den Reisenden gemietet werden, um sie und ihr Gepäck in sechs Tagen durch die Wüste nach Jerusalem zu bringen.«

Eine lokale Überlieferung suchte Meinardus auch hier vergeblich, doch die Ruinen der antiken Stadt zeugen von einer reichen Tradition. »Hügel der Kirchen« nennen die Einheimischen die Ausgrabungsstätte. Tatsächlich gruben Archäologen auf der drei Kilometer langen Erhebung ein gutes Dutzend Gotteshäuser aus dem 5. bis 7. Jahrhundert aus. Dadurch bestätigten sie, was der koptische Abt und Geschichtsschreiber Abu al-Makarim im 12. Jahrhundert in seinem Hauptwerk *Geschichte der Kirchen und Klöster Ägyptens* schrieb: »Farama ist nicht nur eine besonders schöne, sondern auch eine sehr alte Stadt, in der viele Kirchen und Klöster waren, die von den Persern und den Arabern zerstört wurden.«

Nur in einem legt sich die ägyptische Tradition fest: Es war am 24. Tag des Monats Pashons (oder Bashans), am 1. Juni nach unserem Kalender, als die Heilige Familie das Nilland erreichte. So wird noch heute im koptischen Kirchenkalender an diesem Tag das *Fest der Ankunft unseres Herrn und Heilands in Ägypten* gefeiert und mit einem besonderen Hymnus gewürdigt:

> »Unser Herr Jesus Christus, der alle Tugenden verkörpert und seine Schöpfung liebt, kam zu uns nach Ägypten. Dadurch wurde den Ägyptern mehr Heil und Gnade zuteil als allen anderen Orten und Grenzen der Erde, wo Menschen wohnen.«

Dieses Datum könnte durchaus historische Wurzeln haben, denn es lässt der Heiligen Familie 14 Tage für eine Strecke, die, wie wir gehört haben, von Kamelkarawanen in sechs Tagen zurückgelegt wurde. Das erlaubt genügend Zeit zur Rast, sogar sechs Tage für einen Zwischenaufenthalt in Hebron. Dabei legen sich die Ägypter nicht fest, wo genau denn nun die Flüchtlinge am 1. Juni eintrafen, ob in der damaligen Grenzstadt Raphia, an der traditionellen Grenze bei el-Arish oder in Pelusium.

Überliefert ist nur, wo die Heilige Familie erstmals mit dem antiken, heidnischen Ägypten, seiner Kultur und Religion konfrontiert wurde und wo es zu einer Begegnung mit geradezu verheerenden Folgen kam. Denn davon zeugt noch heute, so behauptet die Tradition, das Ruinenfeld von *Tell el-Basta.*

In keinem der apokryphen Evangelien wird das antike Bubastis genannt. Lediglich das *Armenische Kindheitsevangelium* weiß, dass die Heilige Familie »die Ebene von Tanis«, die nordöstlich von *Tell el-Basta* liegt, durchquerte. Dabei ist das biblische Land *Gosen*, das sich zwischen den heutigen Städten Zagazig, Bilbais und Tell el-Kebir bis hin zum Wadi Tumilat erstreckte, ein logisches Ziel. Hier siedelten sich zur Zeit des Patriarchen Josef die Israeliten an, hier leisteten sie ihre Frondienste für den Pharao, hier begann der Exodus. Die Ruinen von Tell el-Maskuta an der Straße von Kairo nach Ismailja konnten von Archäologen als die freilich recht kläglichen Überreste des biblischen *Pitom* identifiziert werden, bei Tell el-Kebir lag das Vorratslager *Ramses* (2 Mos 1,11). Die bedeutendste Stadt dieser Region aber war, zumindest zur Zeitenwende, noch immer das prächtige Bubastis.

Leider ist die wichtigste Quelle, die den Besuch der Heiligen Familie in der Stadt der Katzengöttin erwähnt, in ihrem Alter umstritten.

Angeblich stammt sie aus dem 5. Jahrhundert und der Feder eines der größten koptischen Patriarchen, des hl. Kyrill von Alexandrien (412–444), der über die Marienvision seines Vorgängers und Onkels Theophilus (385–412) geschrieben haben soll. Kritische Gelehrte dagegen halten den Text für eine fromme Fälschung aus dem 11. Jahrhundert, die den Zweck gehabt hätte, Pilger in ein gerade renoviertes Kloster zu locken. Doch selbst dann würde er auf älteren Quellen beruhen, denn die Verehrung der in ihm erwähnten Stätten ist oft genug seit dem 4. und 5. Jahrhundert bezeugt. Erschwerend kommt hinzu, dass uns die Niederschrift der *Vision* nicht mehr in ihrem koptischen Original, sondern nur in arabischen, syrischen und äthiopischen Übersetzungen vorliegt, die noch dazu in Wortlaut und Umfang beträchtlich voneinander abweichen; die früheste von ihnen stammt aus dem 14. Jahrhundert. Gläubige Kopten freilich lassen diese Einwände nicht gelten; die Autorität der beiden angeblichen Urheber genügt ihnen, um sie als göttliche Offenbarung zu verstehen und zur Grundlage einer Tradition werden zu lassen.

Theophilus, so berichtet der Text, besuchte im Jahr 385 mit großem Gefolge das Kloster von *Deir al-Muharraq* am *Qusqam*-Berg nördlich von Asyut. Dessen Kirche nimmt für sich in Anspruch, aus dem Haus entstanden zu sein, in dem die Heilige Familie während ihrer Flucht über sechs Monate lang – länger als an jedem anderen Ort in Ägypten – gelebt haben soll. Auf dem Weg dorthin hatten er und sein Tross viele Orte passiert, die ihre eigene Tradition zum Besuch der vier Flüchtlinge hatten. Doch erst als er in eben dieser Kirche betete, hatte der Patriarch selbst eine Marienvision:

> »Ein Licht leuchtete mich an und es war so strahlend, dass ich glaubte, die Sonne selbst schiene auf mich. Und ein Thron aus Licht erschien mir und auf ihm saß die Königin aller Frauen, die Heilige Jungfrau, unsere Herrin Maria, die Mutter Gottes. Ihr Antlitz leuchtete wie die Sonne in dem Licht, das sie bekleidete, und sie war umhüllt von einer majestätischen Helle und mit ihr waren unzählige Engel. Ich war so übermannt, dass ich sagte: ›Gibt es auf der Welt auch nur einen, der diese große Herrlichkeit erfassen kann?‹ Ich sah Gabriel und Michael und eine große Schar anderer Engel bei ihnen. Als ich sie erblickte,

> warf ich mich mit dem Antlitz auf den Boden und erstarrte wie ein Toter, doch Michael richtete mich wieder auf und nahm mir Furcht und Schrecken. Und die heilige Jungfrau Maria, die Mutter Gottes, sprach zu mir (…).«

Was dann folgte, war nicht weniger als ein Reisebericht, verfasst in der ersten Person. Dabei offenbarte Maria, dass die Heilige Familie nicht alleine nach Ägypten gekommen war; auch eine Frau namens Salome sei mitgereist.

Diese Salome kennen im Westen nur wenige, im Osten hingegen ist sie sehr beliebt. Das apokryphe *Protevangelium des Jakobus* macht sie sogar zur Kronzeugin von Marias Jungfräulichkeit »vor, während und nach der Geburt«, wie das zweite Mariendogma lautet, das 553 auf dem *2. Konzil von Konstantinopel* und 649, für den Westen verbindlich, auf der *Lateransynode* verkündet wurde.

Als Maria gebären sollte, so heißt es dort, »zog Josef aus, um eine hebräische Hebamme zu suchen.« Im jüdischen Kontext ist das mehr als plausibel; jüdischen Männern war es nicht erlaubt, auch nur die Kammer zu betreten, in der eine Frau gebar, was die Anwesenheit einer professionellen Geburtshelferin notwendig machte. Schließlich wurde er fündig und führte die Hebamme zu der Höhle, in die Maria sich zur Geburt zurückgezogen hatte:

> »Und siehe, eine lichte Wolke überschattete die Höhle. Und die Hebamme sprach: Heute ist ein großer Tag für meine Seele, denn meine Augen haben Wunderbares gesehen. Wahrlich, Gott sei gepriesen, denn Israel ist das Heil erstanden. Und sogleich verschwand die Wolke aus der Höhle und ein gewaltiges Licht erschien, dass es die Augen nicht ertragen konnten. Und als das Licht verschwand, da war das Kind zu sehen und es kam und nahm die Brust seiner Mutter Maria. Da schrie die Hebamme auf und sprach: Was für ein großer Tag ist heute für mich, dass ich dieses Schauspiel habe sehen dürfen!«

Erst jetzt kam Salome ins Spiel, eine zweite Hebamme, zu der die »Kollegin« lief, um ihr von dem Unglaublichen zu berichten, das ihr gerade widerfahren war: »Eine Jungfrau hat geboren, was doch ihre

Natur nicht zulässt.« Salome konnte das nicht glauben. Ähnlich wie der hl. Thomas im *Johannes-Evangelium* (Joh 20,25), so erklärte auch sie: »So wahr der Herr, mein Gott, lebt, wenn ich nicht selbst meinen Finger anlege und sie untersuche, so glaube ich nicht, dass eine Jungfrau geboren hat.«

Maria war bereit, sie zu empfangen. Doch als Salome sie mit dem Finger untersuchte, erschien es ihr, als würde ihre ganze Hand zu brennen beginnen. Da begriff die Hebamme, dass sie gerade am Wirken Gottes gezweifelt hatte, fiel auf die Knie und flehte den Herrn um Vergebung an.

Diese Salome, so glauben die Ägypter, ließ die Heilige Familie fortan nicht im Stich. Natürlich konnte die Gottesmutter eine Kinderschwester gut gebrauchen und wird ihr Angebot, mitzukommen, schwerlich abgelehnt haben. Jedenfalls erwähnt auch eine koptische Apokryphe, *Die Geschichte von Josef, dem Zimmermann*, die ins späte 4. Jahrhundert datiert wird, die Hebamme aus Bethlehem als Begleiterin der Heiligen Familie auf ihrer Flucht. »Und Salome nahm meinen Sohn zu allen Zeiten, liebkoste ihn und lächelte ihn an«, offenbarte die Gottesmutter in der *Vision des Theophilus*.

Doch nicht nur in der Vision des Patriarchen ist *Tell el-Basta* erwähnt, sondern auch in der zweitwichtigsten Quelle zu den Stationen der Heiligen Familie in Ägypten – in einer Predigt, die Zacharias, der Bischof von Sakha (+ ca. 720), am *Fest der Ankunft Jesu in Ägypten* (d.h. am 1. Juni) gehalten haben soll. In diesem Fall trifft die Zuschreibung wohl zu. Französische Koptologen gehen davon aus, dass »der Text seit Ende des 7. Jahrhunderts im Umlauf ist«, auch wenn die älteste vollständige Handschrift erst aus dem 14. Jahrhundert stammt.

Ein weiterer bedeutender Textzeuge ist Johannes Ibn Said al-Kulzumis *Geschichte der Patriarchen der Ägyptischen Kirche* aus dem zwölften Jahrhundert, das neun Stätten nennt, die von der Heiligen Familie besucht worden seien. Abu al-Makarims bereits erwähnte *Geschichte der Kirchen und Klöster Ägyptens* (ebenfalls 12. Jh.) führt sogar 14 Stationen an, während die mittelalterlichen *Synaxaria* (Heiligenkalender) der ägyptischen und äthiopischen Kopten (13. Jh.) von neun Orte wissen, die vom Jesuskind und seiner Mutter gesegnet wurden. Auch diese Quellen sind sich darin einig, dass Bubastis die erste Stadt im Nildelta war, die von der Heiligen Familie besucht wurde. Gleich zwei Episoden sollen sich dort zugetragen haben. Laut Theophilus war es hier, dass zwei Wegelagerer, der Ägypter Titus und der Syrer Dumachus, die Gewänder der Heiligen Familie stehlen wollten; eine Geschichte, die wir, ohne Ortsangabe, auch im *Arabischen Kindheitesevangelium* finden. Eine Zeit lang folgten sie ihr, dann bekam das Jesuskind Durst. Weil Maria weit und breit keinen Brunnen sah, nahm sie ihren Sohn und ging, von Salome begleitet, mit ihm in die Stadt. Dort aber wollte keine der Frauen, die sie nach Wasser für das Kind fragte, ihr etwas abgeben, denn die Einwohner kannten kein Mitgefühl.

Zwischenzeitlich hatte sich Josef, der den Esel und das übrige Eigentum der Familie bewachen sollte, ein Nickerchen gegönnt. Diese Gelegenheit nutzten die Wegelagerer, stahlen die mit Gold und Silber verzierten Sandalen des Jesus-Kindes – wohl Geschenke der *Magoi* – und flohen in die Wüste. Als Maria zurückkam und den Diebstahl bemerkte, weinte sie bitterlich. Jesus aber, der seine Mutter nicht weinen sehen konnte, wischte ihre Tränen von den Wangen, streckte seinen Finger aus und zeichnete ein Kreuz in die Luft. Im selben Augenblick sprudelte Wasser aus dem Boden: »Und sie tranken von dem Wasser, das so süß wie Honig und so weiß wie Schnee war«. Dann segnete Jesus die Quelle. »Möge dieses Wasser alle Seelen und alle Körper derer heilen, die davon trinken, mit Ausnahme der Bewohner dieser Stadt, von denen keiner geheilt werden soll«, deutete Maria seine Geste.

»Dann aßen wir ein wenig und ich nahm meinen geliebten Sohn in meine Arme und wir setzten unsere Reise fort«, endet die Episode in der *Vision des Theophilus*. »In dieser Stunde fielen die Tempel der Idole, die sich in dieser Stadt befanden, und wurden in Stücke zerschlagen, und auch die Idole stürzten aufeinander und wurden zerschmettert.«

Eine lokale Tradition, die auf das koptische *Buch der Manuskripte und Wunder der Heiligen Jungfrau* zurückgeht, erzählt eine andere Version dieser Geschichte. Danach wurde ein gewisser Bauer namens Klum Zeuge, wie Maria vergeblich nach Wasser fragte. Er hat-

te Mitleid und sprach sie an; als er erfuhr, dass die Heilige Familie auf der Flucht vor den Männern des Herodes war, lud er sie in sein Haus ein. Dort heilte das Jesuskind seine gelähmte Ehefrau.
Dankbar für das Wunder dachte er, der Familie und vor allem dem Kind eine Freude zu machen, und lud sie am nächsten Tag ein, ihn zum jährlichen Fest der Katzengöttin zu begleiten.
Die Feierlichkeiten, auch *Schönes Fest der Trunkenheit* genannt, begannen seit den Tagen der Pharaonen jedes Jahr in den ersten Junitagen. Der griechische Geschichtsschreiber Herodot erlebte sie um 450 v. Chr., ihm verdanken wir einen ausführlichen Bericht im 2. Buch seiner *Historien*:

> »Wenn die Ägypter nach Bubastis fahren, so halten sie es so: Männer und Frauen segeln in Gemeinschaft zusammen, von beiden eine ansehnliche Menge in einem Boot; einige von den Frauen haben Klappern dabei und klappern damit, während einige Männer die ganze Fahrt über die Flöte spielen. Die übrigen Männer und Frauen singen und klatschen in die Hände. Wenn sie nun auf ihrer Fahrt in eine andere Stadt kommen, nähern sie sich dem Ufer und tun so: Einige von den Frauen (…) necken die in der Stadt lebenden Frauen mit Geschrei, andere tanzen, wieder andere stehen auf und halten ihre Kleider in die Höhe. So machen sie es bei jeder Stadt, die am Fluß liegt, wenn sie dann nach Bubastis gekommen sind, feiern sie das Fest mit der Darbringung großer Opfer. Auf diesem Fest wird mehr Rebenwein verbraucht als in dem ganzen restlichen Jahr. Es kommen aber gegen 700 000 Männer und Frauen zusammen, die Kinder nicht mitgerechnet, wie mir die Einheimischen versichern.«

Das Fest, in dem es zuallererst um Fruchtbarkeit ging, nahm zeitweise orgiastischen Charakter an. Gesegnet von der Göttin wollte kein Pilger die Nacht alleine verbringen. Neun Monate später, Anfang März, kamen die Kinder dieses wilden Festes zur Welt, an deren Väter sich die Mütter längst nicht mehr erinnern konnten. Da sie beim Fest der Bastet gezeugt worden waren, nannte man sie *Bastarde*.
Am Tag allerdings erwartete den Pilger ein farbenprächtiges Spektakel. Mehrfach täglich fanden Prozessionen statt, bei denen prachtvoll

ausstaffierte Katzen, die heiligen Tiere der Bastet, in kleinen Sänften und Körben durch die Tempelanlage getragen wurden. Dazu wurden Zimbeln und Trommeln geschlagen, die Göttin in Liedern gerühmt. Das Heiligtum lag in einem Tal, auf einer Insel in einem (heute ausgetrockneten) Seitenarm des Nils, sodass Hunderttausende Pilger das Geschehen von den umliegenden Hügeln aus verfolgen konnten. Der Tempel selbst bestand aus rotem Granit, in seinem Innenhof erhob sich, von Bäumen umgeben, das Standbild einer Katze. »Andere Tempel waren vielleicht größer und aufwendiger, aber keiner erfreute das Auge so sehr«, schwärmte Herodot.

Nur die Heilige Familie war ganz anderer Meinung. Kaum hatten Maria und das Jesuskind den Tempel betreten, so heißt es, seien die Granitstatuen der Bastet zu Boden gestürzt und zerschmettert, habe sich die Prophezeiung des Jesaja erfüllt: »Seht, der Herr fährt in einer leichten Wolke daher: Er kommt nach Ägypten. Vor seinem Angesicht zittern die Götter Ägyptens, den Ägyptern verzagt das Herz in der Brust.« (Jes 19,1)

Doch das Jesuskind zerstörte nicht nur die heidnischen Idole, es schuf auch einen Brunnen auf dem Gelände des Tempels. Trotzdem hielten die Bewohner von Bubastis an ihrem alten Glauben fest. Soldaten versuchten, die Heilige Familie festzunehmen, doch Klum versteckte sie in seinen Feldern. Der Brunnen aber wurde fortan zu einer Heilquelle für alle – mit Ausnahme der Einheimischen, die Jesus zurückgewiesen hatten.

»Eine fromme Geschichte, doch sie klingt zu schön, um wahr zu sein«, meinte Yuliya, als ich sie ihr am Rand des Trümmerfelds erzählte.

»Bist du dir da so sicher?«, erwiderte ich. »Immerhin hat sie einen wahren Kern. Denn wenn die Heilige Familie tatsächlich am 1. Juni Ägypten erreichte, dann muss sie in den ersten Tagen des Festes nach Bubastis gekommen sein. Es ist also ein plausibles Szenario, das können wir heute mit Sicherheit sagen. Die Frage ist nur: Hätte das auch ein christlicher Geschichtenerzähler im Mittelalter gewußt?«

»Und was ist mit dem Brunnen?«, wollte Yuliya wissen.

»Den gibt es. Er befindet sich irgendwo auf dem Gelände. Schon deshalb wollte ich hier unbedingt hin!«

Eine gute Viertelstunde später hatten wir den Brunnen gefunden. Zehn rostige Eisenstangen umrahmten ihn, er war mit Stacheldraht umspannt. Doch nicht nur die Umzäunung ließ den kreisrunden Brunnen inmitten dieses Trümmerfeldes als Fremdkörper erscheinen – er stammte auch augenscheinlich aus einer anderen Epoche als die Steinblöcke. Seine Ziegel aus gebranntem Ton passten weder zu den Quadern altägyptischer Tempelarchitektur noch den Lehmbauten des mittelalterlichen Ägyptens. So hat man nur zur Römerzeit gebaut.

Entdeckt wurde dieser Brunnen erst 1991 von Mahmud Umar, Professor für Archäologie an der *Universität von Zagazig,* und schon damals in das 1. nachchristliche Jahrhundert datiert. Sechs Jahre später, 1997, gab Prof. Umar die Ergebnisse seiner gründlichen Untersuchung bekannt. Er war, obwohl Moslem, fest davon überzeugt, den legendären *Brunnen Jesu* gefunden zu haben: »Wir haben nicht sofort an die Verbindung zur Heiligen Familie gedacht«, räumte er ein, »darauf kamen wir erst später. In den mittelalterlichen Manuskripten, die Papst Theophilus und Bischof Zacharias zugeschrieben werden, aber auch im späteren *Kitab mayamir wa 'aja'ib al-'adhra'* (»Buch der Manuskripte und Wunder der Heiligen Jungfrau«) hieß es ausdrücklich, dass Jesus im Tempel einen Brunnen schuf. Erst nachdem wir sicher waren, dass die Beschreibung in den Handschriften unsere Entdeckung entspricht, gaben wir dies auch bekannt.«

Zu diesem Zeitpunkt ahnte Prof. Umar noch nicht, was auf ihn zukommen würde. Er musste schließlich um seinen wissenschaftlichen Ruf kämpfen. Der allmächtige Leiter der Ägyptischen Altertümerverwaltung, Dr. Zahi Hawass, untersagte ihm jede weitere Arbeit auf dem Gelände, ein Recht, das Umar sich durch eine Reihe von Gerichtsprozessen erst mühsam wieder erstritt. Kollegen bezichtigten den Archäologen der Sensationsmache und gaben ihn der Lächerlichkeit preis. Ich musste ihn einfach treffen und fragen, was ihn so sicher machte.

Während Yuliya und Fado essen gingen, verabredete ich mich mit ihm in einer Teestube nahe der Universität, an der er noch immer lehrt. Das Lokal wurde offenbar gerne von Studentinnen frequentiert, von denen nur wenige Kopftuch trugen. Sie wirkten modern und westlich, nicht anders als ihre Kommilitoninnen in Deutschland und anderen Ländern Europas. Ich traute mich nicht, sie zu fragen, ob sie Koptinnen oder Muslima waren, aber sie gehörten zweifelsfrei zur Generation des *Arabischen Frühlings*.

Endlich betrat Dr. Umar den Raum; ich erkannte ihn an einer großformatigen Druckschrift, die er unter den Arm geklemmt hielt und auf deren Deckblatt der Brunnen zu sehen war. Ich stand auf, er ging direkt auf mich zu; als einziger Europäer in der ganzen Teestube war ich leicht zu erkennen. Seine Haltung zeugte von natürlicher Autorität und Durchsetzungsvermögen. Er war kein Mann, der leicht aufgibt, auch wenn sich die halbe Fachwelt gegen ihn verschworen hatte.

»Dort waren wir vorhin«, meinte ich nach einer kurzen Begrüßung und zeigte auf das Foto. »Deshalb erlauben Sie mir eine direkte Frage: Was macht Sie so sicher, dass dies der Brunnen Jesu ist?«

»Sie haben die Ziegelkonstruktion gesehen? Jeder Fachmann wird mir zustimmen, dass er aus römischer Zeit stammt.«

Ich nickte.

»Aber das war mir zu ungenau. Also suchten wir auf dem Boden des Brunnens nach datierbarem Material. Wir fanden Holzreste von Eimern, mit denen Wasser aus dem Brunnen geschöpft worden war, sowie Knochen von Tieren, die in den Brunnen gefallen waren. Beides ließen wir nach der C14-Methode datieren. Das Ergebnis war eindeutig: Die ältesten Proben stammten aus der Zeit zwischen 20 und 70 n. Chr.«

»Also eindeutig ein römischer Brunnen aus dem frühen 1. Jahrhundert. Doch das besagt noch lange nicht, dass Jesus ihn schuf!«

»Richtig. Tatsächlich hat die Ägyptische Altertümerverwaltung dieser Datierung auch zugestimmt, sie steht außer Frage. Doch der Brunnen passt einfach nicht zu der Anlage. Er war kein Tempelbrunnen, dafür ist er viel zu schlicht, zudem fehlen die üblichen Votivinschriften mit Anrufungen der Göttin. Es spricht sogar einiges dafür, dass er entstand, nachdem der Tempel – aus welchem Grund auch immer – eingestürzt war. Das war also kein gewöhnlicher Brunnen. Der Niedergang des Tempels ging einher mit seiner Entstehung irgendwann kurz vor 20 n. Chr.; und es gibt nur ein Zeugnis, das eine

Antwort darauf gibt, wie das alles zusammenhängt: Die Berichte vom Besuch der Heiligen Familie in Bubastis.«

»Doch diese Berichte entstanden Jahrhunderte später«, warf ich ein.

»Das stimmt. Aber wir fanden auch unzählige Scherben auf dem Grund des Brunnens. Viel zu viele für einen gewöhnlichen Brunnen, und die frühesten stammten ebenfalls aus dem ersten Jahrhundert. Wissen Sie, das war ein christlicher Brauch, der auch an anderen Pilgerorten bezeugt ist: Die frühen Christen tranken mit mitgebrachten Gefäßen das für sie heilige Wasser aus dem Brunnen, dann warfen sie diese aus Ehrerbietung für Jesus und als Opfergabe hinein. Diese Scherben belegen also seine Verehrung des Brunnens lange bevor die Berichte, die ihn erwähnen, niedergeschrieben wurden.«

»Das überzeugte Ihre Kollegen leider nicht ...«

»Weil sie es nicht wahrhaben wollen!«

Zum ersten Mal wurde Prof. Umar leidenschaftlich. »Das ist zu einem großen Teil Neid. Die graben ihr ganzes Leben lang an den bedeutendsten historischen Stätten und finden nichts, was die Welt da draußen interessiert. Hier aber machten wir eine Entdeckung, die für alle Religionen von größter Bedeutung ist. Und damit fing der Ärger auch schon an. Wissen Sie, ich bin Moslem, ich bete täglich, ich gehe in die Moschee, aber zuerst einmal bin ich Wissenschaftler! Ich glaube nicht, dass es eine muslimische oder eine christliche Wissenschaft gibt; es gibt nur gute oder schlechte Wissenschaft, wahre oder falsche Resultate. Aber das wollen einige meiner Kollegen nicht einsehen. Wissen Sie, was ich dem Direktor der Altertümerverwaltung schrieb? ›Wenn ich gesagt hätte, das sei der Brunnen Muhammads, Sie hätten mir sofort geglaubt!‹ Aber weil er ein christliches Heiligtum ist, bekam ich all den Ärger!«

»Wie hat er reagiert?«

»Ich wurde zur *persona non grata* erklärt. Zuerst wurden mir alle weiteren Grabungen auf dem Gelände untersagt. Als ich dann vor Gericht ging und recht bekam, strich man mir einfach die Gelder. Und den Kopten verbot man, zu dem Brunnen zu pilgern. Pünktlich zum großen Jubiläumsjahr 2000 begann man, das gesamte Gelände zu ummauern und Eintritt zu verlangen. Es sollte zum Freiluftmuseum werden. Der Brunnen wurde eingezäunt. Man behauptete, das Wasser sei ungenießbar und mache krank.«

»Und, tut es das nicht?«

»Die Kopten haben zuvor zu Tausenden daraus getrunken. Es gab sogar Berichte von Menschen, die geheilt worden sein wollen. Krank wurde jedenfalls keiner.«

Sollte Prof. Umar recht behalten, dann wäre der Brunnen von Bubastis tatsächlich ein eindrucksvoller archäologischer Beweis für den Besuch der Heiligen Familie an dieser Stätte. Doch Zweifel blieben trotzdem.

»Gibt es noch andere Zeugen für die Richtigkeit dieser Tradition, die die Zweifel auflösen können?«

»Nun, das Haus des Klum wird hier in Zagazig verehrt. Schon im 4. Jahrhundert hat man über ihm eine Kirche gebaut. An ihrer Stelle steht heute die *Mar-Girgis*-Kirche; sie ist dem heiligen Georg geweiht. Sie befindet sich nicht weit von hier.«

Ich dankte dem mutigen Professor und machte mich auf die Suche, ohne zu ahnen, welche Irrfahrt uns bevorstehen sollte. Die Stadt erwies sich als Labyrinth, das seinem Namen (den wir beharrlich *Zickzack* aussprachen) alle Ehre macht. Erst nach einigen Versuchen hatten wir die Kirche des hl. Georg gefunden, der bei den Kopten *Mar Girgis* heißt und einer ihrer beliebtesten Heiligen ist. Doch ein anderes schmales, elegantes, gelb gestrichenes Gotteshaus beeindruckte mich weit mehr. Eine griechische Inschrift über seinem Eingang verriet, dass es 1925 von der griechisch-orthodoxen Gemeinde in Zagazig errichtet worden war. Inzwischen gehört es den Kopten und ist der Gottesmutter und dem hl. Johannes geweiht. Eine mächtige Kuppel überragte den Altarraum, in der, von Wolken und Engeln umgeben, Christus segnend vom Himmel herabzuschweben schien. Hohe Säulen und prächtige Kandelaber verstärkten den Eindruck, vielleicht nicht die wichtigste, aber gewiss die schönste Kirche der Stadt gefunden zu haben. Die Reliquienkammer, gleich links vom Altarraum, zog mich geradezu magnetisch an. In einem hölzernen, reich verzierten Schrein lagen dort, hinter einer Glasscheibe, die unverwesten Überreste zweier Menschen, eines Erwachsenen und eines Kindes, das, in einer makaber anmutenden Verkleidung, eine moderne, goldbestickte Priestermitra und winzige liturgische Gewänder trug. Es war nicht das Jesuskind, nach dem ich suchte, auch wenn dieses Kind so eindrucksvoll seine Nachfolge angetreten haben muss. Denn schlagartig wurde mir bewusst, dass ich gerade dem wohl jüngsten koptischen Märtyrer begegnet war.

V Die Ära der Märtyrer

Zagazig, am 13 Mesori im 1727. Jahr der Ära der Märtyrer (19.8.2011)

Während das Kind vollständig erhalten schien, lagen von dem Mann nur noch seine beiden Beine, ein Arm und der Kopf, den ein rotbrauner Haarschopf bedeckte, in der Vitrine. Den fast völlig bezahnten Mund hatte er so weit aufgerissen, dass in seinem Innern die Zunge zu erkennen war. Der Anblick der beiden unverwesten, ausgetrockneten, bräunlichen Leichen erinnerte mich an die Pharaonenmumien im *Ägyptischen Museum* zu Kairo. Und doch war es anders, spiegelte der Mann den Schrecken eines unnatürlichen Todes wider.
Endlich kam ein älterer Priester aus dem Altarraum heraus, ich sprach ihn an, er gab sich als *Abuna* Antonios zu erkennen. In leicht amerikanisch eingefärbtem Englisch erklärte er mir, dass die offensichtlich mumifizierten Leichenteile die Reliquien des heiligen *Yuhanna* oder Johannes und seines Vaters seien und dass man diese Kirche nach ihm benannt habe. Man fand die beiden Leichen, als die Kopten das Gotteshaus 1995 von den Griechen übernahmen, eingemauert unter dem Altar.
»Was wissen Sie über ihre Geschichte?«, fragte ich weiter.
»Sie stammen beide aus Akhmim in Oberägypten, fielen der Verfolgung durch Maximinus Daia zum Opfer. Der Vater wollte den kleinen Johannes gerade taufen lassen, da erschlugen ihn die heidnischen Soldaten mit dem Schwert. Auch das Kind wurde ermordet. Da es gerade das Sakrament der Taufe empfangen hatte, starb es völlig sündlos, rein wie ein Engel.«
»Hat man die beiden Märtyrer dann gleich mumifiziert?«
»Das sind keine Mumien«, berichtigte mich *Abuna* Antonius. »Sie sind unverwest geblieben durch die Gnade Gottes. Das ist ein Wun-

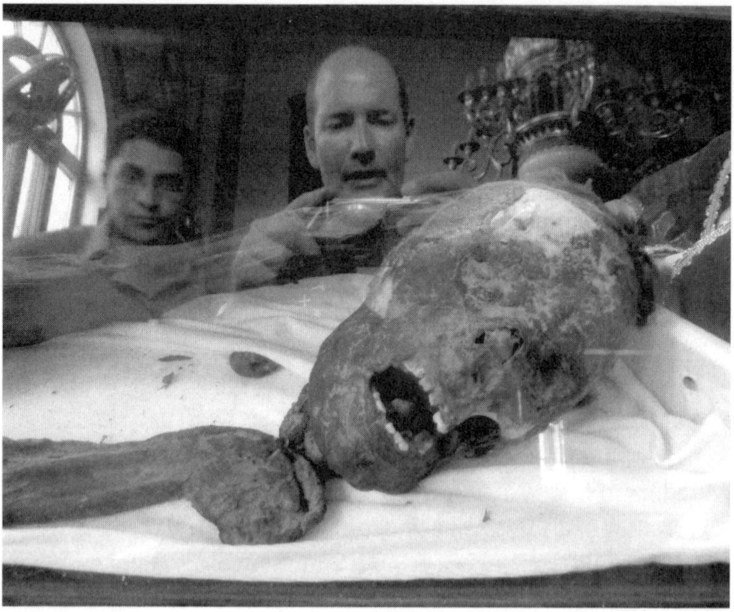

4 Fado und der Autor inspizieren die Märtyrerreliquien von Zagazig

der!« Dabei blickte er so geheimnisvoll zum Himmel, als erwarte er, dass sich der Heilige selbst dort gleich offenbaren würde.

Die große Christenverfolgung, die von Diokletian begonnen und von Maximinus Daia fortgesetzt worden war, ist das Urtrauma der koptischen Kirche, die sich heute stolz die *Kirche der Märtyrer* nennt. Sie wurde aus dem Blut der unzähligen Gläubigen, die für Christus ihr Leben hingaben, gewissermaßen neu geboren. Darum ist der Ausgangspunkt des koptischen Kalenders bis auf den heutigen Tag nicht etwa die *Geburt Christi*, es ist das Jahr der Thronbesteigung des Diokletian, das am 29. August 284 n. Chr. anfing. Mit diesem Tag begann für die Kopten die Ära der Märtyrer, seitdem werden im koptischen Kalender die Jahre als *a.m.* oder *Annum Martyrum* (Jahr der Märtyrer) gezählt, mit 2012/13 als dem 1729. Jahr.

Tatsächlich aber nahm die größte Christenverfolgung der Geschichte nicht mit dem Amtsantritt des Diokletian ihren Anfang, sondern erst zwanzig Jahre später. Bis dahin hatte der Kaiser sein Imperium einer gründlichen Reform unterzogen. Er hatte in Maximian einen Mitregenten eingesetzt, der über den Westen des Reiches herrschte, bevor er 293 die *Tetrarchie* (»Viererherrschaft«) einführte und den beiden *Augusti* noch zwei *Caesares* oder »Unterkaiser« zur Seite stellte, Constantius Chlorus für den Westen und Galerius für den Osten. Diokletian erwies sich als fähiger Administrator, dem eine gründliche Verwaltungsreform gelang, und als lausiger Ökonom, der im Kampf gegen die Inflation mit einem Höchstpreisedikt antrat und damit kläglich scheiterte. Mit einem Sieg des Galerius über die Perser, der auf Jahrzehnte hin die Ostgrenze des Reiches sicherte, zeigte Rom zumindest außenpolitisch Stärke. Doch als Diokletian auch von innen her Rom wieder zu seiner alten Größe führen wollte, beging er seinen schwersten Fehler. In kürzester Zeit verwandelte er das in seinen Anfängen vielversprechende Reformkaisertum in ein Terrorregime.

In den ersten fünfzehn Jahren seiner Herrschaft lebten die Christen im ganzen Reich in Frieden, umgeben von einer vielleicht skeptischen, aber zunehmend toleranteren Gesellschaft. Sie konnten in einige der höchsten Staatsämter aufsteigen, wurden mit der Verwaltung ganzer Provinzen betraut und verkehrten in nicht geringer Zahl sogar am Kaiserhof.

In allen Städten des Reiches wurden Kirchen gebaut, weil es längst zu viele Christen gab, um sich, wie einst in apostolischer Zeit, in den Häusern wohlhabender Gemeindemitglieder zu treffen. Eines dieser Gotteshäuser stand in unmittelbarer Nähe der Kaiserresidenz in der Stadt Nikomedia (heute Iznit im Nordwesten der Türkei). Waren andere Bürger nach wie vor verpflichtet, in den heidnischen Tempeln für den Kaiser zu opfern, galt für die Christen eine Ausnahmeregelung. Sogar im römischen Heer konnten sie dienen, ohne an heidnischen Kulthandlungen teilnehmen zu müssen.

Das änderte sich jedoch schlagartig, als ein Tieropfer des Kaisers mit anschließender Eingeweideschau – das »Staatsorakel« der Römer – im Jahre 299 gründlich misslang. Schließlich machte der *Haruspex*, der heidnische Orakelpriester, die anwesenden Christen für sein Versagen verantwortlich; sie hätten sich bei der Zeremonie bekreuzigt. Der Kaiser, ein glühender Verehrer der alten Traditionen Roms, fürchtete den Zorn der Götter und befahl den christlichen Beamten des Hofes, von nun an ebenfalls zu opfern. Sein *Cäsar* Galerius, der die Christen zeitlebens verachtete, holte zusätzlich den Rat des berühmten Apollo-Orakels von Milet ein. Als auch der heidnische Gott antwortete, die Christen seien schuld an falschen Orakeln, war für den Kaiser klar, dass die Anhänger des Nazareners eine lange unterschätzte Gefahr darstellten. Schließlich war nach römischem Verständnis der Bestand des Reiches maßgeblich von der Gunst der Götter abhängig, war ihre Verehrung fester Bestandteil der alten Ordnung, die wiederherzustellen Diokletian angetreten war.

Am 23. Februar 303, dem heidnischen Fest des Grenzgottes Terminus, erließ der Kaiser ein Edikt, das die Christen offiziell zu Feinden des Reiches erklärte. Sein Befehl, die christlichen Gotteshäuser zu zerstören und die heiligen Schriften zu verbrennen, wurde sofort umgesetzt; noch am gleichen Tag legten Angehörige der Prätorianergarde die Kirche von Nikomedia in Trümmer. Weiter sollten die Christen ihre Rechtsfähigkeit und christliche Beamte ihre Ämter verlieren. Als kurz darauf im Palast ein Feuer ausbrach, fiel der Verdacht sofort auf die Christen. In der Folgezeit zwang der Kaiser jeden Bürger zum heidnischen Weihrauchopfer; wer sich weigerte, dem drohten Folter und Tod.

Glauben wir dem Lyoner Bischof Eucherius (+ 450), so gehörten zu den ersten Opfern dieses Ediktes ägyptische Legionäre, die auf dem Gebiet der heutigen Schweiz und an der Grenze nach Germanien stationiert waren. Von dort aus sollten sie das Reich gegen die Übergriffe der Alemannen verteidigen. Eucherius zufolge bestand die *Thebäische Legion*, die im Süden Ägyptens ausgehoben worden war und 6660 Mann zählte, ausschließlich aus Christen. Als ihr Kommandant Mauritius im Namen aller seiner Männer das heidnische Opfer verweigerte, seien zunächst er und seine Offiziere Exuperius und Candidus hingerichtet worden. Danach habe man in zwei Durchgängen jeweils jeden zehnten Mann getötet, bevor der Mitregent Maximian den Befehl zur Ermordung der gesamten Legion gab.

Obwohl die meisten Althistoriker den Bericht des Eucherius für eine fromme Legende halten, scheint sie doch einen wahren Kern zu haben. So ist zumindest die Verehrung des hl. Mauritius (oder St. Moritz) im heutigen Saint-Maurice im Wallis, wo das römische Legionslager *Agaunum* lag, bereits seit dem späten 4. Jahrhundert bezeugt. Allerdings sprechen die Zahl der Opfer (unter Diokletian wurde die Stärke einer Legion von einst 6000 auf maximal 2000 Mann reduziert), die Rangbezeichnungen in der Legende (*primicerius, senator*) und die unterschiedlichen Standorte, an denen Märtyrer der *Legio Thebaica* verehrt werden, eher für (möglicherweise berittene) Auxiliartruppen aus Ägypten, die den am Rhein stationierten Legionen als Verstärkung zur Seite standen.

Jedenfalls werden nicht nur Victor und Ursus von Solothurn sowie die hl. Verena von Zurzach (die als »Krankenschwester« mitgereist sein soll) als Angehörige der *Thebäischen Legion* bezeichnet, sondern auch der hl. Gereon von Köln mit seinen 318 Gefährten, der hl. Victor von Xanten, dem 300 Mann unterstanden, die Bonner Heiligen Cassius und Florentius samt ihrer Kameraden sowie eine in Trier stationierte Einheit unter dem hl. Tyrsus. Die Kirchen im Rheinland sind also voll von den Gebeinen (angeblicher) ägyptischer Legionäre.

Ansonsten aber legte Maximian wenig Eifer an den Tag, das Edikt Diokletians umzusetzen. Eine allgemeine Opferpflicht für Christen gab es bei ihm nicht. Nur wer von einem Denunzianten angeklagt wurde, hatte zum Opfer zu erscheinen und musste, wenn er es verweigerte, mit seiner Hinrichtung rechnen. So wurden im Westen nur wenige Märtyrer verzeichnet, im Herrschaftsgebiet des Constantius Chlorus, von der *Thebäischen Legion* abgesehen, gar keine.

Ganz anders aber war es im Osten, wo der fanatische Galerius die Maßnahmen überwachte. Der Brand im Kaiserpalast lieferte ihm den Vorwand, einen Großteil der Gemeinde von Nikomedia auf grausamste Weise hinzurichten, darunter auch ihren Bischof Anthimus. Als er im Sommer 303 nach Melitene und Syrien kam, wurden auch dort die Vorsteher der christlichen Gemeinden festgenommen und in die Kerker geworfen; nur wer den Göttern opferte, kam frei, alle anderen wurden, oft nach qualvollsten Foltern, getötet.

Ganz besonders aber wüteten die Männer des Kaisers in Ägypten. Ein Zeitgenosse, Bischof Eusebius von Caesarea, schrieb nur ein Jahrzehnt später in seiner *Kirchengeschichte*:

»Hier erlitten unzählige Männer mit Weibern und Kindern um der Lehre unseres Erlösers willen unter Verachtung des irdischen Lebens auf verschiedene Weisen den Tod. Die einen von ihnen wurden den Flammen übergeben, nachdem sie Kralle und Folter erfahren und furchtbare Geißelhiebe empfangen und ungezählte andere Peinen verschiedener Art erduldet, schrecklich zum Anhören; andere wurden ins Meer versenkt, wieder andere boten mutig ihren Nacken den Henkern dar. Die einen starben während der Foltern, andere fanden durch Hunger den Tod, wieder andere wurden gekreuzigt (...). Aller Beschreibungen aber spotten die Qualen und Leiden, welche die Märtyrer in der Thebais erduldeten.«

Nur zwei Jahre nach Beginn der Verfolgung, am 1. Mai 305, trat Dioketian zurück; er war der erste römische Kaiser, der freiwillig aus dem Amt schied. Auch Maximian musste, freilich auf Druck Diokletians, seinen Platz räumen. An ihrer Stelle stiegen die beiden *Caesares* Galerius und Constantius Chlorus zu *Augusti* auf, während ein Severus und Maximinus Daia die Ämter der Unterkaiser übernahmen. Für die Christen freilich war das kein Grund zum Aufatmen, im Gegenteil: der Christenhasser Galerius verschärfte die Maßnahmen, bei denen ihm nun sein Neffe Maximinus Daia hilfreich zur Seite stand.
Anfang 306 wurde ein neues Edikt erlassen, das sämtliche Bewohner der südöstlichen Provinzen erneut zum Opfer zwang. Da der Befehl des Diokletian in den Städten des Reiches schwer ausführbar gewesen war, weil ihre Bewohner nie statistisch erfasst worden waren, wurde zeitgleich ein neuer Zensus durchgeführt. Als im Herbst 308 die neuen Listen vorlagen, wurde jeder Bürger einzeln zum Weihrauchopfer vor den heidnischen Göttern bestellt. Damit erreichte das Morden eine neue Dimension und endete erst, als Galerius 311 schwer erkrankte. Zwei Jahre später kam auch Maximinus Daia auf ungeklärte Weise ums Leben.
Bis zu 800 000 Märtyrer forderten diese beiden Verfolgungswellen nach koptischen Quellen; eine unvorstellbare Zahl, die zumindest das Ausmaß des Mordens erahnen läßt. Bestätigt wird es auch von Eusebius, dem Verfasser der ersten *Kirchengeschichte*, der zu diesem

Zeitpunkt in Ägypten weilte und der Zeuge regelrechter Massaker wurde:

> »Bald wurden ihrer mehr als zehn, bald über zwanzig hingerichtet, ein andermal nicht weniger als dreißig, ja gegen sechzig und bisweilen sogar hundert Männer nebst kleinen Kindern und Weibern an einem einzigen Tage getötet, zu Martern in buntem Wechsel verurteilt. Auch wir haben gelegentlich unseres Aufenthaltes in jenen Gegenden gesehen, wie an einem einzigen Tag mehrere zugleich teils enthauptet, teils verbrannt wurden. Das Richtschwert wurde stumpf und als verbraucht zerbrochen, und die Henkersknechte mussten sich vor Ermüdung gegenseitig ablösen. Wir beobachteten da bei denen, die an den Gesalbten Gottes (Christus) glauben, ganz wunderbaren Eifer und wahrhaft göttliche Kraft und Freudigkeit. Denn kaum war das Urteil gegen die einen gesprochen, da eilten schon von anderer Seite andere zum Richterstuhle und gaben sich als Christen an. Ohne Sorge angesichts der schrecklichen Qualen und verschiedenartigen Foltern bekannten sie sich unerschrocken und frei zu der Frömmigkeit gegen den Gott des Alls und nahmen freudig und lächelnd und wohlgemut schließlich das Todesurteil entgegen. Ja, sie jubelten und sangen dem Gott des Alls Lob- und Dankeslieder bis zum letzten Atemzuge.«

Selbst vor dem Patriarchen von Alexandria und seinen Bischöfen machte die Verfolgung nicht halt. Dabei deutet Eusebius ihr Schicksal nur an, wenn er schreibt:

> »Daselbst erlitten die ägyptischen Bischöfe Peleus und Nilus neben anderen den Feuertod. (…) Unter denen, welche in Alexandrien und in ganz Ägypten und der Thebais einen ruhmvollen Tod gefunden, sei als erster Petrus, Bischof von Alexandrien selbst, einer der hervorragendsten Lehrer der Gottesfurcht in Christus, aufgezeichnet, von seinen Presbytern sodann Faustus, Dius und Ammonius, die vollendeten Märtyrer Christi, Phileas, Hesychius, Pachymius und Theodor, Bischöfe ägyptischer Kirchen und dazu noch unzählige anderer berühmter Männer, deren Gedächtnis die Gemeinden jener Bezirke und Orte feiern.«

Tatsächlich war Petrus I., einer der größten Theologen seiner Zeit und Begründer einer Katechetenschule, noch während der ersten Verfolgungswelle 303 geflohen. Kurzerhand nahm Meletius, Bischof von Lykopolis (Asyut), die vakante Stelle ein, was auf den Unwillen der anderen Bischöfe stieß. Bischof Epiphanius von Salamis zufolge kam es zu einer kurzfristigen Spaltung der ägyptischen Christen in eine *katholische Kirche*, die noch immer den Patriarchen Petrus als ihr Oberhaupt anerkannte, und eine selbst ernannte *Kirche der Märtyrer* unter Meletius. Petrus sah ein, dass es notwendig war, nach Alexandria zurückzukehren, wo er, zeitgleich mit Meletius, während der zweiten Verfolgungswelle verhaftet wurde und schließlich 310 das Martyrium erlitt. Noch im Kerker, so heißt es, habe er einen Vorhang angebracht, durch den er seine Getreuen von den Anhängern des Schismatikers trennte. Trotzdem gehörten noch 15 Jahre später, im Jahr 325, ganze 15 der 66 ägyptischen Bischöfe der meletianischen Märtyrerkirche an. Erst im 8. Jahrhundert, als sie unter islamischer Herrschaft erneut Unterdrückung und Verfolgung erlitt, übernahm die koptisch-orthodoxe Kirche für sich den Titel *Kirche der Märtyrer*.
Als der eifrigste Handlanger des Kaisers in der zweiten Welle der Verfolgung erwies sich Satrius Arianus, der Präfekt der Thebais, einer Region in Oberägypten mit der Hauptstadt Antinoupolis. Seine Amtszeit von 306 bis 309 ist historisch gut belegt. Noch heute erinnert ein koptischer Feiertag, der *30 Koyak* (oder 8. Januar), an seine Ankunft in Panopolis, dem heutigen Akhnim. Am darauffolgenden *1 Tobi* (9. Januar) sollen sich dort 8140 Christen geweigert haben, den römischen Götzen zu opfern; sie erlitten alle das Martyrium.
Von nur wenigen kennen wir die Namen. Zu ihnen gehören die Einsiedler Dioskorus und Askulapius, denen zuvor der Erzengel Michael erschienen war und sie aufgefordert hatte, in die Stadt zu gehen und Zeugnis für ihren Glauben abzulegen. Oder die Hauptmänner Philemon und Akourius, die zusammen mit 40 Soldaten der lokalen Garnison starben.
1995 veröffentlichte P. von Linnen den »ältesten Märtyrerbericht in koptischer Sprache«, den er auf einem nur fragmentarisch erhaltenen Papyrus aus dem 4. Jahrhundert, verwahrt in der *Duke-University* in Durham/N.C., entdeckt hatte. Er enthält eine kurze und sachliche

Schilderung des Prozesses und der anschließenden Hinrichtung des (bis dahin unbekannten) Priesters Stephanos aus dem Dorf Lenaios in der Thebais; er wurde lebendig verbrannt.

Beeindruckt vom Heldenmut seiner Opfer soll sich der Statthalter Arianus schließlich selbst zum Gott der Christen bekannt haben, bevor man ihm am Kaiserhof wegen Hochverrats hinrichten ließ. So wird auch er zu den Märtyrern gerechnet. Von ihrer Verehrung zeugt noch heute das »Kloster der Märtyrer« (*Deir al-Shuhada*) in Akhnim, das inmitten eines antiken Friedhofs steht. Grabräuber und Archäologen hatten das Gräberfeld bereits im 19. Jahrhundert fast vollständig ausgeplündert. Ein Großteil seiner gut 10 000 Mumien war an Sammler, aber auch an amerikanische Papiermühlen verkauft worden. Umso glücklicher waren die Mönche, als ein Mitbruder im März 1990 bei der Anlage eines Olivenhains auf eine große Anzahl von bislang unentdeckten Mumien stieß. Nur allzu schnell waren sie davon überzeugt, auf die »unverwesten« Überreste christlicher Märtyrer gestoßen zu sein.

Und was bedeutet das für den kleinen Yuhanna und seinen Vater? Es ist offensichtlich, dass sie eines gewaltsamen Todes starben, was es zumindest möglich macht, dass sie tatsächlich Märtyrer sind. Dass auch die frühen Christen, speziell in Ägypten, Leichen von Glaubenszeugen mumifizierten, ist bekannt. Einerseits rügt zwar der Kirchenvater und koptische Patriarch Athanasius in seinem *Osterfestbrief* von 369 die Praxis der *Meletianer* (der Anhänger des erwähnten Bischofs Meletius), die Leichname von heiligen Märtyrern nicht in der Erde zu bestatten, sondern sie zu mumifizieren und auf Holzgestelle zu legen. Andererseits erwähnt er in seiner Biografie des hl. Antonius, dass »die Ägypter« insgesamt diesen Brauch pflegten, weshalb der heilige Mönchsvater lieber an einem unbekannten Ort bestattet werden wollte.

Noch einmal blickte ich in die erstarrten Gesichter von Yuhanna und seinem Vater. Für einen Augenblick wünschte ich mir, dass sie reden könnten. Sie tun es vielleicht sogar – in Form von Träumen und Visionen. Bei den ägyptischen Christen gelten Offenbarungen solcher Art als ein legitimes Mittel, Lücken in der Hagiografie zu schließen; wir Westler dagegen belächeln sie. Doch was würden sie mir erzählen? Vielleicht, dass Yuhannas Vater Zeuge wurde, wie der Statthalter gerade den Bischof von Panopolis verhörte und fürchten musste, dass bald niemand mehr da sein würde, um seinen kleinen Sohn zu taufen? Nahm er deshalb allen Mut zusammen und trat zu ihm vor, gerade noch rechtzeitig, um Yuhanna das Sakrament empfangen zu lassen, bevor die Soldaten des Arianus ihn und sein Kind erschlugen? Oder drangen die Legionäre gewaltsam in eine Kirche ein, störten sie eine feierliche Taufzeremonie? Wir werden es wohl nie erfahren.

Nachdenklich setzte ich mich wieder in den Wagen, zusammen mit Yuliya, Fado und Muhammad, unserem muslimischen Fahrer. Nach diesem Abstecher war mir klar, dass es viel mehr als eine Kuriosität war, dass die koptische Kirche noch heute in Jahren seit Beginn der *Ära der Märtyrer* rechnet. Nichts hat sie so sehr geprägt wie diese zehnjährige Bluttaufe auf den Namen Christi, nichts hat sie so gestählt im Leiden für die zukünftigen Verfolgungen, die bis heute andauern.

Dass die Kopten noch immer nicht in Frieden ihren Glauben leben können, davon zeugen schon die Polizisten, die vor fast jeder koptischen Kirche stationiert sind. Zumindest schützt die Staatsmacht sie oder tut nach außen hin so. Das gilt besonders in »Problemzonen« mit großer Armut und muslimischer Mehrheit; sie gelten als Brutplätze des Islamismus, hier sind Übergriffe auf die »Ungläubigen« häufig.

In einem solchen Viertel liegt Musturud, unser nächstes Ziel am westlichen Ufer des Ismailiya-Kanals, heute ein staubiger Vorort am Nordostrand der Millionenmetropole Kairo. Hier soll die Heilige Familie gleich nach ihrem Besuch in Zagazig in einer Höhle übernachtet haben, sagen die einen; hier wohnte sie auf ihrem Rückweg ins Heilige Land, behaupten andere, darunter das koptische *Synaxarium*. Es war schwer, die Kirche, die über dieser Zufluchtsstätte errichtet wurde, überhaupt zu finden. Zu versteckt liegt sie hinter den hässlichen, teils ziegelverkleideten Betonbauten, die das Kanalufer und die *Teraaet El Ismailiya* säumen. Da Hausnummern in Ägypten noch seltener sind als Straßenschilder, dauerte es eine Weile, bis wir uns durchgefragt hatten. Nur ein schmaler Durchgang gab den Blick auf sie frei, auf ihren gelblichen, von einem weißen Kreuz gekrönten

Turm, den ein Mosaik von der Rast der Heiligen Familie schmückt. Yuliya und Fado blieben zur Sicherheit im Wagen, ich traute mich heraus. Vor dem Tor zum Kirchhof saßen zwei unrasierte Polizisten mit zerknitterten Uniformen und Maschinenpistolen im Anschlag. Sie tranken gemütlich Tee, den ein benachbarter Barbesitzer ihnen gebracht hatte, und ließen mich ungestört passieren. Im Innenhof erwarteten mich Bauschutt, Teppiche, die an Metallgittern zum Trocknen aufgehängt waren, und ein alter Ford, bedeckt mit einer blaurosa Stoffplane. Die Kirche selbst schien aus dem Mittelalter zu stammen; ein Ziegelbau, außen mit Lehm verputzt und von drei Kuppeln überragt, auf denen Kreuze thronen. Schon 1672 besuchte sie der deutsche Dominikaner Michael Wansleben, beschrieb ihre Wunder wirkende Marienikone.

Erst in der Kirche entdeckte mich ein Diakon namens George und sprach mich an. Er kam wie gerufen, denn er war bereit, mir die Krypta zu zeigen, in der das Jesuskind Unterschlupf fand. Sie habe einst zu einem pharaonischen Tempel aus der Zeit Ramses II. gehört, versicherte er mir. Wir stiegen eine schmale Treppe hinab in einen mit bunten Lichterketten geschmückten Durchgang, in dessen Zentrum ein Altar mit einer Marienikone stand. Drei Deckenstrahler leuchteten ihn an, Dutzende schmaler Kerzen bedeckten seine Oberfläche und flackerten wild. Während die Decke noch zur ursprünglichen Höhle gehörte, waren die Wände mit unregelmäßig bearbeiteten Steinquadern verkleidet.

Auf der gegenüberliegenden Seite führt eine zweite schmale Treppe wieder auf das Bodenniveau zu einem steinernen Brunnen. Auch ihn soll das Jesuskind geschaffen haben, dann benutzte die Heilige Familie ihn zum Trinken, Waschen und Baden. Seitdem heißt dieser Ort *al-Mahamma*, der »Badeplatz« des Jesuskindes. Den Brunnen bedeckte ein mit dem Bild der Gottesmutter besticktes, dunkelrotes Tuch, das der Diakon für mich entfernte. Mit einer Kelle schöpfte er Wasser, gab es mir zum Trinken. »Holy Water«, versicherte er mir, »many healings«.

Ich zögerte. Im Hotel würde ich ganz gewiss kein Leitungswasser trinken, Wasser aus einem Brunnen noch viel weniger. Ich dachte an den Kanal, der an der Kirche vorbeifloss, an das Öl, den Müll, den

Schmutz, der in ihm schwamm, und an den fauligen Geruch, der von ihm ausging. Wie konnte das Grundwasser dieser Gegend sauberer sein?

»Are you sure?«, fragte ich George, »sind Sie sicher?«

»Aber natürlich«, versicherte er mir. »Vor allem kommen Menschen hierher, die vom Teufel besessen sind. Auch muslimische Frauen, die uns heimlich besuchen, weil ihre Männer sie schlagen würden, fänden sie es heraus. So viele Wunder haben sich hier ereignet. Schauen Sie doch, wie viele Kerzen hier brennen. Sie stammen alle von Menschen, die der Gottesmutter vertrauen. An unserem Fest, dem *Mulid* zu Mariä Himmelfahrt vom 7. bis 22. August, sind es sogar täglich bis zu 50 000 Gläubige. Da ist die Kirche so voll, dass man sich kaum bewegen kann! Sie alle vertrauen auf die *baraka*, die Segenskraft dieses Brunnens.«

Ich entschied mich, dem Diakon zu vertrauen, und nahm einen Schluck. Vielleicht war es ein weiteres Wunder, dass ich gesund blieb. Zum Abschied wollte ich ihm einen Geldschein zustecken, er lehnte empört ab. Ich blickte ihn erstaunt an; in der *Bakschisch*-Kultur Ägyptens ein ungewohntes Verhalten. »Eine Spende für die Kirche!«, versuchte ich, mich aus der Affäre zu ziehen. »Oh, ich kann Ihnen gerne den Opferstock zeigen«, erwiderte er verlegen. Dann führte er mich zu einer grün bemalten Metallbüchse, die an der Wand montiert war. Dort und nur dort durfte ich mein Geld deponieren.

Doch eine Frage konnte der Diakon mir nicht beantworten: Auch er war sich nicht sicher, ob die Heilige Familie Musturud nun auf dem Hin- oder Rückweg besucht hatte. Sollte es tatsächlich der Hinweg gewesen sein, dann musste sie hier Nachrichten erhalten haben, die sie veranlasste, ihren Weg zu ändern. Statt weiter in das Gebiet des heutigen Kairo, ins antike Heliopolis und zur Festung Babylon am Nil zu ziehen, drehte sie praktisch um und ging nach Bilbays, gut eine Tagesstrecke entfernt im Nordosten gelegen. Vielleicht wollte sie nach Leontopolis, das heute *Tell el-Yahudiyah* oder »Juden-Hügel« heißt, wo es damals eine große jüdische Gemeinde gab.

Dort hatte der letzte legitime Hohepriester Israels, Onias III. aus dem Hause Aaron (und damit ein entfernter Verwandter der Gottesmutter), um 170 v. Chr. einen Tempel erbaut, der dem Heiligtum in Jerusalem Konkurrenz machen sollte. Damals stand das Heilige Land unter Herrschaft der syrisch-griechischen Seleukiden, die das Amt des Hohepriesters an den Höchstbietenden, einen neureichen Emporkömmling namens Menelaos, verkauften, was auf den heftigen Protest traditionsbewusster Juden stieß.

Viele, darunter Onias, flohen nach Ägypten, andere leisteten Widerstand. Die Seleukiden antworteten mit Gewalt, nahmen Jerusalem ein und weihten den Tempel *Jahwes* dem Zeus, dem sie zu allem Übel noch ein Schwein opferten – ein aus der Sicht der Juden *unreines* Tier. Jetzt brach erst recht eine Revolte aus, angeführt von der Priesterfamilie der Hasmonäer, denen es schließlich gelang, das Land in die Unabhängigkeit zu führen. Dafür aber beanspruchten sie nicht nur den Thron Davids, sondern auch das Hohepriesteramt, was sie in den Augen konservativer Juden zu Usurpatoren machte.

So blieben Onias und seine Getreuen in Ägypten, dessen König Ptolemaios VI. *Philometor* (180–164; 163–145 v. Chr.), ein Freund des Judentums, großzügig die Mittel zum Bau eines neuen Tempels zur Verfügung stellte. Dieser galt fortan allen jüdischen Flüchtlingen in Ägypten als Ersatzheiligtum, das viele, weil sein Hohepriester auch weiterhin ein direkter Nachkomme Aarons war, dem Tempel in Jerusalem sogar vorzogen.

Von einem Besuch der Heiligen Familie in Leontopolis gibt es zumindest eine lokale Tradition, wie der Erzpriester Hanna Ramsis dem Deutschen Otto Meinardus noch in den 1960er-Jahren glaubhaft versicherte. Trotzdem ist kein längerer Aufenthalt überliefert; vielleicht warnte man sie, dass es hier Spione des Herodes gäbe.

So kamen die Flüchtlinge nach der uns von Bischof Zacharias von Sakha überlieferten Tradition schließlich in das benachbarte Bilbays. Als sie die Stadt betraten, so heißt es, begegnete ihnen ein Leichenzug. Das Jesuskind sah die Trauernden, hatte Mitleid mit ihnen und erweckte den Entschlafenen zum Leben. Es war der Sohn einer Witwe, der jetzt verkündete: »Wahrlich, dieses ist der wahre Gott, der Heiland der Welt, der von der Jungfrau Maria geboren ist und ein Wunder vollbrachte, das der menschliche Verstand nie begreifen kann.«

Ein Baum hat noch lange an diese Rast erinnert. Die Soldaten Napoleons, die 1798 nach Ägypten kamen, sollen vergeblich versucht haben, ihn abzuholzen. Als Blut aus seiner Rinde quoll, so heißt es, seien sie in Panik geflohen. Ein halbes Jahrhundert später waren seine Tage dann aber doch gezählt. Die Moschee von Umar al-Ansari wurde erweitert, und die Bauarbeiter scheuten sich nicht, ihn zu fällen und seinen Stamm und die Äste zu Feuerholz zu verarbeiten. Die einzige koptische Kirche von Bilbays, von einer hohen Schutzmauer umgeben, steht dagegen an der Stelle, an der sich das Wunder der Totenerweckung ereignet haben soll.

Auch in dem Bilbays nächstgelegenen Ort, Daqadus, wurde die Heilige Familie freundlich empfangen. Das Jesuskind trank aus dem Brunnen des Dorfes und segnete ihn, heißt es in der koptischen Tradition. Gleich neben dem Brunnen steht die heutige Marienkirche, die 1888 errichtet wurde. Ihre Vorläuferin stammte aus dem Jahre 1239 und ersetzte das älteste Heiligtum an dieser Stelle, eine Basilika, die angeblich im 4. Jahrhundert von der heiligen Helena gestiftet worden war. Noch heute ist ihre Apsis gleich hinter der Ikonostase, vor dem Hauptaltar, unter einer Glasscheibe zu sehen.

Doch die Flüchtlinge zogen weiter. Ihr Ziel, so scheint es, war jetzt die Hauptstadt Alexandria, deren jüdische Gemeinde weltberühmt war und zudem viele Flüchtlinge beherbergte. Nach einem weiteren Tagesmarsch gelangten sie nach Samannud, wo es ihnen vielleicht zum ersten Mal seit der Flucht aus Bethlehem vergönnt war, ein wenig Ruhe zu finden. Dort aber stieß ich auf die Spur eines der traurigsten, aber auch heroischsten Kapitel der diokletianischen Verfolgung.

VI In den Fußstapfen Jesu

Samannud, am 6 Paremhat im 1726. Jahr der Ära der Märtyrer (15.3.2010)

Zur Zeit Jesu war das Nildelta die Kornkammer der westlichen Welt. Von hier aus wurde die Millionenstadt Rom mit Getreide versorgt. Doch noch heute ist die Landschaft zwischen den Flußarmen und künstlichen Kanälen gleichermaßen fruchtbar und von bezaubernder Schönheit. Immer wieder wird das satte Grün, das aus der grauschwarzen, fruchtbaren Erde ragt, von Wasserläufen durchzogen, in denen sich das helle Blau des Himmels und leichte, weiße Wolken spiegeln. Die wenigen Häuser sind bunt bemalt, auf den Feldwegen und an den Flußufern spielen fröhlich lärmende Kinder. Aus den Dörfern ragen nach wie vor die immer gleichen, meist weiß bemalten, kegelförmigen Taubenschläge in den Himmel, deren Löcher dekorativ in geometrischen Mustern angeordnet sind. Man findet sie schon auf den Reliefs und Wandmalereien altägyptischer Gräber, und auch damals dienten sie einem doppelten Zweck. Denn die Taube ist nicht nur ein fester Bestandteil der ägyptischen Speisekarte, sie dient auch als fleißiger Produzent eines gehaltreichen Naturdüngers, der die Felder fruchtbar werden lässt.

Überhaupt schien die Uhr hier langsamer zu gehen als in anderen Teilen der Welt. Nur manchmal holte uns ein weiß bemalter *Chevrolet*-Transporter in die Gegenwart zurück, auf dessen Ladefläche eine unglückliche Kuh auf dem Weg zum Schlachthof stand.

Umso drastischer erschien uns der Kontrast, wann immer wir in eine Stadt kamen. Nordägyptische Städte, das muss leider gesagt werden, zeichnen sich nicht selten durch eine außerordentliche Hässlichkeit aus. Schuld daran sind meist die völlig plan- und lieblos in die Gegend gesetzten Bauruinen der 1960er- und 1970er-Jahre, die entweder bereits im Verfall begriffen oder noch im Rohbau zu sein scheinen.

Auch Samannud machte auf den ersten Blick keinen viel besseren Eindruck. Doch ich musste meine Meinung schnell revidieren, nachdem unser Fahrer den Wagen auf einem Platz am Nilufer geparkt hatte. Denn kaum waren wir in eine der ungepflasterten, staubigen Seitenstraßen eingebogen, konnte ich feststellen, dass die Stadt durchaus orientalischen Charme hat. So drängten wir uns an tief verschleierten Frauen und Männern in blauen und grauen Anzügen, Kunstlederjacken oder auch traditionellen *Galabiyas* vorbei und passierten einen Obststand von appetitanregender Farbenpracht. Gleich daneben wurde nicht minder bunte Kinderkleidung angeboten. Hinter den Ständen erhob sich, unübersehbar durch ihre drei kreuzgekrönten Kuppeln, die *Kirche der hl. Maria und des hl. Abanoub*, unser Ziel.

In einem Innenhof stand die quadratische Kirche, flankiert von zwei Türmen, der Eingang von vier säulengetragenen Bögen überragt. Ich schaute mich ein wenig um, als mich ein Mann in Straßenkleidung ansprach: Der Pastor dieser Pfarrgemeinde würde mich gerne kennenlernen, ob ich vielleicht Zeit für ihn hätte. Natürlich nahmen wir die Einladung dankend an. *Abuna* Abanoub Louis, ein Mann mit einem langen, weißen Bart und gütigen Augen hinter der dünnrandigen Brille, begrüßte uns in seinem engen Büro am Rand des Hofes, in dem nur ein Schreibtisch und einige abgewetzte Ledersessel standen. Wie alle koptischen Priester trug er eine lange, schwarze Soutane, dazu die typische schwarze *Emma* als Kopfbedeckung sowie ein Kreuz aus schwarzem Leder um den Hals. Nachdem ich mich nach koptischer Sitte höflich verneigt und, als Zeichen der Verehrung, einen Kuss auf den Handrücken angedeutet hatte, bat er mich, Platz zu nehmen, und bot uns einen Tee an. Als ich erklärte, weshalb ich nach Samannud gekommen war, lehnte er sich behutsam zurück und begann zu erzählen.

»Wissen Sie, dass dieser Ort zumindest in Unterägypten die wichtigste Station auf ihrer Flucht war, dass die Heilige Familie nirgends so lange blieb?«, fragte er mich, um mir gleich die Antwort zu liefern. »Zwischen 14 und 17 Tagen lebte sie hier, je danach, welche Quelle Sie befragen.

Das koptische und das äthiopische *Synaxarium* berichten davon, ebenso die vollständigste Ausgabe der *Vision des Theophilus*, die im Kloster von Deir al-Muharraq verwahrt wird. Natürlich ist davon auch in der Predigt des Bischofs Zacharias von Sakha die Rede, er lebte ja hier ganz in der Nähe. Abu al-Makarim und die *Geschichte der Patriarchen der Ägyptischen Kirche* erwähnen uns, auch wenn sie statt Samannud *Samnusa* schreiben. *Sebennytos* hieß es bei den Griechen, *Zeb-Nuter* auf Altägyptisch. Damals war es eine bedeutende Stadt mit einem wichtigen Tempel des Gottes Horus. Er stand dort, wo sich heute die Kirche erhebt. Er fiel in sich zusammen, als unser Gott Jesus Christus zu ihm kam.«

»Und wie haben da die Einwohner reagiert? Haben sie ihn nicht vertrieben wie in Bubastis?«, wollte ich wissen.

»Nein, im Gegenteil, sie waren beeindruckt. Damals herrschte hier in der Gegend eine Dürre, der Brunnen war fast ausgetrocknet. Als die Heilige Familie kam, stieg das Wasser an und alle hatten zu trinken. Dann segnete Jesus das Wasser und viele wurden geheilt – bis auf den heutigen Tag hilft es den Kranken. Deshalb glaubten die Menschen, dass er ein Gott ist, wie der Horus-Knabe, den sie zuvor verehrt hatten, der ihnen aber nicht geholfen hatte. Stellen Sie sich das doch mal vor, da kommt ein kleines Kind und wirkt so viele Wunder! Mit ihnen bewies er seine Göttlichkeit!«

»Und was geschah dann?«

»Die Einwohner von Samannud baten die Heilige Familie, zumindest ein paar Tage zu bleiben. Sie gaben ihr ein Haus, das zum Tempelgelände gehörte.«

»Ist davon noch etwas erhalten?«

»Nein, denn auch darauf steht heute unsere Kirche. Sie ist zwar erst 180 Jahre alt, doch davor gab es hier ein Gotteshaus, das schon Abu al-Makarim erwähnt, das also bereits im 12. Jahrhundert existierte. Es hatte wahrscheinlich einen noch viel älteren Vorläufer. Heute zeugt nur noch der Brunnen vom Besuch der Heiligen Familie – und die Schale, in der die Gottesmutter einst Brotteig bereitete.«

Sie war unübersehbar gewesen, denn sie stand gleich neben der Kirche, auf einem Sockel, den weiße, schwarze und gelbe Badezimmerkacheln verzierten, umgeben von Glas. In jede der vier Seitenscheiben waren kreisrunde Öffnungen geschnitten, damit Pilger sie berühren und etwas von ihrer *baraka*, ihrer Segenskraft, mitnehmen konnten.

Virgin mary used it when she was here stand in handgemalten Buchstaben auf einem verrosteten und arg ramponierten Schild auf Arabisch und Englisch für alle, die es noch nicht geahnt hatten. Ich hatte sie ausgiebig inspiziert, von allen Seiten fotografiert und war mir sicher, dass diese kreisrunde Schale aus grauschwarzem Granit einst in einem pharaonischen Tempel der Darbringung von Opfergaben gedient haben muss.

»Was macht Sie sicher, dass die Gottesmutter ausgerechnet diese Schale benutzte?«, hakte ich nach.

»Wir wissen das, weil unsere Vorgänger es uns überliefert haben. Und deren Vorgänger ihnen. Das ist bei uns bekannt seit den Tagen ihres Besuches«, versicherte mir *Abuna* Abanoub Louis.

»Und der Brunnen?«

»Er wirkt noch heute Wunder. Wir hatten hier einen Fall von einem kleinen Mädchen, 18 Monate alt, das gelähmt zur Welt kam. Die Ärzte versuchten alles, doch sie konnten ihr nicht helfen. Daher kam ihre Mutter mit ihr hierher und bat uns um Hilfe. Sobald wir ihre Füße mit dem Wasser aus dem Brunnen wuschen, ging es ihr besser. Heute ist sie eine erwachsene Frau und ganz gesund. Ein anderes Mal hatte eine Frau aus Tanta, die eigens hierhergepilgert war, etwas von dem Brunnenwasser in einer Glasflasche mitgenommen. Als sie zu Hause ankam, entdeckte sie, dass sich die Hälfte des Wassers in Öl verwandelt hatte. *Abuna* Marcos Sedhom, der Pastor der St.-Georgs-Kirche in Tanta, bestätigte uns dieses Wunder.

Und natürlich wurde wahr, was Jesus seiner Mutter prophezeite, als die Heilige Familie Samannud wieder verließ: ›In dieser Stadt wird es einmal eine Kirche geben, die auf ewig in meinem und in deinem Namen gesegnet sein wird‹. Wissen Sie, es gibt hier in Samannud nur noch wenige Christen, vielleicht 20 oder 30 Familien; die meisten Bewohner sind Muslime. Doch trotzdem kommen an den Feiertagen so viele Pilger, dass die Kirche aus allen Nähten platzt.«

»Aber warum heißt sie dann nicht ›Kirche der Heiligen Familie‹ oder ›Jesus- und Marienkirche‹?«

»Jede Kirche ist doch automatisch dem Herrn geweiht. Ihr Wort *Kirche* oder das englische *Church* sind beide vom Griechischen *kyriake* abgeleitet, was so viel heißt wie ›dem Herrn gehörend‹, dem *kyrios*. Dass der Name des hl. Abanoub hinzugefügt wurde, erfolgte ja erst später, eben weil auch er so viele Wunder wirkte. Oder besser: Jesus durch ihn hier in Samannud sein größtes Wunder gewirkt hat.«

Ich musste gestehen, dass ich den Namen bis zu diesem Zeitpunkt noch nie gehört hatte. Erst durch *Abuna* Abanoub Louis erfuhr ich von einer der bewegendsten Märtyrerlegenden aus der Zeit der diokletianischen Verfolgung.

Abanoub, auch *Apa Anub* geschrieben[15] – ganz offensichtlich war der ägyptische Totengott *Anubis* sein Namenspatron –, stammte aus Nahisa bei Talkha, das etwa 20 Kilometer nordöstlich von Samannud liegt. Er war der einzige Sohn wohlhabender christlicher Eltern, die schon früh verstarben.

Als er zwölf Jahre alt war, ging er in die Kirche und hörte, wie der Priester in seiner Predigt vom Edikt des Diokletian sprach und seine Gemeinde aufrief, stark im Glauben zu sein und den Tod nicht zu fürchten. Tief beeindruckt von diesen Worten war der Junge zum Martyrium bereit. Er empfing noch einmal die Sakramente, verteilte sein Erbe unter den Armen und ging nach Samannud, wo gerade ein Provinzbeamter die vorgeschriebenen Opfer überwachte. Auf dem Weg dorthin erschien ihm der Erzengel Michael, umgeben von himmlischem Licht. Er offenbarte dem Jungen, dass er drei Tage der Folter erleiden müsse, doch dass er, Michael, ihm dabei beistehen würde.

Als Abanoub in Samannud angekommen war, ging er geradewegs zum Provinzbeamten, verspottete die heidnischen Idole und erklärte seinen Glauben. Rasend vor Wut befahl der Römer, ihn so lange auf den Bauch zu peitschen, bis seine Eingeweide offenlagen, eine Qual, die er tapfer überstand. Dann warfen die Soldaten den Jungen in den Kerker, zusammen mit fast 8000 weiteren Christen, darunter vielen Jugendlichen und Kindern. Sein Beispiel machte ihnen Mut, an ihrem Glauben festzuhalten. Am nächsten Tag wurden sie alle mit Ausnahme des Jungen hingerichtet.

Der Provinzbeamte aber reiste auf dem Damietta-Arm des Nils weiter nach Athribis (der Hauptstadt des *Kemwer*-Gaus nordöstlich des heutigen Banha), um seinem Vorgesetzten über die Aktion Bericht zu erstatten. Den Jungen, der ihm unheimlich geworden war, nahm er mit; sein Vorgesetzter sollte über ihn richten. Um ihn weiter zu peinigen, ließ er ihn kopfüber am Schiffsmast aufhängen.

Während der Fahrt betranken sich der Provinzbeamte und die Soldaten, tanzten und schlugen Abanoub immer wieder ins Gesicht. Als er aus der Nase blutete, so behauptet die Legende, wischte der Erzengel Michael ihm das Blut ab; die Soldaten aber erblindeten, der Provinzbeamte wurde gelähmt. Jetzt erst begriffen sie, was sie getan hatten, und flehten den Jungen an: »Bitte bete zu deinem Gott, Abanoub. Wir wollen alle Christen werden, wenn er uns heilt.«

Der Junge erwiderte, dass dies in Athribis geschehen würde, »damit alle wissen, dass es keinen anderen Gott als Christus gibt«. Und so geschah es: Als sie bei der Stadt anlegten, waren der Provinzbeamte und seine Soldaten mit einem Schlag geheilt, legten sie vor dem Vorgesetzten ihre Uniformen ab und bekannten sich zu Christus, »dem Gotte Abanoubs«.

Der Bezirksstatthalter war empört und ließ sie alle hinrichten, während er Abanoub zu weiteren Foltern verurteilte. Zuerst wurde der Junge gegeißelt, dann presste man ihn auf einen eisernen Rost, unter dem die Folterknechte ein Feuer entzündet hatten. Der tapfere Junge trotzte allen Martern und blieb seinem Glauben treu. Viele Heiden, die nicht begreifen konnten, was dort vor ihren Augen geschah, fanden auf diese Weise zu Christus. Selbst als der Bezirksstatthalter befahl, dem Jungen die Hände und Beine mit einer Axt abzuschlagen, kam ihm, so behauptet die Legende, der Erzengel Michael zu Hilfe, ließ ihn aufstehen und vor der Menge eine Runde drehen, die jetzt bekannte: »Es gibt keinen Gott, weder im Himmel noch auf der Erde, als den Gott von Abanoub.« Auch hier bewies er, dass Märtyrerblut Christensaat ist, wie schon Tertullian (um 200) wusste.

Schließlich ließ der Bezirksstatthalter den jungen Märtyrer unter schwerer Bewachung zum Provinzgouverneur Armanius nach Alexandria bringen. Auch dieser ließ Abanoub aufs Grausamste foltern, bevor er den Zwölfjährigen schließlich am *24 Abib*, dem 31. Juli, köpfen ließ. Ein heimlicher Bewunderer namens Julius wickelte seinen Leichnam in feines Leinen und brachte ihn nach Nahisa, seine Heimatstadt. Erst im Jahre 960 wurden seine Reliquien in die Marienkirche von Samannud überführt, wo sie seitdem zahllose Wunder wirken.

»Inzwischen erscheint er wieder«, ergänzte *Abuna* Abanoub Louis, nicht ohne schelmisch zu lachen. »Über Jahrhunderte kam der hl. Abanoub immer wieder in unsere Kirche. Er erschien als zwölfjähriger Junge und spielte mit Kindern seines Alters. Einmal griff er in einen Straßenkampf zwischen unseren Kindern und ein paar gleichaltrigen Moslems ein. Das brachte einen prominenten Moslem gegen uns auf, der hier in der Nachbarschaft wohnte. Einer meiner Amtsvorgänger, der schon alt und ängstlich war, fürchtete Ärger und verbot dem Kinderheiligen, noch einmal zu erscheinen. Offenbar wirkte das, jedenfalls blieben die Erscheinungen lange aus.«

»Wirklich?« Ich wusste nicht, ob er mir jetzt einen Bären aufbinden wollte oder es tatsächlich ernst meinte, so unglaublich klang die Geschichte. Erst später las ich, dass auch Otto Meinardus sie gehört haben muss, als er schrieb: »Die lokalen Christen berichten, dass Apa Nub (sic!) oft genug aus seiner Ikone heraussteigt, um mit den Kindern zu spielen.«

»Doch, ich gebe Ihnen mein Wort darauf.« Offenbar hatte der Priester meine Zweifel bemerkt. »Als ich 1974 zum Priester geweiht wurde und diese Kirche übernahm, lud ich zwei Bischöfe ein. Gemeinsam beteten wir eine ganze Nacht lang zum heiligen Abanoub und baten ihn, wieder zu erscheinen, wenn er das wollte. Es dauerte nur zwei Wochen, bis Gemeindemitglieder den Kinderheiligen wieder sahen. Seitdem häufen sich hier die Wunder.«

Zum Beweis verwies er auf drei Bände in arabischer Sprache, die hinter ihm in einem Regal standen – die Dokumentation medizinisch nicht erklärbarer Heilungen durch den Märtyrer.

»Viele kommen seitdem mit ihren kranken Kindern hierher. Einmal, vor vielleicht 20 Jahren, brachte eine Mutter ihren Sohn, der an Polio erkrankt war und im Rollstuhl saß. Sie kam immer wieder, bis das Wunder geschah. Der Junge fühlte plötzlich, dass er wieder laufen konnte. Er stand auf und ging, wenn auch zunächst wankend, zum Schrein des Heiligen, zur großen Freude seiner Freunde und Familie, die mitgekommen waren. Die Menschen weinten vor Glück und priesen Gott. Seitdem steht der Rollstuhl bei uns in der Kirche. Der Junge brauchte ihn nicht mehr. Aber bitte, Sie können sich selbst überzeugen. Möchten Sie die Reliquien des heiligen Abanoub sehen? Vielleicht erhört er auch Ihr Gebet!«

So sehr ich zweifelte, so neugierig war ich. Höflich verabschiedeten wir uns von dem alten Priester und ließen uns von einem Diakon die Kirche zeigen. Es war eine dreischiffige Basilika, deren dreigeteilter Altarraum (*Haikal*) von einer prachtvoll geschnitzten hölzernen Ikonostase mit drei Türen abgetrennt war. Diese Dreiteilung geht noch auf die pharaonischen Tempel zurück, in denen fast immer drei Altäre standen, dem jeweiligen Gott, seiner Gefährtin und seinem Sohn geweiht. Nur Männer haben hier Zutritt und auch das erst, nachdem sie ihre Schuhe ausgezogen haben, wie einst Moses, als er Gott im brennenden Dornbusch vernahm. Im Zentrum des *Haikal* steht der quaderförmige Altar, den meist kostbare, reich bestickte Decken und darüber, zum Schutz, eine Plastikplane bedecken. Hinter dem Altar, an der Ostwand der Kirche, ist stets das Bild des thronenden Christus angebracht, zu dem hin der Priester bei der Wandlung zelebriert. Links und rechts von der Ikonostase stehen in den meisten koptischen Kirchen die Reliquiare. Während in der katholischen Kirche seit dem *Zweiten Vatikanischen Konzil* die Reliquienverehrung stark zurückgegangen ist, wird sie bei den Kopten heute inbrünstiger denn je gepflegt. Koptische Reliquiare sind meist längliche Holzzylinder, mit besticktem Samt umhüllt und oft mit dem Bild des Heiligen versehen, dessen Gebeine sie enthalten. Ihre Vorbilder dürfen die mit dem Bild des Toten geschmückten altägyptischen Sarkophage gewesen sein. Die Gläubigen können sie zumindest an seinem Festtag anfassen, küssen, ja sogar schütteln, um sich zu vergewissern, was in ihnen steckt. Für den Skeptiker mag das christlicher Fetischismus sein, doch für die Kopten ist es ein Weg der persönlichen Begegnung mit einem Heiligen, zum Empfang seiner *baraka*, seines Segens, lebt er nach ihrem Glauben doch weiter in der Gegenwart Gottes.

Der zweite Weg ist die Verehrung der Ikonen, wie sie in allen Kirchen des Ostens gepflegt wird. Auch sie will der ägyptische Christ berühren, um danach seine Hand voller Andacht zu küssen. Reliquiar und Ikone eines Heiligen sind meist Teil eines Schreins, der ein wenig an

5 Schrein des Kinderheiligen und Märtyrers Abanoub in Samannud; der Zylinder unter der Ikone enthält seine Reliquien

eine Kommode erinnert und sie gleichermaßen schützt und zur Verehrung präsentiert. Dazu gehört meist ein Plastikkörbchen, in dem Gläubige ihre Anliegen, auf kleine Zettel geschrieben, bei dem jeweiligen Heiligen ablegen können. Anderen gelingt es, ihre Fürbitten zwischen die Glasscheiben zu schieben, die den Reliquienzylinder schützen, und sie auf ihn fallen zu lassen. Nach einiger Zeit erweckt seine Vitrine dann unweigerlich den Eindruck eines Briefkastens oder einer Lostrommel.

So auch in Samannud. Zur Linken der Ikonostase war der Schrein des hl. Abanoub samt dem Zylinder mit seinen Gebeinen aufgestellt, rechts gegenüber wurden einige der 8000 Christen sowie der bekehrte Provinzbeamte verehrt. Doch ihre Ikonen, die man über den Reliquienzylindern angebracht hatte, waren mitnichten die einzigen Bilder, die den beliebten Kinderheiligen zeigten. St. Abanoub, so schien es, war allgegenwärtig. Sogar an den Glasscheiben des Schreins der heiligen Schale klebten Abziehbilder, auf denen er, betend und von Engeln umgeben, dargestellt war.

Als wir die Kirche verließen, kamen wir noch einmal an dem Marienbrunnen vorbei. »Möchten Sie einen Schluck trinken?« Ich zögerte einen Augenblick, als der Diakon meine Gedanken las: »Sie brauchen sich nicht zu sorgen. Das Wasser ist sauber. Wir lassen es durch einen Filter laufen, bevor wir es abfüllen. Man soll Gott bekanntlich nicht versuchen.« Bei allem Gottvertrauen hatte er seinen Sinn für die Realität nicht verloren.

»Glaubst du die Geschichte?«, frage mich Yuliya anschließend im Wagen.

»Meinst du die Wunder und Erscheinungen? Nun, der Glaube macht alles möglich, kann sogar Kräfte zur Selbstheilung auslösen. Und die starke Präsenz eines Heiligen ist für gläubige Menschen zumindest subjektiv spürbar.«

»Nein, ich meine die Geschichte von seinem Martyrium.«

»Nun, ich glaube, dass es während der Verfolgung Christen gab, denen ihr Glaube die Kraft verlieh, allen Qualen zu trotzen. Und dass ihr Beispiel vielen anderen Mut machte. Ein solch tapferer Junge war dieser Abanoub; das ist wohl der wahre Kern der Legende. Natürlich wurde im Laufe der Jahrhunderte vieles ausgeschmückt, um ihn noch heroischer erscheinen zu lassen. Das war bei vielen Märtyrerlegenden der Fall, wobei man oft genug mit den immer gleichen Versatzstücken Viten konstruierte, gerade wenn sonst nur wenig, zu wenig, über das tatsächliche Leben und Leiden bekannt war, vielleicht sogar nur noch ein Name, den man nicht einzuordnen wusste. Im Westen gab es seit dem 17. Jahrhundert eine Schule gelehrter Jesuiten, die *Bollandisten*, die hier die Spreu vom Weizen trennten. In Ägypten fand eine solch kritische Aufarbeitung nie statt. Aber das ist auch nicht von Belang. Entscheidend ist, dass Geschichten und Legenden wie jene von Abanoub den Kopten bis auf den heutigen Tag die Kraft geben, in Zeiten der Verfolgung ihrem Glauben treu zu bleiben. Und schon deshalb sind sie wertvoll, denn sie besagen nichts anderes als die überlieferten Worte eines protestantischen Märtyrers im *Dritten Reich*, Dietrich Bonhoeffer: ›Von guten Mächten wunderbar geborgen, erwarten wir getrost, was kommen mag!‹«

Als wir zur nächsten Station der Heiligen Familie fuhren, in das einstige Sumpfland südlich des Burullus-Sees, wurden wir erneut mit den ägyptischen Märtyrern der *Diokletianischen Verfolgung* konfrontiert. Dort, wo sich einst Maria, Joseph, Salome und das Jesuskind vor den Häschern des Herodes versteckt haben sollen, die ihr offenbar noch immer auf den Fersen waren, entstand gegen Ende des 3. Jahrhunderts das erste Frauenkloster der Geschichte. Seine Begründerin war Demiana, die einzige Tochter des römischen Bezirksstatthalters der Burullus-Region, eines Christen namens Markus.

Sie war für ihre Schönheit und Tugendhaftigkeit bekannt, und ihr stolzer Vater tat alles, um sie in ihren religiösen Ambitionen zu unterstützen. So war er nicht allzu erstaunt, als sie ihm mit 15 Jahren offenbarte, dass sie nicht heiraten werde; sie sei eine Braut Christi und wolle den Rest ihres Lebens Keuschheit üben. Daher bat sie ihn, ihr außerhalb der Stadt, dort, wo die Heilige Familie gelagert haben soll, ein Haus zu bauen, in dem sie mit ihren gläubigen Freundinnen ein von der Welt und ihren Versuchungen fernes Leben führen konnte.

Markus erfüllte ihr den Wunsch und baute ihr einen Palast inmitten der Sumpflandschaft. Viele ihrer Freundinnen folgten ihrem Beispiel und zogen zu ihr. Sie wählten Demiana zu ihrer Vorsteherin und widmeten sich dem Fasten und dem Gebet, der Handarbeit und der Lektüre heiliger Schriften.

Als Diokletian zunächst von allen Beamten das heidnische Götteropfer verlangte, zögerte Markus zuerst, dann knickte er ein. Seine Tochter erfuhr davon und war tief enttäuscht. Sie machte ihm Vorhaltungen aller Art und schimpfte ihn einen Feigling, der sich an den Satan verkauft habe. Der Vater zeigte sich reumütig und zog die Konsequenzen. Er fuhr nach Antiochia, wo der Kaiser gerade residierte, und bekannte vor ihm seinen Glauben. Am *5 Abib*, dem 12. Juli 303, wurde er auf Befehl Diokletians geköpft.

Nachdem der Kaiser erfahren hatte, dass Demiana hinter dem Gesinnungswandel ihres Vaters stand, befahl er einem seiner Offiziere, auch sie zu verfolgen. Eine Hundertschaft Soldaten sollte ihr Kloster stürmen und sie, notfalls unter Folter, zum heidnischen Opfer zwingen. Damit sollte ein Exempel zur Abschreckung anderer Christen statuiert werden.

Doch die Tochter des Statthalters und ihre 40 Jungfrauen blieben auch nach ihrer Festnahme standhaft. Mit keiner noch so grausamen Folter gelang es den Männern des Kaisers, sie umzustimmen. Demiana wurde vor den Augen ihrer Freundinnen auf ein Rad gebunden und gegen eiserne Spitzen gedrückt, die ihr das Fleisch zerrissen. Dann zerschnitten die Folterknechte ihre Haut mit scharfen Eisenkämmen und brachten die Wunden mit Essig zum Brennen. Schließlich zerschlugen sie ihre Knochen mit Eisenhämmern, steckten sie in einen Kessel kochenden Wassers, stachen ihr die Augen aus, zogen ihr die Kopfhaut vom Schädel, schlugen ihr Hände und Füße ab und verfütterten diese an wilde Tiere. Doch welch sadistische Quälerei sie sich auch ausdachten, es gelang ihnen nicht, das Gottvertrauen der tapferen jungen Frau und ihrer Gefährtinnen zu brechen. So sehr sie auch der Schmerz zerriss, Demiana pries weiterhin Christus und identifizierte sich mit seinem Leiden. Ihr Beispiel beeindruckte die anderen Christen, statt sie abzuschrecken, und ermutigte sie, ebenfalls für ihren Glauben in den Tod zu gehen. Um das grausame Schauspiel, das sein Ziel so gründlich verfehlt hatte, schnell zu beenden, befahl der Offizier des Kaisers, Demiana zusammen mit ihren 40 Jungfrauen und den rund 400 anwesenden Christen am gleichen Tag, dem *13 Tobi* (21. Januar) 304, zu köpfen.

Erst mit dem Toleranzedikt des Jahres 313 endete auch in Ägypten die Christenverfolgung durch Diokletian, Galerius und Maximinus Daia. Im Westen war jetzt ein Mann an der Macht, der selbst in einer Vision das Kreuz gesehen und dem eine Stimme offenbart hatte, er würde »in diesem Zeichen siegen«: Konstantin der Große, der Sohn des *Cäsars* Constantius Chlorus. Auf seine Worte folgten Taten. Als Konstantin Rom erobert hatte, beschenkte er den Nachfolger des hl. Petrus, Papst Miltiades, mit einem Palast und einer mächtigen Basilika, dann ließ er über den Gräbern der Apostel Petrus und Paulus und vieler Märtyrer Kirchen errichten. Elf Jahre später hatte er das Reich unter seiner Herrschaft wieder vereint.

Während er die Bischöfe des Westens und des Ostens in Nizäa zu einem Konzil einlud und die gerade noch Verfolgten wie Staatsgäste behandeln ließ, brach seine Mutter Helena, längst getaufte Christin, zu einer Pilgerfahrt auf. Zunächst besuchte die schon fast 80-Jährige das Heilige Land, dann setzte sie, zumindest nach koptischer Überlieferung, ihre Reise in Ägypten fort. Tatsächlich scheint ihr Zeitgenosse Eusebius von Caesarea, der neben seiner *Kirchengeschichte* auch die wichtigste Biografie Konstantins des Großen verfasste, eine umfangreichere Route anzudeuten, wenn er schreibt:

> »(So) kam die alte Frau, auf jugendliche Weise eilend, um in hoher Gesinnung das preiswürdige Land zu erforschen und zugleich die östlichen *Provinzen und Völker* in der Fürsorge einer Kaiserin zu besuchen. (…) Denn als sie *den ganzen Osten* [des Reiches] mit der Großzügigkeit kaiserlicher Macht durchzog, schenkte sie Unzähliges *den Völkern* in den einzelnen Städten und den Einzelnen, die an sie herantraten.« (*Hervorhebungen durch den Autor*)

So kam Helena, glauben wir den Kopten, auch nach Ägypten und erfuhr vom Martyrium der hl. Demiana und ihrer 40 Jungfrauen. Als sie die Überreste des Kloster-Palastes aufsuchte, ließ sie die Leichname der Märtyrerinnen bergen, in kostbare Seidentücher hüllen und für sie eine unterirdische Grabkirche bauen. Der koptische Patriarch Alexander I. († 328) weihte sie am 20. Mai 327 ein; sie existiert noch heute.

Trotzdem dauerte es weitere 1650 Jahre, bis der koptische Papst Shenouda III. am 24. September 1978 ein neues Nonnenkloster an der Stätte ihres Martyriums ins Leben rufen konnte. Wie eine trutzige Burg erhebt es sich aus der früheren Sumpflandschaft, durch hohe Mauern geschützt vor einer nach wie vor feindlichen Umwelt.

Eine Burg freilich, die Zuflucht bietet, vor allen denen, die Hilfe suchen. Zahlreiche Wunder sollen sich am Grab der Heiligen ereignet haben, und jedes Jahr strömen Zehntausende zu ihm, wenn vom 5. bis 22. Mai ihr zu Ehren ein Pilgerfest stattfindet. Viele von ihnen berichten dann von Marienerscheinungen und anderen Manifestationen des Übernatürlichen – wie etwa leuchtenden Tauben, die in Kreuzformation die Menge überfliegen. Wie elektrisiert erklingt dann das schrille Freudengeschrei der begeisterten Frauen.

Unsere nächste Station ließ mich erahnen, dass Wunder tatsächlich auch heute noch möglich sind. Die Entdeckung des »Fußabdruckes Jesu« ist ganz bestimmt ein solches, und es ist gut dokumentiert. Glauben wir der Predigt des Bischofs Zacharias von Sakha, so war das nächste Ziel der Flüchtigen ein Ort, der nur als *Bikha Isous*, als »Fußabdruck Jesu« bezeichnet wird.

Das Jesuskind sei durstig gewesen, erklärt der Bischof in seiner Predigt den seltsamen Namen, seine Mutter aber konnte kein Wasser finden. Da habe das Kind an der Stelle, an der Maria es abgelegt hatte, seinen Fuß auf einen Felsen gesetzt, und sofort sei reines Wasser aus dem Boden gesprudelt.

Auch das koptische *Synaxarium* erwähnt diese Stätte: »Sie zogen weiter nach Meniet Samannud und überquerten den Nil auf der Westseite. Dort stellte der Herr Jesus seinen Fuß auf einen Stein und der Abdruck seines Fußes erschien und der Stein wurde auf Koptisch *Bikha Isous* genannt.«

Abu al-Makarim kennt die Geschichte ebenfalls und liefert weitere Details. So sei *Bikha Isous* der Name eines Klosters, das an der Stelle einer Therme aus der Römerzeit errichtet wurde und auch *Deir al-Maghtas* oder »Kloster des Bades« hieß. Der Stein mit dem Fußabdruck Jesu sei von den Gläubigen mit Öl übergossen worden und viele hätten Segnungen von ihm erfahren. Aus Sorge, die Pilger könnten ihn beschädigen, hätten die Mönche die kostbare Reliquie schließlich eines Tages versteckt: »Bis heute kennt niemand die Stelle«, beendete der koptische Abt seinen Bericht aus dem 12. Jahrhundert.

Die Suche nach dieser Stätte brachte den deutschen Koptologen Otto Meinardus noch in den 1960er-Jahren an den Rand der Verzweiflung. »Trotz langen Suchens und Hin- und Herreisens habe ich weder einen antiken, mittelalterlichen noch neuzeitlichen Ort im Nildelta gefunden, der dem Wort *Bikha Isous* ähnlich ist«, stellte er schließlich resigniert in seinem 1963 erschienenen Buch *Auf den Spuren der Heiligen Familie von Bethlehem nach Oberägypten* fest. Auch die koptischen Bischöfe, die er konsultierte, konnten ihm nicht weiterhelfen. Einer vermutete, das Dorf Basus zwischen Kairo und Qalyub sei gemeint, ein anderer tippte auf die alte Bischofsstadt Sakha. Doch auch dort wusste niemand etwas von einer so wichtigen Reliquie wie dem Fußabdruck Jesu.

Dann, im April 1984, gruben Bauarbeiter in der ungepflasterten Straße vor der Kirche von Sakha ein Loch, um ein Abflussrohr zu verlegen. In etwa anderthalb Metern Tiefe stießen sie zunächst auf eine vergrabene Kapitellhälfte einer antiken Säule. Als sie diese mit einiger Mühe entfernt hatten, bemerkten sie, dass unter ihr ein zweiter, kleinerer Stein lag, so als habe das antike Säulenfragment ihn gleichermaßen schützen wie auf ihn verweisen sollen. Er war rechteckig, hellgrau und etwa 18 Zentimeter lang. Auf einer Seite wies er eine braun verfärbte, fersenförmige Einhöhlung auf, auf der anderen war er auf Arabisch beschriftet: *i(bn) Allah*, »Sohn Gottes«. Der Diakon Halim Philippus Mikhail, der die Bauarbeiter beaufsichtigte, kannte die alten Berichte und begriff sofort, welche Bedeutung der Fund hatte: »Das ist der Fußabdruck Jesu!«, rief er begeistert aus. Dann sprang er selbst in das Loch und trank das Grundwasser, das in die Grube gesickert war. Es war für ihn heiliges Wasser, und er schwört noch heute, dass es einen süßen Wohlgeruch ausströmte. Bald darauf geschah auch schon das erste Wunder. Ein Mann, der seit Jahren an einer schweren Augenkrankheit litt, wusch sich die Augen mit diesem Wasser aus und wurde geheilt.

Die Priester der Kirche, *Abuna* Thomas al-Baramusi und *Abuna* Matthias, beschlossen, in der Angelegenheit den koptischen Papst Shenouda III. zu konsultieren. Das war zu diesem Zeitpunkt keine leichte Angelegenheit, denn seit September 1981, als Präsident Anwar al-Sadat Hunderte unbequemer Christen und Moslems hatte verhaften lassen, stand der Patriarch in einem Kloster im *Wadi Natrun* unter Hausarrest. Schließlich entschieden sich die Priester, ihn dort aufzusuchen. Dreimal betete der 117. Patriarch von Alexandria über

6 Der Stein mit dem »Fersenabdruck Jesu« wurde aus der brennenden Kirche gerettet

dem Stein, dreimal feierte er die koptische Liturgie über ihm, dann verkündete er die Echtheit der Reliquie. Sakha war *Bikha Isous*, daran konnte kein Zweifel mehr bestehen!

In den folgenden Jahren wurde die Kleinstadt für die Christen des Nordens wieder zum Wallfahrtsort. Fast schien es so, als würden die alten Zeiten wieder lebendig, über die der muslimische Historiker al-Maqrizi im 15. Jahrhundert berichtet hatte. Damals galt bei den Kopten der Besuch in Sakha als gleichwertiger Ersatz für eine Pilgerfahrt nach Jerusalem. Zu Zehntausenden strömten sie an jedem 1. Juni zum *Kloster des Bades* und erlebten, wie an diesem Tag regelmäßig die Jungfrau Maria erschien. Das empörte die Muslime so sehr, dass sie das Kloster im Fastenmonat Ramadan des Jahres 1438 zerstörten; erst im 19. Jahrhundert erhielten die Kopten erneut eine Genehmigung zum Bau einer Kirche in Sakha.

Schließlich beschloss der für Sakha zuständige Erzbischof Bishoy, die Tradition der jährlichen Pilgerfeste wieder aufleben zu lassen. Fortan kam er jedes Jahr am 1. Juni nach Sakha, um den heiligen Stein in einer feierlichen Prozession durch die Kirche zu tragen und mit Öl zu salben. Von Jahr zu Jahr strömten mehr Gläubige aus dem ganzen Nildelta zu dem neuen Heiligtum, das an den anderen Tagen in einem Glaskasten am Eingang der Kirche stand. Immer mehr kleine Zettel mit Gebetsanliegen sammelten sich hinter den Scheiben, bis sie den Stein unter sich zu begraben drohten.

Doch als dann auch noch im Gespräch war, ein modernes Kloster in Sakha zu bauen, eskalierte die Situation. Am 31. Mai 2008 versuchten junge, mit Schlagstöcken bewaffnete Muslime, nach einem Gottesdienst in die Kirche einzudringen, junge Kopten wehrten sie ab. Vier Kopten, darunter zwei Mönche, wurden schwer verletzt, ein junger Moslem kam ums Leben. In den folgenden Tagen ließ der lokale Gouverneur die Kirche mit einem Elektrozaun abriegeln, jeder Zugang wurde von Soldaten kontrolliert.

Dann, in der Nacht zum 16. Juni 2008, brach in der Kirche ein Feuer aus. Bis auf die Grundmauern brannte das Gotteshaus nieder, bevor die Feuerwehr eintraf. Die hölzerne Ikonostase sowie die wertvollen alten Ikonen und Reliquiare fielen den Flammen zum Opfer.

Lediglich der Stein mit dem Fußabdruck Jesu konnte gerettet werden. Halim Mikhail, der Diakon, der Zeuge seiner Entdeckung geworden war, zeigte ihn uns, als wir am 15. März 2010 die Ruine seiner Kirche besuchten, die gerade trotzig wieder aufgebaut wird. Er hofft, dass das Heiligtum von Sakha eines Tages wie der mythische Vogel Phönix aus der Asche und den Trümmern zu neuer Größe ersteht. Bis dahin lagert die Reliquie in einer verschlossenen Kammer in einem Nebengebäude des niedergebrannten Gotteshauses.

Der muslimische Gouverneur erklärte 2008, angeblich nach eingehender Untersuchung, ein Kurzschluss in der Leitung des Elektrozauns habe den Brand verursacht. Die meisten Kopten, mit denen ich sprach, sind überzeugt, dass es Brandstiftung war. Die Zeit der Verfolgung war noch lange nicht zu Ende. Ein neuer Abschnitt hatte gerade erst begonnen.

VII Wiege des Christentums

Alexandria, am 23 Koiak im 1727. Jahr der Märtyrer (1.1.2011)

Sie wollten Gottes Segen für das neue Jahr 2011 erbitten, dafür beten, dass es friedlich und glücklich verlaufen würde. Doch kaum war Mitternacht vorüber, kaum hatte ihr Priester sie gesegnet und in die kühle Nacht von Alexandria entlassen, riss der Wahnsinn sie in den Tod. Als die gut tausend Besucher der Neujahrsmesse in der koptischen Kirche *St. Markus & St. Petrus* gegen 0.30 Uhr das Gotteshaus verließen, zerstörte der Donner einer Explosion die heitere Zuversicht dieser Nacht.

»Ich sah Menschen, die in Flammen standen«, erklärte später der Pfarrer dieser Gemeinde am Ostrand der Hafenstadt, *Abuna* Mena Adel. Er war sofort nach draußen gelaufen, als seine Kirche unter dem Druck der Detonation erzitterte. Dort erwarteten ihn Szenen wie in Dantes Inferno. Überall lagen die brennenden Trümmer eines von der Explosion zerrissenen grünen Personenwagens, dazwischen, in Lachen von Blut, menschliche Leichen, viele von ihnen makaber verstümmelt, und schwer verletzte Männer, Frauen und Kinder, die sich vor Schmerzen krümmten. Das Flackern der Flammen und der Rauch, das Wimmern der Verletzten und die Verzweiflungsschreie der Trauernden bildeten die Geräuschkulisse zu einem geradezu apokalyptischen Szenario. Ein teuflischer Anschlag hatte gerade 24 Menschen das Leben gekostet, 97 Mitglieder seiner Gemeinde erlitten schwere Verletzungen.

Doch warum, wie konnte das geschehen? Noch in der gleichen Nacht verkündete der Gouverneur von Alexandria, Adel Labib, die Verantwortlichen für den Terrorakt seien identifiziert. Mitglieder des Terrornetzwerks *al-Qaida* hätten den mit Sprengstoff beladenen Wagen vor der Kirche platziert und per Fernzündung die Explosion ausge-

löst. Dafür sprach, dass das Terrornetzwerk tatsächlich zuvor auf einer Webseite mit Anschlägen auf ägyptische Kirchen gedroht hatte. Doch genügte diese Erklärung?
Gewöhnlich werden Ägyptens Kirchen durch Sicherheitskräfte bewacht. Im Fall der *St. Markus & St. Petrus-Kirche* von Alexandria war trotz der Terrordrohung in der fraglichen Nacht die Wachmannschaft bis auf vier Polizisten und ihren Vorgesetzten abgezogen worden. Das führte schon gleich nach dem Attentat zu heftigen Protesten junger Kopten, die sich mit der Polizei regelrechte Straßenkämpfe lieferten.
Zuvor hatten Beamte Christen verhöhnt, die nach den blutigen Überresten ihrer Angehörigen suchten: »Ihr braucht die Fleischfetzen nicht zu sammeln. Das sind Hunde. Lasst sie den Hunden als Futter.« Auch aus der benachbarten Moschee klangen Jubelrufe. Wie mir der koptische Menschenrechtler Prof. Fouad Ibrahim erklärte, hatten muslimische Fundamentalisten vor dem Anschlag 13 Wochen lang nach dem Freitagsgebet in der Stadtmoschee Demonstrationen abgehalten und öffentlich zum Mord an Christen aufgerufen; die Polizei hatte sie ungestört gewähren lassen.
In den auf den Anschlag folgenden Wochen war das Land gespalten. Gemäßigte Muslime verurteilten das Attentat, Fanatiker begrüßten es. Nur elf Tage später stieg ein bewaffneter Polizist in Oberägypten in einen Zug, rief laut *Allahu akbar!* (»Allah ist groß!«) und eröffnete das Feuer auf eine koptische Familie. Zumindest jetzt war offensichtlich, wie haltlos das Gerede von »ausländischen Drahtziehern« hinter dem Anschlag von Alexandria war. Blutige Übergriffe gehören leider ebenso zum traurigen Alltag der ägyptischen Christen wie ihre allgegenwärtige Diskriminierung. »Über 300 Ägypter wurden in den letzten 30 Jahren ermordet, nur weil sie Christen waren«, stellte Prof. Ibrahim fest. Viele, die »bloß« verwundet wurden, hatten nie das Geld für eine medizinische Behandlung – und waren fortan schlichtweg ruiniert.
Der Fehler liegt dabei im System. § 2 der ägyptischen Verfassung erklärt die islamische Gesetzgebung, die *Scharia*, zur Rechtsgrundlage des Staates. Nach der Scharia haben Nichtmuslime den Status von Bürgern zweiter Klasse. Wer einen Nichtmuslim tötet, darf laut Scharia nicht verurteilt werden. So mussten die Kopten oft genug erleben,

dass der weitaus größte Teil ihrer Mörder unbestraft blieb. Nicht selten wurden sogar die Angehörigen der Opfer verhaftet und unter Folter gezwungen, ihre Aussagen zurückzuziehen. Als am koptischen Weihnachtsfest, dem 7. Januar 2010, ein Attentäter im oberägyptischen Nag Hammadi acht Christen erschoss, wurde er trotzdem zum Tode verurteilt – im Kugelhagel war auch ein muslimischer Wachmann ums Leben gekommen.

Wenn auch die Täter von Alexandria nie vor Gericht gestellt wurden, so führte das Attentat zumindest dazu, dass die Welt auf das Schicksal der Kopten aufmerksam wurde. So reiste der Fraktionsvorsitzende der CDU/CSU im Bundestag, Volker Kauder, am 8. Januar 2011 nach Kairo, um sich vor Ort ein Bild von der Lage der Christen zu machen. Außenminister Guido Westerwelle forderte, man müsse entschlossen gegen Terrorismus und religiöse Intoleranz vorgehen, während US-Präsident Barack Obama und die EU-Außenbeauftragte Catherine Ashton gleichermaßen ihre Abscheu über die Bluttat zum Ausdruck brachten. Der französische Präsident Nicolas Sarkozy sah in den Übergriffen gegen die Kopten Vorzeichen eines »besonders perversen Säuberungsplanes, einer religiöse Säuberung«; man wolle offenbar die Christen durch gezielte Einschüchterungsversuche aus dem Land vertreiben. Doch als Papst Benedikt XVI. in seiner Neujahrsansprache vor den Vertretern des diplomatischen Corps am 10. Januar 2011 von der »dringenden Notwendigkeit« sprach, »dass die Regierungen der Region trotz der Schwierigkeiten und der Drohungen wirksame Maßnahmen zum Schutz der religiösen Minderheiten ergreifen«, schlug ihm eine Welle der Empörung aus dem muslimischen Lager entgegen. Sofort wurde Ägyptens Botschafterin beim Heiligen Stuhl »zu Beratungen« nach Kairo abberufen, während das ägyptische Außenministerium von einer »inakzeptablen Einmischung in Ägyptens innere Angelegenheiten« sprach. Die Kairoer *al-Azhar-Universität*, die bedeutendste Hochschule des sunnitischen Islam, setzte daraufhin ebenfalls den Dialog mit dem Vatikan aus, um ihrer Verärgerung über die päpstliche Äußerung Ausdruck zu verleihen.

Trotzdem war das Attentat von Alexandria nur das Fanal zu einem Jahr, in dem Ägypten den größten Umbruch seiner jüngeren Geschichte erlebte. Er sollte zeigen, wie gespalten das Land wirklich ist, aber auch die Machthaber in ihrer ganzen Skrupellosigkeit demaskieren.

Ermutigt durch die Nachricht vom Sturz des Ben-Ali-Regimes in Tunesien riefen junge, liberal gesinnte Ägypter am 25. Januar 2011 in Kairo zu einer Protestkundgebung gegen die korrupte Regierung von Staatspräsident Husni Mubarak auf. Obwohl die Regierung mit bis zu 30 000 Sicherheitskräften, ausgerüstet mit Schlagstöcken, Wasserwerfern und Tränengas, gegen die Demonstranten vorging, gelang es nicht, die Unzufriedenen einzuschüchtern. Als sie stattdessen den 28. Januar, einen Freitag, zum *Tag des Zorns* erklärten, eskalierte die Situation. Nach weiteren Zusammenstößen zwischen der Polizei und den Demonstranten wurde gegen Abend das Hochhaus der Regierungspartei NDP an der Niluferstraße, in unmittelbarer Nähe des Ägyptischen Museums, gestürmt und in Brand gesetzt. Die staatliche TV-Zentrale dagegen schützten gepanzerte Armeefahrzeuge. Als Mubarak zwar eine Regierungsumbildung ankündigte, aber den eigenen Rücktritt ausschloss, gingen die Proteste weiter. Um einen Vorwand für verschärfte Maßnahmen zu haben, ließ die Regierung 4000 inhaftierte Kriminelle frei, die plündernd und marodierend durch die Straßen Kairos zogen. Alle Zufahrten wurden hermetisch abgeriegelt. In der ägyptischen Hauptstadt sollten Chaos und Anarchie herrschen.

Während immer mehr Ausländer die Flucht ergriffen, ließen sich die Demonstranten nicht einschüchtern. Sie besetzten den Tahrir-Platz im Stadtzentrum, den wiederum die Soldaten mit Stacheldraht umzäunten. Doch auch das verhinderte nicht, dass am 1. Februar der angekündigte »Marsch der Millionen« stattfand, an dem nach offiziellen Angaben über zwei Millionen Ägypter teilnahmen. Während man bewaffnete Anhänger des Präsidenten auf die Demonstranten hetzte, war bald auch der Regierung klar, dass das Land unmittelbar vor einem Bürgerkrieg stand, wenn nicht zumindest scheinbar den Forderungen der Demonstranten nachgegeben würde. Schließlich kam es zu einer Reihe geheimer Sitzungen der obersten Militärführung unter Leitung von Verteidigungsminister Muhammad Hussein Tantawi. Am 11. Februar verkündete der Vizepräsident Omar Suleiman, dass Präsident Mubarak sein Amt aufgäbe und das Militär die Macht übernähme.

Nur fünf Tage später gab der ägyptische Generalstaatsanwalt Abd al-Majid Mahmud bekannt, dass er die Ermittlungen über die Hintergründe des Anschlags von Alexandria aufgenommen habe. Hauptbeschuldigter sei jetzt der frühere ägyptische Innenminister Habib el-Adly. Wie britische Diplomaten berichteten, hatte el-Adly in den vorausgegangenen sechs Jahren ein Sonderkommando von 22 Mitarbeitern aufgebaut, zu denen auch radikale Islamisten zählten. Sie sollten Anschläge im Land verüben, damit das Mubarak-Regime sich als Retter vor den Islamisten darstellen könnte.

So habe ein Major des Innenministeriums, Fathi Abdelwahid, am 11. Dezember den damals inhaftierten Islamisten Mohamed Khaled angewiesen, mit der radikalen Gruppe *Jundullah* Kontakt aufzunehmen, um einen Anschlag in Alexandria vorzubereiten. Seine Absicht sei es gewesen, »die Kopten zu disziplinieren« – *divide et impera* (»Herrsche und teile«) auf Ägyptisch! Nach dem Attentat wurden die Islamisten verhaftet und ins Innenministerium gebracht, konnten aber während der Unruhen am 28. Januar fliehen und in der britischen Botschaft Zuflucht suchen. Dort verhörte sie der Geheimdienst, dessen Protokolle die Vorwürfe bestätigen.

Im März 2012, 14 Monate nach dem Attentat in Alexandria, reisten Yuliya und ich in die Hafenstadt, weil ich begreifen wollte, was in dieser Nacht geschehen war, die ein neues, blutiges Kapitel in der Geschichte der *Kirche der Märtyrer* schrieb. Der Manager unseres Hotels, der *Mediterranean Suites*, brachte uns persönlich zum Schauplatz des Anschlags; auch als Moslem war er erschüttert über das Leid, das betenden Menschen hier angetan worden war. Längst waren die Spuren der Bluttat beseitigt, war die ebenso einladende wie kunstvolle Fassade der Kirche wieder hergerichtet. Über ihrem schmiedeeisernen Tor prangte ein Mosaik, das ihre Namenspatrone zeigt: den hl. Evangelisten Markus, der als erster Christ in Alexandria das Martyrium erlitt, und den hl. Kopten-Papst Petrus I. (+ 310), der als *der letzte Märtyrer* verehrt wird, auch wenn er das leider Gottes nicht blieb.

Genauso groß wie das Mosaik war ein farbiges Plakat, das an der Fassade hing. Es zeigte Christus, wie er über den Gesichtern der 24 Toten der Neujahrsnacht 2011 thront. Gleich neben dem Eingang der

Kirche hatte man den Verstorbenen zu Ehren eine Art Reliquienkammer eingerichtet. Ihre Fotos hängen rund um ein Bild des segnenden Herrn, das die Demonstranten mit sich getragen hatten, als sie ihrer Empörung bei der Polizei Luft machten, und das mit Schmutz beworfen und niedergetrampelt worden war. In einer Vitrine werden Teile der Kirchenfassade aufbewahrt, die der Explosion der Autobombe zum Opfer gefallen sind, aber auch zerrissene und in Blut getränkte Kleidungsstücke der Toten. Auch in der Kirche selbst und dem Innenhof, der zur Sonntagsschule und den Räumlichkeiten der Gemeinde führte, sind ihre Gesichter allgegenwärtig. Es war nur zu offensichtlich, dass hier ein neuer Märtyrerkult im Entstehen ist. Er findet fruchtbaren Boden in einer Stadt, die einmal Herz und Wiege der koptischen Kirche, ja eine der Wiegen der gesamten Christenheit war.

Um das geistig wie materiell so reiche Alexandria der Antike zu entdecken, muss man sich auf die Suche nach seinen Relikten machen. Man muss hinter die oft verkommenden Fassaden seiner einstmals prachtvollen Jugendstilhäuser blicken, die vom mondänen Glanz eines der großen Mittelmeerhäfen zeugen, muss jenseits der staubigen und dicht befahrenen Straßen suchen, dort, wo sie noch Platz lassen für die Überreste der antiken Metropole, die vor 2000 Jahren mit mehr als einer halben Million Einwohnern nach Rom als zweitgrößte Stadt der Welt galt. Sie erinnern an eine Zeit, als dort bunt bemalte und marmorverkleidete Prunkbauten standen, während in Rom noch Ziegelbauten dominierten, als Römer und Griechen die atemberaubende Pracht einer Stadt rühmten, die der Geograf Strabo als »die herrlichste der Welt« bezeichnete und von der Achilles Tatius, ein weit gereister Grieche des 4. Jahrhunderts, schrieb: »Das erste, was jedem auffällt, der Alexandria durch das Tor der Sonne betrat, war die überwältigende Schönheit dieser Stadt.«

Wir fuhren die Küstenstraße entlang, vorbei an der avantgardistischen Architektur der neuen *Bibliotheca Alexandrina*, die sich zum Ziel gesetzt hat, erneut das geistige Erbe einer Epoche unter einem Dach zu vereinen, und doch bislang an mangelnden Mitteln scheiterte.[16] Vor 2010 besaß sie gerade einmal 500 000 Bücher, wenig für ein Projekt von internationalem Prestige – bis ihr Bestand durch eine großzügige Spende der französischen Nationalbibliothek auf eine Million aufgestockt werden konnte. Trotzdem wirkt die moderne Bibliothek von Alexandria in ihrer Verwegenheit wie ein Ding aus einer anderen Welt, das in keiner Beziehung zum gesellschaftlichen und kulturellen Leben eines mehrheitlich islamischen und damit nicht gerade bibliophilen Landes steht.

Ihre Vorgängerin dagegen war das geistige Zentrum der antiken Welt. Nach ihrer Gründung durch Alexander den Großen 331 v. Chr. wurde Alexandria zum Dreh- und Angelpunkt der ersten globalen Kultur, des Hellenismus, zu einem Schmelztiegel, in dem die Errungenschaften jahrtausendealter Zivilisationen mit der geistigen Freiheit des Griechentums verschmolzen.

Hier regierte nach den Diadochenkriegen Ptolemaios (323-282 v. Chr.), einer der Generäle des Mazedoniers, dem der Titel *Soter*, »Erlöser«, verliehen wurde und der sich bald als neuer Pharao gebärdete. Er beauftragte Demetrius von Phaleron, einen Schüler des Aristoteles, damit, in unmittelbarer Nähe des Königspalastes einen Treffpunkt für die großen Denker und Gelehrten seiner Zeit zu schaffen. Das *Museion* oder »Heiligtum der Musen« beinhaltete neben der bald größten Bibliothek der antiken Welt auch Vortrags- und Seminarräume, Lese- und Speisesäle, Forschungslabors und sogar einen hauseigenen Zoo mit exotischen Tieren. Dort erarbeitete Euklid die Grundregeln seiner Geometrie, hier kam Eratosthenes nicht nur zu dem Schluss, dass die Erde rund ist, er errechnete sogar ihren Durchmesser mit erstaunlicher Präzision. Der Ehrgeiz der königlichen Bibliothekare aber war es, von jedem Buch auf Erden zumindest eine Abschrift oder Übersetzung ins Griechische zu besitzen. So kam es, dass König Ptolemaios II. *Philadelphus* (284-246 v. Chr.) auch 72 jüdische Gelehrte nach Alexandria einlud, um die *Heilige Schrift* (d.h. das *Alte Testament*) ins *Koiné*-Griechische zu übersetzen. Die Bekanntheit, die ihre Bücher dadurch erlangten, bereitete den Boden für die Verkündigung des Evangeliums drei Jahrhunderte später.

Unter den Ptolemäern wurde Alexandria dann auch zum geistigen Zentrum des hellenistischen Judentums, das sich philosophisch tiefgründiger und weltoffener gab als die traditionalistischen und in Formen erstarrten Schulen Jerusalems, also die *Sadduzäer* und *Pharisäer.* Aus dem Humus einer Weltstadt, befruchtet durch den geistigen Dünger des *Museions* und seiner Philosophenschulen, gewannen seine Vertreter eine Weitsicht, die vieles von der Universalität des Christentums vorwegnahm. Mit Philo (ca. 10 v. Chr. – 40 n. Chr.), einem Zeitgenossen Jesu, brachte das alexandrinische Judentum schließlich ein Genie hervor, dessen exegetischen Schriften auch das junge Christentum und seine Theologie nachhaltig inspirierten.

Als Julius Cäsar 48 v. Chr. im Hafen von Alexandria anlegte, brach an Bord eines seiner Schiffe ein Feuer aus, das schnell auf ein zur Bibliothek gehöriges Buchlager übergriff; mindestens 40.000 (nach einigen Berichten sogar 400.000) Schriftrollen fielen damals den Flammen zum Opfer. Trotz stark reduzierter Bestände blieb zumindest das *Museion* als Institution samt einem Großteil der königlichen Büchersammlung die gesamte Antike über erhalten; die Existenz der ihr angeschlossenen neuplatonischen Akademie ist bis ins frühe 7. Jahrhundert bezeugt. Erst als die Muslime unter Amr Ibn el'As im Jahre 642 Alexandria einnahmen, so scheint es, war ihr Schicksal besiegelt. Wie Abd'l Latif von Bagdad (1162–1231), einer der größten muslimischen Gelehrten seiner Zeit, ein halbes Jahrtausend später nicht ohne Bedauern berichtete, soll Amr den Kalifen Omar gefragt haben, was mit den »Büchern in der königlichen Bibliothek« geschehen solle. »Wenn diese Bücher mit dem Qur'an übereinstimmen, dann brauchen wir sie nicht«, lautete die Antwort, »und wenn sie dem Qur'an widersprechen, zerstöre sie!« So wurden die Handschriften zur Beheizung der öffentlichen Bäder verbrannt.[17]

Wo in der Antike noch der *Pharos*, der größte Leuchtturm seiner Zeit und eines der sieben Weltwunder, den Handelsschiffen aus aller Welt den Weg wies, bewacht heute eine Festung aus der Zeit der Mamelucken die Hafeneinfahrt. Drei schwere Erdbeben, eines im 8., die beiden anderen im 14. Jahrhundert, hatten das Schicksal des Leuchtturms besiegelt. Doch auch ohne ihn beeindruckt der Osthafen durch seine schiere Größe, lässt er erahnen, welche Rolle Alexandria als (nach Babylon am Euphrat) zweite Weltstadt der Menschheit einst spielte. Und das blieb so, auch als Ägypten nach dem Selbstmord Kleopatras zur römischen Provinz degradiert wurde, deren Hauptaufgabe fortan die Versorgung der Reichshauptstadt Rom mit Weizen war – durch mächtige Schiffe, die im Hafen von Alexandria ablegten. Auf einem solchen Schiff, das sich auf dem Rückweg von Rom befand, kam wohl 44 n. Chr. (»im dritten Jahr des Kaisers Claudius«, wie Eusebius von Caesarea in seiner *Chronik* schreibt) der Evangelist Markus erstmals in die ägyptische Hauptstadt.[18] Sein Auftrag, den ihm der Apostel Petrus erteilt hatte, lautete, das Evangelium Jesu Christi in dem Land zu verkünden, das dem Sohn Gottes ein halbes Jahrhundert zuvor Zuflucht gewährt hatte.

Auf Spuren der Heiligen Familie wird auch er in Alexandria nicht gestoßen sein, obwohl ihre bisherigen Stationen einschließlich Sakha doch eindeutig verrieten, dass es ihr ursprüngliches Ziel gewesen sein muss. Wir können nur spekulieren, was sie umgestimmt hat, denn keine Quelle nennt einen Grund. Vielleicht hatten die Flüchtlinge erst in Sakha erfahren, dass Gaius Turranius, von 7–4 v. Chr. römischer Statthalter in Ägypten, ein persönlicher Freund des Herodes war. Möglich auch, dass ihnen die Männer des Königs noch immer auf den Fersen waren. So dauerte es jedenfalls noch gut ein halbes Jahrhundert, bis die Kunde von der Menschwerdung Gottes durch Markus die Alexanderstadt erreichte.

Leider wissen wir über das Leben des »Johannes mit dem Beinamen Markus«, wie ihn die Apostelgeschichte (12,12) nennt, erstaunlich wenig; vieles muss erst aus den Quellen erschlossen werden. So galt den Kirchenvätern als sicher, dass er das nach ihm benannte Evangelium verfasste, nachdem er im April 42 den heiligen Petrus auf seiner Flucht nach Rom begleitet hatte. Bischof Papias von Hierapolis (ca. 60-140) bezeichnet ihn als Übersetzer des Apostelfürsten; wahrscheinlich war der Fischer im Griechischen nicht ganz so eloquent wie der offenbar hochgebildete und polyglotte Markus; Latein sprach er wohl gar nicht.

Markus stammte, wie es scheint, aus einer wohlhabenden und kosmopolitischen Familie, die dem Priesterstamm der Leviten angehörte. Sein Cousin Barnabas (siehe Kol 4,10) wurde auf Zypern geboren, wo König Herodes Kupferminen gepachtet hatte, um Bronze produzieren zu können. Er selbst trug den Namen des Mark Anton, was auf Geschäfte seines Vaters mit den Römern, vielleicht sogar eine römische Bürgerschaft hindeutet. Seine Mutter besaß ein geräumiges Haus in der Oberstadt, dem besten Viertel von Jerusalem, das groß genug war, um »nicht wenigen« Mitgliedern der Urgemeinde Unterschlupf zu gewähren, als die erste Christenverfolgung unter König Herodes Agrippa stattfand (Apg 12,12–17). Es muss ein mondänes Anwesen gewesen sein, das nicht nur über einen Innenhof und ein »Außentor« verfügte, sondern auch griechischsprachiges Dienstpersonal beschäftigte, einschließlich »einer Magd namens Rhode« (Apg 12,13). So verwundert es nicht, dass einige Exegeten in Markus' Familie sogar die Besitzer der Ölplantage *Getsemani* vermuten und ihn als den »jungen Mann« identifizieren, den nur sein Evangelium erwähnt: »Ein junger Mann aber, der nur mit einem leinenen Tuch bekleidet war, wollte ihm [Jesus] nachgehen. Da packten sie ihn; er aber ließ das Tuch fallen und lief nackt davon.« (Mk 14,51–52) Vielleicht hatte er vor der Ankunft Jesu und der Jünger in der Getsemani-Grotte gewacht, um sicherzustellen, dass hier keine anderen Pascha-Pilger ihr Lager aufschlugen. Als sie endlich eingetroffen waren, könnte er sich schlafen gelegt haben, was zumindest die ungewöhnlich leichte Bekleidung erklärt. Träfe dies zu, dann wäre auch er ein Augenzeuge der Passion Jesu gewesen.

Lange wird Markus nicht in Rom geblieben sein, um die Erinnerungen Petri und seiner selbst aufzuschreiben. Im Januar 44, nach nur dreijähriger Herrschaft, starb Herodes Agrippa. Während der Apostelfürst wohl das erste Schiff in Richtung Judäa bestieg, könnte Markus nach Abschluss der Niederschrift vielleicht im Sommer nach Alexandria gekommen sein. Jedenfalls datiert auch die koptische *Geschichte der Patriarchen* seine Ankunft auf »das fünfzehnte Jahr nach der Himmelfahrt Christi«, also 44/45 n. Chr.

Die koptischen *Markusakten* beschreiben, dass ein Riemen seiner Sandale riss, als Markus in Alexandria an Land ging. Also suchte er den nächsten Schuhmacher auf, einen gewissen Ananias, und bat ihn, den Riemen zu reparieren. Bei der Arbeit schlug sich der Handwerker versehentlich auf die Finger und schrie vor Schmerz: »Einziger Gott!« (*Es Theos*) Da begriff der Evangelist, dass er nicht zufällig zu diesem Schuster gekommen war. Er heilte den Finger des Ananias, wurde von ihm zum Abendessen in sein Haus eingeladen und erzählte ihm von Jesus, dem Sohn des einzigen Gottes. Beeindruckt von der Botschaft des Evangeliums ließ sich der Schuhmacher mit seiner ganzen Familie und vielen Nachbarn taufen.

Die Nachricht von der erfolgreichen Mission erzürnte der Legende nach die Heiden der Stadt, die sich gegen Markus verschworen und ihm nach dem Leben trachteten. Schnell weihte der Evangelist den Ananias zum Bischof und berief drei Presbyter und sieben Diakone, die zusammen mit elf weiteren Männern die Kirche von Alexandria begründeten. Danach kehrte er selbst wohl nach Jerusalem zurück. Jedenfalls berichtet die *Apostelgeschichte,* dass er im Jahr 46 seinen Cousin Barnabas und den hl. Paulus auf ihrer erster Missionsreise nach Zypern (Apg. 12,25–13,13) begleitete. Anfang der 60er-Jahre reiste er auf Wunsch des hl. Paulus (2 Tim 4,11) zu ihm nach Rom, wohin wohl 63 auch der hl. Petrus kam, um kurz darauf (64 oder 67 n. Chr.) das Martyrium zu erleiden.

Zu diesem Zeitpunkt muss Markus bereits wieder in Alexandria gewesen sein.

Wie erfolgreich seine damalige Missionstätigkeit offenbar war, zeigte sich, als der amerikanische Archäologe C. Wilfred Griggs den wahrscheinlich ältesten christlichen Friedhof Ägyptens entdeckte. Jahrelang forschte Griggs, Professor der *Brigham Young University* in Utah/USA, im Gebiet der Oase Fayum, ganze 240 Kilometer südlich von Alexandria. Auf einem Gelände, das *Fag el-Gamous*, »Weg des Wasserbüffels« heißt, stieß er schließlich auf eine antike Nekropole. Mehrere vertikale Schächte reichten bis zu 23 Meter tief in die Erde und führten in horizontale Grabtunnel, in denen in Leinenbinden gewickelte Leichen lagen.

»Alle Toten, die wir zunächst fanden, waren mit dem Kopf nach Osten bestattet«, erklärte Griggs, »doch als wir tiefer in den Schacht vorstießen, waren plötzlich alle nach Westen ausgerichtet. Natürlich fragten wir uns, was das zu bedeuten hatte. Offensichtlich war es plötzlich zu einer radikalen Änderung der Bestattungssitten gekommen. Das ist an sich seltsam, denn die alten Ägypter waren in dieser Hinsicht sehr konservativ, pflegten die Bräuche ihrer Vorfahren bis in jedes Detail. Erst als wir die Grabbeigaben der Toten untersuchten, konnten wir den Richtungswechsel zumindest datieren. Er begann gegen Ende des 1. Jahrhunderts und dauerte bis ins 7. Jahrhundert an.«

Griggs ist überzeugt, dass die neuen Bestattungssitten nur das Ergebnis christlicher Missionsbemühungen zur Zeit des hl. Markus sein konnten. Der Archäologe: »Welche Veränderung hatte es zu dieser Zeit gegeben? Uns fiel nur eine Antwort ein. Die einzige religiöse Revolution, die im 1. Jahrhundert begonnen hatte, war die Ankunft des Christentums.«

Wer mit dem Kopf nach Osten bestattet wurde, würde bei seiner Auferweckung der Sonne ins Totenreich folgen, deutete Griggs den Befund aus heidnischer Zeit. Wer dagegen mit dem Kopf nach Westen liegt, schaut bei der Auferstehung der Toten nach Osten, wo nach christlichem Glauben der Sohn Gottes erscheinen wird.

Doch die Veränderung der Bestattungsrichtung war nicht der einzige Hinweis auf den Einzug der neuen Religion. Einige der gut 1700 Toten dieser Anlage trugen Kreuze und hölzerne Fische als Amulette um den Hals. In Leinenbinden waren Tonstatuetten von Frauengestalten eingewickelt, die der Archäologe für frühe Darstellungen der Gottesmutter hält.[19] »Vor allem aber fanden wir in den Gräbern Weinamphoren und Trinkschalen. Sie könnten auf eine letzte Eucharistie hindeuten«, ist Griggs überzeugt.

Die *Markusakten* jedenfalls behaupten, dass der Evangelist bei seiner Rückkehr eine Gemeinde vorfand, »die in der Gnade und im Glauben an Gott erblüht war und für sich eine Kirche errichtet hatte.« Das Gotteshaus soll in der Nähe des alexandrinischen Viehmarktes *Bucolia* am Osthafen gestanden haben.

Doch sein erneutes missionarisches Wirken verärgerte die Heiden. Als 68 n. Chr. das christliche Osterfest auf den gleichen Tag wie das Fest des heidnischen Gottes Serapis fiel, nämlich den 25. April, stürmte der heidnische Pöbel die kleine Kirche. Markus, der gerade die Osterliturgie zelebrierte, wurde an einem Strick durch die Stadt geschleift, bis sich die Steine von seinem Blut röteten. Über Nacht warf man ihn ins Gefängnis, wo ihm Christus erschien und ihn tröstete: »Friede sei mit dir, Markus, mein Evangelist«. Am nächsten Tag zerrte man ihn erneut durch die Straßen, bis er tot war. Als die Heiden seinen Leichnam verbrennen wollten, brach ein Gewitter aus,

und der Regen löschte die Flammen. So gelang es den Christen, ihn auf dem Gelände ihrer Kirche zu bestatten.
Doch auch dort fand er keinen Frieden. Zwar überstand das Grab unbeschadet die Invasion der Perser und später der Araber. Doch als die Byzantiner Alexandria zurückeroberten und von dort aus versuchten, die Kornkammer Ägypten wieder unter ihre Kontrolle zu bringen, schlugen die Muslime zurück. Plündernd und brandschatzend fielen sie 646 über die Stadt her und machten auch vor dem Gotteshaus an der *Bucolia* keinen halt. Sogar den Schädel des hl. Markus stahlen sie, verkauften ihn aber später für teures Geld an die Kopten.
Trotzdem gelang es den Christen, die Markuskathedrale schnell wieder aufzubauen. So konnte schon um 670 der gallische Bischof Arkulf aus Alexandria in die Heimat berichten: »Dort gibt es eine große Kirche, in der St. Markus, der Evangelist, bestattet wurde. Sein Körper liegt im Ostteil der Kirche begraben, vor dem Altar, und ein quadratischer Marmorblock ruht über ihm.«
Die Kunde von seiner Verehrung verbreitete sich in ganz Europa; auch in Venedig, dessen Kirche ebenfalls für sich in Anspruch nahm, eine Gründung des Evangelisten zu sein. Während seiner Zeit in Italien soll ihn der hl. Petrus an die Adria entsandt haben. Die Lagunenrepublik, die sich gerade für unabhängig erklärt hatte und seit 697 unter der Regentschaft eines *Dogen* stand, verlangte nach Reliquien, um ihren Status zu erhöhen.
So wurde ein perfider Plan geschmiedet. Zwei Tribunen, Buono di Malamocco und Rustico di Orcello, verkleideten sich als venezianische Kaufleute und gingen in den ersten Tagen des Jahres 828 in Alexandria vor Anker. Nachdem sie die muslimischen Wachen vor der Kathedrale bestochen hatten, drangen sie nachts in diese ein, brachen das Grab auf und stahlen die Gebeine des Evangelisten. Wieder an Bord, versteckten sie die Reliquien unter Bergen von Schweinefleisch, das die muslimischen Zollbeamten erfolgreich abschreckte. Während man sie bei ihrer Rückkehr am 31. Januar 828 in Venedig enthusiastisch feierte und sofort mit dem Bau des Markusdoms begann, brachen im ganzen Norden Ägyptens Aufstände der über den Verlust der heiligen Gebeine empörten Kopten aus, die von den Mus-

limen blutig niedergeschlagen wurden. Als Bernhard der Weise 869 die Stadt besuchte, konnte er nur noch berichten:

> »Alexandria liegt am Meer. Hier hat der hl. Markus mit bischöflicher Würde das Evangelium verkündet und hier, vor dem Osttor der Stadt, liegt das Kloster des Heiligen mit der Kirche, in der er einst bestattet wurde. Doch die Venezianer kamen dorthin, bemächtigten sich heimlich des Leichnams, trugen ihn an Bord eines Schiffes und segelten mit ihm heim.«

Doch die Geschichte hat ein Postskriptum in unserer Zeit. Inspiriert durch die Beschlüsse des *Zweiten Vatikanischen Konzils* gab die katholische Kirche in den 1960er-Jahren eine Reihe von Reliquien an die griechisch-orthodoxe Kirche zurück, die während des verhängnisvollen *Vierten Kreuzzugs* 1204 in Konstantinopel erbeutet und nach Italien gebracht worden waren. Dadurch ermutigt wandte sich der 116. Nachfolger des hl. Markus, der koptische Papst Kyrill VI., 1967 an den 262. Nachfolger Petri, Papst Paul VI. in Rom, und bat um die Rückgabe der Gebeine des hl. Markus, »auf dass sich sein Haupt und sein Körper wieder vereinigen können, als Tribut an die afrikanische Kirche.«

Am 20. Juni 1968 empfing der Papst im Vatikan eine hochrangige koptische Delegation, bestehend aus zehn Erzbischöfen, zehn Priestern und siebzig Würdenträgern. Ihnen übergab er eine Knochenreliquie, die ihm der Patriarch von Venedig, Giovanni Kardinal Urbani, überlassen hatte. Sie entstammte einem Reliquiar, das in der Schatzkammer der Kathedrale von *San Marco* steht. Den Markusschrein, in dem sich der eigentliche Leichnam des Evangelisten befindet, wollten die Venezianer nicht öffnen.

Begleitet von einer päpstlichen Gesandtschaft aus zwei Kardinälen und zwei Monsignori, brachte die koptische Delegation das heilige Gebein nicht nach Alexandria, sondern nach Kairo. Dort wurde am 26. Juni, als Höhepunkt der 1900-Jahr-Feier des Martyriums des Evangelisten, das damals größte Gotteshaus des afrikanischen Kontinentes eingeweiht: Die neue Markus-Kathedrale im Kairoer Stadtteil Abbasiya, seitdem Sitz des koptischen Patriarchen. Nach einer feierlichen Liturgie im Beisein des äthiopischen Kaisers Haile Selassie und des ägyptischen Präsidenten Gamal Abdel Nasser wurde die kostbare Reliquie von Papst Kyrill VI. in einen massiven Quader aus rotem Assuan-Granit eingelassen.

Einen Tag später reiste die römische Delegation nach Alexandria, wo sie dem melkitischen Patriarchen eine weitere Markus-Reliquie übergab. Schließlich wollte Rom keine der beiden Kirchen bevorzugen, die sich gleichermaßen auf Markus berufen.

Heute weiß in Alexandria niemand mehr, wo einst die Kirche mit dem Grab des Evangelisten stand, aus der die Reliquien entwendet worden waren. Die moderne Markus-Kathedrale im Stadtzentrum, die 1952 errichtet wurde, um eine baufällig gewordene Kirche aus dem 19. Jahrhundert zu ersetzen, hat mit ihr nur den Namen gemein. Wahrscheinlich lag sie aber nahe der heutigen *Corniche* (Uferstraße) im Stadtteil *Chatby*, gleich hinter dem Osthafen, zwischen der modernen *Bibliotheca Alexandrina* und einer uralten Nekropole. Vielleicht erhob sie sich sogar über einer der Höhlen in der *Chatby-Nekropole;* zeitgenössische Autoren erwähnen jedenfalls ein »Kloster unter der Erde« oder eine »Höhle« auf dem Gelände eines alten Steinbruchs »am Ufer des Salzmeeres« (so Ibn al-Siba im 13. Jahrhundert). Die Nähe zum antiken *Museion* war vielleicht ein Zufall, doch sie führte zu einer der fruchtbarsten Begegnungen der jungen Religion. So behauptete der hl. Hieronymus, Markus sei der Begründer der berühmten christlichen *Katechetenschule von Alexandria* gewesen – den geistigen Grundstein dazu hat er mit Sicherheit gelegt.

Das *Didaskaleion*, wie sie auch genannt wurde, war nicht weniger als die erste theologische Hochschule der Welt. Schon ihretwegen hat Alexandria es verdient, als eine der »Wiegen der Christenheit« zu gelten, gleichberechtigt neben Jerusalem, Antiochia und Rom. In den fast zwei Jahrhunderten ihrer Blütezeit, zwischen 175 und 350, wurde hier die erste exegetische Methodik entwickelt, wurden Glaubenslehren überprüft und Dogmen formuliert, die bis auf den heutigen Tag für die gesamte Christenheit verbindlich sind. Nur so konnte eine christliche Theologie entstehen, die es auf dem glatten Parkett des intellektuellen Alexandria mit der heidnischen Philosophie aufnehmen und den Disput mit ihr gewinnen konnte.

Der Mann, der die Blütezeit dieser Schule einleitete, war ein Grieche namens Athenagoras (ca. 120–190). In Athen geboren und dort zum Philosophen geworden, war es ursprünglich sein Ziel gewesen, die Lehre Christi logisch zu widerlegen. Doch je intensiver er die *Evangelien* studierte, desto stärker zogen sie ihn in ihren Bann. Er ließ sich taufen, hörte von der alexandrinischen Schule, ging nach Ägypten und wurde bald darauf ihr Leiter. Als solcher schrieb Athenagoras nicht nur an den römischen Philosophenkaiser Mark Aurel und seinen Sohn Commodus, um die christliche Lehre zu verteidigen, er definierte auch als Erster die Heilige Dreifaltigkeit von Vater, Sohn und Heiliger Geist.

Sein Nachfolger als Leiter des *Didaskaleions,* Pantaenus (ca. 140–216), war zunächst Anhänger der *Stoa*, der bedeutendsten philosophischen Schule des Heidentums gewesen, bis ihn Athenagoras zum Christentum bekehrte. Pantaenus gilt als zweiter Gründer der *Schule von Alexandria*, weil er ihr Aufgabenfeld erweiterte, Kurse in Philosophie und Naturwissenschaften einführte, um auch junge, gebildete Heiden anzuziehen und zu bekehren. Zudem erfand er die koptische Schrift, die das bis dahin für die ägyptische Sprache benutzte *Demotisch* – das aus der als heidnisch empfundenen Hieroglyphenschrift abgeleitet war – ersetzen sollte. Dazu benutzte Pantaenus das griechische Alphabet, fügte ihm aber sieben Zeichen hinzu, um die dem Ägyptischen eigenen Laute darzustellen. Gemeinsam mit seinem Schüler Clemens von Alexandria übersetzte er die Bibel ins Koptische. Zudem war er auch missionarisch tätig und reiste bis nach Indien.

Auch Clemens (ca. 150–215) stammte ursprünglich aus Athen und hatte über den Platonismus zum Christentum gefunden. In Süditalien, Syrien und Palästina hatte er nach geeigneten Lehrern gesucht, doch erst die Begegnung mit Pantaenus ließ ihn seine geistige Heimat finden. Sein Ziel war der Dialog zwischen der antiken Philosophie und dem Christentum. Der Heilige Geist, so war er überzeugt, hatte die Philosophen inspiriert, um die Welt auf die Ankunft des Evangeliums vorzubereiten. Das Studium ihrer Schriften auf der Grundlage des christlichen Glaubens könne so durchaus ein Weg zur Erkenntnis der Wahrheit sein. Clemens wurde zum Priester geweiht und übernahm ab ca. 190 die Leitung der alexandrinischen Schule. Erst die Christenverfolgung des Septimus Severus (202) zwang ihn, Ägypten zu verlassen.

Sein Nachfolger Origenes (185–254) war gebürtiger Alexandriner, wie schon sein Name verrät: *Von Horus stammend*, gemeint ist der ägyptische Göttersohn. Er stammte aus einer wohlhabenden christlichen Familie, doch sein Vater war bei der Verfolgung des Severus ums Leben gekommen und der römische Staat hatte sein Vermögen konfisziert. So war er schon früh gezwungen, sich als Grammatiklehrer an der Katechetenschule seinen Lebensunterhalt zu verdienen. Origenes lebte äußerst bescheiden, praktizierte strengste Askese und nutzte jede freie Minute für biblische und theologische Studien. Als er merkte, dass ihn seine Schülerinnen zu sehr interessierten, griff er zu einer ebenso radikalen wie effizienten Methode: Er kastrierte sich. Origenes unternahm zahlreiche Reisen und war bald so berühmt, dass selbst Bischöfe, aber auch die gebildete Julia Mamaea, Mutter des Kaisers Severus Alexander, zu seinen Zuhörern zählten. Doch als ihn der Bischof von Caesarea zum Priester weihte, verdunkelte sich sein Stern. Sein eigener Bischof, Demetrius von Alexandria, erklärte die Weihe für ungültig, da nach kirchlichem Recht nur Männer, keine Eunuchen geweiht werden durften. In der Folge wurde Origenes auf einer Synode der ägyptischen Bischöfe offiziell die Lehrerlaubnis entzogen. Hatte der Ägypter bis dahin erfolgreich an vielen Fronten gegen pseudochristliche Irrlehren gekämpft, geriet er plötzlich selbst in den Ruf, ein *Häretiker,* sprich: ein Ketzer zu sein.

Dabei wurde seine Leistung allerdings gründlich verkannt. Der vielleicht größte Beitrag des Origenes zur Entwicklung der Theologie war seine Erkenntnis, dass die *Heilige Schrift* auf drei Ebenen zu verstehen ist – sie könne gleichermaßen wörtlich, moralisch und mystisch gedeutet werden.

In seiner Exegese versuchte er immer wieder, die tiefere Bedeutung eines Schriftwortes zu erfassen, seinen allegorischen Sinn; er übersetzte sogar die Eigennamen, um ihren Code zu knacken. Damit war er der Theologie seiner Zeit meilenweit voraus. Dabei machte Origenes nicht den Fehler moderner Exegeten, die Historizität des Geschilderten infrage zu stellen. Im Gegenteil: Er bestand auf eine möglichst wörtliche Rekonstruktion des Geschehens als Grundlage jeder Deutung. Trotzdem wurde die Theologie des Origenes, gerade weil sie sich an die Gebildetsten unter den Christen wandte, über Jahrhunderte hinweg zum Stein des Anstoßes. Noch im 4. Jahrhundert wurde Johannes Chrysostomos, der große Patriarch von Konstantinopel, abgesetzt und ins Exil verbannt, weil er Bischöfen, die sich auf Origenes' Lehre beriefen, Asyl gewährt hatte.

Nach einem weiteren Vorstoß seiner Gegner wurden Origenes' Schriften schließlich 553 auf dem *Konzil von Konstantinopel* offiziell verdammt. Erst in unsere Zeit fällt seine Wiederentdeckung. »Schließlich steht, wie die intensive Origenes-Rezeption eines Karl Rahner, Hans Urs von Balthasar oder Joseph Ratzinger zeigt, nicht zuletzt die Theologie der Gegenwart in der Schuld des Alexandriners«, wie die *Katholisch-Theologische Fakultät* der *Universität Münster* unlängst in einer Pressemitteilung zur Einrichtung ihrer *Forschungsstelle Origenes* erklärte.

Zu Lebzeiten verkannt, wurde Origenes schließlich Opfer der nächsten großen Christenverfolgung, die 250 auf Befehl des Kaisers Decius ausbrach. Tagelang, so berichtet Eusebius, wurden seine Füße »bis zum vierten Loche des Folterblockes ausgespannt«, Wochen verbrachte er unter Schmerzen in eisernen Ketten in einem Verließ, bevor er endlich freigelassen wurde; nur vier Jahre später verstarb er, längst ein gebrochener Mann, an den Folgen der Tortur.

Doch in zweien seiner Schüler lebte er weiter: in Eusebius von Caesarea, der ihm in besagter *Kirchengeschichte* ein literarisches Denkmal setzte, und in Heraklas (231–247), den die Bischöfe nach dem Tod des Demetrius zum neuen Patriarchen der ägyptischen Kirche wählten. Unter Heraklas wurde die *Schule von Alexandria* zur Kaderschmiede für künftige Patriarchen, wurde auch von Bischöfen eine gründliche theologische Schulung verlangt.

In einem Brief seines Nachfolgers Dionysius (247–264) wird er erstmals als »unser gesegneter *Papa* Heraklas« bezeichnet, ein Titel, der bis dahin in der Christenheit unbekannt war. Fortan galt *Papst* zunächst als Ehrentitel des Patriarchen von Alexandria, und das blieb er bis auf den heutigen Tag. Erst ein halbes Jahrhundert später finden wir diesen Begriff auch in Rom bezeugt. In einer Inschrift des Diakons Severus in der Katakombe von San Callisto ist von *PP SUI MARCELLINIS* die Rede, »seinem *Papa* Marcellinus« (294–304). Zum Amtstitel wurde er ein gutes Jahrhundert später, nämlich unter Papst Siricius (384–399). Es ist also völlig legitim, das Oberhaupt der koptischen Kirche ebenfalls *Papst* zu nennen, so befremdlich das auch für einen Katholiken klingen mag.

Natürlich, der einzig legitime Nachfolger des Apostels Petrus ist der Bischof von Rom; auf ihn bezieht sich die Verheißung Jesu, die das *Matthäus-Evangelium* zitiert: »Du bist Petrus, und auf diesen Felsen werde ich meine Kirche bauen« (Mt 16,18); sie steht heute noch in goldenen Lettern in der Kuppel des Petersdoms.

Doch Petrus war es, der nicht nur einen, sondern drei Patriarchensitze begründete, nämlich Antiochia (durch Entsendung des Barnabas ca. 40 n. Chr. sowie seine persönliche Anwesenheit ca. 49 bis 56), Rom (durch seine Besuche 42 bis 44 und 63 bis 64 oder 67) und Alexandria (durch Entsendung des Markus 44). Die Begründung dieser drei Patriarchate entsprach dem Auftrag Jesu: »Geht hinaus in die ganze Welt und verkündet das Evangelium allen Geschöpfen.« (Mk 16,15)

»Die ganze Welt«, das waren damals die drei bekannten Erdteile Asien, Europa und Afrika. So galten die drei Patriarchensitze bis ins vierte Jahrhundert als die Pfeiler der christlichen Welt, als spirituelle Hauptstädte des jeweiligen Kontinents. *Patriarch der großen Stadt Alexandria und von ganz Afrika* lautet noch heute der vollständige Titel des koptischen Papstes. Dabei kam Rom schon früh ein *Ehrenprimat* zu, das Ignatius von Antiochia um 110 als »Vorsitz der Liebe« definierte, begründet im Martyrium des Apostelfürsten.

Erst mit der Gründung von Konstantinopel und seiner Erhebung zur *Roma Nova* im Jahr 330 bekam der römische Papst ernsthafte Konkurrenz, als auf diversen Konzilien immer wieder behauptet wurde, dieses Ehrenprimat sei an den Status der Reichshauptstadt gebunden. Damit begann ein jahrhundertelanges Ringen, das schließlich im *Großen Schisma*, der Kirchenspaltung von 1054, endete. Ägypten war zu diesem Zeitpunkt aber längst seinen eigenen Weg gegangen.

Doch noch im Jahre 380, als die drei Kaiser Theodosius, Gratian und Valentinian III. das Christentum offiziell zur Staatsreligion des Römischen Reiches erklärten, wurde der *wahre Glaube* im Zusammenspiel römischer Autorität und alexandrinischer Theologie definiert. Oder, wie es wörtlich im Dekret der drei Kaiser hieß:

> »Alle Völker, über die wir ein mildes und maßvolles Regiment führen
> sollen sich, so ist unser Wille, zu der Religion bekehren,
> die der göttliche Apostel Petrus den Römern überliefert hat,
> wie es der von ihm kundgemachte Glaube bis zum heutigen Tage dartut
> und zu dem sich der Pontifex Damasus klar bekennt wie auch
> Bischof Petrus von Alexandrien, ein Mann von apostolischer Heiligkeit[20];
> das bedeutet, dass wir gemäß apostolischer Weisung und evangelischer Lehre an eine Gottheit des Vaters, Sohnes und Heiligen Geistes in gleicher Majestät und heiliger Dreifaltigkeit glauben.
> Nur diejenigen, die diesem Gesetz folgen, sollen, so gebieten wir, katholische Christen heißen dürfen.«

VIII Im Schatten des Serapeums

Alexandria, am 4 Paremhat im 1728. Jahr der Märtyrer (13.3.2012)

Wir fuhren durch staubige Straßen, vorbei an grauen Häusern und bunten Marktständen, gelben Taxen der russischen Marke *Lada* und Eselsgespannen, bis uns eine lange Mauer, hinter der nichts als eine mächtige Säule aufragte, verriet, dass wir unser Ziel erreicht hatten. Alexandria ist eine flache Stadt am Meer, doch in ihrer Mitte, dort, wo einst das von Ziegenhirten und Küstenwachen bewohnte Dörfchen Rhakotis lag, erhebt sich ein Hügel. Die ptolemäischen Könige, die das Muster griechischer Städte im Sinn hatten, errichteten hier ihre Akropolis mit dem Zentralheiligtum von Alexandria, dem Tempel des Serapis, auch *Serapeum* (oder *Serapaion*) genannt. Er wurde im 4. Jahrhundert zum Schauplatz eines Paradigmenwechsels. Doch auch, kurz darauf, zu dem Ort, an dem die junge Kirche Ägyptens ihre schwerste Sünde beging.

Serapis (oder *Sarapis*) war ein synkretistischer Gott, eine Mischung aus dem Zeus der Griechen und dem ägyptischen Osiris, und passte schon deshalb bestens in diese Stadt, den Schmelztiegel der Kulturen. Sein Name ist die graecisierte Form des ägyptischen Osiris-Apis. Apis war ursprünglich der heilige Stier von Memphis, der als Erscheinungsform des Schöpfergottes Ptah verehrt wurde. Nach einer Lebensdauer von 25 Jahren opferten ihn die Priester, indem sie ihn im Nil ertränkten, um ihn danach aufwendig zu mumifizieren und in den unterirdischen Galerien des memphitischen *Serapeums* beizusetzen. Apis wurde über seine Verbindung zu Ptah in den Kreis der Totengötter aufgenommen und schließlich mit Osiris identifiziert, von dem es hieß, dass seine Seele in den Apis-Stier einging. So bürgerte sich für ihn schon in vorhellenistischer Zeit der Name *Sir-Hepi* ein, zusammengesetzt aus den altägyptischen Namen *W'sir* (Osiris) und *Hep* (Apis), woraus im Griechischen, wie gesagt, *Serapis* wurde. Doch der Serapis von Alexandria erschien nur selten als Stier. Meist wurde er, wie der griechische Zeus, als sitzender, bärtiger Mann dargestellt. Als Symbol für die Fruchtbarkeit des Getreides trug er jetzt einen *Kalathos*, den griechischen Erntekorb, auf dem Kopf. So soll er König Ptolemaios I. in einer Traumvision erschienen sein, der sogleich den ägyptischen Priestergelehrten Manethon mit der Ausgestaltung seines Kultes beauftragte. Als sein Zentrum wurde 287–286 v. Chr. das *Serapeum* von Alexandria errichtet, in dessen Mitte die mächtige Serapis-Statue des Bryaxis stand. Sie galt als eines der herrlichsten Bildwerke der Antike. Fortan verbreitete sich der Kult des Gottes und seiner Gefährtin Isis im gesamten Mittelmeerraum. Zudem wurde das Serapeum zum Zentrum heidnischer Gelehrsamkeit. In seinen unterirdischen Gängen, in denen vielleicht ursprünglich, wie in Memphis, mumifizierte Apisstiere ruhen sollten, wurde jetzt eine Bibliothek eingerichtet, die dem *Museion* in vielerlei Hinsicht Konkurrenz machen wollte. Noch heute zeugen die Nischen in den Wänden von den Tausenden Schriftrollen, die hier einst gelagert wurden.

Als wir gerade die langen, dunklen Galerien verlassen wollten, sprach uns einer der Wächter der Anlage an. Das ist in Ägypten nicht ungewöhnlich; jeder versucht, sich mit ein paar Informationen ein *Bakschisch* zu verdienen, gleich, ob diese nun wahr sind oder nicht.

»Sehen Sie diesen Stein?«

Er wies auf einen rechteckigen Quader, der tief im Boden steckte und von vier Ziegeltürmchen gesäumt war, an denen Absperrseile hingen.

»Dort wurde Pompejus geköpft. Ihm zu Ehren wurde die große Säule errichtet. Soll ich sie Ihnen zeigen?«

Ich winkte amüsiert ab. Die »Pompejussäule« thront so unübersehbar auf der Hügelspitze, dass sie uns schon bei der Hinfahrt aufgefallen war. Es stimmte zwar, dass der römische Feldherr von den Hofschranzen des Kindkönigs Ptolemaios XIII. in Alexandria ermordet worden war und man Cäsar damals »zum Zeichen der Freundschaft« stolz seinen Kopf präsentierte. Doch weder ist bekannt, wo dies geschah, noch hat die monolithische, stolze 27 Meter hohe Granitsäule auch nur das Geringste damit zu tun. Sie wurde von Kaiser Diokletian errichtet, als er im Frühjahr 298 einen Aufstand in Alexandria blutig niedergeschlagen hatte.

Wahrscheinlich waren das Steueredikt des Kaisers und die zunehmende Ausblutung der Provinz die Gründe für den Ausbruch einer Revolte ein Jahr zuvor im oberägyptischen Theben. Ein Mann, der sich Lucius Domitius Dominitianus nannte, ließ sich zum Gegenkaiser ausrufen und fand bald im ganzen Land seine begeisterte Anhängerschaft. Als er auf ungeklärte Weise starb, wurde sein bisheriger Berater Achilleus an seiner statt in Alexandria auf den Thron gesetzt. Doch auch er hatte nicht mit der Stärke des Imperiums gerechnet. Acht Monate lang ließ Diokletian, der zu diesem Zweck persönlich nach Ägypten gekommen war, Alexandria durch seine Flotte und sein Heer von der Außenwelt abriegeln, dann nahm er die von der Belagerung geschwächte Metropole im Sturm ein.

Seine monumentale Säule, errichtet am höchsten Punkt der Stadt, sollte vor allem als Warnung dienen, sich der Macht des Kaisers nicht noch einmal zu widersetzen. Doch ihre Errichtung markierte auch den Beginn des schrecklichsten Jahrzehnts in der ägyptischen Geschichte, der großen Christenverfolgung fünf Jahre später.[21]

Doch kaum war die große Verfolgung überstanden, kaum hatte die Vereinbarung zwischen Konstantin dem Großen und Licinius, die man früher als *Toleranzedikt von Mailand* bezeichnete, den Christen das Recht auf Religionsfreiheit gesichert, schon hatte die Kirche von Alexandria ganz andere Probleme. Die nächsten anderthalb Jahrhunderte standen im Zeichen heftigster theologischer Dispute, in denen es immer wieder um das gleiche Thema in seinen unterschiedlichen Facetten ging: Die Definition der Natur Jesu Christi.

Der erste davon, der sogenannte *Arianische Streit*, brach 318 in Alexandria aus. Arius, ein Priester, dessen Pfarrkirche nicht weit vom Grab des hl. Markus entfernt lag, hatte als Sohn reicher Eltern bei bedeutenden Lehrern Philosophie und Theologie studiert. Dabei war er zu der Überzeugung gelangt, dass Jesus nicht, wie es der Patriarch Alexander (313–328) und mit ihm die ganze Kirche lehrte, »eins mit dem Vater« war. Vielmehr, so Arius, sei auch er ein Geschöpf, das von Gott gewissermaßen adoptiert worden sei, weil es ihm »wesensähnlich« geworden war. Schnell scharte der Priester eine breite Anhängerschaft um sich. Wenn Gott auch Jesus erst zu seinem Sohn gemacht hatte, so glaubten sie, dann könnten auch sie, wie er, zu Söhnen und Töchtern Gottes werden.

Das literarische Talent des Arius, seine Gabe, auch komplexe theologische Fragen einfach auszudrücken, trugen ihren Teil dazu bei, dass seine Lehre bald zu einer Massenbewegung wurde. Von ihm verfasste Volkslieder, die sein Bekenntnis zum Inhalt hatten, wurden bald »von Seeleuten und Müllern bei der Arbeit gesungen«, wie einer seiner Kritiker brüskiert bemerkte.

Es kam, wie es kommen musste: Patriarch Alexander und Arius bezichtigten sich gegenseitig der *Häresie*, ein lokales Konzil gab dem Patriarchen recht und verbannte Arius. Der aber, überzeugt von der Richtigkeit seiner Erkenntnis, gab sich keineswegs geschlagen. Stattdessen bereiste er die Bischofssitze des Ostens, um Anhänger für seine Lehre zu gewinnen, bis er ausgerechnet bei Eusebius von Nikomedia, dem Bischof der Kaiserresidenz, Unterschlupf fand. So wurde aus einer lokalen theologischen Kontroverse in Alexandria zusehends ein Politikum, das den ganzen Osten betraf.

Nichts kam Konstantin dem Großen, der gerade (324) das Reich vereint hatte, weniger gelegen als eine Spaltung der von ihm protegierten Christenheit. Also leitete er Schritte ein, das Problem auf Reichsebene zu lösen. Zu diesem Zweck lud er die christlichen Bischöfe zu einem Konzil ein, dem ersten in der Kirchengeschichte seit dem *Apostelkonzil von Jerusalem* im Jahr 48. Konzilsort sollte die kleine Stadt Nicäa sein (das heutige *Iznik* im Nordwesten der Türkei), die nur gut 40 Kilometer Luftlinie von seiner Residenzstadt Nikomedia (dem heutigen *Izmit*) entfernt an einem malerischen See lag.

Den 318 Bischöfen, die der Einladung des Kaisers gefolgt waren, mussten die Tage in Nicäa wie der Himmel auf Erden, ja wie der Anbruch des endzeitlichen Gottesreiches erscheinen. Sie alle hatten die Zeit der Verfolgung allzu gut in Erinnerung, viele von ihnen trugen noch die Wunden, die ihnen die Folterknechte zugefügt hatten, nicht selten schreckliche Verstümmelungen. Unter ihnen war auch Paphnotius, der Bischof von Theben, dem die Männer des Diokletian das rechte Auge ausgerissen, die Augenhöhle ausgebrannt und den Nerv des linken Knies mit heißen Eisen herausgezogen hatten, bevor er zur Zwangsarbeit in einem Bergwerk am Toten Meer verurteilt wurde; auch er war standhaft geblieben und nach Ende der Verfolgung zu seinem Bischofssitz zurückgekehrt.

Jetzt aber wurden er und seine Amtsbrüder als Staatsgäste hofiert. Konstantin hatte ihre Reisekosten bezahlt, ließ sie opulent bewirten, stellte sicher, dass es ihnen an nichts mangelte und dass sie wussten, welche Rolle sie nun im Reich spielten. Er selbst trat zwar als »Bischof der Bischöfe« auf, hielt sich aber bei den Debatten auffällig zurück.

War anfangs eine Mehrheit der Bischöfe (und vor allem der Kaiser) Arius noch wohlgesonnen, wendete sich im Verlauf des Konzils das Blatt zu seinen Ungunsten. Dazu trug nicht nur bei, dass die Patriarchen von Antiochia und Alexandria, der Bischof von Jerusalem und der Vertreter des römischen Papstes Silvester (314–335) einhellig die neue Lehre verurteilten. Vor allem war es dem rhetorischen Talent eines jungen Erzdiakons namens Athanasius zu verdanken, den Patriarch Alexander zu seiner Unterstützung mitgebracht hatte, weil er schon in Ägypten zum eloquentesten Gegner des Arianismus geworden war.

Athanasius brachte die Kritik an Arius auf den Punkt. Wenn Jesus nur wesensähnlich (griech. *homoi-ousios*) und nicht wesensgleich (*homo-ousios*) mit Gottvater sei, wenn beide ganz unterschiedliche Wesen seien, dann wären alle Christen, die Jesus verehrten, Polytheisten. Die Taufe *im Namen des Vaters, des Sohnes und des Heiligen Geistes*, wie sie schon die Apostel lehrten, sei folglich unsinnig. Und schließlich: Wäre Jesus bloß ein Geschöpf Gottes, dann hätte auch er der Erlösung bedurft und könne nicht der Erlöser sein.

Am Ende des Konzils entschied sich eine breite Mehrheit der Bischöfe dafür, die Lehre des Arius zu verurteilen. Zusammen mit seinen treuesten Anhängern wurde der Alexandriner nach Illyrien verbannt, seine Bücher verbrannt, seine Gefolgschaft zu Feinden der Christenheit erklärt. Das Glaubensbekenntnis, das in Nicäa verabschiedet wurde, wird noch heute, in einer erweiterten Form, von den Christen aller Konfessionen gesprochen. Es stammt aus der Feder des Athanasius.

Zurück in Alexandria feierte man Athanasius als Sieger über eine Häresie. Als 328 Papst Alexander verstarb, wählte man ihn trotz aller

Diffamierungsversuche durch die noch immer aktiven Anhänger des Arius mit großer Mehrheit zum neuen Patriarchen. Doch an einer anderen Front sammelten sich die Arianer und planten Vergeltung. So schrieb Bischof Eusebius von Nikomedia an den Kaiser, um sein Bekenntnis zum *Nicaeanum* zu widerrufen, überzeugte sogar Mitglieder der kaiserlichen Familie vom Arianismus und schaffte es, dass Konstantin das Exil für den Ketzer aufhob. Die wahre Gefahr für das Reich, so redete Eusebius ihm ein, sei Athanasius, den er als »gefährlichen Fanatiker« beschrieb: Er sei sogar in der Lage, die Getreidelieferungen aus Ägypten zu stoppen, auf die neben Rom jetzt auch die neue Reichshauptstadt Konstantinopel angewiesen war.

So gleichgültig dem Kaiser theologische Spitzfindigkeiten sein konnten, solange die Einheit des Reiches gewährleistet war, so sicher ließ dieses Argument bei ihm die Alarmglocken läuten. »Brot und Spiele« garantierten seit jeher den inneren Frieden im Reich, doch Gnade ihm Gott, wenn einmal die Kornlieferungen ausblieben, und sei es, weil ein fanatischer Bischof ihn unter Druck setzen wollte. Um es gar nicht erst auf eine Konfrontation ankommen zu lassen, verbannte Konstantin jetzt kurzerhand Athanasius ins Exil. Die nächsten zwei Jahre, von 335 bis 337, sollte er in Trier verbringen, der Kaiserstadt im Nordwesten des Reiches, Tausende von Meilen von Ägypten entfernt.

Obwohl Arius 336 in Konstantinopel ums Leben kam, standen auch die nächsten dreieinhalb Jahrzehnte im Zeichen des Streits mit seinen Anhängern. Als Konstantin der Große 337 verstarb, wurde er noch auf dem Sterbebett getauft – von einem Arianer, dem Bischof Eusebius von Nikomedia.

Seine Söhne Konstantin II. (337–340), Constantius II. (337–361) und Constans (337–350) teilten das *Imperium Romanum* unter sich auf; teils, um weitere Thronstreitigkeiten zu vermeiden, teils weil sie eingesehen hatten, dass nur ein Gigant wie ihr Vater in der Lage war, allein über ein so riesiges Reich zu herrschen. Konstantin II. erbte das Westreich mit der Hauptstadt *Augusta Treverorum* (Trier), Constans Italien, die Provinz *Africa* und den Balkan und Constantius II., der als Einziger der Kaisersöhne Arianer war, den Osten mit der neuen Hauptstadt Konstantinopel.

Für Athanasius wurde diese Zeit zu einem Wechselspiel von Erfolgen und Niederlagen, von Heimkehr und Exil. Hatten die drei Kaiser noch 337 einmütig entschieden, dass er nach Alexandria zurückkehren könne, zwang Constantius II. ihn gleich nach dem Tod seines Bruders Konstantin II., nämlich 341, erneut in die Verbannung – dieses Mal nach Rom, wo ihm Papst Julius I. (337–352) Gastfreundschaft gewährte. Doch kaum war Constans alleiniger Herrscher des Westens, drängte er seinen Bruder dazu, den arianischen Streit auf einem Konzil in Serdica (heute die bulgarische Hauptstadt Sofia) beizulegen. Der Plan scheiterte an den arianischen Bischöfen. Erst als Constans mit einem Krieg drohte, durfte Athanasius erneut nach Alexandria heimkehren.

Doch auch dort war der Patriarch nicht lange sicher. Mit dem Tod des Constans 350 hatte Athanasius seinen letzten großen Fürsprecher verloren, blieb ihm nur noch die Flucht in den Untergrund. Zwölf Jahre verbrachte er bei Mönchen und Einsiedlern in der Wüste, bis ausgerechnet ein heidnischer Kaiser, Julian, genannt *Apostata* (»der Abtrünnige«, 360–363), ihm die Rückkehr nach Alexandria gestattete. Seitdem war »Athanasius gegen den Rest der Welt« ein geflügeltes Wort. Doch die nächsten elf Jahre wurden zu den fruchtbarsten seines Wirkens. Mit seinem *Osterfestbrief* aus dem Jahre 367 gelang es ihm schließlich noch ein letztes Mal, der gesamten Christenheit sein Siegel aufzudrücken. Darin definierte er, bis heute verbindlich, welche 27 Bücher zum *Kanon* des *Neuen Testaments* gehören sollten.

Trotzdem dauerte es nach dem Tod *Athanasius' des Großen* (328–373), wie man ihn fortan nannte, noch acht Jahre, bis der arianische Streit endgültig beigelegt war. Erst durch den Dreikaiser-Befehl von 380, der das Christentum des römischen und alexandrinischen Papstes zur Staatsreligion erklärte, und das anschließende *Konzil von Konstantinopel* (381) wurde das jetzt ergänzte *Nicaenische Glaubensbekenntnis* bestätigt und damit wieder für alle Christen verbindlich. Es findet sich noch heute als *Großes* oder *Nicaeno-Konstantinopolitanisches Glaubensbekenntnis* in jedem katholischen[22], evangelischen und orthodoxen Gebetbuch.

Mit der Erhebung des Christentums zur römischen Staatsreligion war der Niedergang des antiken Heidentums besiegelt. Doch wenn es irgendwo im Reich einen Schauplatz gab, an dem sein verzweifelter Endkampf kulminierte, dann war wohl das Serapeum von Alexandria zur Zeit des Patriarchen Theophilus.

Der Legende nach waren Theophilus und seine Schwester Waisenkinder, die ein heidnischer Sklave ihrer Familie dem Tempel der Artemis und des Apollo anvertrauen wollte. Doch kaum traten die Kinder in das Heiligtum ein, so heißt es, da stürzten die Statuen der Götter zu Boden und zerbrachen in tausend Stücke. Kein Geringerer als Athanasius hörte von dem Wunder und nahm sich der Kinder an; das Mädchen ließ er von Nonnen aufziehen, bis es reif für die Ehe war, den Jungen nahm er als Lektor in seine Kirche auf. Ob wahr oder nur gut erfunden, sicher jedenfalls ist, dass Theophilus (385–412), als er schließlich die Nachfolge des hl. Markus antrat, ein Patriarch ganz nach dem Vorbild des Athanasius werden sollte. Nur dass er, statt Häresien zu bekämpfen, dem alexandrinischen Heidentum den Todesstoß versetzte.

Theophilus' Kampf begann, als 391 der Tempel des Dionysus auf kaiserlichen Befehl geschlossen und zum Umbau in eine Kirche dem Patriarchen übergeben wurde. Als die Bauarbeiter die Statuen des heidnischen Mysteriengottes entfernten, stießen sie auf den geheimen Zugang zu einem unterirdischen Kultraum. In ihm fanden sie alles, was für die orgiastischen Feiern der dionysischen Mysterien verwendet wurde, darunter auch hölzerne *Phalli*, Symbole der Fruchtbarkeit.

Um die Anhänger der alten Götter zu demütigen und ihre Kulte der Lächerlichkeit preiszugeben, ließ der Patriarch die frivolen Kultobjekte in einer Parade durch die Stadt tragen. Eine Provokation, die dazu führte, dass sich die Heiden zusammenrotteten und auf die Christen losgingen. Christliche Häuser wurden geplündert und in Brand gesteckt, Christen erschlagen, erdrosselt oder als Geiseln verschleppt. Als die Soldaten des Kaisers gegen die Ausschreitungen vorgingen, verbarrikadierte sich der heidnische Mob samt seiner Gefangenen im Serapeum, das wiederum von den Christen belagert wurde.

Hinter den hohen Mauern des selbst von Christen für seine Schönheit und Größe gerühmten heidnischen Heiligtums spielten sich schreckliche Szenen ab. Die gefangenen Christen wurden gezwungen, ihrem Glauben abzuschwören und den heidnischen Göttern zu opfern, wer sich weigerte, wurde zunächst gefoltert, dann gekreuzigt. Nach einigen Tagen traf endlich der Befehl des Kaisers ein. Den Heiden wurde freier Abzug gewährt; mit Milde hoffte Theodosius, sie doch noch zur Konversion zu bewegen. Zur Strafe für ihre Verbrechen aber hatten sie unverzüglich das Serapeum zu räumen, das fortan den Christen als neue Kirche zu übergeben war. Die Opfer der heidnischen Gewalt erklärte Patriarch Theophilus daraufhin feierlich zu Märtyrern.

Aus Furcht vor der Rache der Christen flohen die Heiden in Scharen; die meisten von ihnen verließen für immer die Stadt. Die Christen aber stürmten den letzten großen Tempel der alten Götter und zerschlugen ihre Statuen, schmolzen ihre goldenen Kultgefäße ein und verteilten das Gold unter den Armen. Nur ein einziges Standbild blieb auf Wunsch des Patriarchen stehen, für den Fall, »dass die Heiden eines fernen Tages bestreiten sollten, je solche Götter verehrt zu haben.«

Was mit der Bibliothek des Serapeums geschah, ist in den zeitgenössischen Quellen nicht überliefert; erst zur Zeit der Aufklärung unterstellte man Theophilus, sie ebenfalls zerstört zu haben, wofür es jedoch keinen Anhaltspunkt gibt. Sehr viel wahrscheinlicher ist, dass die Heiden bei ihrer Flucht alles, was irgendwie tragbar war, mitgenommen haben.

Der Sturm auf das Serapeum wurde zum Startschuss für eine Revolution, die nicht weniger als den Sturz der alten Götter bezweckte. Er hatte Signalwirkung auf das ganze Land. Überall in den Kultzentren des antiken Ägypten drangen fanatisierte Christen in die heidnischen Tempel ein, um das Land von seinen Götzen zu befreien. Als besondere Eiferer erwiesen sich die Mönche, jene »schwarzrobigen Stämme«, über die Libanius von Antiochia schrieb:

> »Sie beeilen sich, die Tempel mit Stöcken und Steinen und Eisenstangen anzugreifen. Dann folgt die völlige Verwüstung, werden Dächer abgedeckt, Wände demoliert, Statuen niedergerissen, Altäre umgeworfen und die (heidnischen) Priester müssen dazu entweder schweigen

> oder sterben. Nachdem sie einen Tempel verwüstet haben, eilen sie zu einem anderen und einem dritten und sammeln Trophäe um Trophäe. Solche Ausschreitungen kommen sogar in den Städten vor, auf dem Lande sind sie an der Tagesordnung.«

So versank eine jahrtausendealte Zivilisation in Trümmern, aus denen Neues geboren wurde. Aus heutiger Sicht mögen diese Mönche als religiöse Fanatiker erscheinen. Doch ihr Eifer war auch eine Folge der jahrhundertelangen Diskriminierung und Verfolgung durch die Heiden, die noch im späten 4. Jahrhundert nicht davor zurückschreckten, Christen zu kreuzigen, wenn sie ihrer nur habhaft werden konnten; so geschehen im Serapeum. Natürlich ist es unverzeihlich, dass so viele großartige Kunstschätze dieser christlichen Kulturrevolution zum Opfer fielen; doch damals drohte mit jedem Wiederaufleben der alten Religion eine neue Verfolgung der Christen. So ist das, was in diesen Jahrzehnten in Ägypten geschah, mit einem Exorzismus zu vergleichen: Man wollte die alten Götter mit Gewalt aus dem Land vertreiben, um endlich seiner Herr zu werden.

24 Jahre später erreichte die *Entpaganisierung* Ägyptens ihren traurigen Höhepunkt, forderte sie ihr prominentestes Opfer. Nach dem Tod von Theophilus folgte ihm sein Neffe Kyrill auf den Patriarchenstuhl von Alexandria. Seine Wahl war nicht unumstritten, galt er doch als heißblütig, ehrgeizig und wenig kompromissbereit. Schon bald zeigte sich, dass diese Sorge nicht unberechtigt war. Als es zu Zusammenstößen zwischen Juden und Christen kam, ließ der Patriarch kurzerhand die ganze jüdische Gemeinde aus Alexandria vertreiben. Daraufhin beschwerte sich der Statthalter Orestes beim Kaiser über den Patriarchen, was wiederum zu Protesten von Kyrills Anhängern führte. 500 Mönche aus Nitria, die schon Theophilus unterstützt hatten, demonstrierten auf den Straßen und beschimpften Orestes (der ein getaufter Christ war) als »Götzendiener«; einer von ihnen, Ammonius, warf ihm sogar einen Stein an den Kopf. Der Mann wurde verhaftet und zu Tode gefoltert, woraufhin ihn Kyrill feierlich seligsprach und in das Verzeichnis der Märtyrer aufnehmen ließ. Dem Statthalter aber bot er demonstrativ die Hand zur Versöhnung an. Orestes weigerte sich jedoch, sie anzunehmen; für ihn war der Kon-

flikt so einfach nicht beigelegt. Bei den Christen aber machten sich bald Verschwörungstheorien breit. Der Statthalter sei vom Glauben abgefallen, hieß es. Schuld daran sei eine heidnische Frau, die zu seinen engsten Beratern zählte. Gemeint war Hypatia, die vielleicht gebildetste Frau ihrer Zeit, zudem eine geniale Mathematikerin, die am nach wie vor beliebten *Museion* neuplatonische Philosophie und Astronomie lehrte. Ihr Vater war Theon, der Dekan des *Museions*, zu ihren Schülern gehörten neben Heiden auch Christen, darunter der spätere Bischof Synesius von Cyrene.

Dennoch fiel sie einer politischen Intrige zum Opfer, deren eigentliches Ziel Orestes war und die als Vergeltung für die Hinrichtung des »Märtyrers« Ammonius gedacht war. Unsere einzige zeitgenössische Quelle über ihr Ende, die *Kirchengeschichte* des Sokrates Scholasticus, verfasst im Jahre 439, spiegelt die Abscheu wider, die auch die meisten Christen nur 24 Jahre später für diese Tat empfanden:

> »Alle bewunderten sie wegen ihrer außergewöhnlichen Würde und Tugendhaftigkeit. Doch trotzdem fiel sie der politischen Eifersucht zum Opfer, die in dieser Zeit aufkam. Denn weil sie häufig mit Orestes sprach, kam unter der christlichen Bevölkerung das Gerücht auf, dass sie es gewesen sei, die Orestes von einer Versöhnung mit dem Bischof abgehalten habe. So kam es, dass einige, irregeleitet durch einen grausamen und bigotten Eifer, deren Anführer ein Lektor namens Peter war, sie auf ihrem Heimweg überfielen, aus ihrem Wagen zerrten und zu einer Kirche schleiften, die *Cesareum* hieß, wo sie sie völlig entkleideten und dann mit Ziegeln erschlugen. Nachdem sie ihren Körper in Stücke zerrissen hatten, trugen sie ihre zerfleischten Glieder davon und verbrannten sie auf einem Platz, der *Cinaron* hieß. Diese Tat brachte nicht geringe Schande nicht nur über Kyrillos, sondern über die ganze Kirche von Alexandria. Denn gewiss ist nichts weiter entfernt vom Geist des Christentums, als solche Massaker, Kämpfe und Vergeltungsmaßnahmen zuzulassen.«

An diesem Tag im März des Jahres 415, während der Fastenzeit, hatte die alexandrinische Christenheit ihre Unschuld verloren. Das sterbende Heidentum aber hatte in Hypatia noch seine erste und glorreichste Märtyrerin gefunden. Sie starb, nicht ganz unpassend, im alten Serapeum, das bereits Theophilus in eine Kirche umgewandelt hatte, der er, wie der Kirchengeschichtler Sozomenos anmerkt, »den Namen des Kaisers gab«, sie *Cesareum* nannte.

Doch wie schon ein Jahrhundert zuvor, so führte auch dieses Mal der jetzt endgültige Sieg über das Heidentum nicht etwa zum Frieden in der jungen Kirche, sondern zu erneuten christologischen Kontroversen. Durch sie kam es schließlich zur ersten Spaltung der Christenheit, die bis in unsere Zeit andauert.

Das erste Mal brach der Konflikt aus, als im Jahre 427 ein gewisser Nestorius zum neuen Patriarchen von Konstantinopel gewählt wurde. Nestorius ließ seine Gläubigen wissen, dass er die Bezeichnung Mariens als »Gottesmutter« (wörtlich: *theotokos* = »Gottesgebärerin«) ablehne. Ein sterblicher Mensch sei nicht in der Lage, den Schöpfer des Universums zu gebären. Deshalb könne Maria nur der menschlichen Natur Jesu das Leben geschenkt haben und sei allenfalls als »Christusmutter« (*christotokos*) zu bezeichnen.

Für einen Ägypter musste diese Lehre unannehmbar sein. Ägypten war und ist Marienland, seit die Gottesmutter selbst das Land besuchte. Hier wurde der Begriff *theotokos* geboren, hier ist er das erste Mal nachgewiesen, auf einem Papyrus aus dem 3. Jahrhundert, das zugleich das erste Mariengebet (nämlich das *sub tuum praesidium*, »Unter deinen Schutz und Schirm …«, das noch heute in Gebrauch ist) enthält. Tatsächlich scheint dieser Marientitel »sogar ein Erkennungsmerkmal der alexandrinischen Theologie gewesen zu sein«, wie der Koptologe Stephen Davis (2004) schrieb. Jedenfalls sprachen Origenes, Alexander und Athanasius alle voller Verehrung von der »Gottesmutter«.

Für den damaligen Patriarchen von Alexandria, Kyrill, hatte der Begriff der *theotokos* zudem einen ganz praktischen Nutzen. Er gebrauchte ihn als Argument gegen den nach wie vor populären Isiskult, stellte eine historisch reale Persönlichkeit der mythischen Göttin entgegen, die bei den Heiden als *große Jungfrau* und *Mutter* (des) *Gottes* (Horus) bekannt war und genauso dargestellt wurde, wie wir uns Maria vorstellen: thronend, mit dem Horuskind auf dem Schoß, oder stillend, als *Isis lactans*. Es ist unbestreitbar, dass die Ikonografie der Gottesmutter von den altägyptischen Isis-Standbildern vorweggenommen wurde.

So reagierte Kyrill umgehend auf die Thesen des Nestorius. In seinem *Brief an die Mönche Ägyptens* warb er zunächst um die Unterstützung seiner Kirche: Da in Christus seine göttliche und menschliche Natur zu einer *hypostatischen Union* verschmolzen seien, sei es nur rechtens, »die Heilige Jungfrau auch Mutter Gottes zu nennen«. Wer die Naturen Christi dagegen trenne, so zitierte er Athanasius, der stelle auch den Zugang des Menschen zur Erlösung infrage.

Nachdem Kyrill sich der Zustimmung seiner Mönche sicher war und auch der römische Papst Coelestin I. (422–432) ihm beigepflichtet hatte, schrieb er direkt an Nestorius und forderte ihn auf, seine Lehren öffentlich zu widerrufen. Als dieser sich weigerte und wiederum bei Hofe um Anhängerschaft warb, lud Kaiser Theodosius II. schließlich im Juni 431 zum *Konzil von Ephesus*, um den Streit auf gesamtkirchlicher Ebene auszutragen. Kyrill, als der zugleich älteste und ranghöchste Bischof, stand dem Konzil vor, zudem war er mit einer großen ägyptischen Delegation angereist. Obwohl die Delegationen aus Rom und Antiochia verspätet eintrafen und Nestorius sogar seine Teilnahme verweigert hatte, duldete der Alexandriner keinen Aufschub. Innerhalb von 24 Stunden wurde Nestorius einstimmig zum Ketzer erklärt, abgesetzt und exkommuniziert, zudem der Marientitel *Gottesmutter* bestätigt. Noch einmal, zum letzten Mal, drückte die alexandrinische Theologie der Weltkirche ihr Siegel auf.

Doch dann kam Chalcedon. Nach Kyrills Tod wurde mit Dioskorus (444–454) in Alexandria ein Patriarch gewählt, der sich als glückloser erweisen sollte als sein großer Vorgänger. Dieses Mal brach ein christologischer Streit aus, als Eutyches, Abt eines Klosters in Konstantinopel, von der »einen Natur« Christi sprach. Diese Formulierung war keineswegs neu. Schon Kyrill hatte den Begriff der »einen Natur« (*mia physis*) benutzt, als er die *hypostatische* Einheit des Gottessohnes beschrieb. Als daraufhin Vertreter der antiochenischen Theologenschule kritisierten, er würde mit dieser Formulierung Christus seine Menschlichkeit absprechen, präzisierte der Ägypter: er meine »die eine fleischgewordene Natur des Wortes«, die einer *Synthese* gleichkäme.

Diese sprachliche Subtilität war Eutyches fremd. Für ihn war die Vorstellung zweier Naturen Christi eine gefährliche theologische Innovation: weder in Nicäa noch in Ephesus sei davon die Rede gewesen. Doch die Vorstellung des Abtes, Jesu Göttlichkeit habe seine Menschlichkeit »geschluckt«, erschien seinem Bischof, Patriarch Flavian von Konstantinopel, als ebenso unannehmbar wie Papst Leo dem Großen (440–461). Eutyches sei »außerordentlich dumm und durch und durch ignorant«, bescheinigte ihm der Römer.

Der alexandrinische Patriarch Dioskorus dagegen entschied sich, für den Abt Partei zu ergreifen; nicht ahnend, dass er damit die ägyptische Kirche für anderthalb Jahrtausende in die Isolation treiben würde. Dem Beispiel seines Vorgängers folgend, gewann er die Unterstützung des Kaisers für ein *2. Konzil in Ephesus*, dem er vorstehen durfte. Angereist mit seinen ägyptischen Bischöfen und zahlreichen Mönchen machte er erneut kurzen Prozess: Eutyches wurde in seiner Lehre bestätigt, Patriarch Flavian von Konstantinopel für abgesetzt erklärt.

Doch dieses Mal war der Triumph nur von kurzer Dauer. Kaum war Dioskorus nach Alexandria zurückgekehrt, um sich feiern zu lassen, brach der Zorn des römischen Papstes über ihn herein. Da weder ein Mitglied der päpstlichen Delegation in Ephesus II zu Worte gekommen sei, noch Leos detaillierte Widerlegung der Eutychianischen Lehre, das sogenannte *Tome*, verlesen worden war, könne von einem ökumenischen Konzil keine Rede sein. Vielmehr sei es ein *latricinium*, ein Räuberkonzil, das da in Ephesus stattgefunden habe.

Als der Kaiser ein Jahr später verstarb, verlor Dioskorus seinen mächtigsten Unterstützer. Die neue Kaiserin, Pulcheria, sympathisierte mit dem römischen Papst und kündigte für 451 ein neues Konzil an, das in Chalcedon, einem Vorort der Reichshauptstadt, abgehalten werden sollte. Dort wurde Dioskorus abgesetzt, Eutyches' Christologie verdammt und eine Kompromisslösung auf der Grundlage von Leos *Tome*, Kyrills Brief an Nestorius und seiner Einigung mit der Schule von Antiochia verabschiedet. Christus sei »in zwei Naturen unvermischt, unverändert, ungeteilt und ungetrennt zu erkennen«.

Obwohl Kyrill nichts anderes gelehrt hatte, war es das Wort »*in* zwei Naturen«, an dem sich die ägyptischen Bischöfe stießen; sie plädier-

ten für die Formulierung »*von* zwei Naturen«. Zudem weigerten sie sich, die Absetzung ihres Patriarchen anzuerkennen. Für sie wurde er zum neuen Märtyrerpapst, Athanasius gleich, als er, wie dieser, in die Verbannung geschickt wurde. Sie waren fest davon überzeugt, die wahre Lehre der Väter zu vertreten, während sie die Konzilsentscheidung für eine Rückkehr zum Irrtum des Nestorianismus hielten.
Heute sind sich Historiker und Theologen darin einig, dass es eher politische als theologische Gründe waren, die zum *Schisma*, der Spaltung von Chalcedon führten. So entschied das Konzil in erster Linie den seit einem Jahrhundert andauernden Streit, wer nach Rom den zweiten Rang unter den Patriarchensitzen einnehmen sollte, das altehrwürdige Alexandria oder das *neurömische* Konstantinopel, obwohl es keine apostolische, sondern eine kaiserliche Gründung war (was die byzantinische Kirche dadurch löste, dass sie Konstantin dem Großen *Apostelgleichheit* bescheinigte). Mit Alexandria im Abseits war das Problem gelöst, konnte in Chalcedon sogar die Gleichrangigkeit Konstantinopels mit Rom verkündet werden, ein Konzilsbeschluss freilich, den Papst Leo der Große nie akzeptierte.
In Ägypten dagegen gab es seit dem Konzil zeitweise zwei Kirchen mit zwei Patriarchen: die chalcedonische Kirche, die bald auch »Kirche des Kaisers« (*melkitisch* von sem. *Malek* = König) genannt wurde, und die *Kirche der Ägypter*, von den Arabern später *Kopten* genannt.
»Das war also die eigentliche Geburtsstunde der koptischen Kirche?«, versuchte Yuliya ein Fazit aus meinen Worten zu ziehen.
»Als politisch unabhängige Nationalkirche: Ja. Denn die Ägypter waren nicht bereit, sich von Konstantinopel vorschreiben zu lassen, wer ihr Patriarch sein sollte und was sie zu glauben hatten. Dafür hatten sie ein Jahrhundert zuvor zu schlechte Erfahrungen gemacht mit Kaisern, die mal den einen, mal den anderen Glauben protegierten, während ihr Patriarch Athanasius, gerade weil er beharrlich blieb, am Ende doch recht bekam.«
»Und wie ging es weiter?«
»Die *Kirche des Kaisers* fand nur wenige Anhänger, die meisten davon in Alexandria, das schon immer eine ganz eigene, griechisch geprägte Welt war. Nicht umsonst hieß die Stadt in der Antike *Alexan-*

dria ad Aegyptum, Alexandria *bei* Ägypten, und tatsächlich hatte es, damals viel mehr als heute, auch geografisch den Charakter einer vorgelagerten Insel. Hier waren die meisten Menschen die Nachkommen griechischer Siedler, wurde häufiger Griechisch gesprochen als Koptisch, die Sprache der Pharaonen. Jenseits der Stadt aber, im eigentlichen Ägypten, folgte man dem jeweiligen Nachfolger des Dioskorus.

Sollte es je ein politisches Ziel hinter dem Konzilsentscheid gegeben haben, etwa durch einen theologischen Vorwand mehr Kontrolle über diese wichtige Provinz zu bekommen, dann war Konstantinopel damit gründlich gescheitert. Im Gegenteil, Chalcedon wurde zur Geburtsstunde eines neuen, jetzt religiös begründeten Nationalismus. Sich gegen das Konzil zu stellen galt als Bekenntnis zur kulturellen und politischen Unabhängigkeit Ägyptens und als Absage an Fremdbestimmung und Besatzung. Kirchenpolitisch stand zwar Alexandria jetzt unter der Kontrolle von Konstantinopel. Die Herzen der Ägypter aber hatte die Kaiserstadt damit endgültig verloren.«

Für die nächsten zwei Jahrhunderte führte die Politik der Kaiser, die Beschlüsse von Chalcedon notfalls mit Waffengewalt durchzusetzen, in Ägypten zu Chaos und Spaltung. Immer wieder wurden antichalcedonische Patriarchen verbannt und durch melkitische Bischöfe ersetzt, während Kopten im Untergrund ihre eigenen Päpste wählten. Zu einem Zeitpunkt erhoben vier Patriarchen gleichzeitig den Anspruch, der einzig legitime Nachfolger des hl. Markus zu sein. Die Kopten galten fortan als *Häretiker,* von ihren Gegnern als *Monophysiten* bezeichnet, weil man ihnen unterstellte, nur an die göttliche Natur Jesu zu glauben.

So mussten anderthalb Jahrtausende vergehen, bis Chalcedon von den gespaltenen Kirchen wieder aufgearbeitet wurde. Schließlich besuchte der koptische Papst Shenouda III. 1973 aus Anlass des 1600. Todestages des hl. Athanasius erstmals den Vatikan. Dort unterzeichnete er am 10. Mai zusammen mit Papst Paul VI. ein Dokument, in dem sich beide Päpste auf eine gemeinsame Auslegung der christologischen Formel des hl. Kyrill vom »inkarnierten Wort« einigten und damit, zumindest formal, den Disput beilegten. Dass sie dabei das Bekenntnis zum christologischen Mysterium zitierten, das jeder Kopte in seiner Liturgie bei der Präsentation der eucharistischen Gestalten spricht, zeigt deutlich genug, wie wenig häretisch diese Kirche ist:

> »Wir bekennen, dass unser Herr und Gott und Erlöser und König von uns allen, Jesus Christus, vollkommener Gott in Hinblick auf Seine Göttlichkeit und vollkommener Mensch in Hinblick auf Seine Menschlichkeit ist. In Ihm ist Seine Göttlichkeit mit Seiner Menschlichkeit in einer wahren und vollkommenen Einheit vereint, *ohne zu verquicken, ohne zu vermischen, ohne zu verschmelzen, unverändert, ungeteilt und ungetrennt. Seine Göttlichkeit war keinen Moment von seiner Menschlichkeit getrennt, nicht für einen Augenblick.* Er, der ewige und unsichtbare Gott, wurde sichtbar im Fleisch und nahm Selbst die Gestalt eines Knechtes an. In Ihm blieben alle Eigenschaften der Göttlichkeit und alle Eigenschaften der Menschlichkeit bewahrt, zusammen in einer wahren, vollkommenen, untrennbaren und unteilbaren Einheit.«[23] *(Hervorhebung durch den Autor)*

1991 folgten 120 römisch-katholische, griechisch-orthodoxe, armenische, syrische und indische Bischöfe der Einladung Shenoudas III. zu einer theologischen Konferenz im *Kloster des hl. Bishoy* im *Wadi Natrun*, auf der auch auf ökumenischer Ebene alle Differenzen um die Definition der beiden Naturen des Gottessohnes behoben werden sollten. Sie alle kamen zu dem Urteil, dass das Geheimnis um das Wesen Christi zwar in unterschiedlichen Begriffen und Traditionen beschrieben wurde, diese aber einen gemeinsamen Glauben ausdrückten. Schließlich einigte man sich auf den Begriff der *Miaphysis*, des »einheitlichen Wesens«. *Miaphysiten* sind aber nicht nur die Kopten, das sind die Gläubigen aller christlichen Kirchen. So hatte die Theologie von Alexandria doch noch ihre Rechtgläubigkeit unter Beweis gestellt.

»Ich gebe dir recht: Wer die koptische Kirche, ja wer die Bedeutung, die Ägypten für die gesamte Christenheit spielte, begreifen will, der muss nach Alexandria«, meinte Yuliya abschließend, »auch wenn die Heilige Familie nie dort war. Was übrigens für die Echtheit der ägyptischen Überlieferungen spricht. Denn wäre alles nur eine fromme Legende, dann hätte zumindest ein Patriarch wie Theophilus auch

Alexandria in ihre Fluchtroute eingebaut, um sein Ansehen zu erhöhen. Schließlich wäre es ein schlagkräftiges Argument gewesen, bei einer Debatte mit den Patriarchen von Rom und Konstantinopel darauf zu verweisen, dass sein Sitz von Jesus selbst gesegnet wurde.«

»Das denke ich auch«, stimmte ich zu. »Stattdessen überliefert die Tradition eine auf den ersten Blick völlig unlogische Route: Bis Sakha nach Westen, dann aber, statt weiter nach Alexandria zu verlaufen, biegt sie nach Süden ab und führt in ein gewisses *Nikiou*. Dort soll die Heilige Familie sieben Tage lang geblieben sein und Jesus einen Besessenen geheilt haben. Heute heißt der Ort *Zawyar Razin*. Leider wurden seine Christen bereits vor Jahrhunderten vertrieben, sodass es keine lokalen Zeugnisse dieser Tradition mehr gibt. Nur eines macht Nikiou interessant: Von dort stammt die Familie eines der größten ägyptischen Märtyrer, des hl. Menas.«

»St. Menas?«, fragte Yuliya, »Von dem habe ich noch nie gehört!«

»Das werden wir bald ändern«, erwiderte ich, »wir sind nämlich gerade auf dem Weg zu seinem Grab!«

IX Das Lourdes der Antike

Deir Mar Mina, am 4 Paremhat im 1728. Jahr der Märtyrer (13.3.2012)

Gut anderthalb Stunden lang waren wir von Alexandria Richtung Südwesten gefahren, da erschien es uns, als hätten wir eine Vision aus *Tausendundeiner Nacht.* Die libysche Wüste, die wir schon erreicht zu haben glaubten, wurde plötzlich grün. Jenseits der Kornfelder, im Dunst des Horizontes, erhob sich eine Märchenstadt mit Türmen und Kuppeln. Doch es war keineswegs eine Fata Morgana: Die Kuppeln waren von Kreuzen gekrönt, die uns vielmehr verrieten, dass wir unser Ziel erreicht hatten.

Je näher wir dem Kloster des heiligen Menas (auf Arabisch: *Deir Mar Mina*) bei Maryut kamen, desto spürbarer zog es uns in seinen Bann. Ägyptische Klöster sind immer auch Oasen, meist am Rande der Wüste oder mittendrin gelegen. Doch auch sie brauchen Wasser zum Leben, einen Brunnen oder eine Quelle, und eine Bewirtschaftung, um autonom zu bleiben. Dazu gehört der Anbau von Weizen, da man Brot backen will, der wiederum eine ausgeklügelte Bewässerung notwendig macht. So wird ein Fleckchen Land mitten im Nirgendwo immer wieder durch die harte Arbeit der Mönche in einen fruchtbaren Garten verwandelt.

Das Kloster, dem wir uns staunend näherten, war relativ jung; gerade einmal ein halbes Jahrhundert alt. Und doch markiert es eines der ältesten Heiligtümer der ägyptischen Christenheit. So wurde es zum Symbol für die Wiederauferstehung der koptischen Kirche unter einem ihrer größten Päpste und die Wiederentdeckung ihrer Traditionen in unserer Zeit. Schon deshalb wollten wir uns die Anlage genauer ansehen, auch wenn Maryut nun gar nicht auf der Reiseroute der Heiligen Familie lag.

Die Geschichte dieses Heiligtums und seines Klosters beginnt, wie so oft, mit einer Legende. Sie handelt von einem Heiligen, der heute im Westen eher unbekannt ist (obwohl ihm auch in Deutschland Kirchen geweiht sind), in Ägypten aber zu den populärsten Gottesmännern und Märtyrern zählt: *Mar Mina*, der heilige Menas. In Vera Schaubers und Hanns Michael Schindlers *Bildlexikon der Heiligen*, einem der ausführlichsten hagiografischen Nachschlagewerke deutscher Sprache, nimmt er gerade einmal eine Viertelseite ein, seiner Vita sind elf Zeilen gewidmet. Er gehört zu den Reiter- und Soldatenheiligen, deren bekanntester der heilige Georg ist, und wird in der westlichen Ikonografie gerne wie dieser dargestellt: hoch zu Ross, eine Lanze in der Hand, manchmal sogar als Drachentöter. Im Mittelalter wurden diese Heiligen in Europa zu Schutzpatronen der Ritter, die in ihnen lebensnahe Vorbilder fanden. Schließlich bewiesen sie, dass nicht nur der Beter und Büßer, sondern auch ein Krieger heilig werden konnte, wenn er nur für eine gerechte Sache kämpfte.

In Ägypten dagegen würde kaum ein Christ den heiligen Menas zu Pferde erkennen, auch wenn er dort ebenfalls Soldatenkleidung trägt. Stattdessen steht er, die Arme in einer Mischung aus (altem) Gebets- und Segensgestus angewinkelt, zwischen zwei am Boden ruhenden Kamelen. Und auch das hat seine besondere Bedeutung.

Die Familie des heiligen Menas stammte, wie gesagt, aus *Nikiou* (altägyptisch: *Pschati*, heute: *Zawyet Razin* südwestlich von Minuf) in Unterägypten, der Hauptstadt des Gaues *Prosopites* am Rosetta-Arm des Nils, die bereits von der Heiligen Familie besucht worden war. Menas' Großvater diente dort als Bezirksstatthalter und vererbte das Amt an seinen ältesten Sohn Anatolius, während sein jüngerer Sohn Eudoxius dessen *Oikonomos* (Finanzverwalter) wurde. Überall für seine Milde bekannt, war Eudoxius beim Volk bald beliebter als sein Bruder, der ihn aus purem Neid bei Kaiser Carinus (283–285 n. Chr.) anschwärzte; er würde das Volk gegen Rom aufstacheln und davon abhalten, pünktlich seine Steuern zu zahlen. Ein kaiserlicher Beamter ging den Vorwürfen auf den Grund. Er fand zwar keinen Anhaltspunkt für einen Hochverrat, bewirkte aber, dass der Christ in die Provinz *Africa*, die das heutige Tunesien und den Westen Libyens umfasste[24], versetzt wurde.

Eudoxius' Frau Euphemia wünschte sich nichts so sehnlich wie ein Kind. Doch erst, als sie am 29. Januar, dem *Fest der Entschlafung Mariens* nach dem koptischen Kalender, in einer Kirche vor einer Ikone der Gottesmutter betete, wurde sie erhört. Sie sah, wie Maria ihre Augen erhob, und hörte die Stimme des Jesuskindes: »Amen Mena«. Tatsächlich wurde Euphemia kurz darauf schwanger und nannte ihren neugeborenen Sohn Menas, was ein altägyptischer Name war und »der Standhafte« bedeutete. Es gab einen Gott namens Min, aber auch der erste König des Pharaonenreiches, der Einiger von Ober- und Unterägypten und Begründer der *Ersten Dynastie* (um 3000 v. Chr.), hieß Mina (griech. *Menes*). Geboren wurde der kleine Menas um das Jahr 284. Seine Eltern sorgten dafür, dass er schon früh von Priestern im christlichen Glauben unterwiesen wurde.

Menas war gerade elf Jahre alt, als sein Vater starb, gefolgt, drei Jahre später, von seiner Mutter. Sie vererbten ihm ein beachtliches Vermögen. Als im Jahr 299 neue Aufstände drohten, ließ Kaiser Diokletian alle jungen Männer, die für den Militärdienst geeignet waren, einberufen. Der Bezirksstatthalter, ein Freund seines Vaters, schätzte den intelligenten und tapferen Menas so sehr, dass er ihn trotz seines jungen Alters gleich zum Vizekommandanten seiner Schutztruppen ernannte. Auch in der Armee blieb der junge Mann seinem Glauben treu. Er fastete regelmäßig und nutzte jede Minute seiner Freizeit, um sich zum Gebet zurückzuziehen. Seine Kameraden erlebten ihn als bescheidenen und engagierten Vorgesetzten.

Doch dann, im Februar 303, erreichte das Dekret des Diokletian, der Auftakt zur Christenverfolgung, auch die Provinz *Africa*. Als er sah, wie viele Christen plötzlich ihren Glauben verleugneten, um ihr Leben zu retten, war der junge Offizier angewidert. Er verteilte sein Erbe unter den Bedürftigen, quittierte den Dienst und kehrte der Welt den Rücken. Stattdessen ging er in die Wüste, um dort zu beten, zu fasten und dem Herrn zu dienen.

Fünf Jahre lang lebte er als Einsiedler, dann öffnete sich der Himmel und er sah drei Kronen. Eine Stimme verkündete ihm, dass es an der Zeit sei, neben der Krone des Zölibats und der Krone der Tugend auch die Krone des Martyriums zu gewinnen. Dann würde er be-

rühmter als die meisten anderen Märtyrer und für die Menschen aller Völker zur Quelle zahlloser Wunder werden.
Bereit zum Martyrium machte sich der junge Einsiedler auf den Weg in die nächstgelegene Stadt, in der gerade ein heidnisches Fest gefeiert wurde. *Caesar* Maximinus Daia hatte kurz zuvor sein Edikt verkündet, das alle Bürger verpflichtete, den heidnischen Göttern zu opfern. So präsentierte sich Menas dem neuen Bezirkstatthalter und bekannte seinen Glauben: »Ich war ein Soldat, aber jetzt stehe ich im Dienst meines Herrn Jesus Christus«. Sofort wurde er in den Kerker geworfen, wo am nächsten Tag unter Folter sein Verhör begann.
Doch auch unter den unerträglichsten Qualen blieb der junge Mann standhaft. Schließlich ließ der Bezirksstatthalter ihn in Ketten legen und zum Provinzgouverneur schicken. Gefesselt im Bauch eines Schiffes vernahm der junge Märtyrer erneut die Stimme Jesu: »Fürchte dich nicht, geliebter Menas! Ich werde immer bei dir sein und dich stärken, bis du deinen Kampf vollendet hast.«
Vor dem Gouverneur wurde Menas noch einmal aufgefordert, den Göttern Weihrauch zu opfern. Als er sich erneut weigerte, wurde er abermals ausgepeitscht, dann versuchten die Folterknechte, seinen Körper in zwei Hälften zu zersägen. Ein drittes Mal erschien ihm Christus und sprach ihm Mut zu, bevor der Gouverneur ihn schließlich am 11. November 309 zum Tod durch das Schwert verurteilte. Sein Leichnam sollte verbrannt werden, doch es gelang einigen heimlichen Christen, die Soldaten zu bestechen und in seinen Besitz zu kommen.
Nicht einig sind sich die Überlieferungen, wie der heilige Leichnam schließlich nach Ägypten kam; sicher ist nur, dass es der letzte Wunsch des Märtyrers war, in seiner Heimat bestattet zu werden. Nach einer Version der Legende war es eine Militärkarawane, die seine sterblichen Überreste entweder in die Hauptstadt Alexandria oder in seine Vaterstadt Nikiou bringen sollte. Doch dort kamen sie nie an. Auf der Höhe des Maryut-Sees, gleich neben einer Quelle, streikte plötzlich das Kamel, das die Gebeine trug, und ging in die Knie. Die Soldaten nahmen ihm die Last ab und banden sie einem zweiten, stärkeren Kamel auf, das ebenfalls in die Knie ging und sich weiger-

te, auch nur einen Schritt zu tun. Da begriff ihr Offizier, ein gewisser Athanasius, dass es der Wunsch des Heiligen war, an dieser Stelle begraben zu werden, und setzte ihn dort bei.

Bald soll eine Reihe von Wundern zur Wiederentdeckung des Grabes geführt haben. Ein behindertes Kind aus einem benachbarten Dorf sah ein Licht in der Wüste, krabbelte dorthin und wurde geheilt. Ein Schäfer hatte ein krankes Lamm, das in einer Wassergrube neben dem Grab badete und wieder gesund wurde. Diese und viele andere Berichte mirakulöser Heilungen verbreiteten sich wie ein Lauffeuer im ganzen Reich. Schließlich erreichten sie auch die Hauptstadt, wo die einzige Tochter des Kaisers unter einer schweren Hautkrankheit litt. Voller Hoffnung, dass auch ihr geholfen werden könnte, reiste sie nach Ägypten, rieb sich mit dem Schlamm aus der Wassergrube ein und schlief eine Nacht lang neben dem Grab des Heiligen. Als sie aufwachte, war ihr nicht nur Menas im Traum erschienen, sie war auch geheilt. Natürlich ließ ihr Vater an der Stelle eine Kirche errichten, behauptet die Legende.

Die Wahrheit war wahrscheinlich viel profaner. Denn es gibt noch eine andere Überführungstradition, in der das Grab des Märtyrers nicht erst durch Wunder offenbart werden musste, sondern von Anfang an bekannt war. Ihr zufolge wurden die Reliquien nicht auf dem Landweg, sondern per Schiff von *Africa* (oder *Phrygia*) nach Alexandria überführt, wo sie der große Patriarch Athanasius in Empfang nahm. Athanasius wiederum folgte einer Eingebung – es heißt, ein Engel habe zu ihm gesprochen –, als er den Schrein mit den Reliquien einem Kamel auf den Rücken binden ließ und es vor die Tore der Stadt trieb. Dort, wo es sich niederließ, setzte er den Heiligen bei und errichtete ihm zu Ehren eine Kirche.

Sollte dies die wahre Geschichte hinter der Entstehung von *Deir Mar Mina* sein, dann offenbart sie erneut das religiöse Genie des Athanasius, der nicht nur Ägypten, sondern der ganzen Christenheit ihren ersten Wallfahrtsort schenkte. Er wusste um die Kraft der Volksfrömmigkeit, er ahnte das Verlangen der Menschen nach Linderungen ihrer Leiden, nach Quellen der Hoffnung. Vor allem aber kannte er nur zu gut die heilversprechenden Pilgerstätten des Heidentums, denen er eine christliche Alternative entgegensetzen musste, sollte das

Christentum wirklich die künftige Religion der breiten, theologisch indifferenten und wundersüchtigen Masse sein.

Tatsächlich waren Pilgerreisen zu Tempeln, die den Gläubigen Heilung durch die Götter versprachen, ein fester Bestandteil der altägyptischen Religion. Eine ganze Reihe antiker Tempel propagierte die geradezu magische Wirkung des Schlafs in ihren Hallen, der Berührung eines Götterbildes, des Verzehrs gesegneter Speisen, des Trinkens aus einem von der Gottheit gesegneten Brunnen oder des Bades im Wasser einer heiligen Quelle.

Die Wände etwa des Osiris-Tempels von Abydos oder der Insel Philae sind überfüllt mit Graffiti heidnischer Pilger, die ihre Götter um Heilung von Krankheiten anflehten oder ihnen für eine erfolgte Genesung dankten. In Kysis fand man kleine, goldene *ex-voto*-Medaillen, die Isis und den Apis-Stier zeigen und von den vielen scheinbar erhörten Gebeten zeugen. Auf dem Gelände des Hathor-Tempels von Dendera legten Archäologen ein aus Lehmziegeln gebautes Sanatorium mit getrennten Patientenzimmern frei, das aus dem 1. Jahrhundert n. Chr. stammt. Jede der Kammern war mit einer Nische für ein Bild der Göttin ausgestattet, während das Heilwasser über ein komplexes hydraulisches System aus einem zentralen Brunnen geleitet wurde, in dem es über eine mit Heilanrufungen bedeckte Stele der Göttin floss.

Eines der wichtigsten heidnischen Heil- und Wallfahrtszentren war der Isis-Tempel von Menouthis östlich von Alexandria. Hier suchten die Menschen bis ins 5. Jahrhundert n. Chr. hinein die Hilfe der *göttlichen Mutter*. Pilger kamen nach Menouthis, um durch das Tempelwasser von ihren Krankheiten befreit zu werden, oder schliefen auf dem Gelände in der Hoffnung, dass die Göttin ihnen im Traum erschiene und sie heile.

Während christliche Prediger die heidnischen Heilkulte (*ehentherapia*) für eine »List des Teufels und das Werk von Dämonen« hielten, wagte es nicht einmal Kyrill von Alexandria, Hand an den Tempel von Menouthis zu legen. Stattdessen ließ er gleich nebenan eine Kirche bauen, in die er die Reliquien der heiligen Märtyrer Cyrus und Johannes überführte. Die beiden christlichen Ärzte waren als *thaumatourgoi anargyroi* (»unbezahlte Wundertäter«) bekannt, weil sie mittellose Patienten unentgeltlich behandelt hatten, bevor sie während der Christenverfolgung des Diokletian hingerichtet wurden. Auch in Menouthis sollen ihre Reliquien zahlreiche Wunder gewirkt und Kranke geheilt haben. Leider ist nicht bekannt, wie lange das Isis-Heiligtum diese »Konkurrenz« überlebte, doch zumindest auf der Insel Philae hielt sich der Kult der heidnischen Göttin noch ein gutes Jahrhundert, nämlich bis 539 n. Chr.

Eine ähnliche Intention wird wohl auch Athanasius, Kyrills großes Vorbild, gut ein Jahrhundert früher verfolgt haben, als er am Ufer des Maryut-Sees, von Alexandria aus bequem mit dem Boot erreichbar, ein christliches Kultzentrum aufbaute, in dessen Mittelpunkt die Reliquien eines großen Märtyrers standen. Das Schauspiel mit dem Kamel, das natürlich zur Quelle eilte, könnte zur Legitimation für die Überführung der heiligen Gebeine gedient haben, deren Wunderkraft offenbar bereits als erwiesen galt.[25]

Sicher ist, dass Athanasius noch vor seiner Verbannung ein Gotteshaus über dem Grab des Märtyrers bei Maryut errichten ließ. Wie uns frühe Quellen berichten, hing damals schon über ihm eine Lampe, die Tag und Nacht brannte. »Alle, die etwas vom Öl dieser Lampe nahmen und es in die fernsten Länder brachten, wurden geheilt; so kam es, dass dort großer Andrang herrschte und zahllose Scharen aus jedem Land zu allen Zeiten unermüdlich dorthin strömten«, berichtet ein koptisches Manuskript.

Doch erst nach seiner Rückkehr aus dem Exil, zur Zeit des Kaisers Jovian (363–364), konnte der Kirchenvater sein Werk vollenden. Das Gotteshaus, das damals entstand, galt als architektonisches Meisterwerk und war mit kostbarstem Marmor ausgeschmückt. Am 8. Juli 373 wurde es eingeweiht, doch schon bald konnte es die Pilgerströme nicht mehr fassen. Schließlich bat der Patriarch Theophilus den frommen Kaiser Arkadius (395–408) um finanzielle Unterstützung für den Anbau einer größeren Kirche; der Kaiser stimmte gerne zu. Der alexandrinische Papst Timotheus (458–480) fügte noch ein Baptisterium hinzu.

Doch erst als Kaiser Zeno (474–491) nach Ägypten kam und zum Schrein des Heiligen pilgerte, begann die eigentliche Blütezeit der Oase von Maryut, ihr Ausbau zum größten Wallfahrtsort der antiken Welt. Schon im Vorfeld wurde zur Unterbringung des Kaisers und seines Hofstaates ein eigener Palast gebaut. Als Timotheus dem Kaiser von den häufigen Überfällen durch kriegerische Berberstämme erzählte, befahl dieser die Stationierung von 1200 Soldaten zum Schutz des Heiligtums. Zudem ließ er es zur Versorgung der Truppen und der Pilger zu einer kleinen Stadt ausbauen, die er *Martyroupolis*, »Stadt des Märtyrers« nannte. Sie war so prunkvoll ausgestattet, dass sie bald auch als *Marmorne Stadt* bekannt war. Die christliche Aristokratie von Alexandria und ganz Ägypten lud der Kaiser ein, es ihm gleichzutun und sich dort ebenfalls Zweitresidenzen zu bauen.

Während der Regentschaft seines Nachfolgers Anastasius (491–518) kamen Pilgerherbergen, Pilgergasthäuser, ein Pilgermarkt und Verwahrungsräume für das Gepäck und die Kleidung der Pilger hinzu. So wurde die Menasstadt bald auch für Gläubige aus Europa zum zweitwichtigsten christlichen Wallfahrtsort gleich nach Jerusalem, sprach sich doch schnell herum, dass der Heilige »dort viele Wunder wirkt« (wie ein *Antoninus* aus dem norditalienischen Piacenza um 570 in seinem Pilgerbericht ausdrücklich vermerkte).

Obwohl die Perser bei ihrem Überfall auf Ägypten 619 die prachtvolle Stadt des Märtyrers plünderten und verwüsteten, dauerte ihre Blütezeit noch bis in die Anfangsjahre der muslimischen Herrschaft. Erst im Jahre 833 befahl der Kalif al-Mu'tasim, dass ihm ein Palast aus dem wertvollsten Marmor gebaut werden sollte, den seine Getreuen in ganz Ägypten finden konnten; als sie in die Menasstadt kamen, stellten sie fest, dass es kein besseres Baumaterial gab.

So entfernten sie die 56 kostbaren Marmorsäulen und die vielfarbige Marmorverkleidung aus der Basilika des Arkadius. Als der koptische Papst Yusab I. von der Schändung erfuhr, ordnete er ihre unverzügliche Wiederherstellung mit preiswerteren Baustoffen an; fortan trugen Sandsteinsäulen das Dach, ersetzten Fresken den Marmor. Erst als die Muslime nach einem Aufstand der Christen Alexandria belagerten, kam der Pilgerverkehr zeitweise völlig zum Erliegen; in den Wirren danach wurde das Heiligtum auch noch ausgeplündert. »Die Kirche des heiligen Märtyrers Menas in Maryut, die einst die Wonne aller orthodoxen Ägypter war, wurde verwüstet«, vermeldet die *Chronik der Patriarchen der Ägyptischen Kirche* für das Jahr 861.

Die letzte Nachricht aus Maryut finden wir in el-Makarims *Geschichte der Kirchen und Klöster Ägyptens* aus dem 12. Jahrhundert. Zu diesem Zeitpunkt waren die Überfälle durch die Berber so häufig geworden, dass kaum noch Pilger kamen. So zerfiel die Menasstadt am Rande der Wüste allmählich, bis das Heiligtum gänzlich aufgegeben werden musste. Gegen Mitte des 13. Jahrhunderts wurden die Reliquien des Märtyrers geborgen und, nach einigen Umwegen, 80 Jahre später in die *St. Menas-Kirche* in Kairo überführt. Sein Grab in Maryut aber geriet in Vergessenheit, als es der Wüstenwind unter Sand und Staub begrub. Erst gegen Ende des 19. Jahrhunderts erinnerte man sich wieder an die einstige Verehrung des heiligen Wundertäters. Dabei waren es nicht einmal Kopten, sondern gebildete Europäer, die auf den Märtyrer und seine Wallfahrt aufmerksam wurden. Auslöser des erneuten Interesses waren Pilgerflaschen mit dem Bild des Menas, die Archäologen nicht nur in Ägypten, sondern auch in Europa entdeckt hatten. Ihre Verbreitung bis nach Köln, Trier, Heidelberg, Mainz, Paris, Arles, Marseille, Mailand und Rom, ja sogar bis auf die britischen Inseln zeugen davon, dass in der Blütezeit der *Martyroupolis* Pilger aus der ganzen antiken Welt in der Hoffnung auf ein Wunder den weiten Weg in die libysche Wüste auf sich nahmen, um sein *Eulogion*, sein »Heilmittel«, in die Heimat zu tragen. Während man zunächst glaubte, in die Tonampullen sei heiliges Öl von der Lampe über dem Märtyrergrab abgefüllt worden, scheint heute sicher, dass es Wasser war. *Heiliges Wasser* freilich, dem man offenbar eine ähnliche Wirkkraft zuschrieb wie dem Wasser aus der Quelle von Lourdes, wo die 14-jährige Bernadette Soubirous 1858 eine Reihe von Marienerscheinungen gehabt haben will.

Es war ein Deutscher, den ein solches Pilgerfläschchen aus dem Tiber bei Rom inspirierte, sich auf die Suche nach dem *Lourdes der Antike* zu machen. Zwei Jahre lang, zwischen 1905 und 1907, grub der gebürtige Frankfurter Karl Maria Kaufmann (1872–1951) bei Maryut und legte auf einer Fläche von 40 000 Quadratmetern den frühchristlichen Wallfahrtsort frei.

Wir fuhren zum Ausgrabungsgelände, das ziemlich genau einen Kilometer südlich des heutigen Klosters liegt, um dort Kain zu treffen, einen jungen Archäologen aus Asyut, der spontan bereit war, uns zu

7 Pilgerflasche mit dem Bild des hl. Menas (5./6. Jh.)

führen. Obwohl nur noch die Grundmauern der byzantinischen Menasstadt erhalten sind, vermitteln sie einen guten Eindruck von der einstigen Größe der Anlage. In ihrem Zentrum stand die 60 Meter lange *Basilika des hl. Athanasius*, an die ihr gleich langer Nachfolgebau, die *Große Basilika* des Kaisers Arkadius, unmittelbar anschloss; zusammen bildeten sie »die größte Kirche Ägyptens, wenn nicht des gesamten Nahen Ostens«, wie der deutsche Archäologe Peter Grossmann 1992 bewundernd feststellte. Mit ihren zwei Stockwerken und ihrem von 56 Marmorsäulen getragenen Dach war sie damals mit Sicherheit das prachtvollste Gotteshaus des afrikanischen Kontinents. Heute erhebt sich in inmitten der Ruinen eine kleine, hölzerne Kirche, keine 15 Meter lang, in der Pilgergruppen, aber auch Mitglieder des Grabungsteams die koptische Liturgie feiern können. Sie bewahrt unter Glas den originalen Altar der byzantinischen Kirche. Neben ihrem Portal steht ein reich geschnitzter, hölzerner Reliquienaltar, mit einer auf Goldgrund gemalten Ikone des Heiligen. Davor, von Hunderten Zetteln mit Gebetsanliegen überhäuft, liegt ein mit Samt umnähter, hölzerner Zylinder, in dem sich Reliquien des *wunderwirkenden* Märtyrers befinden.

Nachdem wir die Kirche besichtigt hatten, brachte uns Kain zu der ursprünglichen Grabstätte des Heiligen in der Krypta der athanasischen Basilika. Ein sauber gemauerter Bogen markiert noch immer den Eingang zu seiner Grabkapelle, die einst von einer Kuppel überragt wurde und an deren Wand ein lebensgroßes Marmorrelief des Heiligen angebracht war. Es zeigte den *Wunderwirker* mit erhobenen Händen, flankiert von zwei Kamelen, ganz wie auf den unzähligen Pilgerflaschen. Ein Treppenabgang führte hinunter zum Grab, ein zweiter, überdachter Korridor wieder hinaus; eine architektonische Lösung, die vom Ausmaß des Pilgerverkehrs zeugt.
Doch so eindrucksvoll die Anlage einst gewesen sein musste, sie befand sich inzwischen in einem bedauerlichen Zustand. Schlamm hatte sich in die Krypta ergossen, die Gänge waren notdürftig mit Stahlträgern abgestützt, es bestand akute Einsturzgefahr. Wie akut die Gefahr nach wie vor ist, davon zeugten massive Steinquader, die bereits in die Krypta gestürzt waren. Kein Wunder, dass die Anlage, die 1979 von der UNESCO zum *Weltkulturerbe* erklärt worden war, seit 2001 auf der »Roten Liste« des »gefährdeten Welterbes« steht.
»Schuld daran ist die Bewässerung der Felder«, erklärte uns Kain, »nicht nur derer, die zum Kloster gehören, sondern auch durch die umliegenden Dörfer. Dieses Projekt, das von der Weltbank gefördert wurde, mag ja schön und gut sein, aber es führte dazu, dass der Grundwasserspiegel stark anstieg. Das veränderte die gesamte geologische Struktur der Region. Was früher leichter Wüstensand war, ist jetzt tonnenschwerer Lehm, der bereits einige der freigelegten Gebäudeteile kollabieren ließ. So waren wir gezwungen, Teile der Krypta wieder mit Sand zu füllen, um zu verhindern, dass sie völlig zerstört wird. Es ist so schade, dass dabei das großartige Werk von Männern wie Kaufmann zunichte gemacht wird. Doch was sollen wir tun? Für aufwendigere Maßnahmen fehlen uns einfach die Mittel.«
Hinter der einstigen St. Menas-Grabstätte befand sich die (heute leider versiegte) *heilige Quelle*, deren Wasser in einen 80 Meter langen, sechs Meter tiefen Kanal geleitet wurde. »Nimm das liebliche Wasser des Menas und die Schmerzen verschwinden«, lautete eine von Kaufmann entdeckte griechische Inschrift, gefolgt von dem Anruf: »Oh

Herr, hilf uns!«. Hunderte von Fragmenten zerbrochener Pilgerflaschen belegen, dass die Besucher des Heiligtums an dieser Stelle das wundertätige Menaswasser abfüllten, um es in ebendiesen Tonampullen in die ganze bekannte Welt zu tragen.

Ein *Baptisterium*, also eine Taufkapelle, mit Wasser aus der Quelle gespeist, schloss sich an. Ganz sittsam war das offene Taufbecken für die Männer von dem dezenteren, abgeschlossenen Taufbecken für die Frauen getrennt. Damals wie heute praktizieren die Kopten die Ganzkörpertaufe, stellt sich der Täufling, mit einer weißen Tauf-Tunika bekleidet, in das Becken und wird dreimal – *im Namen des Vaters, des Sohnes und des Heiligen Geistes* – untergetaucht. Danach wird er an 36 Körperstellen gesalbt und schließlich mit dem Leib und Blut Christi gespeist, denn *Kommunion* und *Firmung* sind bei ihnen Bestandteile eines einzigen Ritus der Aufnahme in die Gemeinschaft der Kirche. Neugeborene Jungen werden 40 Tage nach ihrer Geburt, Mädchen nach 80 Tagen getauft; eine frühchristliche, gewiss apostolische Praxis, die auf das antike Judentum zurückgeht. Denn auch bei den Juden fand die kultische Reinigung der Mutter und die Präsentation des Neugeborenen im Tempel, also seine Aufnahme in die Gemeinschaft der Kinder Israels, nach 40 bzw. 80 Tagen statt.

Einen besseren Eindruck vom Ausmaß der byzantinischen Pilgerstadt bekommt man erst, wenn man den Bereich der spätantiken Basilika verlässt und über das Grabungsgelände geht. Schließlich gehörten zu ihr auch Bäckereien, Lazarette für erkrankte Pilger, Gästehäuser zur Übernachtung, aber auch die Wohnhäuser, so Kaufmann, »einiger Hundert Priester sowie Tausender Geschäftsleute und Handwerker, die im fünften und sechsten Jahrhundert die Wüste der Mareotis bewohnten«. Auch die Töpfereien, in denen die Pilgerflaschen hergestellt wurden, konnten eindeutig identifiziert werden.

Die eindrucksvollste Anlage der *Martyroupolis* aber sind ihre Pilgerbäder, die der Frankfurter 1907 freilegte. Zu ihnen gehörte ein 20 mal 13 Meter großes Gebäude, dessen Dach von insgesamt zwölf Säulen in zwei Reihen getragen wurde. In seinem Innern befand sich eine Reihe größerer und kleinerer Becken, die durch Wasserleitungen aus der heiligen Quelle gespeist wurden, sowie kleinere Kammern mit Sitzbänken.

Gleich daneben grub Kaufmann eine weitere von Säulen gesäumte Halle aus, die er zunächst für eine Kirche hielt; erst spätere Untersuchungen ergaben, dass sich in ihr ein größeres Badebecken befunden hatte. An ihrer Ost- und Westwand schienen in kleinen Nischen Kultbilder des Märtyrers gestanden zu haben; in eine Säule war der Name des Heiligen auf Griechisch, Ο ΑΓΙΟΣ ΜΙΝΑΣ, eingeritzt. Bei Ausgrabungen, die das *Deutsche Archäologische Institut* seit 1961 hier durchführte, wurden zwei weitere, ähnliche Strukturen entdeckt, das sogenannte *Doppelbad* und das *nördliche Bad*. Die Zweiteilung des *Doppelbades* diente wohl der Trennung der Geschlechter. Beide Bereiche, nördlich und südlich einer zentralen Halle gelegen, wurden von vier großen Boilern mit warmem Wasser versorgt. Die Zuleitung des Wassers fand über ein Wasserrad statt, das von Ochsen angetrieben wurde. Auch das *nördliche Bad* bestand aus zwei überdachten Höfen, von denen enge Gänge ausgingen, die in kleine Warteräume führten. Von ihnen aus gelangte man zu den Badebecken.

»In diesen Bädern konnten die Kranken, die aus allen Teilen der Welt hierherkamen, in dem heiligen Wasser baden«, erklärte uns Kain, »die Bäder wurden nacheinander gebaut. Offenbar wurden so viele Menschen geheilt, dass es immer wieder notwendig war, die Kapazitäten zu erweitern.« Ich kannte byzantinische Pilgerbäder, die allein der Erfrischung und Körperpflege weit gereister Wallfahrer dienten, aus Israel. Ich hatte das Pilgerbad von Kursi untersucht, auf meine Initiative geht die Datierung des Pilgerbades von Nazareth am Mannheimer *Curt-Engelhorn-Zentrum* für *Archäometrie* zurück. Die antiken Badehäuser, Vorläufer der heutigen Sauna oder des orientalischen *Hamam,* waren im ganzen Reich nach einem mehr oder weniger einheitlichen Schema gebaut. In der Regel bestanden sie aus einem kollektiven Umkleideraum, einem von *Hypokausten* (Bodenheizung) erhitzten *caldarium* (Heißraum), einem lauwarmen *tepidarium* mit Bänken und Liegen und dem ungeheizten *frigidarium* mit seinem Kaltwasserbecken. Doch was ich in Maryut sah, war etwas ganz anderes: eine Mischung aus den heidnischen Tempelbädern von Dendera und den heutigen *Piscines* von Lourdes, wo Kranke einzeln in das – leider dort unbeheizte und daher eiskalte – Wasser der Mariengrotte gelegt werden. Wer hätte gedacht, dass der meistbesuchte

Wallfahrtsort der Welt am Nordrand der Pyrenäen nur eine frühchristliche Tradition wiederbelebte, die einst in der Wüste Ägyptens geboren wurde?

Langsam begann Kain, mir zu vertrauen und freier zu sprechen. Bei aller Bewunderung, die er für Kaufmann als Archäologen und Entdecker der Menasstadt empfand, schmerzte ihn doch, wie viele seiner Funde er in großen Containern nach Deutschland geschickt hatte. Nur einige davon werden heute im Frankfurter *Liebieghaus* gezeigt, die Mehrzahl wird in den Archiven des Museums seiner Heimatstadt gelagert. »Meinen Sie nicht auch, dass diese Sachen nach Ägypten gehören, hierher nach Maryut?«, appellierte der junge Archäologe an mein Gewissen.

»Vielleicht wären sie im Kloster von Mar Mina wirklich besser aufgehoben, doch dort gibt es bis heute kein Museum«, erwiderte ich. »Aber ich stimme Ihnen zu, dass Kaufmann nicht korrekt gehandelt hat. Überhaupt weist seine Biografie einige dunkle Flecken auf. So war er, als er nach Ägypten kam, noch katholischer Priester und ein renommierter Experte für christliche Archäologie. Später ist er vom Glauben abgefallen, hat geheiratet und wurde Vater einer Tochter. Er hat sich für die Nazis begeistert, Lieder und Hymnen für die Hitlerjugend geschrieben und in Frankfurt die ›Beseitigung des jüdischen Einflusses‹ gefordert. Sein letztes Buch, das gleich nach dem Krieg erschien, trug den Titel *Allah ist groß!* Absurd, oder?«

Kain war erstaunt, diese Aspekte von Kaufmanns Vita waren ihm bislang unbekannt gewesen. Dass der Archäologe zum Nazi geworden war, schmerzte ihn besonders; schließlich, so vertraute er mir an, sind Ägyptens Christen, Kopten wie orthodoxe Griechen, überzeugt, dass der hl. Menas ihr Land vor der Invasion der Achsenmächte beschützt hatte.

Tatsächlich liegt Maryut gerade 65 Kilometer von el-Alamein entfernt. Bis dorthin war das *Deutsche Afrikakorps* unter dem legendären Weltkriegs-Generalfeldmarschall Erwin Rommel im Oktober 1942 vorgestoßen. Sein Befehl lautete, zunächst die Stellung zu halten und bei der nächsten Gelegenheit bis zum Suez-Kanal vorzudringen, um die feindlichen Briten von ihren Öllieferungen abzuschneiden. Die wiederum hatten eigene Vorstellungen von der Zukunft ihres Protektorats Ägypten. Bei einem Einmarsch der Deutschen planten sie, alle Dämme zu sprengen und kurzerhand das Nildelta zu fluten.

In dieser angespannten Situation, so heißt es, hatte der britische Feldmarschall Bernard Montgomery einen Traum. Er träumte von einer Panzerschlacht zwischen den Achsenmächten und den Alliierten, die von einem Mann aus erhöhter Position beobachtet wurde. Wann immer dieser Mann seine Hand erhob, wichen die Truppen der Deutschen zurück, bis sie schließlich völlig besiegt waren.[26] Auf die Frage, wie er denn hieße, antwortete der Mann mit nur einem Wort: »Menas«.

Kurz nach diesem Traum brach die Schlacht von el-Alamein aus. Zwei Wochen später, am 4. November 1942, erlitten die Deutschen nach einer erbitterten Panzerschlacht ihre erste, vernichtende Niederlage. Seitdem markiert el-Alamein den Wendepunkt im *Zweiten Weltkrieg*, den Anfang vom Ende der Armeen Adolf Hitlers: »Vor el-Alamein hatten wir keinen einzigen Sieg, nach el-Alamein keine einzige Niederlage«, resümierte der britische Premierminister Sir Winston Churchill später.

Die Geschichte von Montgomerys Traum steht heute in so gut wie jeder Broschüre und jedem Buch, die in Ägypten über den heiligen Menas erschienen sind. Ihre Quelle ist glaubwürdig, schließlich handelt es sich dabei um einen der renommiertesten Ärzte des Landes, der, auch das ist bekannt, zu den wenigen ägyptischen Freunden des britischen Weltkriegsgenerals gehörte: Prof. Dr. Naguib Mahfouze, den Leiter der gynäkologischen Abteilung der Kairoer Universitätsklinik, bei dem Montgomerys Frau in ständiger Behandlung war. Montgomery erzählte dem koptischen Arzt von seinem seltsamen Traum, weil er von ihm wissen wollte, wer dieser »Menas« denn war. Später berichtete Prof. Mahfouze dem koptischen Papst Kyrill VI. persönlich von dieser unglaublichen Begebenheit.

Dabei waren der ägyptische Medizinprofessor und der britische General nicht die Einzigen, die den Sieg von el-Alamein dem Heiligen zuschrieben. Nur eine Woche nach der Niederlage der Deutschen, am 11. November 1942 – dem Festtag des hl. Menas –, schrieb Christophoros II. (1939–1966), der griechisch-orthodoxe Patriarch von

Alexandria, an seine Gläubigen: »Wir haben Grund zu der Annahme, dass der Segen des hl. Menas zu dem Sieg der Alliierten und der vernichtenden Niederlage der Achsenmächte beigetragen hat.« Dabei berief er sich auf vertrauliche Informationen, die ihm zugetragen worden waren, ohne weiter ins Detail zu gehen.

Schon einen Tag zuvor hatte die in Alexandria verlegte *Egyptian Gazette* vermeldet: »St. Menas wird jetzt von den Griechen in Ägypten als der Retter von Alexandria gefeiert. (…) Es war ein Fall von St. Menas vs. Rommel mit einem Sieg in der ersten Runde für den ägyptischen Heiligen«. Darauf angesprochen erklärte schließlich der Bibliothekar des Griechisch-Orthodoxen Patriarchats, Dr. T. D. Mosconas, dem deutschen Koptologen Otto Meinardus, der Heilige sei den alliierten Soldaten als Reiter erschienen und habe sie dazu aufgerufen, Seite an Seite gegen die Invasoren zu kämpfen.

Der griechische Abt Kharalampus Vasilopolo, Verfasser einer Studie über den hl. Menas, behauptet dagegen, der Märtyrer habe eine Herde Kamele gegen das deutsche Lager getrieben, eine Vision, die Hitlers Soldaten angeblich zu Tode erschreckte.[27]

Welche Rolle auch immer St. Menas bei der Schlacht von el-Alamein spielte, sie war nur das Vorspiel zu einem noch größeren Wunder: der Wiederauferstehung der geheimnisvollen Menasstadt von Maryut zu einem der bedeutendsten christlichen Heiligtümer des modernen Ägypten. Sie ist untrennbar mit dem Namen eines Mannes verbunden, dem die koptische Kirche im 20. Jahrhundert ihre Renaissance verdankt und den heute die meisten Kopten als Heiligen verehren: Papst Kyrill VI.

Kyrill VI. (bei den Kopten: Kyrillos) wurde als Azer Youssef Atta 1902 in Gharbiya, einer Provinz im Nildelta, als Sohn eines Gutsverwalters geboren. Als Junge besuchte er die Grundschule in Damanhur und die Oberschule in Alexandria, wo er nach der Reifeprüfung als Buchhalter für eine internationale Spedition arbeitete. Erst die Lektüre eines Buches über das Leben der Wüstenväter veränderte sein Leben. Der 25-Jährige verspürte das unbändige Verlangen, selbst in die Fußstapfen der großen Eremiten und Mönchsheiligen der Spätantike zu treten. Schließlich sprach er bei seinem Bischof vor und bat um Erlaubnis, in das berühmte Kloster von *al-Baramus* in der Salzwüste des *Wadi Natrun* eintreten zu dürfen. Sie wurde ihm gewährt. Vier Jahre später empfing Azer die Priesterweihe, legte die ewigen Gelübde ab und wählte, nach seinem Lieblingsheiligen Menas, den Mönchsnamen *Abuna* Mina. Im neu eröffneten Priesterseminar von Helwan bei Kairo sollte er seine theologischen Kenntnisse erweitern. Einmal predigte er, als der koptische Papst Johannes XIX. (1928–1942) das Seminar besuchte. Seine Worte beeindruckten den Patriarchen so sehr, dass er *Abuna* Mina sofort zum Bischof weihen wollte. Als dieser davon erfuhr, ergriff er kurzerhand die Flucht. Er hatte andere Pläne, wollte lieber das Leben eines Asketen führen, in der Einsamkeit der Wüste seine Suche nach Gott intensivieren. Schließlich stimmte sein Abt zu. Drei Jahre lang lebte Mina in einer Höhle im *Wadi Natrun*, hatte einzig Kontakt zu seinem Lehrer, *Abuna* Abd al-Masih al-Habashi, der zu den großen Erneuerern des Asketentums im 20. Jahrhundert zählt; die Ägypter verehren ihn heute als *Propheten der Wüste*. Nur einmal in der Woche, am Sonntag, kehrte er in sein Kloster zurück, um die Sonntagsmesse zu besuchen.

In dieser Zeit hatte *Abuna* Mina eine Vision, der er sein ganzes Leben lang folgen sollte. Er hatte schon in seiner Zeit in Alexandria von den Entdeckungen Kaufmanns in Maryut gelesen, die Ruinen mehr als einmal besucht. Nun erkannte er, dass es seine Aufgabe war, das Heiligtum wieder aufzubauen, dem Heiligen dabei zu helfen, neue Wunder zu wirken. Doch als Mina 1936 den Patriarchen um seine Erlaubnis dafür bat, erhielt er zunächst eine Absage. So entschied sich der Mönch, nach Kairo zu gehen. Dort mietete er eine verlassene, verfallene Windmühle aus napoleonischer Zeit, die ihm für die nächsten sechs Jahre als neue Eremitenklause diente. Sie lag auf dem *Mokattam*-Hügel, dem wohl schäbigsten Platz der gesamten ägyptischen Hauptstadt.

Im *Alten Reich* diente der Hügel als Steinbruch, hier wurde der Kalkstein für den Pyramidenbau abgebaut. Die Fatimiden legten zu seinen Füßen einen Friedhof, die »Stadt der Toten« (*al-Qarafa*) an, die von den Mamelucken erweitert wurde. Erst im 20. Jahrhundert entstand rund um die Gräber eine Slumsiedlung, die *Müllstadt*, in der auch heute noch die Ärmsten der Armen, die *Zabbalin* (Müllsammler) leben. Die meisten von ihnen sind Kopten. Ihre Hütten überschaute *Abuna* Mina von seiner Mühle aus, aus ihnen rekrutierte er seine ersten Anhänger.

Der Ruf des Gottesmannes vom *Mokattam*-Hügel verbreitete sich bald wie ein Lauffeuer in ganz Kairo. Immer mehr Menschen strömten zu ihm, baten ihn um Heilung, Trost und Rat, waren überzeugt von der Wunderkraft seiner Gebete. Erst als ihn die Briten, die in ihm einen Spion oder gefährlichen Sozialrevolutionär vermuteten, 1942 aus der Mühle vertrieben, endete diese Phase seines Wirkens. Doch kaum war der Krieg vorüber, kehrte *Abuna* Mina in die *Müllstadt* zurück.

Finanziert durch wohlhabende Freunde und Gönner baute er zu Füßen des Hügels eine Kirche, die er dem hl. Menas weihte. Als immer mehr Studenten und junge Intellektuelle ihn hören wollten, entstand aus seiner einzelnen Mönchszelle bald ein Kloster, das 1948 gleich von mehreren Bischöfen eingeweiht wurde. Es wurde zur Kaderschmiede einer neuen Generation koptischer Bischöfe, die soziale Verantwortung, universitäre Bildung und mönchische Frömmigkeit in sich vereinten.

Der Staatsstreich von 1952, der Ägypten die politische Unabhängigkeit brachte, und die Ernennung Gamal Abdel Nassers zum Staatspräsidenten zwei Jahre später veränderten auch die Stellung der Kopten in der ägyptischen Gesellschaft. Einerseits war die neue Regierung säkular ausgerichtet, befürwortete die Trennung von Staat und Religion. Andererseits vertrat Nasser eine panarabische Ideologie, während Ägyptens Christen sich als »Erben der Pharaonen« und damit des vorarabischen Ägyptens definierten.

So sehr Nasser auch die Bedeutung religiöser Minderheiten für die Nation betonte, so war doch offensichtlich, dass ihre Stimme in einer arabisierten und damit islamisierten Gesellschaft weniger Gewicht haben würde. Zudem fuhr Nasser einen strikt sozialistischen Kurs und ließ nicht nur wohlhabende Kopten enteignen, er vergriff sich auch an kirchlichem Landbesitz.

Hinzu kam, dass die koptische Kirche sich seit Anfang der 1950er-Jahre in einer schweren Krise befand. Die rechte Hand von Papst Yusab II. (1946–1956) hatte Bischofsämter gegen Bares verkauft. Schließlich fühlten sich die beiden höchsten Gremien der Kopten, die *Heilige Synode* (Bischofsversammlung) und der Laienrat, gezwungen, Yusab abzusetzen. Der wiederum weigerte sich, die Absetzung zu akzeptieren, und blieb bis zu seinem Tod ein Jahr später im Amt.

Die politischen Umstände, aber auch innerkirchliche Debatten um die Voraussetzungen, die ein neuer Papst erfüllen müsse, verzögerten die Wahl eines Nachfolgers um ganze drei Jahre. Erst dann hatte man sich darauf geeinigt, dass die Kandidaten keine Diözesanbischöfe sein dürften, dass man einen Mönch wählen wollte, einen »heiligen Mann guten Rufes, über 40 Jahre alt, seit mindestens 15 Jahren zum Priester geweiht«.

Bischöfe und Laien trafen eine Auswahl von zunächst 21, schließlich nur noch drei geeigneten Kandidaten, aus denen einer durch ein Gottesurteil bestimmt werden sollte. Dabei orientierte man sich an der Wahl des Matthias zum zwölften Apostel nach dem Ausscheiden des Judas Iskariot, die in der *Apostelgeschichte* (1,26) geschildert wird: Man schrieb die Namen auf drei Lose. Nach einer feierlichen Liturgie griff ein fünfjähriger Junge mit verbundenen Augen in das Gefäß mit den Losen und zog eines davon. Auf ihm stand der Name *Abuna* Mina, der sich fortan, einer Vision folgend, Kyrill VI. nannte.

Es war eine gute, ja eine exzellente Wahl. Kyrill war Praktiker und Mystiker zugleich, ein Mann, der bereits zu Lebzeiten im Ruf der Heiligkeit stand, gleichzeitig aber über einen ausgeprägten Realitätssinn verfügte. In sein Pontifikat sollte die *nahda*, die spirituelle Renaissance der koptischen Kirche fallen, die nicht nur im neuen Ägypten ihren Platz fand, sondern in einem Ausmaß erblühte, wie seit den Zeiten der Kirchenväter nicht mehr. Zum schönsten Symbol für diese zweite Blüte wurde die Auferstehung der Menasstadt von Maryut. Nur ein halbes Jahr nach seiner Wahl, am 27. November 1959, legte Papst Kyrill VI. einen Kilometer nördlich vom Ausgrabungsgelände den Grundstein für das (damals) neunte aktive Kloster der koptischen Kirche, die Abtei des hl. Menas. Drei Jahre später wurde der größte Teil der Reliquien des Heiligen von Kairo nach Maryut zurückgebracht, wo sie seitdem in einer ganz mit weißem Marmor verkleideten Reliquienkapelle in einem Seitenflügel der neuen St.-Menas-Kathedrale ruhen. Sie sollte das vielleicht schönste und

aufwendigste Bauwerk werden, das im Ägypten des 20. Jahrhunderts entstand.
Ausgestattet mit edelsten Materialien und bis ins Detail liebevoll gestaltet, vereinigt die Kathedrale Elemente aus der Spätantike, der großen Zeit der koptischen Kirche, mit der Moderne. Erst zu Beginn des dritten Jahrtausends war sie vollendet, am 10. Januar 2005 weihte Kyrills Nachfolger, Papst Shenouda III., ihre sieben Altäre.
Doch schon seit den 1960er-Jahren, als die ersten Bauten des Klosters entstanden, siedelten sich dort Mönche an; 45 waren es 1980, als Bischof Mina Apa Mina zu ihrem ersten Abt geweiht wurde. Die Wunder, die sich seitdem am Schrein des hl. Menas ereignet haben sollen, füllen ganze Bücher. Hinzu kommen die zahlreichen Wunder, die Papst Kyrill VI. zugeschrieben werden, seit er am 9. März 1971 verstarb. Auf seinen ausdrücklichen Wunsch hin wurde sein Leichnam in der Krypta der St.-Menas-Kathedrale bestattet. Gemeinsam lassen die beiden Heiligen das »Lourdes der Antike« auch in der Gegenwart wieder zum wichtigsten Wallfahrtsort Ägyptens, ja des afrikanischen Kontinents werden.

Zeitkapsel in der Wüste Sinai: Das Katharinenkloster am Fuße des Mosesberges

2 Beweis für ein Wunder? Der Jesus-Brunnen von Tell el-Basta im Trümmerfeld des Katzentempels

3 Glaubensgewissheit auf Koptisch: Die »Marienschale« von Sammanud

4 Tod in der Neujahrsnacht: Eine Reliquienkapelle für die neuen Märtyrer von Alexandria

5 Auferstanden aus Ruinen: Die geheimnisvolle Menasstadt in der Wüste von Mayrut

6 Wüstenväter heute: Abuna Ruwais pflegt die Tradition des Antonius-Klosters

7 Die »Hängende Kirche« von Alt-Kairo, Schauplatz des Wunders von Mokattam

8 Überstrahlte den erleuchteten Glockenturm (siehe Vergleichsaufnahme 9):
Die Marienerscheinung von Warraq im Dezember 2009

10 Die Felsenkirche von Gabal al-Tayr

11 Die Ruinen der Marienbasilika von Hermopolis

12 Das »Haus Gottes« in Deir al-Muharraq

13 Die Klosterstadt vor der Höhle von Durunka

14 Die große Prozession zu Mariä Himmelfahrt im Kloster von Durunka

15 Koptischer Priester bei der Liturgie

16 Metropolit Anba Bishoy beim Interview

17 Vater der Kopten: Papst Shenouda III. (1923–2012)

X Die Väter der Wüste

Deir Anba Antonios, am 7 Paremhat im 1728. Jahr der Märtyrer (16.3.2012)

Die Sonne brannte vom Himmel, doch ein kühler Wind, der vom Meer her wehte, ließ uns frösteln. Erst als wir vielleicht 300 der insgesamt 1200 Stufen, die hinauf zum Berggipfel führen, hinter uns gelassen hatten, wurde uns langsam warm. Nach weiteren 600 Stufen raste mein Herz, floss mir kalter Schweiß von der Stirn in die Augen und brachte sie zum Brennen. Ich blickte mich um, Yuliya ging es nicht anders. Es war Zeit, eine Pause einzulegen, auch wenn unser Ziel hoch über uns bereits zu erkennen war.

»Ich musste gerade an Papst Kyrill denken«, unterbrach Yuliya mein Keuchen. »… den die Kopten nicht zu Unrecht wie einen Heiligen verehren …«, versuchte ich, ihren Gedankengang zu ergänzen. Ihr Nicken ließ mich wissen, dass ich sie verstanden hatte.

»Und das sicherlich auch, weil er zeigte, wie man erfolgreich eine Kirche saniert«, fügte Yuliya hinzu.

Eigentlich hatte die koptische Kirche vor Kyrill VI. alles, was etwa reformfreudige Katholiken heute fordern. Es gab und gibt bei ihr, wie in allen orthodoxen Kirchen, verheiratete Priester, nur Bischöfe und Mönche leben im Zölibat. Die Gemeinde wählte und finanzierte ihre Priester und Bischöfe. Es gab eine Laienvertretung, die gleichberechtigt neben der Bischofssynode stand, *Maglis al-milli* (»Religionsrat«) genannt. Sie kümmerte sich seit 1874 um alle finanziellen und weltlichen Angelegenheiten der Kirche. Zudem bestimmte sie, zusammen mit der *Heiligen Synode*, die Kandidaten für die Papstwahl. Mehr Basisdemokratie, mehr Mitspracherecht der Laien, ist kaum mehr denkbar. Und trotzdem oder vielleicht auch gerade deshalb steckte die koptische Kirche in ihrer größten Krise, wurde sie unter korrupten Bischöfen und schwachen Päpsten zum Spielball skrupelloser Mitglieder und politischer Kräfte. Doch dann besannen sich die Gläubigen auf ihre beiden größten Schätze – unbedingtes Gottvertrauen und das Mönchtum. So wurde Kyrill VI. gewählt und erneuerte seine Kirche aus dem Mönchtum heraus, das während seines Pontifikats eine Renaissance erlebte.

»Hat nicht Papst Benedikt XVI. Ähnliches gemeint, als er in seiner Freiburger Rede von der Notwendigkeit einer *Entweltlichung* sprach?«, meinte Yuliya: »Vielleicht sollte sich auch unsere Kirche mehr an den Werten des Mönchtums, an Einfachheit, Gebet, praktizierter Frömmigkeit und Heiligung des Alltags orientieren, als sich immer mehr der Moderne anzupassen, bis sie ihre Andersartigkeit aufgibt und sich im Zeitgeist verliert?« Ich konnte nicht anders, als ihr zuzustimmen.

Seither haben die Kopten wieder eine Kirche der Mönche, nicht nur, weil sie ihre Bischöfe und Päpste ausschließlich aus den Klöstern rekrutiert. Auch der Alltag der gläubigen Laien ist von der Askese geprägt; allein mehr als sechs Monate im Jahr fasten sie. Dabei bedeutet »Fasten« bei ihnen nicht nur Verzicht auf Fleischgenuss und Alkohol, sondern auf jedes tierische Eiweiß und Fett: Sie leben in dieser Zeit strikt vegan. Zwei- bis dreistündige Liturgien, denen die Männer auf der linken, die Frauen auf der rechten Seite des Kirchenschiffes beiwohnen, um nicht voneinander abgelenkt zu werden, verlangen dem Gläubigen zusätzliche Disziplin ab.

Kopte ist man mit Herz und Seele oder gar nicht. Schon die Kinder und Jugendlichen werden in das intensive kirchliche Leben integriert, bis es ein fester Bestandteil ihres Alltags ist. Berufungen sind da keine Seltenheit. Seit unter Kyrill VI. das asketische Mönchtum seine Renaissance erlebte, fühlen sich gerade viele junge Intellektuelle berufen, nach dem Vorbild der großen Mönchsväter ein Leben des Gebets und der Enthaltsamkeit in der Einsamkeit der Wüste zu führen. Während im Westen eine ganze Generation junger Sinnsucher nach Indien pilgerte, um bei dubiosen Gurus Meditationen auf die Namen hinduistischer Götzen zu erlernen, gelang es dem koptischen Papst, junge Ägypter für die eigene monastische Tradition zu begeistern und mit ihnen seine Kirche zu erneuern.

Wer die koptische Kirche von heute verstehen, wer das Geheimnis ihrer Renaissance ergründen will, der muss sich mit dem Mönchtum befassen, das ihre Wurzel ist. Deshalb unterbrachen wir unsere Reise auf den Spuren der Heiligen Famlie, um den Ursprüngen einer spirituellen Bewegung auf den Grund zu gehen, die sich von Ägypten aus in der ganzen Welt verbreitet hat und auch dort zur Kraftquelle des Glaubens wurde. Sie entstammt den kargen Weiten der Wüste, in die sich die ersten Asketen zurückgezogen haben, um fern von der Welt Gott nahe zu sein.

Wenn man einen speziellen Ort als Geburtsstätte der *monastischen Revolution* bezeichnen will, dann war das die Höhle hoch über der Wüste unweit der Küste des Roten Meeres, die wir gerade, keuchend und schwitzend, zu erreichen versuchten. Denn in ihr lebte einst der *Vater des Mönchtums*, der heilige Antonius.

Antonius (251–356) war Ägypter durch und durch. Selbst in seinen Gesprächen mit dem hl. Athanasius, der zu seinem Biografen wurde, sprach er nicht etwa das Griechisch der Gelehrten, sondern die Volkssprache Koptisch. Überhaupt verdanken wir fast alles, was wir über ihn wissen, dem großen Kirchenlehrer aus Alexandria. Seine *Vita Antonii* war zugleich das erste christliche Volksbuch und der erste christliche *Bestseller* seiner Zeit; es machte den ägyptischen Einsiedler nur wenige Jahre nach seinem Tod in der ganzen antiken Welt bekannt. Noch heute ist er einer der beliebtesten Heiligen der Christenheit, Namensgeber unzähliger Kirchen, aber auch (aus schwer nachvollziehbaren Gründen) Schutzpatron der Bauern und Metzger. Sein Leben, seine zahlreichen Versuchungen durch den Teufel und dessen Dämonen, die Athanasius in seinem Buch ausgiebig schildert, inspirierten zu allen Zeiten große Maler von Hieronymus Bosch und Matthias Grünewald bis hin zu Max Ernst und Salvador Dalí. Vor allem aber wurde Antonius zum Vorbild aller Mönche, führte das Buch des Athanasius zu einer Massenbewegung der Askese.

Antonius wurde in Koma bei Herakleopolis Magna (dem heutigen *Ehnasya el-Medina* am Südrand der Oase Fayum) als Sohn wohlhabender christlicher Eltern geboren, die beide verstarben, als er gerade 18 Jahre alt war. Eines Tages ging er in die Kirche und hörte, wie der Priester jene Stelle aus dem *Matthäus-Evangelium* verlas, die fort-

an zum Leitspruch des gesamten Mönchtums werden sollte: »Wenn du vollkommen sein willst, geh, verkauf deinen Besitz und gib das Geld den Armen; so wirst du einen bleibenden Schatz im Himmel haben; dann komm und folge mir nach.« (Mt 19,21)
Die Worte Jesu trafen Antonius tief ins Herz. Er erkannte sich selbst wieder in dem wohlhabenden jungen Mann, der nach dem Weg zum ewigen Leben gefragt hatte, und war überzeugt, dass Gott durch das Evangelium zu ihm gesprochen hatte. Sogleich verschenkte er seinen gesamten Besitz; nur für seine kleine Schwester legte er etwas Geld zurück, bevor er sie einem Jungfrauenhaus anvertraute. Dann beschloss er, sein Leben der Armut und Askese zu weihen.
Zu diesem Zeitpunkt, um 270 n. Chr., muss es bereits Mönche und Einsiedler gegeben haben, auch wenn der hl. Athanasius in seiner Antonius-Biografie betont: »Damals gab es in Ägypten noch nicht so viele Klöster«. Schon unter Kaiser Antonius Pius (138–161) soll ein gewisser Frantonius mit 70 Christen aus Alexandria in die Salzwüste des *Wadi Natrun* gezogen sein, um sich dort in Einsamkeit und Stille ganz dem Gebet zu widmen. Gut möglich, dass ihn dazu das jüdische Mönchtum der zölibatären und besitzlosen Essener inspiriert hatte. Jedenfalls rühmte schon Clemens von Alexandria um 200 die Eremiten als den »auserwählten Teil des auserwählten Volkes [Gottes]«.
Dem hl. Hieronymus verdanken wir die *Vita* eines anderen frühen Eremiten, des hl. Paul von Theben, der nach Erbstreitigkeiten mit seinem Bruder während der Christenverfolgung des Decius (250 n. Chr.) in die Wüste am Roten Meer ging, um dort das Leben eines Asketen zu führen. Eine Quelle versorgte ihn mit Wasser, eine Palme spendete Schatten und lieferte köstliche Datteln, ein Rabe brachte ihm täglich einen halben Laib Brot, bis er 341 mit stolzen 113 Jahren im Beisein des hl. Antonius verstarb. Doch auch er war kein Einzelfall. Hunderte Christen mag es während der großen Verfolgungen des 3. und frühen 4. Jahrhunderts in die Wüste gezogen haben, teils weil sie das Martyrium fürchteten, teils weil sie in den Drangsalen ein Zeichen für das nahende Weltende sahen und sich innerlich reinigen wollten für die Wiederkunft des Herrn. Jedenfalls gab es durchaus Vorbilder, an die Antonius sich zu diesem Zeitpunkt bereits halten konnte.

So ging er auf Wanderschaft und suchte sich Lehrer. Erst zog es ihn zu einem alten Eremiten, der unweit seines Heimatdorfes lebte, dann zu anderen Männern, die ebenfalls im Ruf der Heiligkeit standen. Er beschäftigte sich mit einfacher Handarbeit, um seinen Lebensunterhalt zu verdienen, und besuchte regelmäßig die Kirche, um den Worten der *Heiligen Schrift* zu lauschen und das Altarsakrament zu empfangen. Später wohnte Antonius, wie so viele Einsiedler, in ehemaligen Gräbern, die vom Dorf entfernt am Rand der Wüste lagen; ein guter Freund versorgte ihn mit Brot.

Eines Tages sah er, wie eine Frau mit ihren Dienerinnen an den Fluss kam, sich auszog und badete. Verschämt blickte er weg und schalt sie: Hatte sie keinen Respekt? Wie konnte sie sich so schamlos benehmen, wenn doch ein Mönch in der Nähe sei? Die Frau, so erzählte Antonius später seinen Schülern[28], lachte ihn nur aus: »Wenn du ein echter Mönch wärst, dann würdest du in der Wüste leben, nicht hier, wo es sich für einen Mönch nicht gehört!« Das öffnete ihm die Augen. Er dankte der verblüfften Frau, dass sie »mit den Worten eines Engels des Herrn« zu ihm gesprochen hätte, und machte sich auf in die Einsamkeit der Wüste.

Er bestieg den Berg Pispir auf der anderen Seite des Nils, fand auf ihm die Ruinen einer »verlassenen Festung«, so Athanasius, »die nur noch von allerlei Gewürm und Getier bewohnt war«. Nur alle halbe Jahre verließ er sie, um Brot (eine Art Zwieback!) zu holen; sein Wasser konnte er aus einem Brunnen schöpfen. Hier kämpfte Antonius fast 20 Jahre lang gegen seine inneren und äußeren Dämonen, während sich draußen in der Welt der Ruf seiner Heiligkeit verbreitete. Doch so viele Gläubige auch das Gemäuer umlagerten, er zeigte sich nicht; erst als er wusste, dass er seinen Kampf gewonnen hatte, trat er »wie aus einem Heiligtum hervor, eingeweiht in tiefe Geheimnisse und gottbegeistert«.

Heute ist der Berg Pispir besiedelt, liegt der Zufluchtsort des Mönchsvaters inmitten des Dorfes Deir al-Maimun. Seine Kirche enthüllt, was Athanasius peinlichst verschwiegen hatte: Nicht in einer »verlassenen Festung« suchte Antonius Zuflucht, sondern in den Ruinen eines pharaonischen Grabtempels, von dem noch heute der Steinboden, eine Säule und die Krypta erhalten sind. Die unterirdische

Steinkammer, keine zwei Meter lang und anderthalb Meter breit, diente dem Eremiten fast zwei Jahrzehnte lang als Behausung. Hier schlief er, hier betete er zu Gott, bis er Heiligkeit erlangte.

Athanasius erzählt weiter: »Dadurch überzeugte er viele, sich dem Einsiedlerleben zu widmen. So entstanden jetzt auch im Gebirge Klöster, und die Wüste bevölkerte sich mit Mönchen, die alles verließen, was sie besaßen, und sich einschrieben für das Leben im Himmel.«

Doch für Antonius war die Suche noch nicht zu Ende. Als er 311 von der Verhaftung des Patriarchen Petrus I. erfuhr, eilte er nach Alexandria, um dem Angeklagten beizustehen; er selbst blieb unangetastet. Nach dem Martyrium des koptischen Papstes entschied er, der Welt erneut, dieses Mal noch radikaler, den Rücken zu kehren. Er schloss sich Beduinen an, die durch die Wüste zum Roten Meer zogen. Nur einen Tagesmarsch von seiner Küste entfernt, im *Wadi Araba*, ließ er sich unweit einer Quelle nieder. Eine Höhle am Hang des Berges Kolzom, gleich unterhalb des Gipfels, wurde seine neue Behausung. Es gab keinen Ort, der ferner der Welt und näher bei Gott war. Und genau dort ereignete sich ein weiteres seiner großen Wunder.

Mit letzten Kräften erreichten wir diese Höhle, die noch heute, 1700 Jahre später, das Ziel so vieler Pilger ist, die geduldig vor ihrem Eingang warten, um in den Mutterleib des Mönchtums einzutreten. Dann durften auch wir uns durch den schmalen Gang zwängen, die Stufen hinab, bis wir die Nische erreicht hatten, in der Antonius einst betete. Als wir heraustraten, blendete uns zunächst das gleißende Tageslicht, so dunkel war es im Innern des Berges.

Doch dann schaute ich mich um. Das Meer lag im fernen Dunst; bis dorthin war alles kahl, gab es nur Fels und Schutt und Geröll, nur gelben und gräulichen Sand. Ich musste an den britischen Abenteurer Thomas Edward Lawrence alias *Lawrence von Arabien* denken, der die Wüste so liebte, weil sie »*clean*« sei. Und wie ihm sein arabischer Gefährte entschieden widersprach: »*The desert is nothing and no man needs nothing.*« Die Wüste ist vielleicht nicht sauber, aber sie ist klar und rein, gerade weil sie *no-thing* ist, es in ihr nichts, *kein Ding,* gibt. Sie ist so unendlich und gegenstandslos wie der Himmel selbst. Nichts lenkt in ihr ab, alles führt in ihr hin zum Wesentlichen, zur Urgewalt der Schöpfung, von der sie noch immer so ungeschminkt zeugt, ja zu Gott selbst. »Wer in der Wüste sitzt und dort Herzensruhe pflegt, ist drei Kämpfen entrissen: Dem Hören, dem Sehen, dem Reden. Er hat nur noch einen Kampf zu führen: den gegen die Unreinheit!«, sagte Antonius einmal. Doch auch ihr gibt diese reinste aller Landschaften am Ende keine Chance.

Nur zu Füßen des Berges, hinter einer Hügelkette, zeigte sich Grün. Dort lag der Brunnen, von dem sich der Heilige weit genug entfernt hatte, weil er doch unentdeckt bleiben wollte, auch wenn ihm gerade das so gründlich misslang. Nicht nur die Beduinen kamen, um von ihm geflochtene Körbe gegen Lebensmittel zu tauschen, sondern bald auch junge Männer, die seinem Ruf in die Wüste gefolgt waren. Schließlich erlaubte er ihnen, sich gleich neben der Quelle Hütten zu bauen, zu denen er, wenn er es wünschte, hinabsteigen konnte, um sie zu belehren. Erst ein paar Jahre nach seinem Tod (356), gegen 363, gründeten seine Schüler an der Stelle, an der die Hütten standen, ihr erstes Kloster, das, immer wieder erweitert, noch heute existiert; es ist das älteste kontinuierlich bewohnte Kloster der Welt.

Nur dreimal verließ Antonius diesen Ort. Einmal besuchte er seine Mönchsschüler am Nil, ein anderes Mal suchte er den hl. Paul von Theben auf, gerade noch rechtzeitig, um ihn zu Grabe zu tragen. Das dritte Mal zog es ihn erneut nach Alexandria, dieses Mal, um gegen die Arianer aufzutreten, die das Gerücht verbreitet hatten, er sei auf ihrer Seite. Dort wird es gewesen sein, wo er (wieder?) dem großen Athanasius begegnete, der später, als Verfolgter, bei ihm in der Wüste Zuflucht suchte.

Es zeugt vom religiösen Genius dieses größten aller koptischen Päpste, dass er das Potenzial erkannte, das Antonius und seine Botschaft bargen. Erst durch Athanasius, seine *Vita Antonii*, aber auch seine zahlreichen erzwungenen Auslandsaufenthalte, wurde aus dem bislang rein ägyptischen Phänomen des Mönchtums eine globale Bewegung. Den Anfang machte, ausgerechnet, das heutige Deutschland. Denn als Athanasius im November 335 in die Kaiserstadt Trier verbannt wurde, nahm er einige Mönche als Begleitung mit, deren Beispiel auch an der Mosel Schule machte.

Wie die Saat aufging, die er in Trier hinterließ, berichtet der größte Kirchenlehrer des Westens, Augustinus (354–430), in seinen autobiografischen *Confessiones*. In Mailand begegnete er einem Alypius Pontificianus, den er als »Landsmann aus Afrika, der ein ansehnliches Hofamt bekleidete« beschrieb und der »auf den ägyptischen Mönch Antonius zu sprechen« kam. Wohl zur Zeit des Kaisers Valentinian I. (364–375) sei er in Trier, »während der Kaiser am Nachmittag sich im Zirkus befand, mit drei Freunden in den an die Stadtmauer grenzenden Gärten spazieren gegangen«. Man trennte sich, und die Freunde stießen »beim Umherstreifen auf ein kleines Haus, wo (Gottes) Knechte wohnten, die geistlich Armen, deren das Himmelreich ist. Dort fanden sie ein Buch, welches die Lebensbeschreibung des Antonius enthielt. Der eine begann dasselbe zu lesen; er ward von mächtiger Bewunderung ergriffen, und beim Lesen sann er darauf, ein solches Leben zu ergreifen …«

Sein Gefährte folgte ihm, die beiden blieben in dem Haus, offenbar einem frühen Kloster, und wurden Mönche. Gut möglich, dass es sich dabei um den Vorläufer der späteren Trierer *Reichsabtei St. Maximin* handelte, die ihre Gründung auf den gleichnamigen Bischof zurückführt.

Doch auch vor Mailands Mauern, so erfuhr Augustinus, »war ein Kloster voll frommer Brüder unter des Ambrosius Pflege«, des heiligen Bischofs, 339 in Trier geboren, der 374 nach Mailand kam. Ihr Beispiel hinterließ auf den späteren Kirchenlehrer einen nachhaltigen Eindruck; er beschloss, fortan selbst in Askese zu leben, und gründete 391, kaum war er in seine nordafrikanische Heimat zurückgekehrt, in Hippo ein Kloster.

Selbst der hl. Hieronymus (347–420), der 373 nach Syrien und erneut 384 nach Bethlehem ging, um dort als Eremit zu leben, kam offensichtlich in Trier mit dem Mönchtum in Berührung. Schließlich weilte er zwischen 367 und 374 an der Mosel, um Rhetorik, Grammatik und Philosophie zu studieren und sich für den gehobenen Staatsdienst zu qualifizieren. Später zitierte er in einem Brief an Rufinus sein Gebet an Christus: »Du weißt, wie (ich) … an den halbbarbarischen Ufern des Rheins (sic!) … den Entschluss zu Deinem Dienste fasste«.

Nach Ansicht bulgarischer Archäologen geht auch die Gründung des Athanasius-Klosters von Zlatna Livada im Süden ihres Landes auf den

Kirchenvater aus Ägypten zurück. Er habe es 343 eingeweiht, als er auf dem Weg vom Konzil in Serdica (heute: Sofia) nach Konstantinopel war. Für eine Entstehung im 4. Jahrhundert sprechen eindeutige archäologische Funde; und für ein Vorbild aus Ägypten die typische Eremitenhöhle, die zu dem Kloster gehört. Das berichtete zumindest die bulgarische Nachrichtenagentur *novinte* am 18. März 2012.

Dass Athanasius im Jahr 340 auch in Begleitung zweier Mönche namens Ammon und Isidor nach Rom kam, wissen wir aus den Briefen des hl. Hieronymus und der *Kirchengeschichte* des Sokrates Scholasticus. Marzella, die Tochter seiner Gastgeberin Albina, war von seinen Erzählungen so fasziniert, dass sie in Rom eine Gemeinschaft frommer Jungfrauen gründete.

So markieren die diversen Exilaufenthalte des Athanasius in Gallien, Bulgarien und Italien den Beginn des europäischen Mönchtums. An die ersten Anhänger dieser Bewegung richtete er sich, als er im Vorwort zu seiner *Vita Antonii* schrieb: »Einen trefflichen Wettstreit habt ihr mit den Mönchen Ägyptens begonnen, da ihr euch vornahmt, jenen gleich zu werden oder sie womöglich noch zu übertreffen durch eure Übung in der Tugend. Denn auch bei euch gibt es jetzt Klöster und der Name ›Mönch‹ hat Geltung.«

Das war im Jahre 360, gut anderthalb Jahrzehnte, bevor der hl. Martin von Tours 375 das Kloster Marmoutier gründete, das man gerne (fälschlich) als das älteste im Westen bezeichnet.

Die monastische Bewegung in Ägypten hatte allerdings zwei weitere Väter, die beide Zeitgenossen des hl. Antonius waren: St. Pachomius (292–346) und St. Makarius (300–390). Dass sie in Europa eher unbekannt sind, liegt wohl daran, dass kein hl. Athanasius ihre Geschichte verbreitete. Dabei stehen sie dem »Mönchsvater« in keinerlei Hinsicht nach.

Pachomius, kurz: Pachom, war ein einfacher Bauerssohn aus dem oberägyptischen Esna, das heute ein beliebtes Touristenziel ist; die Besichtigung seines berühmten *Chnum*-Tempels steht auf dem Programm jeder besseren Nilkreuzfahrt. Er wurde Soldat und diente in einer in Theben stationierten Legion. Als man ihn auf einen Feldzug an die Südgrenze des Reiches schickte, erlebte er zum ersten Mal christliche Nächstenliebe. Pachom wurde Zeuge, wie aufopferungsvoll sich die lokalen Christen um die Verwundeten und Kriegsgefangenen kümmerten, und war zutiefst beeindruckt.

Nach seiner Entlassung aus der Armee ließ er sich taufen und wurde Eremit. Bei Pbow nahe Nag Hammadi schloss er sich einem heiligen Mann namens Palamon an, der das Leben eines *Anachoreten*, eines frommen Einsiedlers, führte. Nach zehn Jahren strengster religiöser Unterweisung stand Pachom »mit den Engeln im Gespräch«, wie es in seiner Vita heißt. So folgte er einer Vision und ging in die Gegend von Akhmim, wo viele junge Männer lebten, die Asketen sein wollten, aber doch ein eher ungeordnetes Leben führten. Sie rief er auf, sich ihm anzuschließen und eine Eremitenkolonie zu gründen. Dort sollten sie nach einer strikten Regel leben, die ihm ein Engel Gottes persönlich übergeben habe. Diese *Regel des Pachom* gilt noch heute als das älteste erhaltene Dokument in koptischer Sprache.

Mit den vielen, die dem Charismatiker folgten, gründete er 325 sein *Koinobion* (wörtl.: »Zusammenleben«), das erste Kloster der Christenheit. Seine Schwester folgte seinem Beispiel und richtete in der Nähe ein Frauenkloster ein, das ebenfalls seiner Regel unterstand.

Lagen die losen Ansiedlungen von Eremiten, wie sie etwa der hl. Antonius bislang ins Leben gerufen hatte, noch abseits der Städte, oft tief in der Wüste, so setzte Pachom auf Erreichbarkeit. Ihm genügten Klostermauern, um sich von der Außenwelt abzuschirmen. Der Gründervater suchte die Nähe zu den Menschen, zählte auf ihre Spenden, um seine Klöster unterhalten zu können, brauchte auch die Geistlichen der Städte, die er bat, für seine Mönche, die alle Laien waren, die Liturgie zu feiern.

Vor allem aber lehrte der ehemalige Soldat Pachom die einstigen Einsiedler geradezu militärische Disziplin. Entscheidend für die Aufnahme in die Gemeinschaft waren weder Bildung noch Heiligkeit oder Askese, sondern allein die Bereitschaft, der Regel der Gemeinschaft gehorsam zu folgen. Wer nach einer Probezeit in ein Kloster eintrat, ließ alles Weltliche zurück: nicht nur seinen Besitz, sondern auch seine Familie und seine bisherige Identität; statt eines Namens erhielt er oft nur eine Nummer.

Wie alle anderen trug er fortan das *Engelsgewand*, die Uniform der Mönche, eine leinene Tunika mit Ledergürtel, darüber ein Schaf-

oder Ziegenfell und schließlich einen Mantel oder Überwurf mit Kapuze. Dieses Habit war das äußere Zeichen für einen, der das »Leben der Engel« führte, in dessen Zentrum Gebet und Fasten, Keuschheit, Armut, Arbeit und tätige Nächstenliebe standen.

Wie in einem Militärlager, so waren auch in den *koinobitischen* Klöstern die Wohn- und Arbeitsbereiche getrennt, gab es feste Stundenpläne und strenge Aufseher, die dafür sorgten, dass diese auch penibel eingehalten wurden. Es gab eine gemeinschaftliche Küche, Bäckerei, Zisterne, Weinpresse und Werkstätten, in denen jeder Mönch zu arbeiten hatte, um sich sein tägliches Mahl im gemeinschaftlichen Refektorium zu verdienen. Die Klöster produzierten und verkauften Güter, um neben den Spenden eine zweite Einnahmequelle zu haben. Besonders verdient machten sich die Mönche in der Sozialarbeit, in der Verteilung von Almosen, dem Dienst an Witwen und Waisen, Kranken und Alten. So wurden sie bald zu einem unentbehrlichen Faktor in der gerade entstehenden christlichen Gesellschaft. 346 verstarb Pachom, wohl an einer Virusinfektion. Zu dieser Zeit folgten über 10 000 Mönche und Nonnen in neun Männer- und zwei Frauenklöstern der Regel des Charismatikers und genialen Organisationstalents.[29]

Pachoms Regel wurde zur *Magna Charta* einer Bewegung, die bald die ganze Christenheit erreichte, ja zur *Mutter aller Ordensregeln*. Nachdem kein Geringerer als der Kirchenvater Hieronymus sie übersetzt hatte, inspirierte sie die ersten Klostergründer im Westen wie im Osten – Männer wie Martin von Tours (316–397) und Basilius von Caesarea (330–379). Schon zu Anfang des 5. Jahrhunderts lebten Mönche auf der Insel *St. Honorat* vor der Küste von Cannes, die stolz darauf waren, der Regel des hl. Pachom zu folgen. Der Gründer ihres Klosters, der hl. Honoratus von Arles (+ 429), war auf seiner Reise nach Ägypten mit pachomischen Mönchen in Kontakt gekommen.

415 folgten in Marseille das Männerkloster St. Viktor und das Frauenkloster St. Salvator, beides Gründungen des hl. Johannes Cassianus (360–435). Er hatte zuvor zehn Jahre in Ägypten gelebt, um die Weisheit der Wüstenväter zu ergründen, eine Zeit, über die er schrieb: »Von Alexandria bis Luxor konnten die Reisenden die Gebete und Gesänge der Mönche und Einsiedler vernehmen.«

Benedikt von Nursia (480–547), dem *Vater des abendländischen Mönchtums*, diente die Regel des Pachom schließlich als Vorbild für die *Regula Benedicti*, die zur Grundlage für einen geistigen Neuaufbruch des Abendlandes nach den Wirren der Völkerwanderung wurde. Für die nächsten tausend Jahre waren die Klöster auch in Europa Zentren der Kultur, der Bildung und des Glaubens. In den ihnen angeschlossenen Schulen wurde die Elite des Mittelalters ausgebildet. Benediktinermönche missionierten in England, Frankreich und Deutschland. Die katholische Kirche erklärte den hl. Benedikt deshalb 1964 zum *Schutzpatron Europas*. Doch nur wenige wissen, dass seine Saat, die in Europa auf so fruchtbaren Boden fiel, aus Ägypten stammte.

Wie eng die Verbindung des westlichen Christentums zum ägyptischen Mönchtum ist, zeigt sich aber auch am Beispiel der *keltischen Kirche* Irlands, deren Entstehung zu den großen Rätseln der Christenheit gehört. Sicher ist, dass sie bereits vor der Ankunft des hl. Patrick[30] 432 existierte; ihre Anfänge werden in das späte 3. oder frühe 4. Jahrhundert datiert. Kirchengeschichtler halten sie für »eher mit den Ostkirchen verwandt als mit der römischen Westkirche«. Ihr Schwerpunkt lag im Mönchswesen, die geistliche Autorität hatten die Äbte der Klöster. Charakteristisch für sie war das Wandermönchtum, das Verlassen der Heimat als asketische Übung, die als *Martyrium* bezeichnet wurde; die einfachste Version führte an einen einsamen Ort im eigenen Land, alternativ waren aber auch Reisen in andere Länder oder Gebiete der Heiden möglich.

Doch nicht nur das erinnerte an Ägypten. Kunsthistorikern fiel die Ähnlichkeit zwischen irischen und koptischen Kreuzen und Flechtbandmotiven auf; auch die früheste irische Mariendarstellung im *Book of Kells* (8. Jh.) gleicht ägyptischen Vorbildern. Irische Bischöfe trugen Tau-förmige Bischofsstäbe wie ihre ägyptischen Amtsbrüder, in Irland pflegte man, wie in Ägypten, die Toten auf der Westseite einer Kirche zu bestatten. Zudem wiesen irische Klöster hohe Mauern auf wie die Gründungen des hl. Pachom. Außerhalb von ihnen lagen hier wie dort die Zellen für die Eremiten, Plätze, die auf Irisch *disert* heißen, während man das Eremitendasein in der ägyptischen Wüste *disertum* nennt. Noch heute gibt es nördlich von Belfast eine Stadt mit dem Namen *Ballymena*, wörtlich: *Menasstadt*.

Eine Handschrift, die in der *Royal Irish Academy* in Dublin verwahrt wird, beschreibt irischen Pilgern die Reiseroute zum *Tal Natrun*, der Einöde südwestlich von Alexandria mit ihren vielen Klöstern, und zu den Kultstätten koptischer Heiliger. Das *Stowe Missal*, das älteste irische Messbuch aus dem 8. Jahrhundert, führt *pauli – antoni – et certerorum patrum heremi sciti*, also den hl. Paul von Theben, den hl. Antonius und die zahlreichen Wüstenväter aus der ägyptischen Wüste *Sketis* an. Waren irische Pilger nach Ägypten gezogen, lernten sie dort, die Wüstenväter zu verehren?

Das irische *Synaxarium*, das *Book of Leinster*, behauptet indes, ägyptische Mönche seien nach Irland gekommen und hätten dort in der Abgeschiedenheit gelebt. Wörtlich heißt es: *SS septem Monachus Aegyptios, qui iacent in Disert Ulidh, invoco* – »Die sieben heiligen ägyptischen Mönche in der Disert Ulidh rufe ich um ihre Fürsprache an«. *Ulidh* ist die latinisierte Form von *Ullaigh*, heute Ulster in Nordirland. Vielleicht flohen sie vor der Verfolgung der monophysitischen Christen durch die byzantinischen Kaiser buchstäblich ans Ende der Welt. Im 7. und 8. Jahrhundert waren es gerade iro-schottische Mönche wie der hl. Kolumban, der hl. Gallus und der hl. Kilian, die in den noch heidnischen Gebieten Germaniens Mission betrieben. Verdanken wir also den ägyptischen Mönchen noch mehr, als uns auf den ersten Blick bewusst ist?

Auch der nach Antonius und Pachom dritte der großen *Wüstenväter*, Makarius, stammte aus Oberägypten. Er war der Sohn eines Dorfpriesters, der während der diokletianischen Christenverfolgung seinen gesamten Besitz verlor. Schon früh »mit der Weisheit eines Alten« ausgestattet, lehrte und tröstete Makarius die Menschen seines Umfelds. Seine Eltern drängten ihn, Weltpriester zu werden und zu heiraten, seine Frau verstarb jedoch früh. Auch als Priester war er gezwungen, seinen Lebensunterhalt zu verdienen. So führte er Karawanen in die Salzwüste des *Wadi Natrun* (Natrontal), wo seit der Zeit der Pharaonen ein natürliches Gemisch aus Natron, Soda und Salz abgebaut wurde, das zunächst zur Mumifizierung, in der Antike aber auch zur Glasherstellung benutzt wurde.

Die karge Landschaft faszinierte Makarius, ja sie zog ihn magisch an. Eines Tages, als seine Frau gerade verstorben war, erschien ihm ein

Engel im Gebet. Er forderte ihn auf, in das Natrontal zu gehen, um dort in der Abgeschiedenheit Gott zu suchen. Sofort machte Makarius sich auf den Weg, fand eine besonders entlegene Stelle und schlug sich eine Höhle in den weichen Fels. Sie bestand aus zwei kleinen Kammern; in einer schlief er, in der anderen verrichtete er seine Gebete, feierte die Liturgie oder empfing Gäste.

Nach einiger Zeit hörte er vom heiligen Antonius und wollte ihn treffen. Er zog durch die Wüste und wurde, nachdem er ihn gefunden hatte, sein Schüler. Es heißt, die beiden Gottesmänner hätten manche Nacht durchwacht, Körbe geflochten und über die himmlischen Geheimnisse gesprochen. Schließlich war Makarius bereit, mit dem Segen seines Lehrers in das Natrontal zurückzukehren.

Die Kunde, dass quasi im Hinterland von Alexandria ein Gottesmann nach dem Vorbild des berühmten Heiligen lebte, verbreitete sich schnell in der Hauptstadt. So kamen immer mehr Sinnsuchende zu ihm in die Wüste, um seinen Belehrungen zu lauschen. Unter ihnen waren auch die beiden jungen römischen Prinzen Maximus und Domitius, wie es heißt Söhne des Kaisers Valentinian (364–375)[31], die nach einer Pilgerfahrt durch das Heilige Land auch nach Ägypten gekommen waren. Obwohl Makarius den zart gebauten Jünglingen dringend vom Wüstenleben abriet, ließen sie sich nicht davon abbringen, sich unweit der seinigen eine eigene Mönchszelle zu bauen. Als beide nach nur drei Jahren starben, nannte er den Ort, an dem sie als Einsiedler gelebt hatten, »die Zelle der Römer«.

Dort entstand bald eine Gemeinschaft von Eremiten mit einer kleinen Kirche, die zur Keimzelle für das »Kloster der Römer« (*Deir al-Baramus*) wurde, das noch heute besteht. Makarius aber zog weiter und baute an einer anderen Stelle eine kleine Kirche, dort, wo sich heute das Kloster *Deir Abu Makar* erhebt, das »Kloster des Vaters Makarius«. An diesem Ort setzte man ihn bei, als er 90-jährig verstarb, dort werden noch heute seine Reliquien verehrt.

Bald hieß es, die Salzwüste sei nicht nur durch die frommen Asketen geheiligt, die hier »nach dem Vorbild der Engel« lebten; auch die Gottesmutter und das Jesuskind sollen das Natrontal gesegnet haben. Tatsächlich liegt Nikiou, die letzte bekannte Station der Heiligen Familie vor dem Gebiet des heutigen Kairo, nur 40 Kilometer östlich des *Wadi Natrun*, wird aber von ihm durch den Rosetta-Arm des Nils getrennt. Deshalb ist wahrscheinlich, dass die Heilige Familie ihren Weg den Fluss entlang fortsetzte. Dass sie dabei bis auf Sichtweite an die Wüste herankam, bezeugt das koptische *Synaxarium*: »Von dort (Sakha) zogen sie westwärts zum *Wadi el-Natrun*, und die hl. Maria segnete diesen Ort, denn sie wusste, dass an ihm einmal viele Klöster gebaut würden.«

Bischof Zacharias von Sakha zufolge war es Jesus selbst, der seine Mutter auf das heilige Tal verwies: »Höre zu, Mutter, in dieser Wüste werden viele Mönche, Asketen und Kämpfer mit geistlichen Waffen wohnen, und sie werden Gott dienen wie die Engel.« Das freilich war keine Prophezeiung, es wurde eine Verpflichtung. So ging der Mönchssamen, den Makarius in der Salzwüste aussäte, allmählich auf. Aus der unwirtlichsten aller Einöden, von den Griechen nach ihren Bewohnern *Sketis*[32] genannt, wurde ein Garten der Eremiten, fruchtbar zumindest für Gebet und Askese. Bald kamen Suchende aus der ganzen Welt, um hier als Asketen zu leben, während man anderswo versuchte, ihren Lebensstil nachzuahmen; *skite* wurde im gesamten Einflussbereich der Orthodoxie zum feststehenden Begriff für eine Einsiedlerkolonie, die einem Großkloster untersteht.

So zahlreich siedelten sich die Eremiten im *Wadi Natrun* an, dass viele, die echte Einsamkeit suchten, bald noch tiefer in die Wüste vordrangen, etwa in ein Gebiet, das bald nur noch *Kellia*, »die (Mönchs-) Zellen«, hieß und etwa 50 Kilometer nördlich des Makarius-Klosters liegt. Andere ließen sich weitere 15 Kilometer nordöstlich davon nieder, zu Füßen des Berges Nitria. 2000 Einsiedler will Palladius, Verfasser einer frühen Mönchsgeschichte, im *Wadi Natrun* getroffen haben, weitere 600 am Berg Nitria; über 5000 waren es ein halbes Jahrhundert später. Als Archäologen der Universität Genf die *Kellia* 1981 untersuchten, stießen sie auf die Überreste von insgesamt fünf regelrechten *Einsiedlerdörfern*. Sie bestanden aus bis zu 130 Hütten, fast alle mit kleinen Kapellen ausgestattet; in jeder von ihnen hatten bis zu drei Mönche Platz. Gleich daneben befanden sich ihre Vorläufer, die frühesten Mönchszellen aus dem 4. Jahrhundert. Sie waren nicht mehr als Gräben im Boden, umgeben von Mauern aus sonnengetrockneten Sandziegeln, miteinander verbunden durch mineralische Salze.

Selbst die zahlreichen Beduinenüberfälle, die seit 407 verzeichnet wurden, hielten die Mönche nicht davon ab, in der Salzwüste des *Wadi Natrun* zu siedeln. Sie zogen einfach dichter zusammen, errichteten Klöster mit hohen Mauern, in deren Zentrum ein uneinnehmbarer Turm stand, der mit Lagerräumen, einer Kapelle und einem eigenen Brunnen ausgestattet war. So konnten sie ausharren, bis die räuberischen Stämme wieder abzogen, wenn sie nicht vorher, wie viele ihrer Brüder, das Martyrium wählten, also freiwillig vor die Mauern gingen und sich abschlachten ließen. In den Zeiten des christologischen Konfliktes, als der Kaiser versuchte, die Beschlüsse von Chalcedon mit Gewalt auch in Ägypten durchzusetzen, flohen viele *myaphysitische* Gottesmänner in die Sketis. Sie wurde zur uneinnehmbaren Bastion des koptisch-orthodoxen Glaubens, das St.-Makarius-Kloster zeitweise sogar (im 6. wie im 11. Jh.) offizielle Residenz des koptischen Patriarchen und Aufbewahrungsstätte der Schädelreliquie des hl. Markus. Ganze 29 der 117 Patriarchen der koptischen Kirche stammten aus diesem Kloster, mehr als aus jedem anderen des mit Mönchen so reich gesegneten Landes.

Erst als die Muslime in Ägypten herrschten und begannen, ihre »Ungläubigensteuer« sogar aus den mittellosen Mönchen herauszupressen, begann der Niedergang der Klöster im *Wadi Natrun*. Wie der muslimische Geschichtsschreiber al-Maqrizi in seiner *Geschichte der Kopten* berichtet, fand 705 unter dem Emir *Abd al-Aziz* ein Zensus der Mönche statt, der gewährleisten sollte, dass jeder von ihnen seinen Tribut zahlte. Dabei wurden den Gottesmännern wie Vieh Brandzeichen auf die Hände gedrückt, um sie mit ihrem Namen, Alter und dem Namen ihres Klosters zu zeichnen.[33] Wer ohne ein solches Brandmal entdeckt wurde, dem schlugen die Männer des Emirs die Hände ab. Al-Maqrizi erklärt weiter:

> »Nun umstellte (*der Emir*) die Klöster und ergriff eine große Anzahl von Mönchen ohne Brandmal, von denen einige geköpft, die übrigen so lange gegeißelt wurden, bis sie unter den Streichen starben. Hierauf wurden die Kirchen zerstört, die Kreuze zerbrochen, die Bilder vernichtet und (...) sämtlich zerbrochen.«

Kaum hatten sich die Mönche von dieser Drangsal erholt, fielen die muslimischen Besatzer 817 erneut über sie her; es war eine Bestrafungsmaßnahme, weil es in Unterägypten zu Aufständen der Kopten gekommen war. »Die heiligen Väter wurden in alle Welt zerstreut«, klagt die *Geschichte der Patriarchen der koptischen Kirche*, »... die Freude Ägyptens wurde aufgegeben, das *Wadi Natrun*, das Allerheiligste, wurde zur Wildnis, zum Wohnort wilder Tiere. In den Zellen unserer gesegneten Väter, die hier die Nächte durchbeteten, hausten jetzt Eulen und Füchse.« Nur wenige kehrten zurück und trotzten auch weiterhin den Überfällen.

Immerhin überdauerten doch vier der einst 50 Klöster in der Sketis die Jahrhunderte. So auch das Kloster der Syrer (*Deir as-Surian*), dessen Grundriss der Arche Noah nachempfunden ist und dessen berühmte Manuskriptensammlung einst Tischendorf magisch anzog. Oder das Kloster des hl. Bishoy (*Deir Anba Bishoi*), dem im 20. Jahrhundert als Exilresidenz des koptischen Papstes Shenouda III. besondere Bedeutung zukommen sollte.

Auch wenn der Bau der Wüstenstraße von Kairo nach Alexandria quer durch das *Wadi Natrun* 1936 der Einsamkeit ein Ende setzte, konnte das die spirituelle Revolution nicht verhindern, die dort 33 Jahre später unter Kyrill VI. ihren Anfang nahm. Sie ist untrennbar verbunden mit einem der größten koptischen Charismatiker des 20. Jahrhunderts, Matta *El-Meskeen* (1919–2006) (»Matthäus, der Arme«), dessen Biografie sich faszinierend liest.

Matta wurde als Yusuf Iskander bei Damanhur geboren und studierte zunächst Pharmazie. Als er zwei Apotheken, zwei Villen und zwei Autos besaß, wurde ihm klar, dass es im Leben um mehr geht als um materiellen Besitz. So entsagte er 1948 allen weltlichen Gütern und trat in das *Kloster St. Samuels, des Bekenners* (in Oberägypten zwischen Beni Suef und Minya) ein. Dort wurde er gegen seinen Willen zum Priester geweiht; er selbst war der Ansicht, er sei unwürdig. Als Theologe verfasste er nicht weniger als 181 Bücher, daneben zahllose Zeitschriftenaufsätze. Doch auch das genügte ihm nicht.

Inspiriert vom Beispiel Kyrills VI. begann er Ende der 1950er-Jahre ein geradezu revolutionäres Experiment: Er wollte leben wie die

Wüstenväter, beweisen, dass Asketentum auch im 20. Jahrhundert möglich war. Im einem entlegenen Tal auf der westlichen Nilseite, 190 Kilometer südwestlich von Kairo, suchte er sich eine Höhle, in der er die nächsten zwölf Jahre als Einsiedler lebte. Bis 1960 hatte er sieben Gefährten, bis 1964 waren es zwölf. Wasser holten sie mit Eseln aus der nächsten Oase, Obst und Gemüse bauten sie selbst an, Brot wurde einmal in der Woche gebacken. Obwohl wilde Gazellen in den Sanddünen lebten, blieben sie unbehelligt; die Mönche waren Vegetarier. Nur einmal in der Woche, am Samstagabend, verließen sie ihre Zellen, beteten gemeinsam, meditierten und lauschten *Abuna* Mattas theologischen Reflektionen. Sonntags früh feierten sie die Liturgie, empfingen die Eucharistie und nahmen ein gemeinsames Mahl ein, bevor sie sich wieder in die Einsamkeit ihrer Höhlen zurückzogen.

Fasziniert beobachtete Papst Kyrill VI. das Experiment aus der Ferne, dann erkannte er sein Potenzial. Er wies *Abuna* Matta und seine Mönche an, ihre Zellen zu verlassen und das vom Zerfall bedrohte St.-Makarius-Kloster zu übernehmen, in dem damals gerade einmal sechs Mönche lebten. Matta, *der Arme*, gehorchte und begann, seiner neuen Heimstatt wieder Leben einzuflößen. Es kam einer Auferstehung gleich. Vor allem junge Akademiker strömten in Scharen in die Gemeinschaft, der bald 120 junge Mönche angehörten. Fast ausnahmslos konnten sie Universitätsabschlüsse vorweisen, viele davon als Ärzte oder Apotheker.

Während man Altes liebevoll restaurierte, entstanden daneben neue Gebäude: Zellen für 150 Mönche, ein großes Refektorium, eine Bibliothek, ein modernes, komfortables Gästehaus, dazu Empfangsräume und Besucherquartiere. Es folgten Wirtschaftsgebäude und eine moderne Klinik, vor allem aber eine ausgedehnte Landwirtschaft, die heute über 400 Angestellte beschäftigt. In einer modernen Druckerei werden nicht nur Bücher in allen Weltsprachen gedruckt, sondern auch die englischsprachige Monatszeitschrift *Saint Mark*. So wurde das St.-Makarius-Kloster zur neuen Kaderschmiede der koptischen Kirche, zum Symbol für die Renaissance des Mönchtums und zu einem Beispiel, dem nicht nur die Nachbarn, sondern Klöster im ganzen Land folgten.

Auch das Kloster des heiligen Antonius am Roten Meer wurde von dieser Welle der Erneuerung erfasst. Es ist jetzt wieder ein Ort von verzauberter Schönheit, von tiefer Mystik und gelebter Frömmigkeit.
»Hier geschehen heute noch viele Wunder«, versicherte uns *Abuna* Ruwais, ein polyglotter Mönch, den seine Mitbrüder mit der Betreuung der Gäste beauftragt haben. Er meinte damit nicht nur Erscheinungen des hl. Antonius, die einige Mönche, aber auch die muslimischen Beduinen dieser Gegend gehabt haben wollen. So führte er uns zu dem auf mirakulöse Weise unverwesten Leichnam des *Anba* Yusab al-Abah (1735–1826), der einst ein Mönch dieses Klosters gewesen war, bevor er Erzbischof von Akhmim wurde.
Abuna Ruwais sprach von drei Mönchen des 20. Jahrhunderts, *Abuna* Tadros (1935–1992), der den hl. Antonius und die Gottesmutter gesehen haben will und dem posthum viele Wunder zugeschrieben werden, und dem großen Abt *Abuna* Abeshkairon (1911–1992), der noch auf dem Sterbebett eine Marienerscheinung hatte und heute ebenfalls im Ruf der Heiligkeit steht.
Vor allem aber führte er uns an das Grab des berühmtesten dieser Wundertäter, des *Abuna* Yustus (1910–1976). Zeitgenössischen Besuchern des Klosters fiel er höchstens dadurch auf, dass er sie nach der Uhrzeit fragte; doch das war nur seine Methode, sie an die Vergänglichkeit des Seins zu erinnern. Tatsächlich verbarg sich hinter der Maske des scheinbaren Sonderlings ein tiefgründiger Gottsucher, der sein Mönchtum mit einer Konsequenz lebte, die eines echten *Wüstenvaters* würdig war. In jedem der wenigen, schlichten Sätze, die er mit Besuchern sprach, steckte tiefe Weisheit.
»Ich traf den reichsten Mann der Welt«, stellte ein marokkanischer Millionär fest, nachdem er mit *Abuna* Yustus, der außer einer zerrissenen Kutte nichts besaß, hatte sprechen dürfen.
»Die Begegnung mit *Abuna* Yustus al-Antuny berührte mich tief. Durch ihn lernte ich, die koptische Kirche und das koptische Mönchtum zu lieben«, stellte der protestantische Koptologe Otto Meinardus in einem seiner Bücher fest. Seine Mitbrüder schwören, dass in der Nacht, nachdem sie ihn begraben hatten, eine Feuersäule über seinem Grab erschien. Die Öllampe am Altar, die am Brennen zu halten zu seinen Aufgaben als Küster des Klosters gehörte, entzündete sich

von selbst, wann immer Yustus dies vergaß. Auch wir erlaubten *Abuna* Ruwais, uns mit dem Öl dieser Lampe zu segnen, und sprachen mit ihm gemeinsam ein Gebet.

Nur das Grab des hl. Antonius suchten wir in seinem Kloster vergebens. Er hatte seine Schüler gebeten, seinen Leichnam an einem unbekannten Ort zu bestatten, und wollte damit die Störung seiner Totenruhe und die Verteilung seiner Reliquien verhindern. Dass ihm das nur teilweise gelungen ist, beweist die Verbreitung von Antonius-Gebeinen in der ganzen christlichen Welt. Sie begann, als die chalcedonischen Griechen das Kloster zeitweise übernahmen und sich auf die Suche nach dem heiligen Leichnam machten; ob sie ihn wirklich gefunden haben, bleibt freilich dahingestellt. Seinen einzigen weltlichen Besitz, zwei Schaffelle und ein Mantel, vererbte Antonius dem hl. Athanasius und einem seiner Schüler, Bischof Sarapion. *Der Garten des Vaters Antonius* aber, sein Kloster, blieb fruchtbar. Er bringt auch heute, nach 1700 Jahren, noch kostbare Blüten hervor.

So fuhren wir dankbar und bereichert durch die Wüste zurück nach Kairo, immer der untergehenden Sonne entgegen. Wir hatten begriffen, welche Kraft der Glaube der Wüstenväter noch immer hat und dass ihre Botschaft aktueller denn je ist.

Jetzt konnten wir uns wieder auf unsere Suche nach den Spuren der Heiligen Familie machen.

XI Ein Glaube, der Berge versetzt

Kairo, am 5 Paremhat im 1726. Jahr der Ära der Märtyrer (14.3.2010)

Es war ein Wunder: Inmitten der größten, lautesten und rastlosesten Stadt Afrikas hatten wir eine Oase der Ruhe und des Friedens gefunden. Selbst das allgegenwärtige Hupen der Autofahrer klang hier ferner als gewohnt. Matariya ist der Mariengarten Ägyptens, ein Auge im Zentrum des Zyklons der Millionenstadt Kairo. Würden nicht jenseits seiner Mauern hässliche Mietskasernen emporragen, man könnte glauben, hier sei die Zeit stehen geblieben. Von all den Orten, die von der Heiligen Familie besucht worden sein sollen, gehört er zu denen mit der ältesten und eindeutigsten Tradition.

So heißt es bereits im *Arabischen Kindheitsevangelium* aus dem 5. Jahrhundert: »Und sie kamen zu jenem Maulbeerfeigenbaum, der heute Matarea heißt, und der Herr Jesus brachte in Matarea einen Brunnen hervor, in dem die Herrin Maria seine Kleider wusch. Und vom Schweiß des Herrn Jesus, den sie dort versprengt hatte, wurde in dieser Gegend Balsam hergestellt.«

Das koptische *Synaxarium* geht noch weiter, lässt die Heilige Familie in dem Brunnen baden und sein Wasser dadurch heiligen. Den Balsam führt die Schrift auf eine andere Ursache zurück: Während der Rast habe der Jesusknabe mit dem Wanderstab seines Ziehvaters Josef gespielt. Als dieser dabei zerbrach, teilte der kleine Jesus ihn in immer kleinere Stücke, die er, eines nach dem anderen, in die Erde einpflanzte. Er begoss sie mit Wasser aus dem Brunnen, sie schlugen Wurzeln, bekamen Blätter und strömten einen süßen Duft aus. Daraufhin sprach er zu Maria: »Mutter, dieser Balsam, den ich hier gepflanzt habe, soll an diesem Ort immer und ewig wachsen, denn von diesem Balsam soll das Öl für die Taufe genommen werden, wenn die Christen im Namen des Vaters, des Sohnes und des Heiligen Geistes taufen.«

Seit dieser Zeit wird der Balsam für das *heilige Myron*, das kostbarste Salböl der koptischen Kirche, aus Balsambäumen gewonnen, die in dem Garten von Matariya wachsen. Daran ändert auch nichts, dass der Garten längst in muslimischer Hand ist.

»Wenn die Beziehung zwischen den Religionen nur immer so reibungslos ablaufen würde«, seufze ich.

Hier zumindest ist die Arbeitsteilung perfekt. Aus den Berichten mittelalterlicher Heiligland-Pilger wissen wir, dass für viele Matariya ihre erste Station auf ägyptischem Boden war. Nach dem langen Weg von Jerusalem durch den Sinai, wo sie meist noch am Mosesberg gebetet hatten, musste der Garten mit seinem Brunnen, dem Wohlgeruch des Balsams und dem schattenspendenden Maulbeerbaum auf sie wie das Paradies gewirkt haben.

Schon im 15. Jahrhundert investierte der türkische Emir Yaschbak in den Pilgertourismus. Er ließ nicht nur neben dem Garten ein Gästehaus errichten, er umgab ihn auch mit einer hohen Mauer, damit er fortan von den Besuchern Eintritt verlangen konnte. Dafür erlaubte er ihnen sogar, in dem Teich zu baden, den das Wasser der heiligen Quelle bildete. Viele waren überzeugt, dass es heilkräftig war.

Von dem Maulbeerbaum selbst, der einst so groß und ausgehöhlt war, dass man glaubte, die Heilige Familie habe sich in ihm versteckt, ist heute nur noch ein uralter, knorriger Ableger vorhanden. Er ragt, von der eigenen Schwere gebeugt, so schräg aus dem Boden, dass er gestützt werden muss. Gleich neben ihm wächst ein jüngerer Baum, dessen Früchte die muslimischen Gärtner und Fremdenführer gerne gegen ein *Bakschisch* »verschenken«. Vorbei sind die Zeiten, in denen auch ihre Frauen in den Garten Mariens kamen, um Stoffbänder in seine Zweige zu hängen, weil sie sich von der Gottesmutter Schutz und Fruchtbarkeit erhofften.

Doch das scheint ohnehin ein Relikt aus vorchristlicher Zeit gewesen zu sein. Denn Matariya liegt auf dem Gelände der antiken Tempelstadt Heliopolis, die bei den Ägyptern *On* hieß und als geistiges und religiöses Zentrum des Pharaonenreiches galt. Sie war Sitz der ältesten Universität der Welt – in ihrem *Haus des Wissens* befand sich,

Jahrtausende vor Alexandria, die größte Tempelbibliothek des Landes, hier wurden Priester, Schreiber und Gelehrte ausgebildet.
In On soll auch die Welt samt ihrer Götter durch den Urgott Atum erschaffen worden sein, hier stand der Sonnentempel des Reichsgottes Ra. Der Osirismythos ließ Heliopolis zur Gerichtsstätte des Sonnengottes werden, an der Seth des Mordes an Osiris angeklagt wurde. Unter dem heiligen Baum von Heliopolis soll Isis gerastet und den Horusknaben gestillt haben. Er könnte ein Ahnherr des *Marienbaumes* gewesen sein. Im Buch *Genesis* wird Potifera, der Schwiegervater Josefs, als »Priester von On« bezeichnet (1 Mos 41,50; 46,20). Der ägyptische Priester und Geschichtsschreiber Manetho hielt sogar Moses für einen ehemaligen Priester aus On, der unter Pharao Amenophis III. (1388–1351 v. Chr.) aufständische Zwangsarbeiter aus dem Land geführt haben soll.
Zur Zeit der Heiligen Familie dagegen lag das einst so mächtige Heliopolis längst in Trümmern; der Perserkönig Kambyses hatte es in Schutt und Asche gelegt, als er 525 v. Chr. Ägypten eroberte. Seine Ruinen dienten fortan als Bauteillager – selbst der Obelisk auf dem Petersplatz in Rom stand ursprünglich vor dem Sonnentempel von On.
Wir wissen nicht, weshalb die Heilige Familie nach Matariya gekommen war, das am Ausgangspunkt der beiden Karawanenwege durch den Sinai lag. Hofften sie auf Nachrichten aus der Heimat? Oder waren sie auf dem Weg zum *Judenhügel* mit dem Tempel des Onias, wo 5 v. Chr. vom 14. bis 21. September das jüdische Laubhüttenfest *Sukkot* gefeiert wurde?
Jedenfalls scheinen die Flüchtlinge dort die entscheidende Inspiration empfangen zu haben, denn fortan war ihr Weg sehr zielgerichtet. Er führte geradewegs nach Ma'adi, zu den »heiligen Stufen«, vor denen sich das *Bibelwunder* von 1976 ereignete, und von dort auf direktem Wege nach Oberägypten, in das Herz des Landes.
Ihre erste Zwischenstation auf dem Weg nach Ma'adi war Haret Zuwaila, das neun Kilometer südwestlich von Matariya im 1000-jährigen Fatimidenviertel der Kairoer Altstadt liegt. Dort wurde über einem Brunnen, aus dem das Jesuskind und seine Mutter der Legende nach tranken, im 10. Jahrhundert (vielleicht auf den Trümmern eines älteren Gotteshauses) die *Kirche der Jungfrau Maria* errichtet.

Obwohl nicht weit von dem berühmten Bazar *Khan al-Khalili* entfernt, dauerte es eine ganze Weile, bis wir die Kirche endlich gefunden hatten. Eine schmale Gasse, die von der *Shari el-Geish*-Straße ausgeht, führt zu ihr, doch Schilder, die darauf hinweisen könnten, gab es nicht. Erst nach zwei Ecken lag vor uns zur Linken ihr schlichtes Portal, von einem Kreuz bekrönt. Wir traten ein und hielten uns noch einmal links; nach rechts ging es in das benachbarte Nonnenkloster.

Das versteckte, unspektakuläre Äußere dieser Kirche verrät viel über die Unterdrückung der Christen im mittelalterlichen, muslimisch dominierten Ägypten. Denn immerhin war sie ganze 360 Jahre, von 1310 bis 1670, Amtssitz des koptischen Papstes. Heute ist sie vor allem für ihre großartigen Ikonen bekannt, die zu den schönsten und ältesten der koptischen Welt gehören, und ihre kunstvollen, mit elfenbeinernen Intarsien geschmückten Ebenholz-Ikonostasen.

In jeder Hinsicht erweckt diese Kirche in ihrem mystischen Halbdunkel einen geradezu archaischen Eindruck. Ihr Mittelschiff wird durch römische Säulen mit korinthischen Kapitellen gestützt, vielleicht Relikte eines Vorgängerbaus. Auf ihnen ruht das aus Ziegeln gebaute fatimidische Spitzbogengewölbe, das einen Rundgang mit Holzgitterfenstern hält. Wie in den meisten koptischen Kirchen ist der *Haikal*, der Altarraum, dreigeteilt. Auf seiner rechten Seite sprudelt die heilige Quelle, deren Wasser durch einen Kanal um den Kirchenraum geleitet wird. Ihm wird noch heute mystische Heilkraft zugesprochen. Einmal im Jahr, am 28. Juni, dem Fest ihrer Weihe, pilgern äthiopische Mönche nach Haret Zuwaila, um aus dieser Quelle zu trinken und sich gegenseitig mit ihrem Wasser zu segnen.

Die Heilige Familie aber zog weiter. Nach weiteren sechs Kilometern, also einem einstündigen Fußmarsch, stand sie endlich vor den Mauern der Festung Babylon am Nil. Sie hatte mit der mesopotamischen Weltstadt Babylon am Euphrat wenig gemein. Ihr Name wird entweder von der griechischen Transkription des ägyptischen *Per-hapi-n-l-On*, »Nilhaus des On« (Heliopolis) hergeleitet oder geht auf die semitische Bezeichnung *Bab ila On*, »Tor nach On« zurück; tatsächlich legten hier einst Pilger an, die es weiter in die Sonnenstadt zog.

Der Grieche Diodor von Sizilien dagegen behauptet, echte Babylonier, Kriegsgefangene des Pharaos Sesostris (1975–1930 v. Chr.) aus der 12. Dynastie, hätten hier nach einer Revolte eine Festung besetzt und diese nach ihrer Heimat benannt. Später errichtete der römische Kaiser Trajan (98–117 n. Chr.) an ihrer Stelle ein Kastell, in dem er eine römische Kohorte stationierte; Kaiser Arkadius (377–408) baute es 395 weiter aus.

Jedenfalls blieb *Misr el-Qadima*, wie Babylon auf Arabisch genannt wird, eine Bastion der Kopten bis auf den heutigen Tag. Nirgendwo in Kairo findet man eine größere Dichte uralter Kirchen als im *koptischen Viertel*, wie es die Touristenführer nennen. Dabei gleicht es noch immer einer Festung. Aus Furcht vor Anschlägen radikaler Muslime wird es von der Polizei großflächig abgesperrt, nur Fußgängern ist der Zutritt erlaubt.

Zwei Stätten streiten dort bis heute um den Anspruch, der Heiligen Familie Zuflucht geboten zu haben. Die eine gehört den Kopten, die andere den Melkiten, also den griechisch-orthodoxen (und damit chalcedonischen) Griechen. Authentisch sind wahrscheinlich beide; die Heilige Familie wird auf dem Hin- wie auf dem Rückweg durch Babylon gekommen sein. Zudem betont das koptische *Synaxarium* ausdrücklich, die koptische Stätte – die Krypta der Kirche des hl. Sergius inmitten der Mauern Babylons – sei erst auf dem Rückweg aufgesucht worden: »Sie kamen zurück nach Kairo und bei ihrer Rückkehr blieben sie in einer Höhle, die heute in der Kirche des Abu Serga in Alt-Kairo liegt.«

Die heutige *St. Sergius-Kirche* ging wohl aus der Kirche der spätrömischen Garnison hervor, ihr Ursprung wird in das 2. oder 3. Jahrhundert datiert. Ihre Schutzheiligen, Sergius und Bacchus, sind römische Soldaten, die unter Diokletian das Martyrium erlitten. Die Krypta, das eigentliche Heiligtum der Kirche, ist in ihrer heutigen Form im 6. Jahrhundert in eine alte Höhle hineingebaut worden. Ein Marmorblock im Boden zeigt an, wo das Jesuskind geschlafen haben soll.

Nach dem Bau des Assuanstaudamms, als in ganz Kairo der Grundwasserspiegel stieg, stand die Krypta jahrzehntelang unter Wasser. Erst im Jahr 2000, als man im ganzen Land der Flucht der Heiligen Familie gedachte, gab die koptische Kirche eine aufwendige und teure Renovierung in Auftrag und ließ Pumpen installieren, um das Gewölbe fortan trocken zu halten. Demnächst soll es Besuchern wieder zugänglich gemacht werden.

Dass sich die Heilige Familie erst auf ihrem Rückweg in die Festung getraut hat, ist sicher nachvollziehbar. Auf dem Hinweg wird sie ein Versteck außerhalb der Mauern vorgezogen haben. Damit wird auch die griechische Stätte plausibel, die unter der Kirche der *Entschlafung Mariens* auf dem griechischen Friedhof am Nordrand des Koptenviertels liegt.

Unser Weg dorthin führte an prächtigen Grabdenkmälern vorbei zu einem architektonisch eher schlichten Gotteshaus. Auch von innen ist es wenig spektakulär, einmal abgesehen von seinem Apsisfresko, das die Flucht der Heiligen Familie in all ihren Stationen zeigt.

Durch die linke Tür der Ikonostase führt der Weg hinunter in die Krypta. In ihrer Mitte steht, umgeben von Ikonen, ein mächtiger, kreisrunder Brunnen, bedeckt von einem uralten Ring aus weißem Marmor. Ich sprach einen griechischen Priester an, der gerade Landsleuten das Heiligtum zeigte. Er erzählte mir, dass die Griechen glauben, hier sei die Endstation der Flucht gewesen: »Drei Jahre lang blieb die Heilige Familie hier, bevor sie nach Palästina zurückkehrte«. Dann zeigte er auf eine Nische, in der eine fein gemalte Ikone auf einem marmornen Altar stand. »Dort hat das Jesuskind in dieser Zeit geschlafen«, behauptete der langbärtige alte Priester. Ich habe meine Zweifel. Ein Brunnen ist immer ein öffentlicher Ort, er wurde von Tausenden Reisenden frequentiert. Nie und nimmer hätte die Heilige Familie sich hier längere Zeit sicher gefühlt, geschweige denn ganze drei Jahre ungestört leben können.

Trotzdem bin ich überzeugt, dass Josef, Maria und das Jesuskind nach Babylon kamen, denn dort befindet sich eine der heiligsten Stätten des Judentums. Gleich neben der *Ben-Ezra-Synagoge* wird Besuchern noch heute die Stelle gezeigt, an der, wie zumindest die Juden glauben, der Moses-Knabe einst in einem Binsenkörbchen ans Nilufer getrieben und von der Tochter des Pharao entdeckt worden war.[34] Immer wieder sei er dorthin zurückgekehrt, um zu Gott zu beten. Schon 605 v. Chr. habe der Prophet Jeremia hier eine Synagoge gebaut, sagen die einen, während andere ihre Gründung in die Zeit

Alexanders des Großen datieren. Gut möglich, dass auch die Heilige Familie in diesem Gotteshaus beten wollte.

Die Römer zerstörten die Synagoge im Jahre 70, die Christen bauten an der Stelle eine Kirche, bis der koptische Patriarch Michael III. (880–907) das Gebäude 882 für 20 000 Dinar an den aus Jerusalem stammenden Juden Abrahim ibn Ezra verkaufte. Speziell während der Kreuzzüge diente es vielen Juden aus dem Heiligen Land als Zufluchtsstätte. Nur heute sucht man vergeblich nach dem Auserwählten Volk; nach dem Sechstagekrieg 1967 wurden die letzten Juden aus Ägypten vertrieben.

Das schönste und faszinierendste Gotteshaus des koptischen Viertels aber ist seine Marienkirche. Ihre Lage zeugt nicht nur von dem akuten Platzmangel in der Festung Babylon, ihr verdankt sie auch den Namen, unter dem sie besser bekannt ist: *Die Hängende Kirche* (*Al-Mu'allaqa*). Sie wurde quer auf das *Wassertor* gesetzt, den Südeingang der Zitadelle, und ist nur über eine breite Treppe erreichbar. In ihrer heutigen Gestalt stammt sie aus dem 7. Jahrhundert, doch man nimmt an, dass sie auf einen Vorläuferbau aus dem 4. oder 5. Jahrhundert zurückgeht. Beim Bau wurden offenbar Materialien aus einem heidnischen Tempel wiederverwertet. So wurde der Holzboden der Markuskapelle mit der C14-Methode auf 150-140 v. Chr. datiert. Doch nicht nur ihre beeindruckende Architektur, ihre uralten Fresken und Ikonen zeichnen diese Kirche aus, sondern vor allem ihre Geschichte. Denn vom 9. Jahrhundert an, bis zu seiner Verlegung nach Haret Zuwaila 1310, war die *Hängende Kirche* zunächst der inoffizielle, dann der offizielle Sitz des koptischen Patriarchen, während Babylon im muslimischen Ägypten eine ähnliche Stellung einnahm wie heute der Vatikan – als Insel des Glaubens und der Tradition in einer ganz anders orientierten Welt: Hier war es, wo das koptische Gottvertrauen seinen größten Triumph erlebte.

Als die muslimischen Araber 640 in Ägypten einfielen, waren sie den Kopten zunächst nicht einmal unwillkommen. Nach zwei Jahrhunderten der mal mehr, mal weniger heftig geführten Auseinandersetzung um die Beschlüsse des *Konzils von Chalcedon*, infolge derer so mancher Patriarch ins Exil oder in den Untergrund gehen musste, sehnten viele eine Befreiung von der byzantinischen Herrschaft her-

bei. Zudem waren die Steuerlasten immens, die den Ägyptern von den Kaisern im fernen Konstantinopel auferlegt wurden. Wie wenig dagegen das *Neue Rom* in der Lage war, seine Kolonie wirklich zu schützen, hatte sich gerade erst beim Überfall der Perser gezeigt.
Auch den Arabern hatten die Truppen des Kaisers nicht viel entgegenzusetzen. Da die muslimischen Herrscher eine verhältnismäßig milde »Ungläubigensteuer« (*Gizya*) und noch dazu religiöse Toleranz – »Keinen Zwang in Glaubensdingen« – versprachen, erschienen sie den meisten Kopten sogar als das geringere Übel. Nur eine Minderheit misstraute den Muslimen, sah in Muhammad den Antichrist und schrieb grausig aktuelle Endzeitszenarios nieder.
Tatsächlich begriffen die Muslime schnell, dass sie auf die Christen angewiesen waren. Die meisten der Invasoren waren schlichte Analphabeten, gut zu Pferd und schnell mit dem Schwert, aber völlig überfordert damit, die neuen Kolonien auch zu verwalten. So vertrauten sie diese Aufgabe notgedrungen den Kopten an. Da der Islam generell eher bildungsfeindlich ist, blieben die Muslime bis ins 19. Jahrhundert von den gebildeten »Ungläubigen« abhängig, die ihre Verwalter, Schreiber und Steuereintreiber stellten. Auch die viel zitierte »Blüte der Wissenschaft« im islamischen Mittelalter ist den Christen zu verdanken, waren doch die großen arabischsprachigen Gelehrten dieser Zeit fast alle Christen oder Schüler gelehrter Christen. Diese Form der »Kooperation« garantierte zumindest, dass die Kirche der Kopten trotz aller Unterdrückung die Zeiten überdauerte.
Jedenfalls stand am Anfang gegenseitiger Respekt. Als Amr ibn al-As, der muslimische Eroberer Ägyptens, den koptischen Patriarchen Benjamin I. (623–662) traf, war er beeindruckt von dessen Charisma und Glaubenskraft: »Wahrlich, in allen Ländern, von denen wir bislang Besitz ergriffen haben, habe ich niemals einen Mann Gottes gesehen wie diesen«, soll er seinen Männern anvertraut haben. Damit hatte die koptische Kirche einen entscheidenden Vorteil gegenüber den melkitischen Christen, die von den neuen Herren im Land mit der alten Besatzungsmacht Byzanz identifiziert wurden. Benjamin wurde nicht nur erlaubt, nach Alexandria zurückzukehren, Amr übergab ihm auch die *St.-Markus-Kathedrale* der Hauptstadt, die sich

bis dahin in den Händen der Griechen befunden hatte. Auch die Menasstadt übernahmen die Kopten und beseitigten bald alle Spuren der Verwüstung durch die Perser.

Doch schon unter Benjamins Nachfolger Agathon zogen die Muslime die Zügel straffer an. Der neue Gouverneur Abd Allah ibn Sa'd wird in den koptischen Chroniken euphemistisch als »geldliebend« bezeichnet; tatsächlich bemühte er sich eifrigst, das Land auszubluten, um den Bau einer arabischen Schiffsflotte zu finanzieren. Weil sich die neuen Machthaber weigerten, in die Infrastruktur des eroberten Landes zu investieren, versandeten allmählich seine jahrtausendealten Kanäle, blieben Ernten aus, verarmte das Land, was natürlich zu sinkenden Steuereinnahmen führte. Die Araber versuchten, das auszugleichen, indem sie die Belastung des Einzelnen schrittweise erhöhten und schließlich auch jene besteuerten, die bislang davon ausgenommen waren. Erst wurde der Patriarch gezwungen, die *Gizya* auch für mittellose Kleriker zu bezahlen, dann folgte, wie bereits erwähnt, die Steuer für die Mönche, deren Eintreibung zu regelrechten Massakern in den Klöstern führte. Schließlich wurde die *Gizya* zum Instrument der Islamisierung; wer der Steuerschraube und der Diskriminierung als *dhimmi* (rechtloser »Ungläubiger«) entkommen wollte, brauchte »nur« zur Religion Muhammads zu konvertieren.

Als trotzdem der erhoffte Erfolg ausblieb, wurde der Druck erhöht. Zeitweise war es den Kopten verboten, Kreuze an den Außenwänden ihrer Kirchen anzubringen, zudem wurde das Läuten der Kirchenglocken untersagt. Christen galten als Bürger zweiter Klasse. Vor Gericht waren sie nur bedingt als Zeugen zugelassen, höhere Ämter wurden ihnen bald völlig verwehrt. Sie durften keine Waffen besitzen und nur auf Eseln reiten. Hinzu kamen immer wieder neue Schikanen, etwa bestimmte Kleidervorschriften; unter einem Gouverneur wurden männliche Christen gezwungen, gelbe Turbane zu tragen, unter einem anderen mussten es blaue Turbane sein. Der Kalif Harun al-Raschid (786–809) wiederum verordnete den Kopten das Tragen schwarzer Kleidung und schwarzer Turbane, weshalb noch heute der koptische Klerus, gleich welchen Ranges, ausschließlich Schwarz trägt. Unter al-Mutawakkil (847–861) war nicht nur der

Besitz von Wein (darunter auch Messwein) strafbar, es war den Christen auch verboten, in der Öffentlichkeit ein Kreuz zu tragen. Sein Nachfolger Ahmad ibn Tulun (868–884) nahm den Patriarchen Michael III. ein Jahr lang gefangen, um die Unsumme von 20 000 Dinaren aus den Kopten herauszupressen; Geld, das er zur Finanzierung eines Feldzugs in Syrien benötigte. Die Kopten lösten das Problem, indem sie eine Kirche an die Juden verkauften, eben die heutige *Ben Ezra-Synagoge*.

Zunächst versuchten die Christen, sich gegen solche Schikanen zu wehren. Doch die sechs Aufstände gegen die muslimischen Unterdrücker, die zwischen 725 und 829 vor allem im Norden des Landes ausbrachen, wurden blutig niedergeschlagen. Ganze Dörfer und Hunderte Kirchen brannten die Araber nieder und richteten Männer zu Tausenden hin, während Frauen und Kinder in die Sklaverei verkauft wurden. Schließlich knickten viele Christen ein. Bis zum 9. Jahrhundert war mehr als die Hälfte aller Ägypter zum Islam übergetreten. Eine Rückkehr zum christlichen Glauben wurde (und wird noch heute) mit dem Tod bestraft.

Ein neues Zeitalter der Märtyrer begann. Nach dem Kreuzverbot al-Mutawakkils begannen viele Christen, sich trotzig das Kreuz auf die Hand zu tätowieren – ein Brauch, der noch heute gepflegt wird, obwohl ihn die Kirche nie offiziell sanktionierte. Dieses Kreuz konnte ihnen niemand nehmen, kein Verbot löschte es aus ihrer Haut. Stets mahnte (und mahnt) es sie, ihren Glauben nicht zu verleumden.

Von Anfang an war das heutige Kairo der Amtssitz der muslimischen Gouverneure. Hier waren die Araber auf die römische Festung Babylon gestoßen, auf deren Gelände längst eine eigene kleine Stadt mit 42 Kirchen entstanden war. Vor ihren noch immer beeindruckenden Mauern schlugen die Muslime ihre Zelte auf und bauten die erste Moschee auf ägyptischem Boden. Dieses Zeltlager – arabisch: *Fustat* – wurde erst langsam durch Ziegel- und Lehmbauten abgelöst.

Im Jahre 969 griff eine neue Dynastie nach der Macht in Ägypten, die Fatimiden. Sie gehörten der *Schia* an, der zweitgrößten Konfession des Islam, stammten aus dem Maghreb und führten ihre Herkunft (und Legitimation) auf Fatima, eine Tochter des *Propheten*, zurück. Nachdem sie ganz Nordafrika und die Levante bis nach Syrien unter ihre Herrschaft gebracht hatten, errichteten die Fatimiden gleich neben *Fustat* eine neue Hauptstadt, die sie *al-Qahira*, »die Siegreiche«, nannten – das Herzstück des heutigen Kairo. Mit seinen imposanten Moscheen und prachtvollen Palästen wurde Kairo für zwei Jahrhunderte das politische, mit der 988 gegründeten *al-Azhar-Universität* auch das geistige Zentrum der islamischen Welt.

In die Fatimidenzeit fällt aber auch das dunkelste Kapitel der gewiss nicht einfachen islamisch-christlichen Beziehung, die Herrschaft des Kalifen al-Hakim (996–1021), dessen religiöser Fanatismus keine Grenzen kannte. Nachdem er allen Frauen das Tragen von Schuhen verboten hatte, damit sie das Haus nicht verließen, die Tötung aller Hunde befohlen hatte, weil sie in den Augen seines *Propheten* als unrein galten, und sämtliche Wein- und Honigvorräte in ganz Ägypten hatte vernichten lassen, wandte er sich den Kopten zu.

Zunächst führte er die antikoptischen Gesetze der ersten islamischen Herrscher wieder ein, die unter seinen Vorgängern aufgehoben worden waren. Fortan waren die Kopten wieder gezwungen, ausschließlich schwarze Kleidung aus Sackleinen zu tragen, zudem mussten sie sich ein fünf Pfund schweres Holzkreuz um den Hals hängen. Muslimen verbot er, für Kopten zu arbeiten. Alle Kopten, die bis dahin im Staatsdienst gewesen waren, wurden entlassen.

Seinen koptischen Wesir, Fahd Ibn-Ibrahim, ließ al-Hakim köpfen, der koptische Papst Zacharias (1004–1032) wurde ausgepeitscht und mit hungrigen Löwen konfrontiert, um ihn zur Konversion zu zwingen, dann entlassen und in ein Kloster verbannt. Zehn koptischen Würdenträgern ging es ähnlich, sieben von ihnen starben während der Folter.

Schließlich befahl der Kalif nicht nur die Zerstörung von 3000 koptischen Kirchen, er ließ auch die *Grabeskirche* in Jerusalem abreißen und das Felsgrab Jesu bis auf einen Fuß Höhe wegmeißeln. Während zahlreiche Kopten damals, um den Zwangsmaßnahmen zu entgehen, zum Islam konvertierten, flohen Tausende andere in die Wüste und versteckten sich in den einstigen Höhlen der Einsiedler.

Dass die Fatimidenzeit trotzdem, mit Ausnahme dieses 25-jährigen schrecklichen Intermezzos, als »goldenes Zeitalter« eines friedlichen Zusammenlebens zwischen Kopten und Muslimen in die Geschichte eingehen sollte, erscheint angesichts dieser Zustände wahrlich wie ein Wunder.

Und tatsächlich war es ein Wunder, das die Grundlage dafür schuf, glauben wir den Chroniken der Kopten. Die Geschichte, die sie uns erzählen, ist ebenso unglaublich, wie sie faszinierend ist. Sie fand sogar Eingang in den liturgischen Kalender der koptischen Kirche. Noch heute fasten Ägyptens Christen jedes Jahr vom 2. Dezember an drei Tage, um an das Wunder von Mokattam zu erinnern.

In der *Geschichte der Patriarchen der Ägyptischen Kirche* heißt es, ein zum Islam konvertierter Jude namens Jakob ibn Killis sei neidisch auf den Einfluss des neu gewählten koptischen Patriarchen Abraham, genannt *der Syrer,* (975–978) am Hofe des fatimidischen Kalifen al-Mu'izz (972–975) gewesen. Um ihn zu kompromittieren, habe er den 62. Nachfolger des hl. Markus zu einer öffentlichen Debatte eingeladen. Beide, der Patriarch und Jakob, schickten zunächst Vertreter in den Ring, doch als sein Mann ganz offensichtlich unterlag, schleuderte der Konvertit seinem Gegner die ultimative Herausforderung entgegen: »Steht in Eurer Schrift nicht: ›Wenn euer Glaube auch nur so groß ist wie ein Senfkorn, dann werdet ihr zu diesem Berg sagen: Rück von hier nach dort!, und er wird wegrücken. Nichts wird euch unmöglich sein.‹?[35]

Jetzt zeige uns doch, dass dies der Wahrheit entspricht! Oder ist der Glaube der Christen doch nur ein Betrug?«

Die Provokation wirkte. Papst Abraham blieb nichts anderes übrig, als zu bestätigen, dass Jakob diese Stelle tatsächlich korrekt aus dem *Matthäus-Evangelium* zitiert hatte, der Kalif war empört über die »Anmaßung« der Christen. Wenn er dieses glaube, so verkündete er dem Patriarchen, dann solle er bitte beweisen, dass es wahr sei; wenn er das nicht könne, würden er und seine Gläubigen durch das Schwert sterben.

Man kann sich unschwer vorstellen, wie verzweifelt Abraham *der Syrer* war. Gerade einmal drei Tage Frist räumte ihm der Kalif ein, um die Wahrheit seines Glaubens zu bestätigen. So rief der Patriarch die Priester, die Ältesten und alle Gläubigen von Misr (Babylon) zusammen und erzählte ihnen, was geschehen war. Die Mönche und Nonnen bat er, drei Tage lang mit ihm in der *Hängenden Kirche* zu wachen, zu fasten, zu beten und Buße zu tun.

Am Morgen des dritten Tages, als er noch immer inbrünstig betete, erschien ihm die Gottesmutter. Sie forderte den Patriarchen auf, zum Marktplatz zu gehen. Dort würde er einen Einäugigen finden, der einen Wasserkrug auf den Schultern trüge: »Sprich ihn an, denn durch seine Hände wird das Wunder geschehen.«

Abraham tat, wie ihm befohlen, und fand diesen Mann, einen kleinwüchsigen Gerber namens Simon. Er hatte sich in einer ziemlich wörtlichen Interpretation von Matthäus 18,9 (»Und wenn dich dein Auge zum Bösen verführt, dann reiß es aus und wirf es weg!«) sein Auge ausgerissen, als ihm einmal der Anblick einer schönen Frau einen lüsternen Blick entlockte. Jetzt trug er tagsüber Wasser zu den Armen, die nicht das Geld hatten, es sich von einem Wasserträger zu kaufen, während er die Nächte im Gebet verbrachte. Simon erklärte dem Patriarchen: »Zieh mit deinen Priestern und deinem Volk im Beisein des Kalifen und all seiner Soldaten hinaus zu dem Berg. Dann rufe dreimal laut: ›Herr, erbarme Dich‹ und wirf dich bei jedem Mal auf die Knie und segne den Berg mit dem Zeichen des Kreuzes.«

Abraham zog mit der ganzen Versammlung zum Mokattam-Berg und tat dort, wie ihm gesagt worden war. Und siehe, so behauptet zumindest die Chronik, jedes Mal, als sich der Papst der Kopten und seine Gläubigen auf die Knie warfen und das *Kyrie eleison* anstimmten, »erhob sich der Berg vom Boden und kam wieder herab. Große Furcht erfüllte den Kalifen, der bei der dritten Erhebung des Berges laut rief: ›Genug, O Patriarch, ich habe in der Tat die Richtigkeit deines Glaubens erkannt!‹«

Al-Mu'izz, so heißt es weiter, gab den Christen nicht nur die Kirche des hl. Mercurius zurück, die zuvor von den Besatzern als Lager für Zuckerrohr benutzt worden war. Er trat auch von seinem Amt zurück, erklärte seinen Sohn zu seinem Nachfolger und ließ sich, wie es heißt, taufen, um den Rest seines Lebens in einem christlichen Kloster zu verbringen.[36]

Erst vor 20 Jahren fand diese abenteuerliche mittelalterliche Legende eine spektakuläre Bestätigung. Am 4. August 1991 stießen Arbeiter bei Restaurierungsarbeiten in der Marienkirche von Babylon *El-Darag* (»die Stufen«) außerhalb der antiken Festung in einem Meter Tiefe auf ein altes Grab. Eine Inschrift verriet, dass es die Reliquien von Simon dem Gerber enthielt. Nach Angaben der koptischen Kirche identifizierten Mediziner das Skelett als die sterblichen Überreste eines kleinwüchsigen Mannes um die 50. Durch die hohe Luftfeuchtigkeit war sein Haar völlig erhalten geblieben. So konnte festgestellt werden, dass er eine kahle Stirn, aber kräftiges, langes Haar am Hinterkopf hatte, das ihm bis zu den Schultern reichte. Tatsächlich zeigt eine uralte Ikone, die in der *Hängenden Kirche* verehrt wird, den heiligen Gerber, der dem Patriarchen gerade einmal bis zur Brust reicht, mit ebendieser Frisur.

»Kannst du das glauben, diese Geschichte vom Mokattam-Wunder?«, fragte mich Yuliya auf der Rückfahrt in unser Hotel.

»Ich weiß es nicht«, versuchte ich so ehrlich wie möglich zu antworten. »Ich würde sie gerne glauben, aber sie klingt einfach zu irreal, zu sehr wie ein frommes Märchen, auch wenn zumindest die Existenz ihres Protagonisten jetzt durch den Fund belegt ist. Vielleicht gibt es aber eine ganz rationale Erklärung. Ägypten ist Erdbebengebiet, hier stößt die eurasische auf die afrikanische Platte. Nur drei Jahrhunderte später, 1301, wurde das ganze Land von einem schrecklichen Beben verwüstet. Vielleicht erweckten ein paar Erdstöße den Eindruck, als würde der Berg sich bewegen.«

»Ihr Europäer müsst auch immer für alles eine rationale Erklärung suchen«, schaltete sich Fado ein. »Wir Kopten halten es mit den Worten des Engels, der Maria erschien: ›Denn für Gott ist nichts unmöglich!‹ (Lk 1,37). Wir glauben und wir wissen, dass der, der glaubt, auch Wunder erleben kann.«

Tatsächlich ist die koptische Kirche eine Kirche der Wunder. Der koptische Christ sieht seinen Glauben dadurch bestätigt, dass sich das Übernatürliche manifestiert, dass es die Naturgesetze durchbricht. Für ihn gehören Wunder zum Glauben; würden sie ausbleiben, würde er sich sorgen; es würde bedeuten, dass er, sein Priester, Bischof oder Patriarch, vielleicht sogar seine Kirche nicht mehr in der Gnade Gottes stünden. Das Übernatürliche bestätigt ihm den »direkten Draht zum Himmel«, die Gewissheit, angenommen und auserwählt zu sein. Mag auch die Offenbarung der Schrift mit den Aposteln abgeschlossen sein, die göttliche Präsenz besteht nach seiner

8 Patriarch Abraham der Syrer und der hl. Simon, der Gerber: Ikone aus dem 14. Jahrhundert in der Hängenden Kirche

Überzeugung fort und beweist sich durch die Erhörung von Gebeten und übernatürliche Zeichen.

»Der Mensch glaubt und erlebt ein Wunder oder er wird durch das Wunder zum Glauben geführt – beides ist möglich«, erklärte Papst Shenouda III. im Dezember 2009. Im Grunde genommen gleicht der koptische Glaube darin dem der Urchristen, aber auch der Europäer des Mittelalters (was keineswegs abwertend gemeint ist). Die Aufklärung dagegen, die den Wunderglauben zum Aberglauben erklärte und zur Entmythologisierung nicht nur der Evangelien, sondern der gesamten christlichen Tradition aufrief, hat Ägypten nie erreicht.

Vielleicht ist das gut so, vielleicht gibt gerade der feste Glaube an das Übernatürliche in ihrer Mitte den Kopten die Kraft zum Überleben in der noch immer andauernden Ära der Märtyrer. Selbst der intellektuelle Ägypter weigert sich, »logisch« und »rational« zu glauben, weil er dies als semantischen Widerspruch empfinden würde. Gerade weil sein Glaube so kompromisslos und nicht relativierbar ist, erweckt er in seiner Psyche ein Potenzial, das echte Wunder möglich macht. Insofern ist nicht er zu bemitleiden, sondern der Europäer, dem durch das Diktat des Relativismus der Zugang zur Kraftquelle des Glaubens oft genug verloren ging.

So mag mancher Westler befremdet sein, wenn er erlebt, wie auf koptischen Pilgerfesten – *Mulids* – Exorzismen praktiziert werden oder Kranke die Priester um Handauflegung und ein Heilgebet bitten. Viele von ihnen sind danach überzeugt, dass sie tatsächlich kuriert wurden, und in jeder koptischen Familie gibt es Fälle von solchen »Heilwundern«. Und lesen wir nicht in den Evangelien, dass auch Jesus Dämonen austrieb und die Kranken heilte, wird nicht Gleiches in der Apostelgeschichte von seinen Jüngern behauptet? Gerade diese Passagen werden freilich von modernen westlichen Exegeten gerne infrage gestellt, weil sie nicht in das rationalistisch-materialistische Weltbild der Aufklärung passen, mit anderen Worten: weil nicht wahr sein kann, was nicht wahr sein darf.

»Man kann nicht elektrisches Licht und Radioapparat benutzen, in Krankheitsfällen moderne medizinische und klinische Mittel in Anspruch nehmen und gleichzeitig an die Geister- und Wunderwelt des Neuen Testaments glauben«, erklärte der prominenteste *Entmythologisierer*, der Protestant Rudolf Bultmann (in *Neues Testament und Mythologie)*: »Und wer meint, es für seine Person tun zu können, muss sich klar machen, dass er, wenn er das für die Haltung des christlichen Glaubens erklärt, damit die christliche Verkündigung in der Gegenwart unverständlich und unmöglich macht.« Bultmann war nie in Ägypten. Dort hätte er erlebt, wie real die von ihm verhöhnte »Geister- und Wunderwelt des Neuen Testaments« auch im 20. und 21. Jahrhundert noch sein kann.

Dabei ist der Wunderglaube bei den Kopten keineswegs auf eine ländliche Unterschicht reduziert. In Kairo aßen wir zu Abend mit einem befreundeten Akademikerehepaar, Dr. Suzanne und Dr. Akram H., das in seiner Freizeit für das koptisch-orthodoxe Patriarchat tätig ist. Sie ist studierte Politologin, hat lange in Berlin gelebt und an der Freien Universität promoviert, er ein prominenter Gynäkologe, spezialisiert auf die Behandlung steriler Frauen. Doch auch ihre Ehe blieb lange kinderlos, weil Suzanne unter Geschwülsten in der Gebärmutter litt. Erst schickte ihr Mann sie zu den bedeutendsten Kollegen, dann zur Behandlung ins Ausland, schließlich gab er auf. Er fand sich damit ab, dass der gemeinsame Kinderwunsch unerfüllt bleiben würde. Heute hat das Paar zwei gesunde Kinder, eine Tochter namens Marina und einen Jungen namens Bishoy.

Im August 2000 hatten sie gehört, dass die Gottesmutter Maria fast jede Nacht über dem Dach der koptischen St.-Markus-Kirche in der oberägyptischen Stadt Asyut erscheinen würde. In der Hoffnung, ein Wunder zu erleben, fuhren sie dorthin. Als sie nach einer Fahrt von gut 400 Kilometern ankamen, glich das Gelände rund um das Gotteshaus einem Heerlager. Ganze Familien saßen auf staubigen Decken, die sie auf dem Boden ausgebreitet hatten, andere drängten sich auf den Flachdächern der umliegenden Häuser. Als die Sonne am Horizont verschwand, ging der Lärm der Zehntausenden in andächtiges Gebet und fromme Gesänge über. Nur in der Ferne tönte, fast schon verloren, der Ruf des Muezzin. Plötzlich erschienen Lichtwellen am Himmel. Erst bei näherem Hinsehen erkannte Suzanne die Gestalt der Gottesmutter. Ihr Schleier war hellblau, es schienen silberne Sterne eingewoben, die sich bewegten.

»Dann sah ich ihr Gesicht«, erklärte mir die promovierte Politologin, »sie hat die Leute angelächelt, während sie ihnen mit den Händen Licht zuströmen ließ. Das Ganze dauerte vielleicht 20 Sekunden. Ich hatte gerade noch genug Zeit, ihr zuzurufen: ›Lass mich auch eine Mutter werden, wie du eine Mutter warst!‹ Ein paar Wochen später stellte mein Mann fest, dass ich schwanger war.« Suzanne ist davon überzeugt, dass die Gottesmutter an ihr ein Wunder gewirkt hat.

Natürlich hatten wir keine Möglichkeit, herauszufinden, was im November 975 am Mokattam-Hügel tatsächlich geschehen ist. Aber es gibt andere Wunder in unserer Zeit, die es wert sind, untersucht zu werden.

XII Wenn die Madonna auf YouTube erscheint

Zeitoun/Kairo, am 24 Paremhat im 1684. Jahr der Ära der Märtyrer (2.4.1968)

Ein muslimischer Wachmann, der in der Busgarage der staatlichen Verkehrsgesellschaft in der Toman-Bey-Straße arbeitete, war der erste, der sie sah. Das war abends gegen 20.30 Uhr, die Sonne war gerade untergegangen und die nächtliche Dunkelheit breitete sich aus, während in der Straße schon die orange glühende Straßenbeleuchtung flackerte. Doch Abdel Aziz Ali zog etwas in seinen Bann, das es eigentlich nicht geben dürfte. Auf dem Dach der gegenüberliegenden koptischen Marienkirche stand eine leuchtende Frau. »Schaut mal das Licht da auf der Kirche!«, rief er den Mechanikern des Betriebes zu, dann sahen auch sie es. Das »Licht« hatte die Gestalt eines schmalen, jungen Mädchens, das, ganz in Weiß gekleidet, neben dem Kreuz auf der mittleren, größten Kuppel des vanillefarbenen Gotteshauses kniete. Dort, wo es steil und eigentlich lebensgefährlich war.
»Seien Sie vorsichtig!«, rief einer der Mechaniker der vermeintlichen Selbstmörderin zu. Ein anderer telefonierte mit der Polizei, die bald darauf eintraf. Längst hatte sich eine Traube von Schaulustigen gebildet, die von der Straße aus ebenfalls die »Selbstmörderin« gesehen hatten und jetzt abwarten wollten, was weiter geschehen würde.
»Die Gestalt des Mädchens wurde immer klarer«, berichtete später einer von ihnen, der koptische Bäcker Ibrahim Yussuf, »allmählich erkannte man deutlich eine junge, schöne Frau, die ein schimmerndes Kleid aus weißem Licht trug und in den Händen einen grünen Olivenzweig hielt. Plötzlich erschien eine ganze Formation bemerkenswert weiß leuchtender Tauben über ihrem Kopf. In diesem Au-

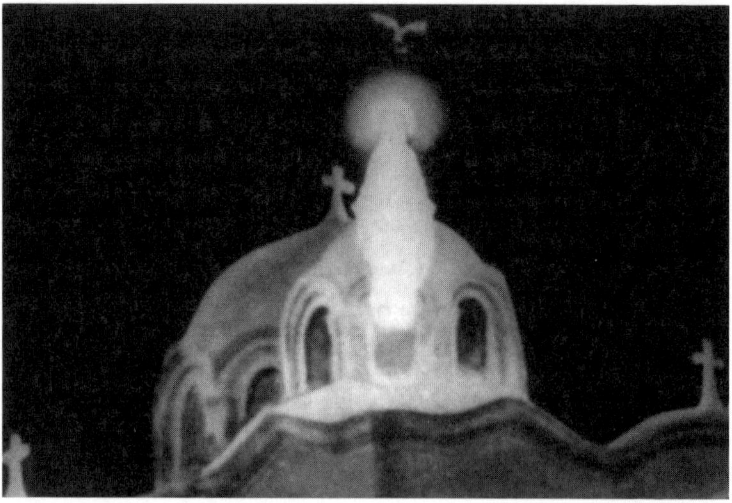

9 Foto der Erscheinung von Zeitoun, aufgenommen von dem Moslem Ali Ibrahim, einem der Direktoren des *Ägyptischen Museums* in Kairo

genblick war uns klar, dass es keine Selbstmörderin sein konnte, dass es eine himmlische Erscheinung war!«

Um sicher zu sein, richtete die Polizei ihre Scheinwerfer auf sie. Doch die zusätzliche Beleuchtung ließ die Frau nur noch heller strahlen. Jemand stellte die Straßenbeleuchtung ab, doch das änderte nichts an der Leuchtkraft der hellen Gestalt, die plötzlich aufstand und umherging. Dabei war sie von einem Lichtschein umgeben, der von ihr auszugehen schien.

In diesem Augenblick zerriss ein Schrei das andächtige Murmeln, das bislang die Erscheinung begleitet hatte: »Das ist kein Mensch. Das ist die Jungfrau Maria, die Mutter des Lichtes!« Mit einem Mal ertoste donnernder Applaus, während Stimmen zum Gesang ansetzten, die ersten Kirchenlieder ertönten. Sie rühmten Gott, der es seiner Mutter gestattet hatte, nach fast 2000 Jahren wieder nach Ägypten zurückzukehren. Bis nach Mitternacht dauerte die Erscheinung an, dann verschwand sie urplötzlich.

Doch die Madonna kam wieder. Gleich in der nächsten Nacht und an vielen weiteren Tagen, ein Jahr lang, danach sporadisch, bis zu ihrer letzten Erscheinung am 29. Mai 1971. Mal war sie allein, mal in Begleitung leuchtender Tauben, die sie umkreisten, auf die Kuppel der Kirche zurasten und urplötzlich verschwanden oder am Himmel Formationen in Kreuzform bildeten. Einige Male war die Kuppel der Kirche in süß duftenden Weihrauch gehüllt. Nicht selten sandte die Heilige Jungfrau Lichtwellen aus, die alle Anwesenden erfassten. Die längste Erscheinung, zu der es am 30. April 1968 kam, dauerte über zwei Stunden, nämlich von 2.45 bis 5.00 Uhr früh. Hunderttausende, nach offiziellen Schätzungen bis zu einer Million Menschen sahen die Frau aus Licht in Zeitoun: Christen wie Moslems, Ägypter ebenso wie Amerikaner und Europäer.

Nachdem die ersten Zeitungen über die Erscheinungen berichtet hatten, berief der koptische Papst Kyrill VI. eine Untersuchungskommission ein. Am 23. April 1968 trafen die mit dieser Aufgabe betrauten Bischöfe an der Marienkirche von Zeitoun ein. Nachdem sie die ersten Augenzeugen, die muslimischen Garagenarbeiter, befragt hatten, wurden auch sie Zeugen des Wunders. In ihrem offiziellen Bericht stellten sie fest: »Wir haben selbst die Heilige Jungfrau gesehen. Zunächst von himmlischem Licht umhüllt, dann wieder direkt. Sie bewegte sich um die Kirchenkuppel, kniete vor dem Kreuz auf der Kuppel und segnete die versammelten Menschen.«

Ein Mitglied der Untersuchungskommission war *Anba* Athanasius, Erzbischof von Beni Suef in Oberägypten. Er erinnerte sich später:

> »Das Erste, was wir sahen, als wir gegen 23.00 Uhr nach Zeitoun kamen, war etwas unterhalb der nordöstlichen Kuppel. Es war nur eine Silhouette, nicht sehr hell, die langsam aufstieg. Zuerst sah ich sie kaum, dann nahm ich sie schwach wahr. Ich sagte den Leuten, dass ich dazu nicht aussagen könnte, wenn das alles gewesen wäre.
>
> Vor der Kirche war eine große Menschenansammlung und wir standen dort bis 3.45 Uhr früh. Als der Morgen schon dämmerte, kamen einige meiner Begleiter, die auf der Nordseite der Kirche gewacht hatten, angelaufen und riefen mir zu: ›Die Dame ist über der Mittelkuppel.‹ Man sagte mir, eine Art Wolke hätte die Kuppel verhüllt, als plötzlich ein fluoreszierendes Licht wie eine Lampe den Himmel erhellte. Plötzlich stand sie da in voller Gestalt!

Die Menge war in heller Aufregung. Es war schwer, sich an den Menschen vorbeizudrängen, doch ich versuchte es und stand schließlich direkt vor der Kirche.
Da war sie, schwebte fünf oder sechs Meter über der Kuppel, hoch im Himmel, wie eine phosphorisierende Statue, aber keineswegs steif wie eine Statue. Ihr Körper und ihre Kleidung bewegten sich. Es war schwer, die Stellung zu halten, da die Menschen von allen Seiten drängelten, vielleicht hunderttausend waren es in dieser Nacht. Der Zaun rund um den Hof der Kirche wurde einfach niedergetrampelt. So zog ich mich in ein kleines Haus des Bürokomplexes südlich der Kirche zurück. Von dort aus beobachtete ich die Gestalt eine Stunde lang, von vier bis fünf Uhr. Sie verschwand nie. Die Madonna schaute nach Norden, winkte, segnete die Menschen, manchmal in der Richtung, in der ich stand. Ihr Gewand wehte im Wind. Sie war sehr still, aber voller Glanz und Würde. Es war etwas wirklich Übernatürliches und eindeutig aus dem Himmel.«

Vor allem aber waren die Kommissionsmitglieder beeindruckt von den vielen Heilungen, zu denen es in Zeitoun gekommen war. Minutiös untersuchte der medizinische Berater der Kommission, Prof. Dr. Shafik Abdel-Malek, jeden einzelnen Fall. Bei einem Mann war ein zitronengroßes Krebsgeschwür in der Blase verschwunden. Eine Frau konnte ihre seit zwölf Jahren gelähmte Hand wieder bewegen. Bei einem Mediziner (!) wurde eine Hernie (Eingeweidebruch) über Nacht geheilt. Die Frau des muslimischen Straßenbaudirektors von Kairo, der die Ärzte eine unheilbare Lähmung des linken Beins diagnostiziert hatten, rief die »Mutter des Lichtes« um Hilfe an – und konnte wieder laufen. Eine weitere Muslima wurde von einer schweren Schilddrüsenerkrankung kuriert. Ein blinder und stummer Moslem gewann Augenlicht und Sprache wieder.
Das Zeugnis seiner Bischöfe und die vielen Heilungen waren für Kyrill VI. Beweis genug. Am 4. Mai 1968 veröffentlichte der 116. Nachfolger des hl. Markus die folgende Erklärung:

»Der apostolische Stuhl (von Alexandria, Anm. d. Verf.) verkündet hiermit mit absolutem Glauben und Gewissheit, mit Freude und Dank an den allmächtigen Gott, dass die heilige und gesegnete Mutter des

> Lichtes in klarer und deutlich umrissener Form an mehreren Nächten erschien – und weiter erscheint (…) bis auf den heutigen Tag. Dies geschah in der nach ihr benannten koptisch-orthodoxen Kirche an der Toman-Bey-Straße in Zeitoun, Kairo. Diese Kirche liegt auf dem Weg, den die Heilige Familie während ihres Aufenthaltes in Ägypten nahm.«

In der Tat liegt die Kirche von Zeitoun nur zwei Kilometer vom Marienbaum von Matariya entfernt; es ist also zumindest denkbar, dass die Heilige Familie die Stätte passierte, auch wenn sie nicht gerade auf dem direkten Weg nach Haret Zuweila liegt. Jedenfalls führten die Erscheinungen dazu, dass man Zeitoun fortan in die Liste der Orte, die von der Heiligen Familie besucht worden waren, aufnahm, was zumindest verrät, wie flexibel die koptische Tradition ist.

Natürlich besuchten auch Yuliya und ich bei unserem Aufenthalt in Kairo die Marienkirche von Zeitoun. Sie ist ein architektonisches Kleinod, das, von einer Mauer umgeben, inmitten eines kleinen Gartens liegt. Palmen, Rosen, Granatäpfel und Maulbeerbäume wachsen hier und bilden einen schönen Kontrast zu dem vanillegelben Gotteshaus mit seinen fünf sahneweißen Kuppeln, die aus Zuckerguss sein könnten. Ein reicher Landbesitzer, Khalil Ibrahim, hatte es errichten lassen, nachdem ihm 1918 im Traum die Gottesmutter erschienen war. Sie bat ihn, ihr auf einem seiner Grundstücke eine Kirche zu bauen, und versprach, nach 50 Jahren dorthin zurückzukehren. So beauftragte er den italienischen Architekten Leomingelli mit der Planung; byzantinische Kirchen einschließlich der Hagia-Sophia-Kathedrale von Konstantinopel (heute: Istanbul) dienten nur allzu offensichtlich als Vorbild. Er konnte nicht ahnen, dass die Bilder ihrer Kuppeln ein halbes Jahrhundert später um die Welt gehen würden.

Als ich am 10. März 2010 das erste Mal nach Zeitoun kam, war ich überrascht, wie mondän das Viertel ist, in dem sich die Kirche befindet. Die Straßen sind ungewohnt sauber, die Häuser in bestem Zustand, die Menschen gut gekleidet. Hier, in Kairos Gartenvorstadt, wohnt eine urbane Mittelschicht, westlich orientiert, meist akademisch gebildet und modern. Hier hätte man am wenigsten eine Marienerscheinung erwartet.

Die ersten Fotos der Menschen, die auf die Gottesmutter warteten und Zeugen des Wunders wurden, sind heute in einem Säulengang im Innenhof der Kirche ausgestellt. Sie zeigen Männer in Anzug und Krawatte, viele Brillenträger mit modischen Haarschnitten. Wer glaubt, dass sich Marienerscheinungen vorwiegend in entlegenen Gegenden vor einer entsprechend ungebildeten und abergläubischen Landbevölkerung ereignen, wird hier eines Besseren belehrt.

Ich sprach einen älteren Priester an, der in der Kirche seinen Dienst tat und sich als *Abuna* Zadik vorstellte. Er war Student der Ingenieurswissenschaften gewesen, als auch er 1968 Zeuge der Erscheinungen wurde, durch die er schließlich seine Berufung fand.

»Wir waren damals alle noch am Boden zerstört. Die Niederlage im Sechstagekrieg war für uns eine nationale Katastrophe gewesen«, erklärte er uns. Für die Kopten war dadurch eine gefährliche Situation entstanden. Muslimische Prediger hatten sie zu Kollaborateuren der Israelis erklärt, ihnen die Schuld an der Niederlage gegeben. Die ersten von ihnen forderten bereits, nicht nur die Juden, sondern auch die Christen aus dem Land zu vertreiben. Die koptische Kirche war in der Defensive. Papst Kyrill VI. untersagte fortan allen Kopten bei Strafe der Exkommunikation, nach Jerusalem zu pilgern, »solange die heiligen Stätten in zionistischer Hand sind«; eine Regelung, die bis heute gilt. Es durfte keinen Zweifel am Patriotismus seiner Gläubigen geben. Doch dann kam ihnen die Gottesmutter zu Hilfe.

»Sie hielt den Ölzweig als Zeichen des Friedens in den Händen«, war *Abuna* Zadik überzeugt, »und sie kam in der Osterzeit, um uns zu sagen: Ich weiß, meine Kinder, dass ihr jetzt nicht zu mir kommen könnt. Darum komme ich zu euch, damit ihr seht, dass ich euch nie alleine lasse.«

Auch die Muslime verstanden das Zeichen. Immerhin wird die Mutter Jesu auch im *Qur'an* verehrt. Eine ganze Sure, die 19., trägt den Titel *Maryam*. Selbst dass sie als Jungfrau gebar, billigt ihr das Buch Muhammads zu, nur nicht den Status, *Gottesmutter* zu sein. Trotzdem wird Maria von vielen muslimischen Frauen in Ägypten heimlich verehrt, schon weil sie für ein anderes Frauenbild als das ihres Glaubens steht.

»Wissen Sie, dass sogar unser muslimischer Präsident Nasser die Gottesmutter von Zeitoun gesehen hat?«

»Wirklich?«

Abuna Zadik bestand darauf: »Er hatte in der Presse von den Erscheinungen gelesen. Seine Limousine parkte drüben in der Garage der staatlichen Verkehrsgesellschaft. Natürlich zeigte er sich nicht, das war ein privater Besuch, doch jeder der Priester in unserer Kirche wusste Bescheid. Zwei Nächte lang stand er da, wartete. Dann wurde er belohnt. Er sah die Heilige Jungfrau.«

Kurz darauf gab das ägyptische Informationsministerium bekannt: »Eine offizielle Untersuchung wurde durchgeführt und kam zu dem Ergebnis, dass es eine unbestreitbare Tatsache ist, dass die Gesegnete Jungfrau Maria auf der Kirche von Zeitoun in einem klaren und leuchtenden Körper erscheint, der von allen Anwesenden vor der Kirche gesehen wird, gleich ob sie Christen oder Moslems sind.«

»Durch die Erfahrung des Präsidenten wurde das da möglich«, meinte *Abuna* Zadik und zeigte auf die andere Seite der Straße. Dort erhebt sich, groß und dickbäuchig wie ein Walfisch, die moderne *Kirche der Erscheinung der Heiligen Jungfrau*, 1970 errichtet, als das kleine Gotteshaus unter dem Ansturm der Pilger aus allen Nähten zu platzen drohte. Sie steht auf dem Gelände der einstigen staatlichen Busgarage.

»Präsident Nasser hat dieses Bauland gestiftet«, beteuerte uns der *Abuna*. Diese unerwartete Geste eines muslimischen Präsidenten war an sich schon Beweis genug, dass die Geschichte des Priesters stimmen musste.

Nasser war nicht der einzige prominente Zeuge, der als Skeptiker gekommen war. Auch der evangelische Pastor und Koptologe Otto Meinardus konnte nicht glauben, was man ihm aus Zeitoun berichtete. So fuhr er eines Abends selbst hin, zusammen mit seiner amerikanischen Frau. Es dauerte nicht lange, dann sah das Paar ebenfalls, wie eine leuchtende Gestalt hinter einer der Kuppeln erschien. »Das ist Caspar, der freundliche Geist!«, entfuhr es Frau Meinardus. Später, in seinem Buch *Auf den Spuren der Heiligen Familie,* beschreibt der Deutsche die Erscheinung als »manchmal rötlich-goldene, manchmal grünlich-blaue Halbfigur« und bezeugt: »Mehrere Abende habe ich einwandfrei die Lichterscheinungen gesehen, das Beten, Rufen, Schreien der Tausenden von Gläubigen vernommen, die Maria, ihre Herrin und Gottesmutter, zu erblicken glaubten.«

»Die Erscheinung war so real, dass sie sogar fotografiert werden konnte«, versicherte *Abuna* Zadik und führte uns zu einer Schautafel mit den Originalaufnahmen des Wunders von Zeitoun. Sie alle zeigen, was die Zeugen beschrieben: Leuchtende Tauben am Himmel, die Kuppel der Kirche in Rauch, Nebel und Licht gehüllt, darin, aber auch ganz frei schwebend, eine leuchtende Gestalt. Jeder Christ würde sie sofort als die Gottesmutter erkennen.

Mindestens bei zweien der Bilder ist jede Manipulation ausgeschlossen: Sie hat der US-Physiker Prof. John Jackson von der *U.S. Air Force Academy* in Colorado Springs in einem amerikanischen Speziallabor untersuchen lassen. Auf dem einen Bild leuchtet die Madonna so stark, dass sich das Licht in der Linse spiegelt. Bei dem anderen scheinen die Kuppeln der Kirche, das Kreuz, selbst die Köpfe der Schaulustigen regelrecht zu glühen; Hinweis auf eine *koronare Entladung*, deren Ursache unbekannt ist.

»Weißt du, was mir bei diesen Fotos auffällt?«, fragte Yuliya, die Kunstgeschichtlerin, um gleich die Antwort zu liefern: »Die Art und Weise, wie Maria dort erscheint, hat nichts mit der traditionellen koptischen Ikonografie zu tun. Überhaupt nicht mit der Ikonografie der Ostkirchen. Die ganze Gestik entstammt der katholischen Bilderwelt. Auf einem der Fotos steht die Madonna leicht gebeugt, die Hände gefaltet, so, wie sie Bernadette Subirous in Lourdes erschien oder wie sie auf der *Tilma* von Guadalupe in Mexiko zu sehen ist. Auf einem anderen schwebt sie mit ausgestreckten Händen vor der Kuppel der Kirche von Zeitoun wie auf der *Wundertätigen Medaille.*«

Jetzt fiel das auch mir auf. Natürlich kannte ich beide Gnadenbilder, war in Lourdes gewesen und in dem Haus der Vinzentinerinnen in der *rue du Bac* in Paris, wo die 24-jährige Novizin Catherine Labouré am 17. November 1830 ihre zweite Marienerscheinung hatte. Damals beauftragte die Gottesmutter sie, nach dem Bild, das sie ihr offenbart hatte, eine Medaille prägen zu lassen. Sie zeigt die Jungfrau, wie sie auf der Erdkugel steht, aus ihren geöffneten Handflächen strömt Licht. Über eine Milliarde dieser Medaillen wurden seitdem produziert, unzählige Katholiken sind von ihrer Wunderkraft überzeugt.

Vielleicht war gerade das die Botschaft Mariens – ein ökumenischer Appell an die Konfessionen: »Versöhnt Euch! Ich segne die Kirche der Kopten, wie ich die katholische Kirche gesegnet habe. Ich liebe beide Kirchen und fordere Euch auf, die von Menschen gemachte Spaltung von Chalcedon zu überwinden, auf dass ihr wieder eine Kirche werdet.«

Immerhin fand 1968 die 1900-Jahr-Feier des Martyriums des hl. Markus statt, gab Rom den Kopten zumindest einen Teil seiner Reliquien zurück, setzte damals der Dialog zwischen den Kirchen ein.

Tatsächlich bewirkten die Erscheinungen von Zeitoun, dass die Kopten sich der westlichen, speziell der süditalienischen Ikonografie zuwandten, was freilich manchmal zu Ergebnissen von zweifelhaftem Kunstgeschmack führte. So werden süßliche Heiligenbildchen in Bonbonfarben, meist in China für den neapolitanischen Markt produziert, in vielen Dorfkirchen direkt neben den altehrwürdigen Ikonen platziert. Natürlich werden beide gerne mit blinkenden Lichterketten geschmückt, den schillernden Trophäen einer geglückten Globalisierung.

Ökumenisch und international war aber auch das Interesse an Zeitoun. Selbst Papst Paul VI. im fernen Rom interessierte sich für die Erscheinungen und bat Kardinal Stephanos I. Sidarouss, den Patriarchen der *Koptisch-Katholischen Kirche*, um einen Bericht. Seine gut 200 000 Gläubigen zelebrieren im koptischen Ritus, sind aber mit Rom uniert. Seit 1895 existiert diese Kirche, die ihre Entstehung Papst Leo XIII. verdankt. »Es ist zweifellos eine echte Erscheinung«, stellte der Kardinalpatriarch in seinem Bericht nach Rom fest, »die von vielen koptischen Katholiken gesehen wurde, die unser volles Vertrauen genießen. (…) Dieses einzigartige Wunder birgt eine Botschaft voller Güte in sich, die aus der Kirche von Zeitoun einen Pilgerort von weltweiter Bedeutung werden lässt.«

Doch Zeitoun blieb im Glauben der Kopten nicht einzigartig. Noch zweimal sollte es zu Marienerscheinungen in Kairo kommen, 1986 in dem von vielen Christen bewohnten Stadtteil Shubra und 2009 in Warraq, einer Arbeitervorstadt auf der westlichen Nilseite, nördlich von Giza. Warraq freilich bot ein Novum. Waren zur Zeit der Erscheinungen von Zeitoun Kameras in Ägypten noch selten und teuer, gelangen ohnehin nur geschulten Fotografen mit hochempfindlichen Filmen passable Nachtaufnahmen, hatte die digitale Revolution 2009 längst auch den Nil erreicht. So gab es erstmals Filme von einer Marienerscheinung, aufgenommen mit der Videofunktion modernerer Mobiltelefone.

Wieder war der Erste, der die Madonna sah, ein Moslem. Hassan, ein junger Mann aus der Nachbarschaft, saß am Donnerstag, dem 10. Dezember 2009, gegen 20.30 Uhr in einem Straßencafé neben der Kirche, als er vor ihr ein starkes Licht bemerkte. Zuerst dachte er, ein Kind mit einer Taschenlampe sei auf einen der Bäume neben dem Eingang geklettert. »Doch dann wurde das Licht stärker und schwebte von dem Baum hinüber zu ihrer rechten Kuppel. Jetzt war die Form der Jungfrau Maria deutlich erkennbar. Ich beobachtete sie eine Zeit lang, dann filmte ich sie mit meinem Mobiltelefon, bis sie verschwand«, erklärte er der Tageszeitung *Al-Ahram*.

Kurz nach Mitternacht klingelte bei *Abuna* Dawoud, dem Pfarrer der *Kirche der hl. Jungfrau Maria und des Erzengels Michael,* das Telefon Sturm. Einer der ersten Anrufer war ein weiterer muslimischer Nachbar, Haj Rashad: »Was machen Sie zu Hause, *Abuna*? Ich habe gerade die gesegnete Maryam mit eigenen Augen gesehen. Kommen Sie schnell und sehen Sie selbst!«

Als der Pfarrer gegen 1.00 Uhr früh seine Kirche erreichte, wurde sie bereits von mindestens 3000 Schaulustigen belagert. Dann sah auch er sie: Eine leuchtende Gestalt in einem strahlend weißen Kleid, umhüllt von einem blauen Mantel, die zwischen den Kuppeln der Kirche, ziemlich genau vor ihrem Turm, schwebte. Das erleuchtete Kreuz, das von seiner Spitze leuchtete, wirkte wie eine Krone. Jetzt griff *Abuna* Dawoud selbst zum Handy und begann zu filmen.

Erst gegen 4.00 Uhr früh verschwand die Erscheinung. Einige Zeugen beschrieben später leuchtende Tauben, die rund um die Kirche geflogen seien, andere sahen einen Stern, der am Himmel erschien, um bald darauf wieder zu verschwinden. Die Menschen klatschten, sangen koptische Hymnen und stießen schrille Freudenschreie aus. Noch am selben Tag tauchten die ersten Bilder aus Warraq auf *YouTube* auf.

Im Internet wurde dann auch die erste Kritik laut. Das alles sei ein ausgemachter Schwindel, behauptete ein Skeptiker, dem aufgefallen war, dass die Position der Madonna auf den Filmen stets mit der des Kirchturms identisch ist.

Als ich am Abend des 14. März in Warraq recherchierte, war der Turm tatsächlich beleuchtet. Doch das Licht, das er ausstrahlte, war zu schwach, um für die strahlende Gestalt auf den Handy-Aufnahmen verantwortlich zu sein. Zudem: Sollten die Menschen, meist Einheimische, durch etwas getäuscht worden sein, das sie täglich zu sehen bekommen?

Die Erscheinungen dauerten jedenfalls an. Am Sonntag, dem 13. Dezember 2009, beobachtete auch Bischof Theodosius von Gizeh »leuchtende Tauben, die plötzlich in der Luft erschienen«. Als am 16. Dezember die Polizei der Kirche und dem ganzen Stadtviertel den Strom abdrehte, um einen eventuellen Betrug völlig unmöglich zu machen, erschien erneut die Madonna. Die Moslems, die ein Straßencafé vor der Kirche betrieben, vermieteten längst Stühle für drei Ägyptische Pfund am Tag und versorgten die Schaulustigen, die es bei Minusgraden in den kalten Winternächten aushielten, mit süßem Gebäck und warmen Getränken.

Auch erste Wunderheilungen wurden bald vermeldet. Kawkab Munir Shehata etwa, Mutter dreier Kinder, war auf dem linken Auge blind; seit sie Zeugin der Erscheinung geworden war, konnte sie wieder mit beiden Augen sehen. Ihr behandelnder Arzt, Dr. Safwat Shaker, Chef der Augenklinik im Kairoer Nil-Hospital, bestätigte das Wunder.

Als ich ihn in seiner Kirche interviewte, zeigte mir *Abuna* Dawoud noch einen weiteren medizinischen Bericht: Ein Zeuge der Erscheinung war von AIDS geheilt worden.

»Die Rückkehr der Gottesmutter ist ein großer Segen für ganz Ägypten. Er offenbart die Liebe Mariens zu diesem Land«, erklärte Bischof Sarabamon, Abt des *Klosters des hl. Bishoy*, der von Papst Shenouda III. mit der Untersuchung der Vorfälle beauftragt worden war. Schon am 16. Dezember 2009 nahm dann auch der Patriarch der Kopten persönlich in seiner Mittwochs-Vorlesung Stellung zu den Erscheinungen:

»Wir leben in einer materiellen Welt auf der Erde. Es existiert aber auch eine andere, spirituelle Welt. Diese Welt nennt man die Welt des Lichtes, die himmlische Welt. In dieser Welt existiert so viel Licht und Gott selbst ist in ihr das größte Licht, dem sich niemand nähern kann. Eine Eigenschaft unseres Herrn Jesus Christus ist, dass er das *Licht vom Licht* ist und die Jungfrau Maria wird auch *Mutter des Lichtes* genannt. Das Licht umfasst alle Seelen der gerechten Menschen, die in den Himmel aufgestiegen sind. Wir können auch Besuch aus dieser anderen Welt empfangen. Dieser Besuch nimmt dann eine Lichtgestalt an. Darum erscheint die Heilige Jungfrau Maria als Lichtkörper. (...) Die Taube symbolisiert den Heiligen Geist, aber auch die Heilige Jungfrau Maria. Wenn der Priester aus dem Altarraum herausgeht, um der Ikone der Jungfrau Maria Weihrauch zu spenden, dann betet er: *Gegrüßet seist du Maria, du schöne Taube*. Aber was bedeutet die Erscheinung mehrerer Tauben? Es sind die Seelen der Gerechten, welche die Heilige Jungfrau bei ihren Erscheinungen begleiten und bejubeln! Diese Visionen, meine Lieben, hängen vom Glauben ab. Der einfache Mensch, der nicht kompliziert ist, ist würdig, sie zu schauen. Aber der komplizierte Mensch wird durch seine komplizierte Art daran gehindert, so etwas zu sehen.«

Prälat Joachim Schroedel, ein gebürtiger Mainzer, leitet die römisch-katholische St. Markusgemeinde in Kairo. Doch seine »Pfarrei« ist viel größer; die Deutsche Bischofskonferenz beauftragte ihn mit der Seelsorge für die deutschsprachigen Christen in Ägypten, dem Sudan, Äthiopien, Syrien, Jordanien und dem Libanon. Als ich ihn zu Warraq befragte, erklärte er mir, auch deutsche Ordensschwestern, Borromäerinnen, seien Zeuginnen der Erscheinungen geworden.
»Ich habe sie noch nie so aufgeregt erlebt, aber auch noch nie so gespalten. Für die einen stand fest, dass die Gottesmutter erschienen ist. Andere meinten, es könnten ja auch technische ›Spielereien‹ gewesen sein«, eine Meinung, die auch bei vielen Moslems sehr verbreitet ist. Ganz anders habe sein muslimischer Fahrer reagiert, der dem deutschen *Abuna* erklärte: »Gott will den Menschen Zeichen setzen; er will, dass man glaubt!«
Mit einer Geschichte beantwortete Msgr. Schroedel meine Frage, was denn von Warraq zu halten sei: »Ein europäischer Forscher hatte sich

in der Wüste verirrt. Dem Verdursten nahe sah er in der Nähe eine Oase. Das Wasser lockte, die Palmen winkten ihm zu. ›Das ist nur eine Fata Morgana‹, sagte sich der Verdurstende, ›ich falle darauf nicht rein‹. Am nächsten Morgen fanden ihn zwei Beduinen. ›Wie kann ein Mann verdursten, wenn er doch direkt neben der Quelle unserer Oase liegt?‹, fragt der eine. ›Er war halt ein Europäer!‹, erwiderte der andere mit mitleidiger Stimme.
Vielleicht sollten wir von den Orientalen wieder Glauben lernen!«
Während ich diese Zeilen schreibe, kommen mir die Worte eines der größten europäischen Intellektuellen und Staatsmänner des 20. Jahrhunderts, des am 18. Dezember 2011 verstorbenen Václav Havel, in den Sinn. In seinem kulturkritischen Essay *Zivilisation ohne Gott*, das er nur ein Jahr vor seinem Tod veröffentlichte, schrieb der gläubige Katholik:

> »Ich betrachte die jüngste Krise als einen kleinen unscheinbaren Aufruf zur Demut. Eine Aufforderung an uns, nicht alles automatisch für gesichert zu halten. Es geschehen seltsame Dinge und sie werden auch in Zukunft geschehen. Wenn man es nicht schafft, sich das einzugestehen, ist das der Weg zur Hölle. Das Seltsame, das Übernatürliche, das Rätselhafte, das Unbegreifliche – es wurde aus der Welt seriöser Gedanken verbannt, als gehöre es in die obskuren Kämmerchen unzurechnungsfähiger Leute. Solange wir all das nicht in unsere Köpfe zurückkehren lassen, solange wird es nicht besser werden. Wir müssen uns wieder wundern. Und uns Sorgen machen über das Nichtselbstverständliche der Dinge.«

Während wir alles hinterfragen und uns begierig auf jede rationale Erklärung stürzen, durch die unser materialistisches Weltbild vielleicht noch einmal gerettet werden könnte, interessiert die Kopten viel mehr, welche Botschaft sich hinter dem Himmelszeichen verbirgt. Für sie war es kein Zufall, dass die erste Erscheinung von Warraq ausgerechnet auf einen 10. Dezember fiel, bei ihnen der Beginn des *Marienmonats* Koiak, dessen Höhepunkt das koptische Weihnachtsfest am 7. Januar (29 Koiak) ist. Damals konnte noch niemand ahnen, dass ein Jahr später mit dem schrecklichen Attentat von Alexandria für die Kopten eine neue Leidenszeit anbrechen würde, was der Erscheinung geradezu prophetischen Charakter verlieh. So wurde Warraq für die Gläubigen zu einem Zeichen der Gottesmutter, dass sie während all dieser Drangsal unter ihrem Schutz stehen. Und diesen Beistand hatten sie in den nächsten Jahren auch bitter nötig.

XIII Die Stadt der tausend Bücher

Kairo, am 14 Mesori im 1727. Jahr der Ära der Märtyrer (20.8.2011)

Die Heilige Familie reiste von Ma'adi aus mit dem Boot nach Oberägypten, doch diesen Luxus gönnten wir uns nicht. Stattdessen nutzten wir die moderne Maut-Schnellstraße durch die Wüste. Auf dem Weg dorthin passierten wir die Pyramiden von Gizeh, die schon zur Zeit Jesu zu den sieben Weltwundern gezählt wurden, und fragten uns, was die Flüchtlinge aus Judäa wohl bei ihrem Anblick dachten. Eher unwahrscheinlich, dass sie den Bericht des griechischen Weltreisenden und *Vaters der Geschichtsschreibung* Herodot kannten, der sie im 5. Jahrhundert v. Chr. treffend als gigantische Pharaonengräber identifizierte. Spätere christliche Pilger dagegen hielten sie für die Kornspeicher des Josef, errichtet vor der siebenjährigen biblischen Hungersnot (1 Mos 40,48).

Unser erstes Ziel war Gabal al-Tayr, der *Vogelberg,* der sich nördlich von Minya am Ostufer des Nils steil aus der fruchtbar-grünen Flusslandschaft erhebt. Er verdankt seinen Namen dem Umstand, dass auf ihm zweimal im Jahr Hunderttausende von Zugvögeln rasten. Als Otto Meinardus in den 1960er-Jahren die Stationen der Flucht der Heiligen Familie inspizierte, führte noch keine befahrbare Straße auf sein Hochplateau. So musste der Deutsche von Samalut aus ein Boot nehmen, das am Nilufer anlegte, um dann zu Fuß auf dem alten Pilgerweg über eine Treppe von 166 Stufen den Vogelberg zu besteigen. Das ist heute anders, und ich weiß nicht, ob ich das bedauern oder begrüßen soll. Denn es beraubt den Pilger der erhebenden Erfahrung, aus dieser sattgrünen, atemberaubend schönen Landschaft allmählich aufzusteigen, dem Himmel entgegen.

Das Dorf auf dem Vogelberg ist fest in christlicher Hand. Auf die bunten Holztüren und Fensterläden der mit Nilschlamm verkleideten Häuser sind Kreuze gemalt, um auch ja keinen Zweifel am Glauben ihrer Bewohner aufkommen zu lassen. Seine Kirche selbst ist nur von außen eher unspektakulär. Kaum tritt man durch das Tor ihrer bis auf einen Bogen zugemauerten Fassade, steht man vor einem prachtvollen Sandsteinrelief aus dem frühen Mittelalter. Ein Schild der ägyptischen Altertümerverwaltung behauptet, das Gotteshaus sei im Jahre 44 A.M. (328 n. Chr.) auf Geheiß der Kaisermutter Helena errichtet worden; andere Archäologen datieren es ins 6. Jahrhundert. Wer es betritt, merkt, dass er gerade einer optischen Täuschung zum Opfer gefallen ist. Von außen sieht die Kirche aus, als sei sie auf dem Berggipfel errichtet worden. Tatsächlich aber handelt es sich um eine Höhlenkirche, die in den Fels geschlagen und erst später mit einer Fassade versehen wurde. Ihr gesamter Säulenumgang besteht aus einem einzigen Stück Gestein, ein dünner roter, gelb gepunkteter Teppich bedeckt den nackten Felsboden. Ein Fenster in einer der zehn klobigen Säulen enthüllt eine halbkreisförmige Einbuchtung. Eine Tür rechts vom Altarraum führt in eine natürliche Höhle, die, wie es heißt, einst der Heiligen Familie Zuflucht bot.

Die ganze Kirche ist ein Mysterium und wir müssen schon die Quellen befragen, um ihm auf den Grund zu gehen. Die älteste ist die *Vision des Theophilus* (5. Jh), in der es heißt:

> »(...) und Er [Jesus] legte seine rechte Hand auf den östlichen Berg und seine linke Hand auf den nördlichen Berg und sagte: ›Halt‹; und sie hielten inne. Und die Spuren Seiner beiden Hände wurden eingedrückt und blieben erhalten in den Bergen, als seien sie in Teig und in Wachs gedrückt, und man sieht sie noch heute. Und Er sagte zu ihnen: ›Seid ein Zeichen und ein Zeugnis für alle, die schwach im Glauben sind und nicht glauben, dass ich in diese Welt kam (...).‹«

Dass sich diese Zeilen tatsächlich auf Gabal al-Tayr bezogen, daran lässt Abu al-Makarim in seiner *Geschichte der Kirchen und Klöster Ägyptens* (12. Jh.) keinen Zweifel. Zu seiner Zeit, so schreibt er, war der *Vogelberg* auch als Gabal al-Kaff, *Berg der Handfläche*, bekannt, weil man den Pilgern dort einen »Handabdruck des Jesuskindes« zeigte:

> »Die Kirche von Gabal al-Kaff ist der reinen Jungfrau Maria geweiht. Sie ist aus der Felswand geschlagen und in dem Fels sieht man den Abdruck der Hand des Herrn Christus, dem alle Ehre sei, der entstand, als er den Berg berührte, als dieser sich in Verehrung vor ihm beugte, als er von Syrien (Palästina) her kam. Er griff nach dem Berg, als er sich vor ihm niederwarf und drückte ihn mit der Hand zurück, sodass der Abdruck seines Handtellers in ihm bis auf den heutigen Tag erhalten blieb. In dem Handabdruck ist eine feine Perforation erkennbar, groß und tief genug, um eine Nadel aufzunehmen. (…)«

Ich sprach *Abuna* Nehemia an, den schmalen, schwarzbärtigen Ortspriester. Seine Version der Geschichte war etwas profaner: »Als das Boot mit der Heiligen Familie an Bord diese Felswand passierte, löste sich ein Gesteinsbrocken und drohte, auf sie zu stürzen. Da hob *Unser Gott Jesus Christus* die Hand und schützte seine Familie. Seine Hand hinterließ einen Abdruck in dem Felsen, weshalb dieser Berg auch *Gabal al-Kaff* genannt wurde.«

Der Nil fließt längst nicht mehr zu Füßen des Vogelberges, doch seine steile Klippe lässt die Geschichte nicht ganz unwahrscheinlich erscheinen. »Es gibt allerdings noch eine zweite Version der Legende«, ergänzte *Abuna* Nehemia, um mich völlig zu verwirren. »Danach stand zur Zeit der Heiligen Familie ein heidnischer Tempel auf dem Berg. Als sie hier an Land ging, um die Nacht zu verbringen, stürzten die Statuen seiner Götzen um. Die Priester waren darüber so verärgert, dass sie die Heilige Familie fortjagen wollten. Da drückte der Jesusknabe seine Hand gegen den Berg, der sich spaltete. In der Felsspalte konnten sie sich vor den wütenden Priestern verstecken.«

»Und, an welche Version der Geschichte glauben Sie?«, fragte ich den Priester.

»An die zweite«, gestand er mir. »Sie erklärt besser, weshalb diese Kirche im Auftrag der heiligen Helena in den Felsen geschlagen wurde.«

»Und wo ist der Handabdruck? Kann man ihn sehen?«, fragte ich neugierig.

»Leider nicht. Er befand sich wohl einst dort vorne, in der zweiten Säule, die jetzt durch ein Fenster markiert ist. Die Kreuzritter kamen im 12. Jahrhundert nach Gabal al-Tayr, haben den Handabdruck herausgemeißelt und nach Jerusalem gebracht. Das bestätigt auch Abu al-Makarim. Danach soll er in die Hände des Sultans *Salah al-Din* (Saladin) gefallen sein. Allerdings erzählte mir ein Mitbruder, *Abuna* Schenuda aus Tanta, er habe den Stein 1986 im *Britischen Museum* in London gesehen. Er sei etwa 40 mal 30 Zentimeter groß. Deutlich habe man den Abdruck dreier Finger und der Handfläche erkannt.«

Ich versprach ihm, die Geschichte zu überprüfen, wenn ich wieder einmal in London sein würde. Später schlug ich bei Abu al-Makarim nach und fand die Stelle, auf die der Priester sich bezogen hatte: »Es heißt, dass, als die Franken und ihr König in Oberägypten einfielen, um den Kurden Schirku und seine Männer aus Ägypten zu vertreiben, sie das Stück des Felsens mit dem Handabdruck herausschnitten und mit nach Syrien (Palästina) nahmen. Das sei im Jahr 563 der Araber (1168 n. Chr.) gewesen.«

Tatsächlich führte König Amalrich von Jerusalem zwischen 1162 und 1169 fünfmal ein Heer nach Ägypten, um die Fatimiden gegen Schirku, den Onkel Saladins, zu unterstützen. Die Kämpfe fanden allerdings alle in Unterägypten oder bei Kairo statt. Trotzdem kann natürlich eine Expedition nach Gabal al-Tayr zu dem Zweck, in den Besitz einer so kostbaren Reliquie zu kommen, nicht ausgeschlossen werden. Nicht nur deshalb ist es kein Wunder, dass sich die Kreuzritter bei den Kopten nie allzu großer Beliebtheit erfreuten.

Jedenfalls pilgern noch heute jedes Jahr Hunderttausende am 1. Juni, dem *Fest der Ankunft der Heiligen Familie in Ägypten*, auf den Vogelberg, um einen *Mulid*, eine Mischung aus Kirmes und Wallfahrt, zu feiern. Wie mir *Abuna* Nehemia erklärte, würden dabei regelmäßig leuchtende Tauben und rätselhafte Lichter beobachtet.

So war es schon zur Zeit Otto Meinardus' gewesen. In seinem Buch *Auf den Spuren der Heiligen Familie* ergänzt er: »Auch die christlichen Angestellten der örtlichen Elektrizitätswerke haben mir versichert, dass zur Zeit der Kirmes das elektrische Licht immer ausgehe, da die Leitungen überlastet seien, die Kirche aber dennoch abends auch ohne Lichtquellen erleuchtet sei, da Gott seine und besonders diese Kirche in aller Pracht seinen Gläubigen zeigen möchte.«

Zwei Tage später setzten wir unsere Suche am westlichen Nilufer fort. Wir waren einem weiteren Wunder auf der Spur. In seinem Bestseller *Jesus in Egypt*, der mich, zugegeben, zu dem Titel dieses Buches inspirierte, berichtet der amerikanische Autor Paul Perry von seinem Besuch in Ishnin al-Nassara, einem Dorf nordwestlich von Gabal al-Tayr. Der örtlichen Tradition zufolge lag es ebenfalls auf der Fluchtroute der Heiligen Familie. Dort begegnete Perry dem Priester des Dorfes, Father Yu'annis, von dem er Unglaubliches erfuhr. An einem 22. August sei die Heilige Familie in sein Dorf gekommen, erklärte der *Abuna* dem Amerikaner. Doch als sie zu einem Brunnen kamen und trinken wollten, stand das Wasser so tief, dass weder Maria noch Josef es erreichten. Da habe Jesus seine Hand über den Brunnen gehalten und das Wasser sei aufgestiegen, bis seine Mutter es bequem schöpfen konnte.

Seitdem, so der Priester, würde »jedes Jahr am 22. August das Wasser um vier Uhr nachmittags steigen. Das geschieht nicht mit einem anderen Brunnen in dieser Gegend, nur hier in Ishnin. Deshalb ist es ein Wunder und wir feiern hier an diesem Tag den Besuch der Heiligen Familie«.

Er selbst, so vertraute *Abuna* Yu'annis Perry an, entstamme einer Familie, die seit 27 Generationen in Ishnin den Ortspriester stellt; nicht einmal in gut und gerne acht Jahrhunderten sei »das Wasser nicht um vier Uhr nachmittags gestiegen«.

Das wollte ich natürlich vor Ort nachprüfen. Schon deshalb hatten wir unsere zweite Reise auf den Spuren der Heiligen Familie auf Ende August gelegt. So fuhren wir auf nicht gepflasterten Straßen durch die grüne, fruchtbare Landschaft, vorbei an den Seitenarmen und Kanälen des Nils, die so zauberhaft schön sein könnten, würden die Einheimischen sie nicht als Müllkippe missbrauchen. Vor allem Plastikflaschen sind es, die das Flussufer verschandeln und uns mehr als einmal an einen grünen Umweltminister denken ließen, der hier ein sinnvolles Betätigungsfeld finden würde.

Müde Hunde, die am Straßenrand dösten, erinnerten uns daran, dass hier einst die antike Stadt Kynopolis lag, deren Bewohnern des Menschen bester Freund heilig war. Der Römer Plutarch berichtet von ihrer blutigen Fehde mit den Bürgern der Nachbarstadt Oxyrhynchos, die den *scharfnasigen Fisch* gleichen Namens verehrten. Als die Kynopoliten die letzten dieser Fische fingen und verspeisten, rächten sich die Oxyrhynchiten, stahlen ihre Hunde und grillten sie. Am Ende musste die römische Besatzungsmacht einschreiten und die Streitenden auseinanderbringen. Wie es schien, hatten zumindest einige der Hunde das Massaker überlebt.

Gegen 14.00 Uhr erreichten wir am 22. August 2011 die tausendjährige St.-Georgs-Kirche von Ishnin. Ihre zwölf Kuppeln, die an die zwölf Apostel erinnern sollen, waren mit beigefarbenem Nilschlamm verputzt, die Mauern burgunderrot und gelb bemalt. Gleich gegenüber erhob sich das moderne Pfarrhaus in hellem Blau. Davor, mit Kalksteinplatten verkleidet und von einer kreuzgekrönten Betonkuppel überragt, stand der heilige Brunnen. Wir schoben seinen schweren Eisendeckel beiseite und dokumentierten fotografisch seinen Wasserstand.

Zu unserer Überraschung waren wir nicht allein. Zwei junge Deutsche waren ebenfalls gerade eingetroffen, der Mainzer Produzent Arian Menzel und der Kieler Islamwissenschaftler Sebastian Elsässer; auch sie hatten von dem »Wunder von Ishnin« gehört und wollten ihm auf den Grund gehen.

In der Kirche drängte sich zu diesem Zeitpunkt fast die gesamte Dorfbevölkerung. Zuerst glaubten wir, in Erwartung des Wunders, doch der Sarg, der vor der Ikonostase aufgestellt war, verriet uns schnell, dass wir in eine koptische Beerdigung geraten waren. Begleitet von Klageweibern, einem schon im alten Ägypten gepflegten Brauchtum, setzte sich bald der Leichenzug in Bewegung, mit dem Dorffriedhof als Ziel. Gut eine Stunde später kehrten die Trauernden zum Leichenschmaus ins Pfarrheim ein. Nichts, aber rein gar nichts deutete darauf hin, dass sich an diesem Tag noch ein Wunder ereignen würde. Menzel und ich stiegen auf das Dach des Pfarrheims und genossen den Blick über das pittoreske Dorf, während Yuliya, Fado und Sebastian Elsässer am Brunnen Wache hielten. Alles war ruhig. Keine Prozessionen, keine Pilgerströme, keine Schaulustigen; niemand schien sich für den heiligen Brunnen zu interessieren. Es wurde 16.00 Uhr, wir waren längst zum Brunnen zurückgekehrt, es wurde 17.00 Uhr, und immer noch nichts geschah.

Endlich, gegen 17.15 Uhr, kehrte der Priester des Ortes von der Beerdigung zurück und begrüßte seine weit gereisten Besucher. *Abuna*

Mikhail, so hieß er, verneinte kategorisch die Existenz eines Brunnenwunders. Es sei schon wahr, erklärte er uns, dass das Wasser an jedem 22. August gestiegen sei, doch das habe eine ganz natürliche Ursache gehabt. Der Brunnen sei ein antiker *Nilometer*, er diente der Messung des Nilpegels, der einmal im Jahr, bei der sogenannten *Nilflut*, rapide anstieg. Um den 22. August habe der Pegel seinen höchsten Stand erreicht, als seine Vorgänger über dem Brunnen für die Fruchtbarkeit des Landes beteten; ein alter Ritus, der seine Wurzeln im pharaonischen Ägypten hatte. Je stärker der Nil stieg, desto fruchtbarer wurde das Land, desto reicher war die Ernte, während ein niedriger Grundwasserstand eine Hungersnot ankündigte. Sogar die Steuern wurden einst nach dem Pegel festgelegt. Erst mit dem Bau des Assuan-Staudamms zwischen 1960 und 1971 wurde der Wasserstand geregelt, blieb die Nilflut aus. Die Ägyptologin Jill Kamil stellt dazu fest: »In der Spätzeit der Pharaonengeschichte waren Nilometer praktisch Kultobjekte. Sie wurden auf Tempelgelände gebaut, und in vielen der großen Heiligtümer entstanden unterirdische Zugänge zu dem heiligen Wasser, dem ›neuen Wasser‹, das man für Trankopfer nutzte.«

Die Gebete der altägyptischen Priester, die ihre Götter um eine starke Flut und reiche Ernte anriefen, wurden fast wörtlich von ihren christlichen Nachfolgern übernommen. Sie spiritualisierten das Naturereignis, deuteten den Segen der Flut bald zum Wunder um. Entsprechend berichtet Abu al-Makarim (12. Jh.), dem wir die erste Erwähnung von Ishnin al-Nassara verdanken: »Das Jesus-Kloster liegt bei Ishnin. (…) Christus besuchte diesen Ort und blieb dort. In dem Kloster gibt es eine Kirche, in deren Mitte ein Brunnen mit fließendem Wasser steht. Über diesem Brunnen werden jedes Jahr während der Nilflut Gebete gesprochen; und dann steigt das Wasser in dem Brunnen.«

»Und, glauben Sie wirklich, dass die Heilige Familie hier war?«, fragte ich *Abuna* Mikhail, an dessen Aufrichtigkeit ich keinen Zweifel hatte. Er verwies auf ein spätantikes Kapitell, das im Hof gleich neben dem Brunnen stand.

»Dieses Fragment wurde hier entdeckt, als wir das Pfarrheim bauten. Die Archäologen sagten uns, es stamme aus dem 4. oder 5. Jahrhundert. Auf jeden Fall muss es zu einer bedeutenden Kirche gehört haben. Unsere Tradition sagt, dass hier in der Gegend um Ishnin einst so viele Kirchen standen, wie man Tage im Jahr zählt. Der fatimidische Sultan al-Hakim hat sie alle zerstört. Daran, dass unser Herr Jesus und seine heilige Mutter unser Dorf gesegnet haben, zweifle ich nicht. Aber wenn Sie ein Pilgerfest erleben wollen, dann müssen Sie schon in unser Nachbardorf, nach Dair el-Garnus, wo jedes Jahr zu *Mariä Himmelfahrt* ein *Mulid* (Kirmes) gefeiert wird.«

Ich kannte das Dorf, hatte es bereits 2010 besucht. Auch hier wird ein ehemaliger Nilometer als heiliger Brunnen verehrt. Er steht in einem Nebenraum der Kirche, der dringend eine Renovierung nötig hätte. Der halbrunde Brunnen ist von hellblauem Holz umgeben, dessen Farbe schon vor Jahrzehnten abgeplatzt ist, und wirkt schon dadurch ziemlich unspektakulär.

»Vergessen Sie Ishnin«, hatte mir damals der Dorfpriester, *Abuna* Shenuda, erklärt. »Da ist die Heilige Familie höchstens vorbeigekommen. Hier, in Dair al-Garnus, ist sie tagelang geblieben. Deshalb war der Ort später als *Pei-Isus* bekannt, als das ›Haus Jesu‹.

Dair oder *Deir* heißt Kloster. Hier stand das von Abu al-Makarim erwähnte Jesus-Kloster, das *Dair Isus.* Als die Mönche von den Moslems vertrieben wurden, siedelten sich hier christliche Familien an, die den Namen zu Dair al-Garnus verballhornisierten. Abu al-Makarim hat deshalb unseren Brunnen gemeint, als er vom Jesus-Kloster bei Ishnin schrieb. Hören Sie: *bei* Ishnin, nicht *in* Ishnin.«[37]

Ich musste daran denken, dass die Städtefeindschaft zwischen Kynopolis und Oxyrhynchus schon zur Römerzeit bestand und sich offensichtlich seitdem nicht viel verändert hat.

»Oxyrhynchus, das heutige al-Bahnasa, war seit dem 4. Jahrhundert Bischofssitz und bekannt für seine vielen Kirchen und Klöster«, fuhr der Priester fort, »im 7. Jahrhundert lebte hier der Bischof Cyriakus. Er schrieb über die Entdeckung eines Buches, das der heilige Josef, der Zimmermann, selbst verfasst hatte. Und darin erklärte er, die Heilige Familie sei vier Tage lang in Dair al-Garnus geblieben.«

Allerdings ist bei Historikern umstritten, wann Cyriakus gelebt hat. Zudem berichtete er aus dritter Hand: Ein Priester namens Antonius habe in seiner Kirche die Aufzeichnung eines Priesters aus dem 4. Jahrhundert, der Thomas hieß, gefunden, in der die wundersame Entdeckung des bislang unbekannten Josef-Buches geschildert wird.

Dieses Buch, so heißt es dort, enthielt auch Angaben über den Aufenthalt der Heiligen Familie in Deir al-Garnus bzw. *Pei-Isus*. Ein Bauer habe die Flüchtlinge getroffen und spontan in sein Haus eingeladen. Dort habe das Jesuskind seine Schafe und seinen Brunnen gesegnet. Später sei das Haus wegen vieler Heilwunder bekannt geworden: »Die Blinden sahen, die Tauben hörten, die Aussätzigen wurden rein, die Stummen sprachen wieder durch die Kraft Gottes.« Nach seinem Tod sei auch der Bauer dort beigesetzt und schließlich, nach der Entdeckung der Aufzeichnungen, das besagte Kloster gegründet worden.[38]

»Noch heute erleben wir hier viele Wunder«, hatte mir *Abuna* Shenuda damals erklärt, »hier wird nie jemand von einer Schlange gebissen oder einem Skorpion gestochen. Während des *Mulids* können die Kinder sogar mit Skorpionen spielen, nichts geschieht. 1983 wurde unser Kirchturm renoviert. Dabei stürzten zwei Arbeiter aus einer Höhe von sieben oder acht Metern vom Dach. Einer von ihnen war ein gläubiger Christ, er hatte nur Kratzer an den Händen. Der andere, ein Moslem, wurde schwer verletzt.« Solche *Wunder*, hatte er mir versichert, würden noch heute die Pilger anziehen. »Zwischen 30 000 und 50 000 Menschen kommen auf unseren *Mulid* im August.« Viele von ihnen hätten Flaschen dabei, um das Wasser aus dem heiligen Brunnen in das ganze Land zu tragen.

»Ich gebe zu, ich würde die Geschichte von Bischof Cyriakus gerne in das Reich der Legenden verbannen, wenn sie nicht ein einziges realistisches Element besäße«, erklärte ich Yuliya, als wir uns wieder auf den Weg machten.

»Oxyrhynchus ist als *Stadt der vielen Tausend Bücher* bekannt, als einzigartige Fundstelle frühchristlicher Papyrusfragmente. Sollte es das mysteriöse Josef-Buch tatsächlich gegeben haben, dann wäre es nicht der erste *Pseudepigraph*, die erste Handschrift, die einer bedeutenden Persönlichkeit des Neuen Testaments zugeschrieben wurde, den man hier fand.«

Tatsächlich gibt es keinen Ort auf der Welt, nicht einmal die Höhlen am Toten Meer, an dem die Wahrscheinlichkeit, auf einen frühchristlichen Text zu stoßen, so hoch ist wie in al-Bahnasa. Das antike Oxyrhynchus liegt nur acht Kilometer südlich von Dair al-Garnus, direkt an der Verbindungsstraße zur Wüstenautobahn. Sein Ruf, speziell in christlicher Zeit, ist legendär. Mindestens zwölf Kirchen soll es in seiner Blütezeit, dem 5. bis 7. Jahrhundert, besessen haben, dazu eine Vielzahl von Klöstern mit 10 000 Mönchen und 12 000 Nonnen, wie uns koptische Texte berichteten. Sein Bischof Boutros (Peter) nahm 431 sogar am berühmten *Konzil von Ephesus* teil, als die Gottesmutterschaft Mariens dogmatisch definiert wurde. Doch obwohl hier seit fast 120 Jahren Archäologen arbeiten, ist die Stätte auf den ersten Blick weniger als unspektakulär. Sie gleicht eher einer gewaltigen Müllgrube, in deren Zentrum zwei monumentale Bögen erhalten sind, die von einer christlichen Basilika aus der Spätantike stammen. Dazwischen türmen sich Berge antiker Keramikfragmente, die allein von der trockenen Erde zusammengehalten werden. Nur der Kenner weiß, dass gerade diese antiken Müllberge den wahren Schatz von Oxyrhynchus in sich bargen, seine unzähligen Papyri.

Papyrus, dem unser Papier seinen Namen verdankt, ist eine ägyptische Erfindung. Während die Völker des alten Orients ihre Schriftzeichen in Tontafeln ritzten, die antiken Juden mit Tinte auf dünne Tierhäute, das sogenannte *Pergament*, schrieben, hatten die Ägypter bereits im 3. Jahrtausend v. Chr. eine ebenso einfache wie geniale Erfindung gemacht. Die Papyruspflanze ist ein Sumpfgras, das an den Ufern und Marschen des Nils wächst. Sein Mark wurde in feine Streifen geschnitten, kreuzweise aufeinandergelegt, gepresst und getrocknet. Der austretende Klebsaft verband die Markstreifen zu einzelnen Seiten, die ein Spezialleim zusätzlich festigte, bis sie so robust und flexibel waren, dass man sie rollen und fast unbegrenzt lagern konnte.

Relativ preiswert in der Herstellung, wurde Papyrus auch für den täglichen Gebrauch benutzt, vor allem aber zur Vervielfältigung von Texten, die von eifrigen Schreibern kopiert wurden. Auch bei der Verbreitung des Evangeliums kam das Papier der Antike bevorzugt zum Einsatz.

Jedenfalls sind sämtliche Fragmente neutestamentlicher Texte aus den ersten drei Jahrhunderten nach Christus, die die Wirren der Zeit überdauert haben, auf Papyrus geschrieben. Erst seit dem 4. Jahrhundert, der Zeit kaiserlicher Protektion des bis dahin verfolgten Glaubens, sind auch Evangelienhandschriften auf dem robusteren Pergament bekannt.

Als 1896 zwei junge britische Archäologen aus Oxford nach al-Bahnasa kamen, muss der Anblick der Stätte auf sie so frustrierend gewirkt haben wie auf jeden heutigen Besucher auch. »Mein erster Eindruck bei der Untersuchung der Grabungsstätte war nicht sehr vielversprechend«, schrieb einer von ihnen, Bernard Pyne Grenfell, »die Abfallhaufen waren nicht mehr als Abfallhaufen«. Erst als sie buchstäblich im antiken Müll wühlten, entdeckten er und sein Partner, Arthur Surridge Hunt, dass sich in den Abfällen auch unzählige entsorgte Papyri befanden, die zwischen den Scherben und der trockenen Erde die Zeiten überdauert hatten.

»Der Fluss der Papyri wurde bald zu einem reißenden Strom«, schrieb Grenfell später, »man konnte lediglich mit dem Schuh die Erdschicht entfernen und stieß schon auf eine neue Schicht.« Ganze 400 000 Fragmente sind es bis heute, der größte Fund antiker Schriftzeugnisse, der je gemacht worden ist. Stolze 70 Prozent aller noch erhaltenen antiken Handschriften entdeckte man in Oxyrhynchus. Bei der großen Mehrheit davon handelt es sich um amtliche und private Dokumente, antike Quittungen etwa bis hin zur Steuererklärung. Dazu gehören aber auch Zeugnisse aus der Zeit der Christenverfolgung; Bescheinigungen etwa, den heidnischen Göttern geopfert zu haben, oder ein Haftbefehl, der auf einen Christen ausgestellt war. Gut zehn Prozent machten antike Literatur aus, von den Werken des Sophokles und Euripides, des Hesiod und Ovid bis zu den Schriften des Historikers Titus Livius. Für Naturwissenschaftler war die Entdeckung des ältesten und vollständigsten Diagramms von Euklids *Elementen der Geometrie* eine Sensation.

Bei anderen Funden ist die Tinte so stark verblasst, dass man sie bislang nicht entziffern konnte. Erst 2005 gaben die *Universität Oxford* und die *Brigham Young Universität* bekannt, dass sie eine Infrarot-Technologie entwickelt hätten, mit der auch dies gelingen würde. Dabei ist abzusehen, dass die antiken Texte noch Generationen von Wissenschaftlern beschäftigen werden. Erst 5000 der besagten 400 000 Fragmente wurden seit 1898 in der bislang 70-bändigen Edition *The Oxyrhynchus Papyri* veröffentlicht – gerade einmal 1,25 Prozent.

Besondere Beachtung fanden Papyri, die christliche Inhalte haben. Immerhin brachten sie die Forschung ein ganzes Stück näher an Tischendorfs Traum, einmal auf die frühesten Textzeugen der Evangelien zu stoßen. Von den 125 bekannten Fragmenten von Texten des Neuen Testaments, die aus der Zeit vor der *konstantinischen Wende* stammen, wurden ganze 50 (als stolze 40 Prozent) in al-Bahnasa gefunden. Die beiden ältesten sind Fragmente des Matthäus- und des Johannes-Evangeliums aus der Mitte des 2. Jahrhunderts; sie entstanden keine 80 Jahre nach der Urschrift.

Die wichtigste Erkenntnis der christlichen Papyrologie ist, dass die Evangelien keine Editionsgeschichte aufweisen. Die ältesten Textzeugen sind im Wortlaut nahezu identisch mit dem, was wir in modernen Bibeln finden. Die einzige Ausnahme sind offensichtliche Lesart-Fehler der Schreiber sowie vereinzelte bewusste oder unbewusste »Verbesserungen« des ursprünglichen Textes. Doch im Endeffekt gibt es keine Literaturgattung der Antike, die so sicher und zuverlässig überliefert wurde, wie die Frohbotschaft der Christen. Das allein schon lässt auf einen ungeheuren Respekt der Kopisten vor den (verlorenen) Urschriften schließen.

Ging man noch in den 1980er-Jahren davon aus, dass die Evangelien zwischen 80 n. Chr. (Markus) und 130 n. Chr. (Johannes) entstanden, gilt auch diese Hypothese in Fachkreisen längst als überholt. Das erste Markus-Fragment (7Q5) stammt aus der Zeit um 50, das älteste Johannes-Fragment (P52) ist nur 50 Jahre jünger; es wurde von Bernard Grenfell 1920 auf einem ägyptischen Markt erworben und befindet sich heute in der *Rylands-Library* im britischen Manchester. Wenn man der christlichen Tradition glaubt, verstarb der Evangelist Johannes um das Jahr 100 im kleinasiatischen Ephesus. Das würde bedeuten, dass sein Evangelium schon zu Lebzeiten im ganzen östlichen Mittelmeerraum verbreitet war und selbst im fernen Ägypten gelesen wurde. Damit würden die Evangelien tatsächlich noch »aus der Zeit der Augenzeugen« stammen, wie es der bekannteste deutsche Papyrologe, der leider viel zu früh verstorbene Prof. Carsten-Peter Thiede, 1994 in seinem bahnbrechenden Werk *Der Jesus-Papyrus* formulierte. Ausschlag gab bei ihm die Neudatierung dreier Matthäus-Fragmente (P64), die der britische Missionar Charles Huleatt 1901 im oberägyptischen Luxor käuflich erworben hatte. Sie stammten nach Thiedes Einschätzung aus der Zeit zwischen 60 und 70 n. Chr. Das

hieße, dass auch der Bericht von Jesu Flucht nach Ägypten bereits der ersten Generation koptischer Christen bekannt war.
Zwei der kostbarsten und frühesten Textzeugen aus Ägypten befinden sich seit dem 22. Januar 2007 im Vatikan. Ihr Weg dorthin war abenteuerlich. Im Juli 1952 war ein Beduine namens Hasan aus Abu Mana Bahari nördlich von Luxor zufällig auf alte, zusammengebundene Bücher gestoßen. Natürlich wusste er nichts vom Wert dieser Schriften. Einige ihrer Blätter benutzte er, um sich seine Wasserpfeife anzuzünden, andere verbrannte er, um ihren aromatischen Duft zu genießen. Zum Glück machen solche Nachrichten in einem Dorf schnell die Runde und ein koptischer Priester erfuhr von dem Fund. Doch noch bevor sich das *Koptische Museum* einschalten konnte, waren die Papyri bei einem Antiquitätenhändler in Kairo gelandet, der sie wiederum an einen reichen Sammler aus der Schweiz verkaufte. Der Eidgenosse, Martin Bodmer aus Cologny, besaß eine der wertvollsten Handschriftensammlungen der Welt, die *Bibliotheca Bodmeriana*. In seinem Auftrag identifizierten Papyrologen die 51 beidseitig beschrifteten Doppelblätter – 102 von ursprünglich 144 Seiten – als ungewöhnlich vollständige und frühe Handschrift der Evangelien nach Lukas und Johannes. Sie wurde als P75 klassifiziert, ihre Entstehung zwischen 175 und 225 n. Chr. datiert. Was Theologen besonders faszinierte, war, dass der Lukas-Text zugleich die älteste bekannte Version des *Vaterunsers* enthielt: »Vater, geheiligt werde dein Name. Dein Reich komme. Gib uns täglich das Brot, das wir brauchen. Und erlass uns unsere Sünden; denn auch wir erlassen jedem, was er uns schuldig ist. Und führe uns nicht in Versuchung.« (Lk 11,1–4)
Nach Bodmers Tod 1971 ging seine Sammlung in den Besitz einer Stiftung über, die zu Anfang des 3. Jahrtausends dringend Geld brauchte, um den Bau eines Museums zu finanzieren. Schließlich entschieden die Kuratoren sich schweren Herzens, die beiden Codices zu verkaufen. Durch die Vermittlung der New Yorker *Pave the Way Foundation* und ihres rührigen Präsidenten Gary Krupp fand sich ein Käufer, der bereit war, sie der *Bibliotheca Apostolica Vaticana* als Dauerleihgabe zu überlassen. Die Übergabe durch den neuen Besitzer, den New Yorker Investmentbanker Frank J. Hanna III., fand im Beisein von Papst Benedikt XVI. statt. Seitdem verdankt auch das

Zentrum der katholischen Welt seinen wertvollsten Schatz dem Wüstensand Ägyptens.

Doch nicht nur Heiliges und Authentisches gab das Nilland preis, sondern auch geheimnisvolle Schriften frühchristlicher Sekten, die gemeinhin unter dem Stichwort *Gnosis* zusammengefasst werden. 15 Fragmente solcher Texte wurden in Oxyrhynchus entdeckt, von denen der älteste, das sog. *Petrus-Evangelium*, immerhin aus der Mitte des 2. Jahrhunderts stammt. Doch auch Teile der pseudepigraphischen Evangelien der Maria (Magdalena; um 250) und des Thomas (um 200) wurden in Oxyrhynchus entdeckt. Sie wiederum verweisen auf eine der spannendsten Entdeckungen des 20. Jahrhunderts, die 1945 im oberägyptischen Nag Hammadi gemacht wurde.

Im Dezember 1945 gruben einige Fellachen am Fuße eines Felshangs, des *Gebel el-Tarif*, nach natürlichem Dünger (*Sebakh)*. Als einer von ihnen, er hieß Muhammad Ali, den Boden rund um einen herabgestürzten Gesteinsbrocken bearbeitete, stieß er mit seiner Spitzhacke auf einen großen, versiegelten Tonkrug. Aufgeregt legten die Männer ihn frei, wagten aber nicht, ihn zu öffnen; sie fürchteten, ein *Djinn* (böser Geist) könne in ihm gefangen sein.

Doch irgendwann siegte die Neugierde, oder besser: die Hoffnung, vielleicht einen Schatz gefunden zu haben. Mit einem Stein zerschlug einer der Bauern das antike Gefäß, um gleich vor Enttäuschung aufzuschreien. Denn im Innern des Kruges befanden sich weder Gold noch Silber, sondern nur Bücher: dreizehn in Leder gebundene Bände, sogenannte *Codices*, aus Papyrus. Muhammad Ali war bereit zu teilen, doch die anderen Fellachen lehnten dankend ab. So wickelte er sie in seinen Turban und trug sie heim.

Zu Hause angekommen, verlor er endgültig das Interesse an seinem Fund; er warf ihn achtlos in den Hof zu den Tieren. Gutes Brennmaterial, dachte sich seine Mutter, und verheizte Teile davon. Erst als Muhammad Ali nach der Ermordung seines Vaters in eine Blutfehde verwickelt war, besann er sich darauf, dass sie vielleicht doch einen Wert haben könnten. Als die Polizei ihn verhörte und mit einer Hausdurchsuchung drohte, deponierte er die Lederbände bei einem koptischen Priester. Der wiederum erkannte ihre Bedeutung und schickte seinen Schwager mit einem Exemplar nach Kairo, um einen

Käufer zu finden. Über einen koptischen Arzt in der Hauptstadt wurde die Ägyptische Altertümerverwaltung informiert. Nach einigen Verhandlungen und der Zahlung einer lächerlich geringen Aufwandsentschädigung von 300 Ägyptischen Pfund ging das erste Manuskript in den Besitz des Staates über; seit dem 4. Oktober 1946 befindet es sich im *Koptischen Museum* zu Kairo.

Die Geschichte wäre damit beendet, hätte nicht der Direktor des Museums, Togi Mina, den französischen Ägyptologen Jean Doresse gebeten, das Manuskript zu begutachten. Doresse erkannte sofort das Potenzial dieser Entdeckung, das damalige Wissen um die Ursprünge des Christentums buchstäblich zu revolutionieren. Also setzte Mina fortan alles daran, auch den Rest des Fundes für die Wissenschaft zu sichern.

Zwischenzeitlich tauchten auf dem Kairoer Schwarzmarkt weitere Manuskripte aus Nag Hammadi auf. Der Antiquitätenhändler Phokion Tani witterte ein gutes Geschäft und fuhr sogar in die oberägyptische Kleinstadt, um die dort verbliebenen Manuskripte aufzukaufen. Als die Ägyptische Altertümerverwaltung davon erfuhr, hatte er längst zehn der dreizehn *Codices* sowie Reste des teilweise verheizten elften an eine italienische Sammlerin verkauft. Da diese in Kairo lebte, wurden die Bücher umgehend beschlagnahmt.

Das dreizehnte Buch hatte ein belgischer Antiquitätenhändler erworben und bereits außer Landes gebracht. Seine Witwe verkaufte es ein paar Jahre später für 35 000 Franken an das *Carl Gustav Jung Institut* in Zürich, das nach einem passenden Geburtstagsgeschenk für den großen Schweizer Psychoanalytiker suchte. Obwohl die ägyptische Regierung sofort gegen den Verkauf des illegal exportierten Kulturgutes protestiert hatte, gaben Jungs Erben es erst 1975 an sein Ursprungsland zurück. Zwei Jahre später erschien die *Nag Hammadi Library*, wie der Fund jetzt hieß, mit Unterstützung der UNESCO erstmals vollständig in einer englischen Übersetzung.

Schnell wurden die *geheimen Evangelien* zum Thema populärer Bestseller. So erfuhr zumindest eine breite Öffentlichkeit, dass es seit dem 2. Jahrhundert neben dem orthodoxen Christentum noch eine zweite religiöse Bewegung gegeben hatte, die sich ebenfalls auf Jesus von Nazareth berief. Diese Sekten behaupteten, im Besitz eines einzigartigen Geheimwissens zu sein, das sie *Gnosis*, »Erkenntnis«, nannten. Wie die Kirche, so vermittelten auch sie ihre Lehren durch heilige Schriften, die als Evangelien und Apostelbriefe deklariert waren. So befanden sich unter den 52 Texten, die in den 13 Bänden von Nag Hammadi enthalten sind, immerhin fünf Evangelien, von denen zwei den Jesus-Jüngern Thomas und Philippus zugeschrieben wurden.

»Das sind die geheimen Worte, die der lebendige Jesus sagte: *Didymos* (der Zwilling) Judas Thomas hat sie aufgeschrieben. Und er sagte: ›Wer die Erklärung dieser Worte findet, wird den Tod nicht schmecken‹«, lautet die Einleitung des berühmtesten von ihnen, des *Thomas-Evangeliums*, bei dem es sich um eine Sammlung angeblich geheimer *Herrenworte* handelt. Von ihm hatte man bislang in Oxyrhynchus nur Fragmente gefunden. Wären die Texte authentisch, hätte ihr Fund tatsächlich tiefgreifende Auswirkungen auf unser Bild vom historischen Jesus gehabt.

Doch sie sind es nicht. Schon gegen Ende des 2. Jahrhunderts hat Bischof Irenäus von Lyon in seiner Studie *Gegen die Irrlehren* (*Adversus Haereses*) den Inhalt der gnostischen Bücher (wie man seit dem Fund von Nag Hammadi weiß) ziemlich genau wiedergegeben und gleich mit einem ebenso schlichten wie überzeugenden Argument entlarvt. Die wahre Lehre Christi, so stellte er fest, kann nur jene sein, die von den Aposteln und ihren direkten Schülern überliefert wurde. Diese wiederum ließen nur die schon damals kanonischen vier Evangelien nach Matthäus, Markus, Lukas und Johannes gelten.

Die Urheber der *Häresien*, wie Irenäus sie nannte, standen nicht in dieser Tradition, noch wurden die von ihnen propagierten Schriften von den Apostelschülern für glaubwürdig befunden. Mit dieser klaren Argumentation (»echt ist nur, was in direkter Linie authentisch überliefert wurde«) erklärte Irenäus die *apostolische Sukzession* zum ultimativen Gütesiegel für Rechtgläubigkeit: nur der direkte Nachfolger eines Apostels, gleich ob Petrus, Markus oder Johannes, hat Lehrautorität und das Recht, Bischöfe einzusetzen.

Das galt übrigens auch für Irenäus selbst; er war Schüler des Bischofs Polykarp von Smyrna (ca. 69–155), der seine Weihe noch vom Apostel Johannes persönlich empfangen hatte.

Tatsächlich war, was die Gnostiker lehrten, ein *Synkretismus*, eine heidnische Mysterienreligion mit christlicher Bildersprache. Einige Elemente stammten aus der Religion Zarathustras, anderes war dem Mithras-Kult oder der Geheimlehre des Hermes Trismegistos entnommen, der mit dem ägyptischen Weisheitsgott Thoth gleichgesetzt wurde. Typisch für die *Gnosis* war ihr extremer Dualismus. Die geistige *Welt des Lichtes*, so glaubten ihre Anhänger, war gut, die materielle *Welt der Finsternis* schlecht und ein *Gefängnis der Seele*. Deshalb seien *Altes* und *Neues Testament* Offenbarungen zweier verschiedener Götter, des bösen Weltenschöpfers und des guten Lichtgottes. Letzterer habe sich in Christus inkarniert, um die aus dem Lichtreich gefallenen Seelen aus dem materiellen Gefängnis zu befreien, indem er ihnen ihre wahre Natur offenbarte. Die Erkenntnis, dass man ein göttlicher Funke sei, der mit dem Tod aus dem Gefängnis des Körpers befreit würde, bewirkte nach dem Glauben der Gnostiker die Erlösung.

Im antiken Ägypten fanden Mysterienkulte und esoterische Geheimlehren, die nur einer kleinen Elite offenbart wurden, regen Zulauf; jeder wollte zu den *Auserwählten*, den *Wissenden* gehören.

Doch bald schon wehrten sich die christlichen Bischöfe gegen die Sekten, die für sich nicht weniger als den Alleinbesitz der Geheimlehren Jesu in Anspruch nahmen, und ihren pseudochristlichen Etikettenschwindel. Schon deshalb definierte der große Patriarch Athanasius in seinem Osterfestbrief von 367 nicht nur erstmals verbindlich den Kanon des *Neuen Testaments*; er warnte auch die Gläubigen vor den Büchern der Gnostiker. Für ihn waren sie »das Werk von Ketzern, die sie nach Lust und Laune niederschreiben und großzügig mit einem frühen Ursprungsdatum versehen, sodass sie sich auf diese vermeintlich alten Schriften berufen und mit ihnen die Gutgläubigen täuschen können«. Und deshalb rief er zu ihrer Zerstörung auf.

Wissenschaftler, die die Bibliothek von Nag Hammadi untersuchten, sind heute überzeugt, dass die 13 Bücher aus der zweiten Hälfte des 4. Jahrhunderts stammen und einst im »Giftschrank« eines Klosters standen. Dafür spricht nicht nur, dass der Fund acht Kilometer von Pbow und nur fünf Kilometer von Chenoboskeia, den beiden wichtigsten Gründungen des hl. Pachom, entfernt gemacht wurde. Zu-

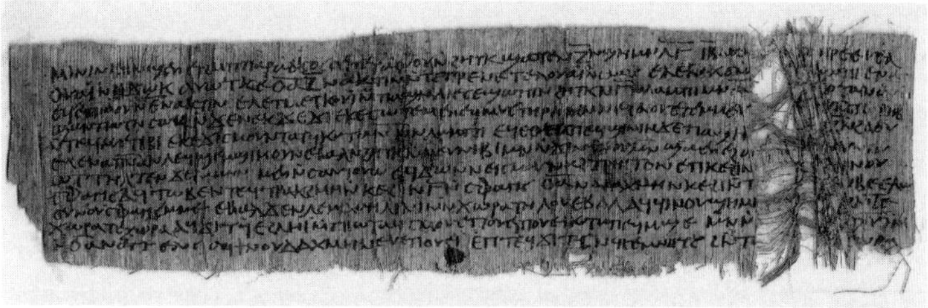

10 Der Kölner Papyrus VIII 354 (um 400 n. Chr.) ist eines der ältesten außerbiblischen Zeugnisse vom Besuch der Heiligen Familie in Ägypten

dem waren die Bücher in bereits benutzte Papyri eingebunden, von denen eines auf 360 datiert war und *Chenoboskeia* nannte. So weist einiges darauf hin, dass die Bücher von Mönchen versteckt wurden, die damit rechnen mussten, dass jemand dem Aufruf des Athanasius Folge leistet – und es doch für sinnvoll hielten, die Ketzerschriften vor der Zerstörung zu bewahren.

»Und, erwähnte ein Papyrustext auch die Flucht der Heiligen Familie?«, wollte Yuliya wissen, als wir längst wieder auf der Wüsten-Schnellstraße unterwegs in Richtung Süden waren.

»Kein Dokument aus Oxyrhynchus oder Nag Hammadi«, klärte ich sie auf, »aber ein Fundstück aus der Oase Fayum, das über Umwege ausgerechnet nach Köln gelangt ist. Es befindet sich heute im *Institut für Altertumskunde* der Kölner Universität.« Die Papyrologin Gesa Schenke datierte die zwei 31 mal 8 Zentimeter schmalen Streifen in die Zeit um 400 n. Chr. Der Text, den sie enthalten, gibt sich als Prophezeiung aus vorchristlicher Zeit; tatsächlich aber stammt er wahrscheinlich aus den Jahren gleich nach der diokletianischen Verfolgung. Gott spricht darin zu Ägypten, räumt ihm eine Sonderstellung unter den Ländern und Völkern der Erde ein, denn in ihm würden »3721 Märtyrer (…) ihr Blut um meines Sohnes willen vergießen«: »Du bist heiliges Land (…)«, heißt es weiter, »der Glaube und die Liebe werden dir zum Eckstein werden«, denn »die Kindheit meines Sohnes wird in dir stattfinden, 3 Jahre und 11 Monate lang. Wenn ihn deine Feinde verfolgen, wirst du seine Mysterien hören. In jenen Tagen wird er dir seine Quelle als Pfand geben.«

XIV Das Haus Gottes

Al-Ashmunayn, am 15 Mesori im 1727. Jahr der Ära der Märtyrer (21.8.2011)

»Ich muss noch immer an die Prophezeiung auf dem Kölner Papyrus denken«, meinte Yuliya auf unserer Fahrt zur Stadt des Affengottes Thoth. »Wenn wir ihren Text ernst nehmen, ist nicht dann auch Ägypten, nicht nur Israel, heiliges Land?«
»Ich bin überzeugt davon, dass auch Ägypten diesen Titel verdient«, erwiderte ich, »und das aus mehreren Gründen. Zunächst einmal: In Ägypten hat sich Gott gleich zweimal den Menschen offenbart. Hier sprach er zu Moses, mit dem er den *Alten Bund* schloss, hier geschahen seine größten Wunder, die zehn Plagen und die Teilung des Roten Meeres. Und hier wirkte er die ersten Wunder nach seiner Menschwerdung, offenbarte sich Jesus erstmals den Menschen. Ganze 614 Mal wird Ägypten in der *Heiligen Schrift* erwähnt, mehr als jedes andere Land mit Ausnahme Israels. Hinzu kommt, dass Ägyptens Erde noch mehr als die eines jeden anderen Landes durch das Blut der vielen Märtyrer geheiligt wurde. Vor diesem Hintergrund wird begreiflich, was Jesaja prophezeite: ›Gesegnet ist Ägypten, mein Volk‹ (Jes 19,25). Die Ägypter sind, neben den Juden, Gottes Volk. Schließlich bedeutet der Name ihres Landes, *Hai-ku-Ptah*, nichts anderes als ›Haus der Seele des Schöpfers‹, also *Haus Gottes*. Schon darum war Ägypten prädestiniert, zur zweiten Wiege des Christentums zu werden …«
»… nachdem es sich vom Heidentum gelöst hat!«, unterbrach mich Yuliya.
»Nachdem es im Heidentum auf die Ankunft Christi vorbereitet wurde!«, korrigierte ich sie.
Als Herodot Ägypten besuchte, war er beeindruckt von der tiefen Religiosität seiner Bewohner. »Gottesfürchtig sind sie über die Maßen,

mehr als alle anderen Menschen«, notierte er im zweiten Buch seiner *Historien* (2,37). Tatsächlich gab es keine Kultur auf der Erde, die so stark von ihrer eigenen Jenseitsvorstellung und der Hoffnung auf ein ewiges Leben geprägt war. Dass die großartigsten Zeugen der altägyptischen Kultur neben den Tempeln vor allem ihre Gräber sind, legt davon ein beredtes Zeugnis ab. Dem Ägypter aus der Pharaonenzeit war sein Grab wichtiger als sein irdisches Heim, denn die Ewigkeit stellte er über die kurze Spanne seines weltlichen Lebens.

Wenn das Dokument *Nostra Aetate* des *Zweiten Vatikanischen Konzils* davon ausgeht, dass alle Religionen »einen Strahl jener Wahrheit erkennen lassen, die alle Menschen erleuchtet«, dann gilt dies ganz besonders für den Glauben der alten Ägypter. Im Zentrum ihrer Theologie stand die Wechselbeziehung zwischen der göttlichen und der himmlischen Ordnung, verkörpert durch die Göttin *Ma'at* (»Wahrheit«, »Ordnung«), und der Glaube an ein Endgericht im Jenseits. Wenn ein Mensch auf Erden Gutes (ebenfalls *Ma'at*) tat, bestand für ihn die Möglichkeit auf ein Leben im Jenseits.

Jenseits der ägyptischen Vielgötterei, die eher eine für das gläubige Volk bestimmte Symbolsprache war, lässt sich schon früh in den priesterlichen Texten eine Tendenz zum Monotheismus erkennen, etwa in der Verehrung des Reichsgottes *Amun-Re*. Am radikalsten äußerte sie sich natürlich in der *Aton*-Religion des Pharaos Amenophis IV. (1351–1334 v. Chr.), der sich *Echnaton* nannte.

Auch die Vorstellung einer göttlichen Trinität war den Ägyptern vertraut, etwa in den Göttertriaden Osiris, Isis und Horus oder Amun-Re-Ptah. Ihr verdanken wir die Dreiteilung ägyptischer Tempel, die von den koptischen Kirchen, deren *Haikal*, der Altarraum, meist dreigeteilt ist, übernommen wurde. Heute sind Architekturhistoriker davon überzeugt, dass die christliche Basilika nur ihren Namen der kaiserlichen Markt- oder Audienzhalle verdankt, ihr dreischiffiger Bauplan und die Aufteilung in Narthex, Mittelschiff und Sanktuar aber ägyptische Tempel zum Vorbild hatte.

Ein nie verlöschendes Licht zeigte den alten Ägyptern wie später den Christen die unsichtbare Präsenz der Gottheit an. Eine ganze Reihe von Pharaonen bezeichneten sich als Göttersöhne, auch wenn ihre Zeugung, anders als bei Jesus, ganz physisch geschah: der Gott überschattete den irdischen Vater, als er die Königsmutter schwängerte. Durch den Pharao gelangte die göttliche Weltordnung (*Ma'at*) zur Geltung; er trat an der Spitze seines Volkes vor seinen göttlichen Vater und empfing seine Weisung. So war das Prinzip der Inkarnation einer göttlichen Person den Ägyptern vertraut.

Dass trotzdem die Erkenntnis, dass das Heidentum eine Vorbereitung auf die Ankunft des Evangeliums gewesen sein könnte, für viele Gläubige eine Überraschung war, zeigt eine Anekdote, die uns Sokrates Scholasticus (5. Jh.) in seiner *Kirchengeschichte* überliefert. Als die Christen von Alexandria 395 das *Serapeum* stürmten, machten sie eine Entdeckung: »Dort nämlich fanden sie, in Stein geschlagen, gewisse Zeichen, die sie Hieroglyphen nennen, in der Form von Kreuzen«. Gemeint war natürlich das ägyptische Henkelkreuz *Anch* oder *Ankh*, das, wie die Christen bald herausfanden, im altägyptischen Glauben für »das kommende Leben« stand. Für sie war das die Bestätigung schlechthin, dass auch die heidnischen Priester bereits den Sieg des Kreuzes Christi als Zeichen unserer Erlösung vorhergesehen hätten. Viele Heiden, so ergänzte Sokrates, folgten dieser Argumentation und ließen sich taufen.

In dieser Phase ihrer Geschichte begannen die ägyptischen Christen, die Symbolsprache ihrer Vorfahren zu benutzen und umzudeuten, um ihren Glauben verständlich zu machen. Nichts illustriert das so gut wie das *Ankh*, das in sich schon das Kreuz trägt, wie wir es auf einer koptischen Textilie aus dem 5. bis 7. Jahrhundert finden, und das in diesem Buch zu Anfang jedes Kapitels abgebildet ist.

Aus Isis, der Himmelskönigin, die den Horusknaben stillt, wurde jetzt die Gottesmutter in Gestalt der *Maria lactans*. Auch Horus unterlief einer Umdeutung. Er wurde in römischer Zeit als Reiter dargestellt, der mit einer Lanze den Mörder und Gegenspieler seines Vaters Osiris, den teuflischen Seth, tötete, meist durch ein Krokodil symbolisiert. Die Ähnlichkeit des Motivs, das wir etwa auf einem Sandsteinrelief im Pariser *Louvre* finden, mit den in Ägypten so populären *Reiterheiligen*, allen voran dem heiligen Georg, ist geradezu frappierend. Erst die Kreuzritter, die in den berittenen christlichen Kriegern *role models* sahen, deuteten das Krokodil zu einem Drachen um (was ihnen später wiederum koptische Künstler nachmachten).

Der von den Toten auferstandene Osiris, der Beherrscher des Totenreiches, der als Richter die Seelen der Verstorbenen empfängt, wurde nun zum Symbol für den auferstandenen Christus. Wog beim ägyptischen Jenseitsgericht noch der schakalköpfige Totengott Anubis die Seelen, übernahm bei den Kopten der Erzengel Michael diese Aufgabe samt der dazugehörigen Waage. Und wenn Papst Shenouda III. in seiner Erklärung zu den Ereignissen in Warraq die leuchtenden Tauben als die Seelen großer Heiliger deutet, dann ist auch das nicht neu: im ägyptischen Totenbuch wird die Seele eines Verstorbenen, der *Ba*, als menschenköpfige Taube dargestellt.

»Insofern markiert der Sturm auf das *Serapeum* eine neue Phase in der Missionspolitik der Kopten. Bislang hatte man das Heidentum bekämpft, fortan sollte es Stück für Stück ersetzt werden«, schlussfolgerte ich. »Dieser Umstand hilft uns aber, den Entstehungszeitraum der Legenden vom Besuch der Heiligen Familie zu bestimmen. Sie müssen aus einer Zeit stammen, als man noch auf Konfrontationskurs zum Heidentum ging, als es wichtig war, zu betonen, dass die Tempel der Götter einstürzten, als Christus, der Sieger, in Ägypten Einzug hielt. Ich würde sie daher spätestens ins 4. Jahrhundert datieren, zumal seit dieser Zeit eine Verehrung an vielen Stationen seiner Flucht nachgewiesen ist. Was natürlich nicht heißt, dass sie nicht auf echten Erinnerungen und Lokaltraditionen basieren. Doch die religionspädagogische Absicht hinter ihnen ist unübersehbar. Die *heilige Landschaft* der ägyptischen Tempel und die Mythen vom Wirken seiner Götter sollten durch neue Heiligtümer und Traditionen ersetzt werden, die den Anspruch erheben konnten, historisch zu sein.«

Das galt insbesondere auch für unser nächstes Ziel. Wenn ein Ort in Ägypten von Anfang an mit der Flucht der Heiligen Familie in Verbindung gebracht wurde, dann war das Al-Ashmunayn, das antike *Hermopolis Magna*. Koptologen bezeichnen es sogar als *Ursprungsort* dieser Tradition. Doch ganz gleich, wie wir den historischen Wert der einzelnen lokalen Legenden bewerten, sicher ist, dass die Flüchtlinge hier einen unfreiwilligen Zwischenstopp eingelegt haben müssen. Der griechische Geograf Strabo berichtet nämlich, dass Hermopolis als Grenzstadt zwischen Mittelägypten und der Thebais auch Zollsta-

11 Horus als »Drachentöter« inspirierte die Ikonografie der »Reiterheiligen«: Ägyptisches Sandsteinrelief aus dem 4. Jh. n. Chr.

tion war; jeder Reisende musste hier von Bord gehen und zwei Prozent Zoll auf alle Waren entrichten, die er bei sich trug.

Doch Hermopolis war weit mehr als nur eine antike Verwaltungsmetropole, mehr auch als ein Heiligtum des altägyptischen Weisheitsgottes Thoth, den die Griechen mit dem Hüter des geheimsten Wissens gleichsetzten, der als *Dreifach größter Hermes* oder *Hermes Trismegistos* verehrt wurde: Es erhob neben Heliopolis den Anspruch, Stätte der Weltschöpfung gewesen zu sein. Hier lag, so waren die alten Ägypter überzeugt, der Urhügel, auf dem der als Pavian dargestellte oder ibisköpfige Thoth die acht Urgottheiten erschaffen hatte. Sie wiederum zeugten das Ur-Ei, aus dem die Sonne erwuchs. Eine schwache Erinnerung an diesen Kult finden wir noch im *Pseudo-Matthäus-Evangelium*, das Hermopolis als einzige Station der Flucht nach Ägypten beim Namen nennt:

> »Freudig und frohlockend erreichten sie das Gebiet von Hermopolis und betraten eine der Städte Ägyptens mit Namen Sotinen. Da sie niemanden kannten, der sie aufnehmen könnte, suchten sie einen Tempel auf, den man das Kapitol Ägyptens nannte. In diesem Tempel waren 365 Götzenbilder aufgestellt; ihnen wurden Tag für Tag in ruchlosen Feiern göttliche Ehren erwiesen. Als nun aber die gottselige Jungfrau Maria mit ihrem kleinen Sohne den Tempel betrat, begab es sich, dass alle Götzen herabstürzten, zerbrachen und mit zerschlagenem Gesicht auf dem Boden lagen. So erwies sich ihre Nichtigkeit.«

Die Schrift berichtet weiter, dass der Gouverneur der Stadt, ein Mann namens Aphrodisius, mit seinen Soldaten in den Tempel eilte, als er von dem Vorfall erfuhr. Als er sah, dass ein kleines Kind die Götzen zu Fall gebracht hatte, fiel er verehrungsvoll vor ihm auf die Knie: Es konnte nur der »Gott unserer Götter« sein, sonst hätten sich diese nicht »in Anbetung vor ihm niedergeworfen«. So folgte erstmals ein glücklicher Ausgang: »Da glaubte das ganze Volk dieser Stadt an Gott und den Herrn durch Jesus Christus.«
Auch wenn das *Pseudo-Matthäus-Evangelium* in seiner heutigen Form gemeinhin erst ins 7. Jahrhundert datiert wird, scheint diese Episode bereits sieben Pilgern bekannt gewesen zu sein, die in den Jahren 394/5 die heiligen Stätten des Nillandes besuchten und ihre Erlebnisse in der *Geschichte der Mönche in Ägypten* niederschrieben. Jedenfalls vermerkten sie zu Hermopolis: »Wir haben den dortigen Tempel gesehen, wo, nachdem der Erlöser die Stadt betrat, all ihre Idole mit dem Gesicht nach unten zu Boden fielen.«
Ausführlicher berichtet die *Vision des Theophilus* über den Besuch der Heiligen Familie in Hermopolis. Danach begannen die Wunder

bereits, als die Flüchtlinge die Stadt betraten. So zitiert der Patriarch die Gottesmutter, die ihm offenbart haben soll:

> »Als wir zum ersten Tor kamen, durch das wir die Stadt betreten wollten, fanden wir Abbilder von Pferden an allen vier Ecken des Tores, die zur Stadt hin schauten. In dieser Stunde fielen sie nieder und zerbrachen. Mein geliebter Sohn sprach zu ihnen und sagte: ›Ihr sollt auf ewig ein Zeichen für diese Stadt und seine Bewohner sein.‹ Und in dieser Stunde wurden sie, was er gesagt hatte.«

Die Stadt Hermopolis musste gegen Ende des 7. Jahrhunderts aufgegeben werden; die muslimischen Araber hatten sie von ihren Kanälen und damit von ihrer Lebensader abgeschnitten. Fortan versank sie im Sand und diente als Steinbruch. Die Pferdedenkmäler, die »auf ewig« ein Zeichen hätten werden sollen, die also zur Zeit der Niederschrift der *Vision* noch existiert haben müssen, verschwanden in den folgenden Jahrhunderten. Das lässt darauf schließen, dass der Text tatsächlich, wie die Tradition es will, aus dem 5. Jahrhundert stammt und nicht, wie die Skeptiker behaupten, aus der Fatimidenzeit.
Weiter weiß Theophilus von fünf Kamelen, die beim Anblick des Herrn versteinerten, von einem gastfreundlichen Einheimischen und davon, dass »alle Idole, die in dieser Stadt waren, niederstürzten und zerbrachen und alle Priester dieser Götzen von Furcht ergriffen in ihre Häuser flüchteten und sich versteckten.« Am nächsten Tag habe Jesus die Kranken geheilt, »und so sah diese Stadt viele Wunder, die so zahlreich waren, dass, würde ich sie dir enthüllen, ein Buch nicht ausreichen würde, um sie aufzulisten.«
Schließlich erwähnt Theophilus auch einen Baum, der sich vor dem Jesuskind verneigte und der »für immer« stehen sollte, also zur Zeit der Abfassung der *Vision* noch stand. Diese Tradition, die Verehrung eines *heiligen Baumes* in Hermopolis, ist ebenfalls für das 5. Jahrhundert nachgewiesen; Sozomenos erwähnt sie in seiner 439 verfassten *Kirchengeschichte*.
Das lädt zu einem Textvergleich ein, der uns helfen könnte, die *Vision* zu datieren. In dem Theophilus beziehungsweise seinem Neffen Kyrill zugeschriebenen Text heißt es:

> »Weiter war an diesem Ort ein Baum, der sich vor den Fußstapfen meines Sohnes verneigte, weinte und sagte: ›Gesegnet sei Dein Kommen, oh Herr Jesus Christus, wahrer Sohn Gottes.‹ und mein geliebter Sohn sprach zu ihm und sagte: ›Kein Wurm soll dich je befallen, denn du seist eine Erinnerung für alle an meinen heutigen Einzug in diese Stadt.‹ Und er berührte ihn. Es ist der Baum, der *Mukantah* genannt wird, und er soll für immer stehen.«

Sozomenos schrieb in seiner *Kirchengeschichte*:

> »In Hermopolis in der Thebais steht ein Baum, der *Persis* genannt wird, dessen Zweige, Blätter und Rinde Krankheiten heilen sollen, denn von ihm heißt es (…) dass, als unser Herr durch das Tor kam, dieser große Baum sich angesichts der Ankunft Christi zu Boden neigte und ihn verehrte.«

»Fällt dir auf, worin der Unterschied zwischen den beiden Texten besteht?«, fragte ich Yuliya. »Natürlich«, antwortete sie wie aus der Pistole geschossen, »Theophilus erwähnt nicht, dass der Baum Heilkräfte besitzt.«

»Richtig! Beide Autoren kennen die Tradition, dass er sich verneigt hat, als Jesus an ihm vorbeikam. Sie meinen also zweifellos denselben Baum, der offenbar den Christen von Hermopolis heilig war. Aber bei Sozomenos ist ein ganz wichtiges Element hinzugekommen: Menschen haben seine Heilkraft entdeckt! Das muss irgendwann vor dem Jahr 439 geschehen sein, als seine *Kirchengeschichte* entstand. Und deshalb glaube ich, dass die Tradition stimmt, dass Kyrill von Alexandrien den Wortlaut der *Vision* aus dem Mund seines Onkels Theophilus vernahm, der 412 verstarb, und kurz darauf niederschrieb (siehe Kap. IV). Erst danach entwickelte sich der Volksglaube an die Heilkraft des *Persis*.«

Die weitere Geschichte des wunderwirkenden Baumes erfahren wir bei Abu al-Makarim, der ihn als assyrischen Pflaumenbaum (*Cordia myxa*) identifiziert und *Sebastan* nennt. Im 7. Jahrhundert habe ihn der muslimische Gouverneur der Region fällen wollen, was jedoch der Koptenpapst Agathon (662–680) zu verhindern wusste: »Er stellte sich unter den Baum, und als der Holzfäller ihn mit seiner Axt traf, flog ihm die Axt ins Gesicht.« Nie mehr habe es ein Moslem gewagt, den Baum anzufassen, sodass er noch im 12. Jahrhundert an seiner Stelle stand. Nahe des Südtors, so der Kopte weiter, auf dem Gelände des antiken Tempels, habe sich die *Marienkirche* befunden, um die längst eine neue Legende entstanden war: »Sie enthält Marmorsäulen, von denen eine zu allen Zeiten berühmt war, denn auf ihr ist der Handabdruck des Herrn«.

Als wir bei Sonnenuntergang Al-Ashmunayn erreichten, begrüßten uns zwei monumentale Statuen des als Pavian dargestellten Thoth; sie waren einst zerbrochen, sind aber inzwischen mühevoll rekonstruiert und wieder aufgerichtet worden. Vor allem aber interessierte uns das benachbarte Ausgrabungsgelände mit den Überresten einer frühchristlichen Basilika. Ein Schild verriet, dass es jene war, die auch Abu al-Makarim erwähnte: »Diese Kirche stammt aus dem 5. Jh., diente insbesondere als Kathedrale von Ashmunayn und war der Jungfrau Maria geweiht. Sie wurde über einem ptolemäischen Tempel aus der Zeit Ptolemäus III. errichtet.«

Noch immer (oder jetzt wieder) ragen ihre Granitsäulen in den Himmel und zeugen von der großen Vergangenheit dieses verzauberten Ortes, dessen Schönheit in der Abendstimmung uns geradezu berauschte.

Da bald darauf die Nacht über uns hereinbrach, schafften wir es nicht mehr in die Dörfer im Umland, von denen einige ihre ganz eigene Marien- und Jesustradition haben.

In Bir al-Sahaba etwa, am Ostufer des Nils, wird ein Brunnen verehrt, der auf wundersame Weise entstanden sein soll, als das Jesuskind Durst verspürte. Er ist 23 Meter tief und liegt direkt neben einem muslimischen Friedhof. So kommen Christen und Moslems hierher, um das Wasser zu trinken und seine *baraka*, seine Segenskraft zu empfangen, die schon viele Heilungen bewirkt haben soll.

Auch Dayr Abu Hinnis mit seinem *Kom Maria* (»Hügel der Maria«), auf dem die Gottesmutter gerastet haben soll, hätte uns interessiert. Frauen, die nicht schwanger werden können, lassen sich von ihm herunterrollen und werden oft genug danach mit einem Kind gesegnet. Die Höhle, in der die Heilige Familie übernachtet haben soll, wurde angeblich von der hl. Helena zu einer Kirche ausgebaut. Sie ist heute mit herrlichen Wandmalereien geschmückt.

In Dayrut Ommo Nakhla steht eine schiefe Palme, von der es heißt, sie habe sich verbeugt, als die Heilige Familie sie passierte.

In Dayrut al-Sharif auf der linken Nilseite, gleich gegenüber von Amarna, der Residenzstadt des monotheistischen Pharaos Echnaton, soll sich die Heilige Familie laut Theophilus »ein paar Tage« ausgeruht haben. Sie habe bei einem jüdischen Zimmermann namens Dianos gewohnt, den Josef noch aus Jerusalem kannte. Sein Sohn sei von einem Dämon besessen gewesen, doch Jesus habe erst ihn geheilt, dann die anderen Kranken des Dorfes, das damals *Kenis* hieß. Zumindest ist diese Lokaltradition sehr alt; schon Palladius, ein christlicher Autor des 4. Jahrhunderts, wusste von einem Mann »in der Thebais, in der Region von Hermopolis«, der die Heilige Familie bei sich aufgenommen hatte. Jesus habe daraufhin in dieser Gegend viele Wunder gewirkt. Auch das koptische *Synaxarium* erwähnt einen längeren Aufenthalt: »Dann kamen sie nach Al-Ashmunayn, wo sie sich für einige Tage niederließen.«

Heute steht das Kloster von *Abu Sarabamon* an der Stelle des Hauses, in das sie eingekehrt waren. Ein Baum gleich daneben soll den Flüchtlingen einst Schatten gespendet haben. Amerikanische und holländische Botaniker bestätigten angeblich, dass er 2000 Jahre alt sein könnte.

Am nächsten Morgen machten wir uns auf, die vielleicht mysteriöseste Station auf der Flucht der Heiligen Familie zu besuchen, das verfluchte Dorf *Cusae* oder *Kuskam*, heute Al-Qusiya. In Kuskam wurde laut dem römischen Schriftsteller und Rhetoriker Aelian die heidnische Göttin *Aphrodite Urania* (sprich: Hathor, die Herrin des Himmels) in Gestalt einer Kuh verehrt. Dazu passt der Hinweis des Theophilus, dort stünde »ein Götzentempel, dessen Idol von sieben Schleiern verhängt war«; sie waren ein Symbol für die sieben Planetensphären der altägyptischen Kosmologie. Weiter zitiert der Patriarch die Heilige Jungfrau:

> »Als wir das Stadttor erreichten, zerrissen die sieben Schleier und das Idol fiel zu Boden und zerschmetterte. Und die Dämonen, die in dem

> Idol hausten, schrien laut und sagten zu den Priestern: ›Wenn ihr nicht diese Frau und das Kind mit ihr und den alten Mann, der mit ihnen ist und die andere Frau (*Salome!*) verfolgt und sie fortjagt und wenn ihr sie die Stadt betreten lasst, dann werden sie euren Dienst beenden und wir müssen die Stadt verlassen.‹«

Dadurch alarmiert, riefen die heidnischen Priester ihresgleichen zusammen, schnappten sich Knüppel und Äxte, eilten zum Stadttor und jagten die Heilige Familie mit übelsten Verwünschungen davon. Theophilus weiter, die Worte Mariens wiedergebend:

> »Und ich trug meinen Sohn an der Brust und wir gingen weinend fort. Mein Herz war schwer vor Schmerz und Ärger, dass sie uns nicht empfingen oder erlaubten, bei ihnen zu bleiben, sondern uns beschimpften und fortjagten. Als wir uns ein wenig von ihrer Stadt entfernt hatten, drehte sich mein geliebter Sohn zu ihr um und verfluchte die Stadt, die Kuskam genannt wird (…): ›Mögen seine Bewohner immer eine Stufe tiefer stehen als alle anderen Menschen, mögen sie geringer und unfreier sein als die anderen Bewohner Ägyptens. Möge ihre Erde verflucht sein, sodass dort nichts wächst außer Klee und Schilf, möge ihre Erde bar und unfruchtbar sein …‹«

Yuliya war skeptisch, als ich ihr die Geschichte erzählte: »Glaubst du wirklich, Jesus hätte eine ganze Stadt verflucht?«
»Es ist zumindest nicht völlig auszuschließen. Lies mal in den Evangelien nach. Er hat auch einen Feigenbaum verflucht, der gerade keine Früchte trug (siehe Mt 21,18–20). Auch den Städten, in denen er Wunder wirkte und die sich trotzdem nicht bekehrten, kündigte er Schlimmes an (siehe Mt 11,20–24). Er war halt nicht das verkitschte Zuckerguss-Jesulein mancher Theologen, sondern durchaus auch der ewige Richter.«
»Aber die Stadt steht doch noch, wir fahren schließlich gerade hin«, warf Yuliya ein.
»Lassen wir uns mal überraschen …«, erwiderte ich lächelnd.
Tatsächlich wächst auf den Feldern rund um Al-Qusiya Baumwolle. Die Stadt selbst hat heute 50 000 Einwohner, gut 70 Prozent davon

sind Kopten. Die Häuser, die die schmalen, ungepflasterten und recht schmutzigen Straßen säumen, sind bescheiden, aber doch nicht so ärmlich, dass sich Al-Qusiya auffällig von anderen oberägyptischen Städten unterscheiden würde. Fast hätten wir die Geschichte von dem Fluch schon abgehakt, als wir im Stadtzentrum eine Kirche entdeckten. Ihr Tor war verschlossen, doch wir hatten Glück. Während ich gerade ein Foto schoss, öffnete sich die Tür eines Nachbargebäudes, und ein Mann trat heraus, der offensichtlich gerade seinen Sonntagsanzug trug. Als ich ein eintätowiertes Kreuz auf seiner Handfläche erkannte, sprach ich ihn an.

»Ich bin einer der Diakone dieser Kirche«, stellte er sich vor, »sie ist dem heiligen Michael geweiht. Aber ich kann Sie leider nicht einlassen. Ich bin auf dem Weg nach Asyut, zum großen *Mulid*. Wie Sie vielleicht wissen, feiern wir heute *Mariä Himmelfahrt*.«

»Ich habe nur eine kurze, wenn auch vielleicht ziemlich ungewöhnliche Frage«, entschuldigte ich mich. »Ich las, die Heilige Familie habe Kuskam, also Al-Qusiya, verflucht. Nun sieht mir Ihre Stadt so gar nicht verflucht aus. Wie soll ich das verstehen, wie gehen Sie mit dieser Tradition um?«

»Nun, unser Herr und Gott hat natürlich nicht uns verflucht, sondern die Heiden. Dort, wo ihre Stadt und ihr Tempel standen, wächst wirklich nichts mehr. Doch kommen Sie schnell mit, ich zeige es Ihnen. Das ist für mich kein Umweg, mein Auto steht auf diesem Platz. Er liegt gleich hinter unserer Kirche.«

Wir waren gespannt und folgten ihm gerne. Doch mit dem, was wir gleich sehen würden, hätte ich im Traum nicht gerechnet. Als wir durch die schmale Gasse gegangen waren, die zwischen der Kirche und ihrem Nachbarhaus verlief, standen wir plötzlich vor einer Stätte der Verwüstung. Mitten in der dicht bebauten Stadt, dort, wo man eigentlich bestes Bauland oder zumindest den Marktplatz erwarten würde, befand sich nichts als eine riesige Müllhalde. »Das ist die *verfluchte Stadt* von Kuskam, oder besser: das war sie einst«, meinte der Diakon. Er zeigte auf das einzige Gebäude, das inmitten des Schutts und Abfalls noch stand: »Sehen Sie das Häuschen da hinten? Es dient heute als Schuppen. Doch vor 2000 Jahren befand sich dort ein Tempel der Hathor, den wir *al-Barba* nennen. Jetzt muss ich aber los,

12 Kuskam, »die verfluchte Stadt«

sonst komme ich zu spät zum Fest der Gottesmutter«, verabschiedete er sich. Ich schaute mir den Ziegelbau genauer an. Tatsächlich stand er so zentral auf dem an der längsten Stelle 116 Meter langen und 58 Meter breiten, trapezförmigen Gelände, dass man ihn für das Überbleibsel eines ptolemäischen Tempels halten könnte. Vielleicht hatte das Jesuskind tatsächlich nur das Hathor-Heiligtum verflucht. Zumindest aber hat der Glaube an den Fluch von Kuskam hier ein eindrucksvolles Zeugnis hinterlassen.

Wie nahe Fluch und Segen einander sein können, lässt uns die *Vision des Theophilus* erahnen. Als sich die Heilige Familie nur ein paar Meilen weiter von dem Schrecken der Vertreibung erholte, segnete Jesus ein anderes Dorf. Dann steckte er den Wanderstab des hl. Josef aus Olivenholz in die Erde und ließ daraus einen Ölbaum entstehen. Heute glauben die Bewohner von Meir, das nur sieben Kilometer westlich von Al-Qusiya liegt, dass sie in dem Dorf leben, in dem dies

geschah. Zumindest ist die Gegend für ihre Fruchtbarkeit bekannt, wovon ein ägyptisches Sprichwort zeugt: »Ein Pechvogel bleibt arm, selbst wenn er in Meir Land bewirtschaftet.«
Ich konnte Meir nicht verlassen, ohne auch dem zumindest in meinen Augen schönsten Flecken ägyptischer Erde einen erneuten Besuch abzustatten. Schon wenn man sich dem *verbrannten Kloster* von Deir al-Muharraq nähert, denkt man an Jerusalem. So sehr gleichen seine sandsteingelben und zinnengesäumten Mauern denen des goldenen Zion, erinnern seine Kuppeln an die Grabeskirche. Durchschreitet man sein von halbrunden Türmen gesäumtes Tor, das ein Mosaik der Heiligen Familie schmückt, so spürt man gleich: Hier ist ein heiliger Ort.
Die Geschichte dieses Klosters ist mit der Flucht der Heiligen Familie untrennbar verbunden. Und das nicht erst, seit Papst Theophilus hier im Jahr 385 seine Erscheinung der Heiligen Jungfrau hatte, die ihm Details über ihre Flucht offenbarte; hier soll auch das Haus gestanden haben, in dem sie mit ihrem Sohn, dem hl. Josef und Salome die längste Zeit gewohnt hatte. So offenbarte die Gottesmutter dem Patriarchen und 23. Nachfolger des hl. Markus:

> »Und wir kamen zu diesem verlassenen Haus auf dem Berg und traten ein. Und ich stand in seiner Mitte und setzte Ihn nieder, der an meiner Brust geruht hat, und es war sehr finster. Als mein Sohn auf Seinen heiligen Füßen auf dem Boden stand, streckte er Seine Hände aus und aus ihnen strahlte Licht wie das der Sonne, wenn sie aufgeht, und wir dankten Gott, dass er uns geholfen hatte, diesen Ort zu finden, fern von den ungerechten Menschen. Wir verbrachten die Nacht in diesem Haus in großer Freude und priesen Gott die ganze Zeit.«

Bereits bei unserem ersten Besuch am 12. März 2010 hatten wir in Deir al-Muharraq einen faszinierenden Mönch getroffen. Er war groß, schlank, von geradezu aristokratischer Würde, sprach exzellentes Englisch und stellte sich als Pater Philoxenos vor. Aus seiner schwarzen *Kalansoah* (Mönchskappe), in die zwölf Kreuze als Symbol für die zwölf Apostel eingestickt waren, ragte der Kopfhörer seines Mobiltelefons hervor, während ein Kabel in die Brusttasche seiner schwarzen Soutane führte, in der neben dem *Handy* noch eine Lesebrille steckte. Sein Klingelton, ein Glockenspiel mit dem koptischen *Christkönigslied,* gefiel mir so außerordentlich gut, dass ich ihn mir gleich per *bluetooth* überspielen ließ; ich benutze ihn noch heute.

Damals führte er uns mit einer Herzensgeduld und jener großzügigen Gastfreundschaft, die wir bei den Kopten immer wieder genießen durften, durch das Kloster, das sich als Oase am Rande der Wüste, ja als paradiesischer Garten entpuppte. Sein modernes Gästehaus, in das er uns einlud, hatte das Niveau eines ägyptischen 4-Sterne-Hotels, das ganze Klostergelände war sauber und gepflegt.

Durch eine Allee aus dicht gepflanzten Platanen, die so beschnitten waren, dass sie ein natürliches, grünes Bogengewölbe bildeten, geleitete er uns durch ein weiteres Tor zum ältesten Teil des Klosters. Ihn überragte ein mächtiger Zufluchtsturm, den nur eine Zugbrücke mit dem gegenüberliegenden Aufstieg verband.

»Er wurde gebaut für den Fall, dass Beduinen uns überfallen«, erklärte uns Pater Philoxenos, »aber wir brauchten ihn nie. Der Herr hat unser Kloster immer beschützt, wie er es versprochen hatte. Es wird, das hat er uns prophezeit, bis zum Jüngsten Tag bestehen.«

Tatsächlich zitiert die *Vision des Theophilus* den Jesusknaben mit den Worten: »In diesem Haus, in dem wir jetzt sind, werden einmal heilige Mönche sein, denen kein Herrscher der Welt ein Leid zufügen kann, da es auch uns zur Zuflucht wurde.«

Pater Philoxenos weiter: »Natürlich kamen die Mönche erst im 4. Jahrhundert, als Pachomius hier in der Thebais die ersten Klöster gründete. Vorher stand an dieser Stelle nur eine einsame Kirche. Damals lag das Gebiet noch am Rande der Wüste, wo die Bauern regelmäßig Gestrüpp abbrannten, um ihre Felder zu vergrößern. Daher kommt der Name *verbranntes Kloster*. Offiziell heißt es allerdings *Kloster der Heiligen Jungfrau.*«

Gleich zu Füßen des Turms, der an einen mittelalterlichen Bergfried erinnert, liegt eine offensichtlich sehr alte Kirche, mit sandfarbenem Lehm verkleidet und überdacht von zwölf Kuppeln. »Diese Kirche ist der heiligste Ort unseres Klosters«, verkündete Pater Philoxenos feierlich. »Ja sie ist die erste Kirche überhaupt auf der Welt. Sie ging aus dem Haus hervor, in dem die Heilige Familie genau sechs Monate und fünf Tage gewohnt hat. Jesus selbst und die Apostel haben sie geweiht: Es heißt, dass eine Pilgerfahrt hierher den gleichen spirituellen Wert habe wie eine Pilgerreise nach Jerusalem.«

Wir traten ein, stiegen eine kleine Treppe hinab, als Pater Philoxenos sich umdrehte und auf die Türschwelle zeigte. »Hier fanden wir den letzten Beweis dafür, dass die *Vision des Theophilus* der Wahrheit entspricht. Darin heißt es, ein Verwandter des hl. Josef, ein Mann namens Moses oder, in anderen Handschriften, Yusi, habe die Heilige Familie hier besucht und sie gewarnt, dass Herodes sie noch immer verfolgen ließe. Zehn Männer habe er beauftragt, sie in Ägypten zu suchen und zu töten. Moses/Yusi habe im ganzen Land nach den Flüchtlingen gesucht und sich durchgefragt, bis er sie endlich gefunden hatte.

Maria war von dieser Nachricht so erschüttert, dass sie sich in das Obergeschoss des Hauses zurückzog und weinte. Aber ihr Sohn tröstete sie: Die Zeit für seine Auslieferung sei noch nicht gekommen, die Soldaten würden ihn nicht finden. Moses/Yusi war von der Suche so erschöpft, dass er sich hinlegte und verstarb.

Weiter heißt es in der Vision: ›Dann begrub der alte Josef seinen Leichnam unter der Schwelle dieses Hauses‹. Im Jahr 2000 renovierten wir diese Kirche. Dabei sollte auch die Schwelle, die Sie hier sehen, neu verlegt werden. Als die Arbeiter sie entfernten, das war am 12. Oktober, stießen sie auf das Grab mit den Gebeinen des Moses/Yusi – genau dort, wo es sich den alten Manuskripten zufolge befunden haben soll!«

Schließlich führte er uns zu einer Chorschranke aus Ebenholz mit Intarsien aus Elfenbein, die den Vorraum vom *Haikal*, dem Allerheiligsten, trennte. Yuliya musste nach orthodoxer Sitte draußen warten – Frauen ist es untersagt, den Altarraum zu betreten –, ich zog die Schuhe aus und folgte dem Pater. In der Mitte des Sanktuariums erhob sich ein quaderförmiger Altar, von einem goldbestickten Samttuch verhüllt. Als *Abuna* Philoxenos die Abdeckung entfernte, kam ein massiver, monolithischer Kalksteinquader zum Vorschein, in den eine Marmorplatte mit einer koptischen Inschrift eingelassen ist. Sie trägt das Datum des 11. Dezember 747.

13 Pater Philoxenos zeigt den Altar, den schon Jesaja erwähnte

»Nach seiner Auferstehung kam unser Herr noch einmal hierher, zusammen mit seinen Schülern und seiner Mutter, um dieses Haus zur ersten Kirche zu weihen«, erklärte mir Pater Philoxenos und zitierte wieder aus der *Vision* des Patriarchen:

> »Als die Apostel bereit waren für die Weihe, erschienen [*die Erzengel*] Gabriel und Michael und trugen das Gefäß mit dem Wasser, mit dem mein geliebter Sohn die Kirche weihte. Ich und die zwölf Apostel waren anwesend bei der Weihe dieses Hauses, ebenso Maria Magdalena und Salome; und vorher war auf der ganzen Welt noch keine Kirche gebaut worden. Diese Kirche wurde von unserem Erlöser Jesus Christus geweiht, bevor die Apostel auszogen, um das Evangelium vom Reich Gottes zu verkünden. Bei der Weihe sprach er diese Worte: ›Die Hände, die dich geschaffen haben, oh Adam, haben dieses Haus geweiht und die Hände, in die auf Golgota Nägel geschlagen wurden, haben dieses Haus gesegnet. Amen. Amen.‹«

»Und damit«, so ergänzte der *Abuna*, »erfüllte sich die Prophezeiung des Jesaja: ›An jenem Tag wird es für den Herrn mitten in Ägypten einen Altar geben.‹ Er kann nur diesen Altar gemeint haben, denn Deir al-Muharraq liegt exakt in der geografischen Mitte Ägyptens.« Ich kniete unwillkürlich nieder und sprach ein Gebet. In diesem Moment wurde mir bewusst, wie wichtig und heilig dieser Ort tatsächlich ist, und erinnerte mich an die Worte Jesu in der *Vision des Theophilus*:

> »Alle, die im Glauben und mit Verehrung zu diesem Haus kommen und in ihm beten, sollen gesegnet werden und ich werde all ihre Sünden vergeben, wenn sie diese nicht wieder begehen, und ich werde sie zu den Heiligen zählen. Wenn all jene, die an Not, Mühsal und Verlust leiden, an diesen heiligen Ort kommen, ihn verehren und hier beten und um angemessene Dinge bitten, werde ich ihre Bitten erhören.«

Ich hatte mein Ziel erreicht, ich stand im Hause Gottes im Herzen jenes Landes, das eben diesen Namen trug. Meine Reise, die an Jesajas »Steinmal an Ägyptens Grenze« begann, hatte mich schließlich zu jenem Altar »mitten in Ägypten« geführt, dessen Weihe dem Propheten offenbart worden war. Wie präzise er seine Lage vorausgesehen hatte, beweist ein Blick auf die Karte.

Nimmt man die Prophezeiung ernst, kann also kein Zweifel daran bestehen, dass Jesaja diesen und keinen anderen Altar »mitten in Ägypten« gemeint hatte. Für mich bedeutete das aber auch, dass all die Sagen, Mythen und Legenden um den Aufenthalt der Heiligen Familie im Nilland zumindest einen wahren Kern haben müssen. Es war kein Zufall, dass die Flüchtlinge ausgerechnet bis nach Deir al-Muharraq gekommen waren, es war die Erfüllung einer alten Prophezeiung und damit göttliche Vorsehung. Die orthodoxen Griechen, die glauben, die Heilige Familie sei in Kairo geblieben, mussten irren, denn schon die ältesten Traditionen nennen das Gebiet von Al-Ashmunayn, zu dem Deir al-Muharraq gehört, als ihr Ziel; die Bezirkshauptstadt liegt nur 44 Kilometer nördlich.

Selbst die Zeitangaben passten. Am 6. Tag des Monats Hathor, der heute auf den 15. November fällt, pilgern nach wie vor Tausende Äthiopier zu dem Kloster, um die Ankunft der Heiligen Familie dort zu feiern. Zur Zeit Jesu aber entsprach der 6. Hathor noch dem 2. Ok-

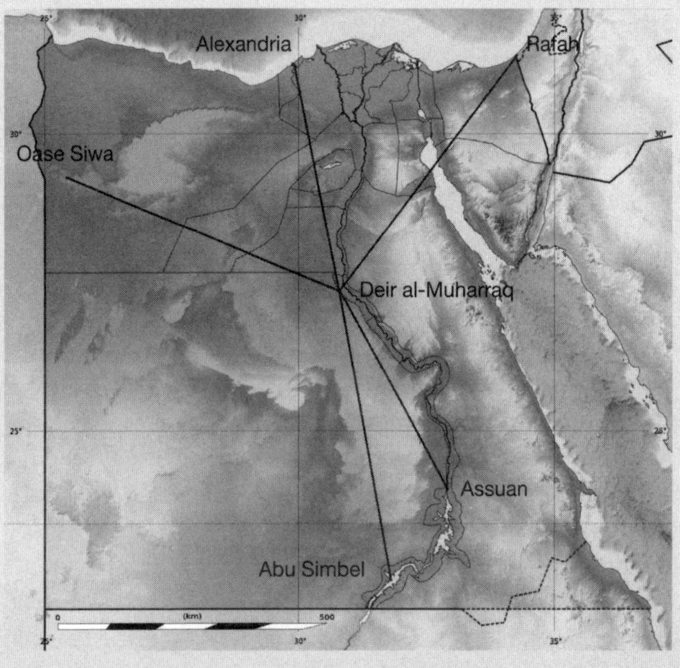

14 Von Deir al-Muharraq sind es:

- nach Alexandria, der nördlichsten Stadt Ägyptens: 430 km
- nach Assuan, der südlichsten Stadt Ägyptens[39]: 430 km
- zum Standort der Säule von Nuweiba: 420 km
- zur Nordostgrenze bei Rafah: 550 km
- zur Oase Siwa an der Nordwestgrenze Ägyptens: 560 km
- zur heutigen Südgrenze Ägyptens bei Abu Simbel: 560 km

(Luftlinie laut Google Earth; Angaben um weniger als 1 Prozent abgerundet)

tober[40]. Wenn wir dazu den Aufenthalt in Deir al-Muharraq von sechs ägyptischen Monaten (à 30 Tagen) und fünf Tagen = 185 Tage addieren, kommen wir auf den 4. April 4 v. Chr. Von Herodes wissen wir, dass er kurz vor dem jüdischen Paschafest 4 v. Chr. verstarb, das in diesem Jahr auf den 11. April fiel. Auch deshalb, weil seine Chronologie so präzise und realistisch ist, kann es nur in diesem Haus gewesen sein, wo sich Anfang April 4 v. Chr. ereignete, was der Evangelist Matthäus wie folgt beschreibt:

> »Als Herodes gestorben war, erschien dem Josef in Ägypten ein Engel des Herrn im Traum und sagte: Steh auf, nimm das Kind und seine Mutter, und zieh in das Land Israel; denn die Leute, die dem Kind nach dem Leben getrachtet haben, sind tot. Da stand er auf und zog mit dem Kind und dessen Mutter in das Land Israel.« (Mt 2, 19–21)

Rechnet man einen Monat für die Rückreise, dann würde die Heilige Familie ziemlich genau elf Monate in Ägypten geblieben sein. Addiert man dazu noch die 13 Tage, die sie sich (vom 18. Mai bis 31. Mai) im Heiligen Land aufhielt, und vielleicht acht Tage für den Weg von der Landesgrenze nach Nazareth, dann war sie knapp ein Jahr unterwegs.

Nur Yuliya hatte einen nicht ganz unbegründeten Einwand: »Spricht denn nicht der Kölner Papyrus von *drei Jahren* und elf Monaten? Ist nicht bei Theophilus von *drei Jahren und sechs Monaten* die Rede?«

»Nun, die Berechnung im Kölner Papyrus kann man noch damit erklären, dass der Kopist zu den tatsächlichen elf Monaten noch drei Jahre hinzugefügt hat. Dass die Heilige Familie aber so lange in Ägypten blieb, ist praktisch ausgeschlossen. Geht man davon aus, dass sie sich gleich nach Herodes' Tod auf den Heimweg machte, dann wäre Jesus, wenn wir von einem dreieinhalbjährigen Aufenthalt in Ägypten ausgingen, irgendwann im Sommer 8 v. Chr. geboren worden. Damals gab es aber noch keinen Stern von Bethlehem, selbst die erste Jupiter-Saturn-Konjunktion fand gut ein Jahr später statt. Zudem wäre er damit zu Beginn seines öffentlichen Wirkens ein ganzes Stück älter gewesen, als Lukas angab«, erklärte ich ihr.

»Vor allem aber stellt sich die Frage, wo die Heilige Familie die ganze Zeit über gewesen sein soll, denn das, was an Aufenthalten überliefert ist, reicht nicht aus, um dreieinhalb Jahre zu füllen.

Mehr als 64 Tage für den Weg von der Landesgrenze nach Deir al-Muharraq lassen sich aus den vorliegenden Angaben nicht errechnen. Selbst wenn wir großzügig die Zahl dieser Tage verdoppeln, um

Die Stationen der Heiligen Familie in Ägypten:

Rhinocolura (el-Arish): 1 Nacht
– Entfernung: 115 km

Pelusium (Farma): 1 Nacht
– Entfernung: 144 km

Bubastis (Tell Basta)/Zaqaziq: 3 Tage
(Musturud: 1 Nacht – evtl. auf dem Rückweg)
– Entfernung: 24 km

Bilbays: 1 Nacht
– Entfernung: 48 km

Daqadus: 1 Nacht
– Entfernung: 34 km

Sammanud: 14–17 Tage
– Entfernung: 38 km

Dimyana: 1 Nacht
– Entfernung: 50 km

Bikha Isous (Sakha): 1 Nacht
– Entfernung: 71 km

Nikiou: 7 Tage
– Entfernung: 84 km

Matariya: 1 Nacht
– Entfernung: 9 km

Haret Zuwayla: Zwischenstopp
– Entfernung: 7 km

Babylon: 1 Nacht
– Entfernung: 7 km

Ma'adi: 10 Tage
– Entfernung: 190 km
(Bootsfahrt flussaufwärts)

Ishnin al-Nasara: 1 Nacht
– Entfernung: 8 km

Dayr al-Garnus: 4 Tage
– Entfernung: 18 km

Gabal al-Tayr: 1 Nacht
– Entfernung: 75 km
(Bootsfahrt flussaufwärts)

Hermopolis Magna (Al-Ashmunayn): 1 Nacht
– Entfernung: 8 km

Bir al-Sahaba: Zwischenstopp
– Entfernung: 4 km

Dayr Abu-Hinnis: 1 Nacht
– Entfernung: 25 km

Dayrut al-Sharif: ein paar Tage
– Entfernung: 16 km

Al-Qusiya: 1 Nacht
– Entfernung: 7 km

Meir: 1–3 Nächte
– Entfernung: 7 km

Deir al-Muharraq: 6 Monate, 5 Tage

Lücken zu füllen und jene Stationen abzudecken, an denen die Heilige Familie keine Spuren hinterlassen hat, an denen man sich vielleicht nicht mehr an ihren Besuch erinnert, kommen wir auf nicht viel mehr als vier Monate für den Hinweg. Auch eine andere Rechnung, die theoretische Aufteilung der Strecke von knapp 1000 Kilometern in bequeme Tagesmärsche à 20 Kilometer, führt zu keinem anderen Ergebnis.

Wir können es wirklich drehen und wenden, wie wir wollen, aber drei Jahre für den Fluchtweg anzunehmen, ist einfach unrealistisch. Daher denke ich, dass die dreieinhalb Jahre keine echte Tradition sind, sondern eine Interpretation der *Heiligen Schrift*, genauer gesagt der *Offenbarung des Johannes*, wo es heißt:

> ›Der Drache stand vor der Frau, die gebären sollte; er wollte ihr Kind verschlingen, sobald es geboren war. Und sie gebar ein Kind, einen Sohn, der über alle Völker mit eisernem Zepter herrschen wird. Und ihr Kind wurde zu Gott und zu seinem Thron entrückt. Die Frau aber floh in die Wüste, wo Gott ihr einen Zufluchtsort geschaffen hatte; dort wird man sie mit Nahrung versorgen, 1260 Tage lang.‹ (Offb 12,5–6)

1260 Tage sind ziemlich exakt dreieinhalb Jahre. Mal ehrlich, hältst du das für einen Zufall? Oder ist es nicht sehr viel wahrscheinlicher, dass die frühen Christen, auch jene in Ägypten, diese Offenbarung auf die Flucht Mariens bezogen haben? Doch darin lagen sie falsch. Wenn man den Text aufmerksam liest, dann stellt man fest, dass die Frau nicht etwa mit dem Kind unterwegs war, sondern alleine; das Kind war bereits ›zu Gott entrückt‹. Deshalb kann sich Johannes nur auf ein Ereignis nach Christi Himmelfahrt bezogen haben. So sehen auch alle namhaften Exegeten in der *Frau* nicht etwa die historische Maria, sondern die Personifikation der jungen Kirche, der Urgemeinde. Und die floh tatsächlich für dreieinhalb Jahre in die Wüste, genauer: nach Pella in Jordanien, als 66 n. Chr. in Judäa der Jüdische Aufstand gegen Rom ausbrach.

Aber es gibt auch eine Quelle, die explizit besagt, dass die Flucht der Heiligen Familie ziemlich genau ein Jahr dauerte. Die *Geschichte von Josef dem Zimmermann*, nicht zu verwechseln mit dem angeblich in

Oxyrhynchus gefundenen Buch, wurde erstmals von Tischendorf veröffentlicht. Obwohl die älteste uns bekannte Abschrift dieser Apokryphe aus dem 10. Jahrhundert stammt, datieren Experten ihre Urschrift in ›das letzte Drittel des 4. Jahrhunderts‹ (so Prof. Gerhard Schneider von der Ruhr-Universität Bochum). Als Entstehungsort ›kommt neben Ägypten kein anderes Land infrage‹«, schon weil der koptische Kalender benutzt wird. Angeblich habe Jesus selbst zu den Jüngern über seinen Ziehvater gesprochen, die seine Worte aufschrieben und in Jerusalem hinterlegten. Zur Flucht nach Ägypten hätte er erklärt:

> ›(Josef) machte sich auf, nahm mich und meine Mutter Maria, indem ich auf ihren Armen saß (und) Salome uns folgte. Wir gingen nach Ägypten hinab (und) blieben dort *ein Jahr an Tagen*, bis der Leib des Herodes Speise der Würmer wurde und er wegen des Blutes der kleinen, unschuldigen Kinder starb, das er vergossen hatte.‹ *(Hervorhebung durch den Autor)*

Diese Tradition ist also genauso alt oder noch älter als der Kölner Papyrus – und gibt eine nach meiner Einschätzung sehr realistische Zeitdauer von einem Jahr für die Flucht an.«
»Ich kann Ihnen nur so viel versichern«, unterbrach Pater Philoxenos, der unser Gespräch bis dahin aufmerksam und leicht amüsiert verfolgt hatte: »Unsere Tradition besagt eindeutig, dass es keinen Ort gab, an dem die Heilige Familie so lange blieb wie in Deir al-Muharraq. Hier war ihr Fluchtort und ihr endgültiges Ziel. Diese Tradition ist im koptischen *Synaxarium* verankert, das unseres Klosters an zwei Festtagen gedenkt, am 1. Juni, als die Heilige Familie nach Ägypten kam, und am 15. November, wenn wir den Jahrestag der Weihe dieser Kirche durch Unseren Herrn feiern. Das Gotteshaus war schon uralt, als Abu al-Makarim und al-Maqrizi es beschrieben, und auch sie wussten, dass ›Christus an diesem Ort sechs Monate und einige Tage blieb‹, bevor er ›von diesem Ort nach Misr (Alt-Kairo) und dann nach Syrien (Palästina) zurückkehrte.‹
Das ist für uns entscheidend, nicht, wie lange die Reise nun wirklich dauerte. Wir Kopten glauben an unsere Tradition. Wir sind über-

zeugt, dass unsere Väter nie etwas gesagt oder geschrieben hätten, das sie nicht für wahr hielten, das nicht auf ihnen bekannten Tatsachen und Traditionen beruhte. Ich bestreite nicht, dass vielleicht einige Geschichten ausgeschmückt wurden, dass es Übertreibungen gab, aber ich vertraue dem, was die Kirchenväter lehrten. Dieser Glaube hat uns stark gemacht. Wenn die Historiker ihn durch ihre Forschungen bestätigen, dann freut mich das. Wenn nicht, ist mir das auch nicht wichtig, denn meinen Glauben trage ich im Herzen, nicht im Kopf. Wir sind Mönche, keine Wissenschaftler. Uns geht es um Glauben, Segen, Wunder, um spirituelle Dinge. Es bringt uns wenig, wenn hier etwas bestätigt und dort etwas widerlegt wird. Aber in der westlichen Welt denkt man natürlich anders. Da muss alles bewiesen werden, sonst ist es nicht wahr. Ich möchte Sie damit nicht kritisieren, ich respektiere Ihre Forschungen. Aber es ist eine völlig andere Denkweise. Bei uns gilt etwas als wahr, wenn es aus einer vertrauenswürdigen Quelle stammt und wahr sein könnte. Oft genug ist es der Himmel selbst, der durch Wunder oder Erscheinungen einen heiligen Ort offenbart. Wir vertrauen unserer Tradition, wenn nicht schwerwiegende Fakten gegen sie sprechen.«

Ich verstehe heute, was er meinte. Die Heiligkeit von Deir al-Muharraq, der tiefe Frieden, ja der Segen, der über diesem Kloster liegt, ist spürbar. Seit ich es das erste Mal besucht habe, sehne ich mich danach, zurückzukehren. Vielleicht ist das ein besserer Beweis für die Wahrheit seiner Tradition als jede wissenschaftliche Studie.

»Aber es ist gut, wenn Sie trotzdem alles hinterfragen«, verabschiedete sich Pater Philoxenos damals, »schließlich sind Sie Historiker und kein Mönch. Der heilige Shenute sagte einmal ›Glaube nicht jedes Wort, wie die Narren es tun, sondern sei weise und prüfe jedes Wort, seinen Geist und seine Zeit, auf dass du nicht jenen betrübst, der durch Salomo sagte: *Der Unerfahrene traut jedem Wort, der Kluge achtet auf seinen Schritt*.‹ Darum ist es gut, wenn Sie skeptisch sind, solange sie offen bleiben und auf Ihr Herz hören.«

Die Worte des weisen Paters gingen mir schon bei unserer ersten Reise nicht aus dem Kopf, als wir unsere letzte Station ansteuerten, das Höhlenkloster von Durunka südlich von Asyut. Durunka ist der beste Beweis dafür, wie lebendig die koptische Tradition ist, es illustriert

aber auch, welche Formen der Legitimation akzeptiert werden. Denn Durunka ist neu, völlig neu. Die Tradition um diesen angeblich südlichsten Aufenthaltsort der Heiligen Familie entstand erst nach dem *Zweiten Weltkrieg*. Doch seitdem erlebte er einen geradezu rasanten Aufstieg zum populärsten Wallfahrtsort Oberägyptens.
In keiner einzigen Quelle zur Flucht der Heiligen Familie wird Durunka erwähnt. Im Gegenteil: die Schrift mit der höchsten Autorität aus koptischer Sicht, die *Vision des Theophilus*, schließt einen Abstecher nach Süden geradezu kategorisch aus, wenn sie Maria erzählen lässt:

> »Wir standen auf und stiegen von dem Berg herab. Wir erreichten die Stadt Ashmunayn und ihre Bewohner empfingen uns mit großem Jubel und Freude. Als der Morgen anbrach, trug ich meinen Sohn in meinen Armen und wir kamen an das Wasser (des Nils) und wir hielten Ausschau nach einem Schiff (...).«

Al-Ashmunayn liegt, wie gesagt, 44 Kilometer nördlich von Deir al-Muharraq, war also in einem Tagesmarsch zu erreichen. Hier gab es einen Nilhafen, gingen genügend Schiffe in den Norden. Durunka dagegen befindet sich jenseits von Asyut, dem antiken Lykopolis, 49 Kilometer in südöstlicher Richtung. Was also sollte die Heilige Familie veranlasst haben, dorthin zu gehen? Ich weiß es nicht, es entbehrt jeder Logik.
Doch trotzdem glaube ich, dass auch Durunka ein heiliger Ort ist, vielleicht gerade weil es so völlig unvernünftig ist.
Tatsächlich geht die Verehrung dieser Stätte auf die Vision eines Mannes zurück, der, obwohl in hohem Altar, noch am Leben ist. *Anba* Mikhail, der Erzbischof von Asyut, wurde 1911 oder 1912 als Sohn armer koptischer Bauern in einem Dorf bei Nag Hammadi geboren. 1939 wurde er Mönch und noch im gleichen Jahr zum Priester geweiht. Seine Ernennung zum Erzbischof von Asyut erfolgte 1946. Er ist damit nicht nur der älteste, sondern auch der am längsten amtierende christliche Bischof der Welt.
Asyut ist eine Stadt mit fast 400 000 Einwohnern. Ein Viertel davon sind Kopten, womit es zu den Städten mit dem höchsten Christenan-

teil gehört. Zugleich aber ist Asyut auch eine Hochburg der radikalislamistischen Bewegung *al-Dschama'a al-islamiyya* (»Islamische Gemeinde«), die durch ihre Beteiligung an der Ermordung Anwar as-Sadats erstmals in das Fadenkreuz der staatlichen Ermittler geriet. In der Mubarak-Ära zeichnete sie für eine Reihe von Anschlägen in Oberägypten verantwortlich. *Anba* Mikhail gelang es bislang immer, einen offen Konflikt mit den Islamisten zu vermeiden. Die Kopten verehren ihn schon zu Lebzeiten wie einen Heiligen. Sein Gebet soll Wunder wirken, heißt es. Zudem erscheine ihm regelmäßig die Jungfrau Maria.

Einer persönlichen Vision folgend gründete der Erzbischof 1955 das *Kloster der Heiligen Jungfrau* in Durunka. Es sollte an einem Berghang hoch über der Stadt entstehen, terassenförmig hinaufreichen zu einer riesigen Höhle, in der, so *Anba* Mikhail, einst die Heilige Familie gewohnt habe, als sie in Asyut, nicht in Al-Ashmunayn, auf ein Schiff nach Norden wartete.

Die Anlage wuchs bald in gewaltigen Ausmaßen. Hinter hohen Betonmauern entstand eine kleine Stadt aus massiven, langgestreckten Appartementhäusern, deren Fassaden riesige Betonkreuze schmücken, unterbrochen von schlanken Türmen und bunten Kirchen: das unglaublichste Monument, das der Heiligen Familie in Ägypten je errichtet wurde, das Werk eines Visionärs und Baumeisters, das eines Pharaos wie Ramses II. würdig wäre.

Doch die meiste Zeit stehen fast alle diese Häuser leer. Nur einmal im Jahr füllen sie sich mit Zehntausenden Pilgern, die in diesen Tagen den angeblichen Besuch der Heiligen Jungfrau und des Erlösers in Durunka feiern.

»Asyut war der nächstgelegene Nilhafen« hatte uns Schwester Martyra versichert, eine junge, zierliche Nonne in hellblauem Habit, als wir Durunka am 12. März 2010 erstmals besuchten. »Hier fanden sie eine Höhle in der Nähe des Hafens, die ihnen Unterschlupf bot, bis das nächste Boot ablegte«. Dann zeigte sie uns die Höhle, die einst zu einem pharaonischen Steinbruch gehört hatte; darin die Felsenkammer, in der Josef nächtigte, eine andere für Maria und das Kind. »Die Heilige Jungfrau ist hier mehrfach erschienen«, erklärte Schwester Martyra, als ich fragte, woher man das wisse. »Das letzte

Mal am 17. August 1990. Wir sahen nicht ihr Gesicht, aber ihr Licht erschien in dieser Höhle. Einen besseren Beweis kann man sich doch wohl kaum wünschen. Außerdem war diese Höhle von Anfang an heilig. Hier haben schon im ersten Jahrhundert Mönche gewohnt!«
Dass die Höhlen ab dem 4. Jahrhundert Eremiten als Unterkunft dienten, hatte ich bereits gelesen; der bekannteste von ihnen war der hl. Johannes von Asyut. Doch bereits zur Zeit der ersten Christen? Ich hatte meine Zweifel. Abu al-Makarim jedenfalls wußte zwar von einem Kloster in den Bergen von Durunka und seinen in den Fels geschlagenen Kammern, schreibt aber, es sei dem hl. Severus geweiht; ein benachbartes Marienkloster wird dagegen ohne Besonderheiten erwähnt.
Am Ende der Höhle, die wir besichtigten, waren unter Ikonen der zwölf Apostel zwei mal drei Taufbecken für die Ganzkörpertaufe in Reih und Glied in den Boden eingelassen, auf der einen Seite für die Männer, auf der anderen für die Frauen. »Hunderte lassen sich hier täglich taufen, wenn die *nahda*, die großen Festwochen zu *Mariä Himmelfahrt* stattfinden, nämlich vom 7. bis 21. August. In dieser Zeit werden oft auch leuchtende Tauben gesehen. Manchmal erscheint sogar die Heilige Jungfrau und segnet uns«, erzählte Schwester Martyra.
Wir gingen nach draußen. Das Kloster ist so riesig und modern, dass man es leicht für einen Hotelkomplex halten könnte. Von seinen Terrassen aus genossen wir den atemberaubenden Blick über das Niltal, in der Ferne erhoben sich die Hochhäuser von Asyut. Es war so einsam hier oben, dass ich mir kaum vorstellen konnte, was Schwester Martyra behauptete: »Im August, zur *nahda*, kommen bis zu 50 000 Menschen am Tag. Am letzten Tag, zur großen Abschlussprozession, wurde auch schon mal eine halbe Million Menschen gezählt. Sie kommen, weil sie wissen, dass Bischof Mikhail daran teilnimmt.«
»Können wir ihn vielleicht vorher treffen, zwecks eines Interviews?«, fragte ich, jetzt neugierig geworden. Schwester Martyra winkte ab: »Nein, das ist leider unmöglich. Er ist ein alter Mann und empfängt keine Besucher mehr. Er verbringt die meiste Zeit damit, für uns zu beten.« Damals beschlossen wir, zu einer der nächsten *nahdas* nach Durunka zu kommen, und sei es, um diesem modernen Heiligen zu

begegnen, der etwas von der Unnahbarkeit eines antiken Gottkönigs hatte.

Am 21. August 2011 war es dann so weit. Nach unserem morgendlichen Abstecher nach al-Qusiya und Deir al-Muharraq waren wir nach Durunka zurückgekehrt, um den letzten und wichtigsten Tag der Wallfahrt nicht zu versäumen. Zusammen mit Fado und Mohammed, unserem muslimischen Fahrer, passierten wir zunächst frühzeitig die Stände, die Karussells und Riesenräder eines koptischen *mulids*, um zu Füßen des Klosters noch einen Parkplatz zu finden. Das Kloster, das bei unserem letzten Besuch eine tiefe Ruhe ausgestrahlt hatte, war jetzt in ein Heerlager verwandelt. Händler boten auf Eselskarren Obst, Wasser und süßes Gebäck an, Männer trugen Körbe mit Verpflegung für die nächsten Stunden, Bauern zerrten unwillige Zicklein, die wohl zur Feier des Tages geschlachtet würden. Immer wieder brachten offene Lastwagen und Busse neue Pilger, die sich eilig auf den Weg zur heiligen Höhle machten.

Auch dort ging es jetzt zu wie in einem Taubenschlag. Draußen waren die Balkone der Appartementhäuser mit Gästen gefüllt. Wir suchten uns strategisch günstige Plätze am Prozessionsweg und warteten, bis der Abend dämmerte. Die Luft stand, und wir waren dankbar, dass Männer den Pilgern mit breiten Wellpappen Frischluft zufächerten. Pünktlich um 18.15 Uhr ertönten gutturaler Gesang und Zimbelklang aus dem Innenhof, setzte sich die *doura*, die große Prozession, in Bewegung. Zunächst schritt ein Diakon mit einem goldenen Vortragekreuz durch das Tor, gefolgt von den Trägern zweier Marienbilder im italienischen Stil. Hunderte Diakone in kreuzbestickten weißen Tuniken, rote Scherpen um die linke Schulter gebunden, folgten in einer fast endlosen Zweierreihe, bis ein schwarzer Geländewagen erschien. Auf seinen Dachgepäckträger waren zwei Flachbildschirme montiert, die Bilder aus dem Inneren des Wagens übertrugen: Ein beeindruckender Mann mit Sonnenbrille und weißem Bart, dem man sein biblisches Alter nicht ansah, hielt in der rechten Hand ein Kreuz und segnete die Menge. Man brauchte uns nicht erst zu erklären, dass wir gerade Erzbischof Mikhail begegnet waren.

Ihm folgten die Priester und Mönche in ihren schwarzen Roben, dann weitere Diakone und Ministranten mit Ikonen und Kreuzen.

15 Yuliya Tkachova und Michael Hesemann nach der Prozession von Durunka

Wieder die gleichen, gutturalen Gesänge, das Schlagen der Zimbeln und Triangeln, das Klatschen, die feierliche Würde, nur unterbrochen durch das Freudengeheul der Frauen. Nach exakt fünf Minuten war alles vorbei. Die rotweiße Schlange wand sich den Berg hinunter bis zum Tor des Klosters, dann kehrte sie zurück, um endlich im überfüllten Innenhof vor der heiligen Grotte zu verschwinden. Dort ließ Erzbischof Mikhail, wie uns Fado verriet, jedes Jahr vier Tauben fliegen, als Symbole des Friedens und der heiligen Jungfrau.
»Und, Mr. Michael, was war Ihr Eindruck vom heutigen Tag?«, fragte mich Fado, als wir bereits wieder im Auto saßen.
»Ganz ehrlich?«, fragte ich zurück, um gleich zu antworten: »Ich fühlte mich ins pharaonische Ägypten zurückversetzt. Die weißen Gewänder, der Zimbelklang, die Gesänge – das alles wirkte auf mich wie eine Tempelprozession vor 4000 Jahren. Eure Kirche hat es wahrhaft verstanden, etwas Altes zu transformieren und die heidnischen Tempelfeste durch neue Kirchenfeste zu ersetzen. Zumindest diente

doch die Flucht der Heiligen Familie, so historisch sie auch ist, Eurer Kirche als Gründungsmythos, wie einst die Geschichte von Isis und Osiris.«

»Wir werden nicht umsonst die Erben der Pharaonen genannt«, lachte der junge Kopte. »Und doch diente diese großartige Kultur nur dem Zweck, uns auf die Ankunft Christi vorzubereiten. Schließlich war Jesus nicht nur eine abstrakte Gottheit, wie man sie in den Mythen und an den Tempelwänden fand, er hat wirklich gelebt. Unser Gott ist Mensch geworden, er war bei uns, er hat zu uns gesprochen, er hat uns von unseren Leiden befreit und erlöst. Er spricht heute noch zu uns durch die Heiligen, ja, auch durch *Anba* Mikhail, durch die Wunder, die wir erleben. Dieser Glaube, der auf Erfahrung beruhte, hat uns stark gemacht. Darum gibt es uns Kopten noch, nach all den Jahrhunderten der Verfolgung, was für viele schon ein achtes Weltwunder ist. Darum wird es uns noch geben, wenn die Götter der Pharaonen längst vergessen sind.«

Ein wenig wehmütig dachte ich zurück an die Stationen unserer Reise, an die vielen bewegenden und bereichernden Begegnungen mit Priestern, Mönchen und Laien, die so authentisch ihren Glauben leben, und den Besuch von Orten, die in ihrer Schönheit und dem Frieden, den sie ausstrahlen, das Paradies erahnen lassen. Dass sie sich in einer so feindlichen Umgebung, nach dem über 1700-jährigen Martyrium des koptischen Volkes, erhalten haben, verlieh ihnen eine ganz besondere Faszination und Würde.

Ja, ich war jetzt überzeugt, dass die Prophezeiung des Jesaja wahr geworden ist, dass Gott sich den christlichen Ägyptern auf eine ganz besondere Weise offenbarte. Gerade durch ihr langes Leiden kamen sie ihm näher als alle anderen Völker der Welt. Vielleicht dachte Jesus gerade auch an sie, als er, wie das *Matthäus-Evangelium* überliefert, sagte: »Denn ich war hungrig, und ihr habt mir zu essen gegeben; ich war durstig, und ihr habt mir zu trinken gegeben; ich war fremd und obdachlos, und ihr habt mich aufgenommen.« (Mt. 25,34–35)

Ja, gesegnet ist Ägypten, sein Volk!

XV Zwischen Bangen und Hoffen

Kairo, am 28 Thout im 1728. Jahr der Ära der Märtyrer (9.10.2011)

Es waren Bilder, die ich nie vergessen werde, so schrecklich waren sie. Dabei hatte alles so harmlos, so friedlich angefangen. Die ersten Filmaufnahmen von der großen Demonstration der Kopten am 9. Oktober 2011 zeigen singende Menschen, die Kreuze, Ikonen und Plakate tragen. Viele Frauen und Kinder sind dabei, gut gekleidete Menschen aus dem urbanen Mittelstand, die Hoffnung und Begeisterung darüber ausdrücken, dass jetzt, nach der Revolution des *Arabischen Frühlings*, auch ihre Stimme gehört wird.
Mit der Demonstration wollten sie zeigen, dass von ihnen keine Gefahr ausgehe, dass sie bereit seien zur Mitarbeit am Aufbau eines neuen, demokratischen Ägyptens. Aber sie wollten auch auf Missstände hinweisen, ja auf himmelschreiende Ungerechtigkeiten, die ihnen auch noch nach dem Rücktritt Husni Mubaraks widerfahren waren.
Es begann alles damit, dass die rund 700 Christen eines Dorfes namens Mirinab unweit von Edfu im Süden des Landes ihre baufällig gewordene Kirche renovieren wollten. Das war den Moslems, die dort die Mehrheit stellen, ein Dorn im Auge; es kam zu Protesten, die immer heftiger wurden. Mit dem Verweis darauf, dass in Ägypten ohnehin bald die Scharia, das Gesetz des Islam, herrschen würde, verlangten die Moslems zunächst von den Christen, dass sie auf das Anbringen von Kreuzen und Glocken verzichteten. Dann durfte die Kirche auch keine Kuppeln haben. Gleichzeitig wurde in den ägyptischen Medien behauptet, sie sei eigentlich nur ein alter Schuppen, in Mirinab habe es nie ein christliches Gotteshaus gegeben.
Als die Christen beim Gouverneur der Provinz Assuan, Mustafa al-Sayed, protestierten, ihm Dokumente vorlegten, die den Bau einer

Kirche im Jahre 1940 urkundlich belegten, stießen sie auf taube Ohren. Stattdessen riefen die muslimischen Imame beim Freitagsgebet am 30. September 2011 in den 20 Moscheen von Mirinab zum Sturm auf das Gotteshaus auf. Der Gouverneur reagierte, indem er die Sicherheitskräfte abzog, die gewöhnlich vor koptischen Kirchen stationiert sind. So konnten 3000 aufgehetzte Moslems ungehindert die Kirche stürmen, demolieren und in Brand setzen. Die liturgischen Geräte, die Gewänder der Priester und die heiligen Ikonen wurden mit Füßen getreten.

Als endlich die Feuerwehr anrückte, wurde sie von den Demonstranten erst durchgelassen, als das Gotteshaus längst niedergebrannt war. Die Polizei schaute auch dann noch tatenlos zu, als der Mob anschließend durch das Dorf zog, die Häuser von Kopten stürmte, ihre Geschäfte plünderte und ihre Autos anzündete. Anschließend von einer Moderatorin des staatlichen Fernsehens befragt, bestritt Gouverneur al-Sayed den Gewaltakt und behauptete frech: »Die Christen haben einen Fehler gemacht, und die Muslime sorgten für die Beseitigung dieses Fehlers.«

In den nächsten Tagen wurden auch an vier weiteren Orten in Oberägypten, in El-Madmar, Bani Mazar, Fayum und Ismailjia, Kirchen überfallen, während die muslimische Menge Transparente mit Slogans wie »Christen, haut ab!« und »Nein zur Kirche!« hochhielt. In keinem der Fälle griffen die Sicherheitskräfte ein. Die staatlichen Medien schwiegen die Vorfälle tot.

In der Folge demonstrierten Nacht für Nacht mehr Kopten in Kairo gegen diese Behördenwillkür und Zensur. Sie begannen am mittlerweile legendären Tahrir-Platz, ihr Ziel war der Maspero-Platz, der Sitz des ägyptischen Staatsfernsehens, von dem sie nicht länger ignoriert werden wollten. Obwohl ihre Proteste stets friedlich blieben, marschierte regelmäßig Militär auf, kam es mehrfach zu Übergriffen, bei denen koptische Demonstranten zusammengeschlagen und als »ungläubige Hundesöhne« beschimpft wurden. Unter den Opfern der Gewalt war auch ein Priester, *Abuna* Mathias. Als er Anzeige gegen den befehlshabenden General erstattete, befahl dieser seinen Soldaten, ihn zu erschießen oder zu überfahren; nur mit Not konnte der Geistliche seinen Verfolgern entkommen.

Am Samstag, dem 8. Oktober 2011, übergab das koptische Patriarchat dem Militärrat, der nach der Absetzung Mubaraks die Regierungsgeschäfte übernommen hatte, Dokumente, die im *Fall Mirinab* die koptische Position bestätigten; zudem forderte man die Absetzung des Gouverneurs von Assuan. Am gleichen Tag kündigte eine Bewegung junger Kopten, die sich *Maspero-Jugend* (nach dem Platz, zu dem ihre Demonstrationen zogen) nannte, für Sonntag, den 9. Oktober, eine weitere Demonstration an, für die auch Menschenrechtsorganisationen und liberale Muslime ihre Teilnahme zusagten. Alles blieb friedlich, bis die rund 10 000 Kopten, darunter, wie gesagt, viele Frauen und Kinder, auf der *Cornish*, der Niluferstrasse, die Auffahrt zur *Brücke des 6. Oktobers* passierten. Sie ahnten nicht, dass das staatliche Fernsehen die Bevölkerung gerade aufgerufen hatte, auf die Straße zu gehen und »ihre Armee« vor einem Angriff der Kopten zu schützen. So empfing die Protestierenden auf der Überführung und am Straßenrand ein fanatischer Mob, der Steine und Molotow-Cocktails auf die Demonstranten warf, die jetzt in Panik auf den Maspero-Platz zu rannten. Doch dort erwartete sie das Militär. Schüsse knallten, Menschen sackten zusammen. Innerhalb von Minuten brach Chaos aus. Einige junge Kopten versuchten, die Angreifer aufzuhalten oder zu entwaffnen. Plötzlich tauchten zwei Panzerwagen des Militärs auf, rasten in eine Gruppe von Kopten, überrollten und zerquetschten reihenweise Menschen. Einem Mann, der seine junge Verlobte retten wollte, zermalmte das schwere Fahrzeug den Unterleib, einem anderen wurde der Schädel zerdrückt. Mindestens 35 Kopten starben in dieser Nacht, über 320 wurden schwer verletzt.
Einer der Organisatoren der Demonstration, der koptische Priester *Abuna* Philopater, erklärte später: »Man hat uns regelrecht in eine Falle gelockt. Sobald wir auf dem Maspero-Platz angekommen waren, kreisten sie uns ein und feuerten Schüsse auf uns ab. Viele flüchteten. Dann kamen die Panzerfahrzeuge und überrollten die Flüchtlinge.«
Das staatliche Fernsehen behauptete sogar, die Kopten hätten die Soldaten mit Maschinengewehren angegriffen. Sämtliche Videoaufnahmen, die in den folgenden Tagen im Internet kursierten, widerlegten diese Darstellung; doch das ägyptische Volk bekam keine einzige da-

von im Fernsehen zu sehen. Prophylaktisch hatte die Armee rechtzeitig zwei unabhängige Fernsehsender, *TV25* und *Al-Hurra*, gestürmt und ihr Sendematerial beschlagnahmt. Der unabhängigen Tageszeitung *Al-Shourouq* drehte man kurzerhand den Strom ab, um eine neutrale Berichterstattung zu verhindern.

Doch mit dem Massaker auf dem Maspero-Platz endete die Blutnacht von Kairo noch lange nicht. Als Hunderte teilweise lebensgefährlich Verletzte in ein koptisches Krankenhaus gebracht wurden, umringte ein Pulk fanatisierter Muslime die Klinik, warf Steine und Molotow-Cocktails und versetzte die ohnehin schon besorgten Angehörigen der Opfer in Angst und Schrecken. Herbeigerufenen Ärzten, die Notoperationen durchführen sollten, verweigerten sie den Zutritt. Wie die muslimische Journalistin Nawara Negm später berichtete, gingen währenddessen die Soldaten am Ort des Massakers durch die Reihen der Verletzten und schauten, wer von ihnen ein Kreuz auf die rechte Hand tätowiert hatte – das Erkennungsmerkmal der Kopten! Auf jeden Einzelnen wurde noch einmal brutal eingetreten. Zudem wollen Augenzeugen gesehen haben, wie Soldaten etwa 50 Tote und Schwerverletzte von der *Brücke des 6. Oktobers* hinunter in den Nil warfen. Gut 60 Mitglieder der koptischen Gemeinde werden seitdem vermisst.

Mit diesem Tag, der als *schwarzer Sonntag* in die Annalen des Nillandes einging, hatte der *Arabische Frühling* endgültig seine Unschuld verloren, begann ein neuer Winter für Ägyptens Christen. War man einmal Schulter an Schulter auf den Tahrir-Platz gezogen, um für ein neues, freies Ägypten zu demonstrieren, war ein halbes Jahr später davon wenig zu spüren. Vorbei die Zeiten, in denen Christen Moslems beim Beten vor den Militärs beschützt hatten, vorbei auch, dass Muslime den Kopten Gleichberechtigung versprachen. Durch die Schaffung neuer Parteien kam ein Konkurrenzdenken auf, das die alte Solidarität vergessen ließ. Die politischen und sozialen Umwälzungen brachten zwar neue Freiheiten, aber auch die Möglichkeit, ungestraft religiöse Minderheiten diskriminieren zu können.

Vor allem aber strebten jetzt radikalislamische Gruppierungen wie die Moslembruderschaft und die von Saudi Arabien unterstützten fundamentalistischen Salafisten nach der Macht. Sie wollen den Islamstaat mit allen Konsequenzen, inklusive der menschenverachtenden *Scharia*, samt der Wiedereinführung des *Dhimmi*-Status und der seit 1855 aufgehobenen *Jizya* (»Ungläubigensteuer«) für die Christen. »Vor der Revolution wurden Christen nur indirekt diskriminiert, seit der Revolution greifen Salafisten und Muslimbrüder sie offen und direkt an«, stellte Naguib Gubrail von der *Ägyptischen Union für Menschenrechte* fest. Über 100 000 Kopten haben das Land seit der Absetzung Mubaraks bereits verlassen. Die Nachrichten aus ihrer Heimat lassen diese Entscheidung verständlich erscheinen:

- Am 4. März 2011 brannten Islamisten unter dem Schutz der Armee die Kirche von Soul bei Helwan in der Peripherie von Kairo nieder und vertrieben die 700 christlichen Bewohner des Dorfes. Auslöser der Gewalttat war die verbotene Liebe eines muslimischen Mädchens zu einem jungen Kopten. Drei Tage später demonstrierten die *Zabbalin*, die koptischen Müllsammler, in ihrer Slumsiedlung am Fuße des Mokattam-Hügels gegen die Zerstörung der Kirche. Sie wurden von Islamisten unter dem Schutz des Militärs brutal angegriffen: 14 Personen starben, über 150 Christen wurden schwer verletzt, 100 Wohnungen geplündert, 10 Wohnhäuser, 15 Recyclingbetriebe und 50 Fahrzeuge in Brand gesetzt. Einen Monat später erlaubte der Militärrat den Wiederaufbau der Kirche.
- Am 7. Mai 2011 stürmten an die tausend bewaffnete Salafisten die historische St.-Menas-Kirche im Kairoer Stadtteil Imbaba. Zuvor war behauptet worden, die Kopten hielten dort eine zum Islam konvertierte Frau gefangen. Als Christen versuchten, die Eindringlinge aufzuhalten, kam es erst zu einer Schlägerei, dann fielen Schüsse; zwölf Menschen wurden getötet, 230 verletzt. Das zwischenzeitlich angerückte Militär sah tatenlos zu, wie erst diese bedeutende Kirche in Brand gesetzt wurde, dann zwei weitere.
- Seit 2011 häufen sich Berichte über entführte koptische Mädchen. In einigen Fällen wurden horrende Lösegelder verlangt, in anderen die Entführten gezwungen, zum Islam überzutreten. Im Fall einer Rückkehr zum christlichen Glauben müssten sie nach dem Gesetz der Scharia getötet werden. Auch die Zahl der Vergewaltigungen junger Christinnen nahm seit Anfang 2011 rapide zu.

- Am 16. Oktober 2011 wurde der 17-jährige christliche Schüler Ayman Nabil Labib in Mallawi (Oberägypten) von muslimischen Klassenkameraden und seinem Lehrer umgebracht. Wie die meisten Kopten, so trug auch Ayman eine Kreuz-Tätowierung am Handgelenk. Als sein muslimischer Lehrer ihn aufforderte, sie zu bedecken, weigerte er sich; stattdessen verwies er auf einen Kreuz-Anhänger, den er unter seinem T-Shirt trug. Daraufhin ging der Lehrer auf den Schüler los und erstickte ihn fast; einige muslimische Klassenkameraden prügelten dabei auf ihn ein, bis er tot war.
- Am 19. Januar 2012 kam es zu pogromartigen Übergriffen auf die christliche Minderheit in el-Ibrahimiya, einem Dorf nördlich von Kairo. Dort war mit Genehmigung der Behörden eine neue Kirche gebaut worden, die, festlich geschmückt, am *Fest der Erscheinung des Herrn* (nach dem julianischen Kalender!) geweiht werden sollte. Während Hunderte Gläubige morgens auf die Ankunft ihres Bischofs warteten, tauchte plötzlich eine mit Schlagstöcken und Eisenstangen bewaffnete Gruppe radikalislamischer Salafisten auf. Sie prügelten sich ihren Weg frei, um in die Kirche einzudringen und sie zu verwüsten. Als die unbewaffneten Kopten die Polizei riefen, kam zwar ein Streifenwagen, doch die Ordnungshüter schauten zunächst seelenruhig zu, statt dem Vandalismus ein Ende zu setzen. Nachdem sich die Beamten schließlich davon überzeugt hatten, dass tatsächlich eine Baugenehmigung vorlag, baten sie den Bürgermeister um Amtshilfe. Der inspizierte die neue Kirche, um festzustellen: »Ein schöner, solider Bau. Der eignet sich gut als Moschee oder Krankenhaus.«
- Zeitgleich kam es in el-Rahmaniya bei Qena (Oberägypten) nach den muslimischen Morgengebeten zu einer regelrechten Hetzjagd auf Kopten. Bewaffnete salafistische Schlägertrupps drangen unter *Allahu-akbar*-Rufen in ein Haus nach dem anderen ein, um dort alles zu verwüsten und die Bewohner zu bedrohen. Reihenweise wurden auch die Autos der Christen beschädigt. Man warf den Christen vor, bei den Parlamentswahlen nicht für einen der islamistischen Kandidaten gestimmt zu haben. Diesem Kandidaten wurde vorgeworfen, das Massaker von Nag Hammadi am

6. Januar 2010 angeordnet zu haben, bei dem mehrere koptische Jugendliche beim Verlassen der Weihnachtsmesse erschossen wurden.

- Am 27. Januar 2012 versuchten bewaffnete Islamisten, die 62 koptischen Familien von Kobry el-Sharbat bei Alexandria aus ihrem Dorf zu vertreiben. Auslöser des Pogroms, bei dem Dutzende Wohnungen in Brand gesetzt wurden, war die Behauptung, ein Christ habe auf seinem Mobiltelefon »unerlaubte« Fotos einer muslimischen Frau gespeichert.
- Am 19. Februar 2012 überfielen 2000 bewaffnete Salafisten in Meet Bashar, einem Dorf nordöstlich von Kairo, eine koptische Kirche und brannten sie samt dem Pfarrhaus nieder. Danach wurden auch dort Wohnungen und Autos von koptischen Christen zerstört. Ihnen wurde vorgeworfen, ein Mädchen versteckt zu halten, deren Vater wenige Tage zuvor unter massivem Druck zum Islam konvertiert war. Als die 14-Jährige bei Verwandten entdeckt wurde, gelang es der Polizei zumindest diesmal, die Ordnung wiederherzustellen.

In vielen anderen Fällen aber sahen die Behörden tatenlos zu. Schließlich profitierte der herrschende Militärrat von der Gewalt; sie bewirkte zumindest, dass sich immer mehr Ägypter nach Sicherheit, Stabilität und einer starken Hand sehnten. Auch der Umgang mit dem Maspero-Massaker bewies, dass die Generäle an einer Aufklärung kein Interesse hatten. Die Ermittlungen wurden an ein Militärgericht delegiert, das zunächst die toten Kopten als Provokateure diffamierte, um dann das Verfahren am 30. April 2012 »aus Mangel an Beweisen« einfach einzustellen: Es sei nicht möglich, die Schuldigen zu identifizieren.

Umso beeindruckender war die Reaktion der koptischen Kirche. Trotz unverhohlener Drohungen und obwohl das Militär demonstrativ die Sicherheitskräfte abgezogen hatte, fand am Tag nach der Demonstration in der Kairoer St.-Markus-Kathedrale eine Totenmesse für die *Märtyrer vom Maspero-Platz* statt, die der 88-jährige, bereits schwer kranke Papst Shenouda III. persönlich zelebrierte. Alle Kopten rief er auf, drei Tage zu fasten und für die Zukunft ihrer Kirche und ihres Landes zu beten. Am 12. und 13. Tag nach dem Massaker, am 21. und 22. Oktober, antwortete der Himmel. Tausende Ägypter wollen in diesen Nächten in Kairo und Alexandria die Gottesmutter gesehen haben, viele glauben, ihre Stimme vernommen zu haben.

Für den 40. Tag nach dem Blutbad organisierte die koptische Kirche einen Gedenkmarsch für die Toten, an dem Zehntausende teilnahmen. Zu den Klängen von Vangelis' *Conquest of Paradise* trugen zunächst Männer in schwarzen T-Shirts, auf die ein blutrotes *Ankh*-Kreuz gedruckt war, die ägyptische Nationalflagge und eine Fahne mit dem altägyptischen Lebenskreuz. Ihnen folgten junge Frauen in pharaonischen Gewändern, die an langen Stangen Bilder der Märtyrer hochhielten, gefolgt von weiteren Männern mit einem symbolischen Sarg auf den Schultern. Dahinter schritten die Träger eines großen Kreuzes und ägyptischer Fahnen. Eindrücklicher konnte das Bekenntnis zum gemeinsamen Erbe, zur nationalen Identität als Ägypter, kaum ausfallen.

Jedenfalls zeugte die Reaktion des koptischen Patriarchen nicht nur von tiefer Spiritualität, sondern auch von großer politischer Sensibilität. Je mehr ich von ihm hörte und las, desto mehr faszinierte mich dieser Papst, der buchstäblich aus der Wüste kam – und zum Vater nicht nur seiner Gemeinde, sondern eines ganzen Volkes wurde.

Shenouda III. wurde am 3. August 1923 als Nazir Gayed Roufail in einem Dorf bei Asyut geboren. Seine Mutter verstarb bald nach seiner Geburt, sein Vater ein paar Jahre später; zurück blieben fünf Mädchen und drei Jungen, von denen der Älteste gerade geheiratet hatte und jetzt zum Familienoberhaupt wurde. Die Kinder zogen zunächst zu ihm nach Damanhur, dann, als er versetzt wurde, folgten sie ihm nach Banha und Kairo. Trotz dieser Umstände erhielt Nazir eine solide Ausbildung, u.a. auf einer amerikanischen Schule. Mit 14 Jahren entdeckte er sein literarisches Talent und versuchte sich erstmals in der Poesie. Mit 16 begann er, sich für die koptische *Sonntagsschulbewegung* zu engagieren, eines der faszinierendsten Phänomene dieser Kirche, das maßgeblich zur koptischen Renaissance im 20. Jahrhundert beigetragen hat.

Ihr Gründer, Habib Girgis (1876–1951), einer der größten Theologen seiner Zeit, hatte die Vision, die koptische Kirche durch Bildung und Erziehung zu erneuern. Eine Reform, so glaubte er, käme nicht dadurch zustande, dass man die Bischöfe und den Papst kritisierte oder gar Angriffen aussetzte, sondern indem man die Weichen für eine bessere Zukunft stellte. Das müsse dadurch geschehen, dass man den Kindern und Jugendlichen in der Schule und in der Kirche ein solides religiöses Grundwissen vermittelte und sie zu aktiven Gläubigen heranreifen ließe, aus deren Reihen die Hierarchie der Kirche von morgen erwüchse. Und tatsächlich gab ihm die Zeit recht. Die Sonntagsschulbewegung wurde zu einem neuen Aufbruch für die Kirche. Sie führte auf breiter Ebene zu einer Wiederentdeckung der Schätze des christlichen Glaubens und einer Rückbesinnung auf seine ältesten Traditionen.

Die koptische Kirche hatte schon vor dem ägyptischen Staat ein eigenes Schulsystem aufgebaut, um ihre Jugend auf die Anforderungen der Moderne vorzubereiten. Dadurch wurde Bildung zum entscheidenden Vorteil der Kopten auch in der Gegenwart. Noch heute sind weit über die Hälfte aller ägyptischen Studenten in naturwissenschaftlichen Fächern Kopten – auch wenn die Christen nur ein Achtel der Gesamtbevölkerung ausmachen. Speziell Medizin und Pharmazie sind koptische Domänen.

Erst unter Präsident Nasser wurde das Schulsystem verstaatlicht, was die Kopten noch mehr in die Pflicht nahm, sich um die religiöse Erziehung ihrer Jugend zu kümmern. So wurde die Sonntagsschulbewegung zum Erfolgsmodell. Gab es 1892 noch sechs, wurden 1907 bereits 46 Sonntagsschulen zunächst in allen Städten des Landes gezählt. 1918 gründete Girgis ein Zentralkomitee zur Aufsicht der Sonntagsschulen, um das Niveau des Unterrichts zu sichern, indem man Lehrpläne und Lehrbücher herausgab. 1948 erhielt die Bewegung den offiziellen Segen von Papst Yusab II.: »Sie ist unsere einzige Hoffnung, eine neue Generation zu formen, die zu unserem orthodoxen Glauben steht und seine Prinzipien bewahrt«, erklärte der Patriarch.

Unter den Aktivisten der Bewegung entstand eine neue Form des kirchlichen Laiendienstes, *takris* genannt. Eine Reihe von aktiven Laien fanden später den Weg zu den höheren Weihen, wurden Priester oder Mönche und als solche Teil der kirchlichen Hierarchie. Einer von ihnen war Nazir Gayed Roufail. Er diente als Sonntagsschullehrer in den christlichen Vierteln Kairos, während er an der Universität Englisch und Geschichte studierte. Seine Sommerferien verbrachte er im Kloster *Deir el-Sourian* im *Wadi Natrun*. Zudem absolvierte er seine militärische Ausbildung als Offizier. Schon 1946, ein Jahr vor seinem (dazu eigentlich notwendigen) Universitätsabschluss, erlaubte Habib Girgis ihm, sein Studium am Kairoer Priesterseminar aufzunehmen. Der Visionär der Sonntagsschulbewegung war mittlerweile zum Dekan des Seminars aufgestiegen und hatte das Potenzial des begabten jungen Studenten schnell erkannt. Während Nazir ein Jahr später bereits Englisch, Geschichte und Sozialwissenschaften an einem Kairoer Gymnasium unterrichtete, besuchte er nachmittags Seminare über Archäologie, alte Sprachen und ägyptische Geschichte, um abends an den Kursen des Seminars teilzunehmen. Zudem verdiente er sich ein Zubrot als Journalist, wurde schließlich 1949 Chefredakteur des *Sonntagsschul-Magazins*. 1950, mit 27 Jahren, kündigte er den Schuldienst, um sich fortan ganz in den Dienst seiner Kirche zu stellen und am Priesterseminar zu unterrichten.

Doch auch das blieb nicht ohne Folgen. Das *spiritual revival* der koptischen Kirche, die Wiedergeburt des Mönchtums, zog auch Nazir in seinen Bann. 1954, im Jahr seiner Priesterweihe, wurde er unter dem Namen *Abuna* Antonius Mönch des Klosters *el-Sourian*, wo er zunächst die Klosterbibliothek betreute. Als der neugewählte Papst Kyrill VI. ihn 1959 bat, ihm als Sekretär zu dienen, ergriff der Mönch buchstäblich die Flucht und lebte fortan als Eremit in einer Höhle am Rande der *Sketis*. Die Jahre in der Wüste, die er ganz dem Gebet, der Meditation und der Askese weihte, bezeichnete er später als »die glücklichste Zeit meines Lebens«. Erst als Kyrill ihn 1962 zum außerordentlichen Bischof (d.h. Bischof ohne Diözese, ähnlich den römischen Kurienbischöfen) für christliche Erziehung und zum neuen Dekan des Priesterseminars der koptisch-orthodoxen Kirche ernannte, war er bereit, seine Höhle zu verlassen. Den einfachen Lebensstil eines Eremiten aber behielt er zeitlebens bei.

Fortan unterstand *Anba* Shenouda, wie er jetzt genannt wurde, das gesamte koptische Erziehungssystem, allen voran die mittlerweile 2500 Sonntagsschulzentren, die von 250 Vereinen getragen wurden.

In Kairo verdreifachte sich unter seiner Leitung die Zahl der Seminaristen. Selbst ein begnadeter Redner und Lehrer aus Leidenschaft, begann Bischof Shenouda mit wöchentlichen Vorträgen in Kairo, die bald bis zu 7000 Zuhörer anzogen; sie wurden zu einer festen Einrichtung bis zu seinem Tod.
Zudem rief er ein Projekt für die Ärmsten der Armen, die *Zabbalin* (Müllsammler) von Kairo ins Leben, die in den Slums zu Füßen des Mokattam-Berges leben. Sie sollten Fremdsprachen, vor allem Englisch, lernen, um in der sich allmählich entwickelnden Tourismusindustrie als Kellner, Kofferträger oder Hotelpersonal arbeiten zu können. Zudem wurden Heime für Drogenabhängige, Behinderte und unverheiratete Schwangere in Kairo und anderen Städten gebaut. Dafür mussten natürlich Sozialarbeiter ausgebildet werden, was in Kursen geschah, die der Bischof in den Lehrplan der koptischen Ausbildungszentren aufnehmen ließ. Die Sonntagsschulen boten nicht nur Bildungschancen, durch sie rückten die Kopten auch enger zusammen, wurde die Kirche gleichermaßen zum Zufluchtsort und Lebensmittelpunkt, aber auch zur Parallelgesellschaft in einer zunehmend feindlich eingestellten Umwelt.
Nach dem Tod Kyrills VI. stand Shenouda auf der Liste der drei Kandidaten für das Papstamt, auf die sich die *Heilige Synode* der Bischöfe und der Laienrat hatten einigen können. Am Sonntag, dem 31. Oktober 1971, zog der fünfjährige Ayman Munir Kamil mit verbundenen Augen eines der Lose und übergab es dem die Zeremonie leitenden Erzbischof. Auf dem Los stand der Name Shenoudas, der so der 117. Nachfolger des hl. Markus wurde. Heute gilt er als der größte koptische Papst seit Athanasius: als Löwe, der eine Herde behütete, die von Wölfen umlagert war.
Unter Shenouda III. begann die Globalisierung der koptischen Kirche. Waren seit den Enteignungen der Nasser-Ära Tausende Kopten ins Ausland geflohen, entstanden jetzt an die hundert neue koptische Kirchen und Klöster in Nord- und Südamerika, Europa und Australien. Vor allem aber richtete der Koptenpapst 20 neue Diözesen ein, unter anderem in Österreich und Deutschland, die er fast alle persönlich besuchte. So kam er 1990 nach Deutschland, um das koptische *St.-Antonius-Kloster* bei Kröffelbach im Taunus einzuweihen und in

Bonn die Ehrendoktorwürde der *Rheinischen Friedrich-Wilhelms-Universität* anzunehmen. Sie galt seinem Beitrag zur Ökumene, seinem Dialog mit Rom und mit anderen Kirchen und christlichen Gemeinschaften. Nur ein Jahr später, 1991, wählte man ihn für die nächsten sieben Jahre zum Vorsitzenden des *Weltrates der Kirchen*. Wie sehr ihn auch das damalige Oberhaupt der römisch-katholischen Kirche schätzte, kam zum Ausdruck, als Papst Johannes Paul II. im *Heiligen Jahr* 2000 Ägypten besuchte. Am 24. Februar erklärte der große Pole in Kairo:

> »So bin ich überzeugt, dass Ägypten wirklich ein Heiliges Land ist; und wir alle, die wir aus Rom nach Ägypten kommen, wir alle spüren, dass wir in ein anderes Zuhause kommen. Das Zuhause des hl. Markus. Und der hl. Markus war Petrus so nahe. Der hl. Markus schrieb das Evangelium für die Römer. Der hl. Markus, Jünger des Petrus und Gründer der Kirche in Ägypten. So fühlen wir alle, die wir aus Rom kommen, uns hier zu Hause. Ich bin sehr dankbar für diese Gastfreundschaft, für Ihre Worte, für Ihre Gebete. Gott segne Ägypten, Gott segne die Kirche von Papst Shenouda.«[41]

Als nicht weniger fruchtbar erwies sich Shenoudas Wirken in Ägypten, wo er die Zahl der Diözesen verdoppelte. Gab es zu Beginn seines Pontifikats neun koptische Männerklöster, sind es heute 25, dazu kamen sieben Frauenklöster. Die Zahl der Mönche stieg von 206 im Jahre 1960 auf heute über 1200.

Doch die Höhepunkte und Erfolge seines Pontifikats wurden überschattet von der sich stetig verschlechternden politischen Situation der Kopten in ihrer Heimat. Im 19. Jahrhundert hatten sie unter der Herrschaft des Vizekönigs Muhammad Ali Pascha (1805–1848) und seiner Nachfolger nahezu Gleichberechtigung erlangt, 1855 sogar die volle Staatsbürgerschaft erhalten. Auch der erste Präsident der ägyptischen Republik, Oberst Nasser, war um ein friedliches Nebeneinander von »Minarett und Kirchturm« bemüht; er finanzierte sogar den Bau der 1967 errichteten Markus-Kathedrale in Kairo, der mit 13 000 Plätzen damals größten Kirche des afrikanischen Kontinents und des Nahen Ostens.

Dieses Klima des gegenseitigen Respekts änderte sich, als ihm 1970 Anwar al-Sadat im Amt folgte. Der streng gläubige Moslem ging vor den islamistischen Hardlinern in die Knie und änderte 1971 kurzerhand die Verfassung: Fortan galt die Scharia zunächst als *eine*, seit dem 24. Mai 1980 als *die wichtigste* Grundlage für jegliche Gesetzgebung in Ägypten[42], was Nicht-Muslime formal wieder in den Rang rechtloser *dhimmis* verbannte. 1500 Angehörige der islamistischen Moslembruderschaft, unter Nasser verhaftet, wurden aus den Gefängnissen entlassen und sahen ihre Stunde gekommen. Immer unverhohlener griffen sie die Kopten an, zuerst verbal, dann durch Gewalt. 1977 wurde vorgeschlagen, das islamische Gesetz, das die Konversion zum Christentum als Apostasie mit dem Tod bestraft, zum Staatsgesetz zu erklären. Shenouda III. protestierte; schließlich bedeutete es für Kopten, die aus sozialem Druck oder finanzieller Not[43] Muslime wurden und dies später bereuten, den sicheren Tod. Er rief seine Gläubigen auf, fünf Tage zu fasten.
Selbst darin sahen die Islamisten eine Provokation. Die Situation eskalierte. Am koptischen *Heiligen Abend*, dem 6. Januar 1980, explodierten in mehreren Kirchen Alexandrias Bomben. Als die Regierung wochenlang keine Anstalten machte, die Schuldigen zu bestrafen, griff Shenouda zum äußersten Mittel und sagte die Feierlichkeiten zum bevorstehenden Osterfest und seinen jährlichen Empfang für Regierungsvertreter kurzerhand ab. Sadat reagierte mit einer Brandrede gegen den Patriarchen vor dem ägyptischen Parlament. Er bezichtigte ihn, er wolle einen koptischen Staat im Staate gründen, warnte ihn, begleitet von donnerndem Applaus: »Doch der Papst muss begreifen, dass ich der muslimische Präsident eines muslimischen Landes bin!«
Die Folge waren erst vereinzelte Übergriffe auf die Kopten, dann eskalierte die Situation. Auf dem Bauplatz einer neuen Kirche im Kairoer Stadtteil al-Zawya al-Hamra legten Moslems den Grundstein für eine Moschee, die Kopten wehrten sich und wurden von Tausenden niedergeprügelt. Nach tagelangen Unruhen zählte man 18 Tote, 112 Verletzte und 171 zerstörte koptische Geschäfte; fünf Kirchen waren in Brand gesetzt, 15 000 Menschen, Christen wie Moslems, von den Sicherheitskräften verhaftet worden. In den Augen Sadats aber gab

es nur einen Schuldigen für die Unruhen, nämlich den ägyptischen Papst. So nutzte der Präsident die Situation, um 1536 Oppositionelle verhaften zu lassen – darunter auch Journalisten und Intellektuelle sowie acht Bischöfe und 24 Priester. Shenouda III. wurde für abgesetzt erklärt und in das *St.-Bishoy-Kloster* im *Wadi Natrun* verbannt.

Während der Patriarch sein 1213 Tage dauerndes unfreiwilliges Exil geduldig ertrug, rächten sich die Islamisten für Sadats Friedensvertrag mit Israel und seinen historischen Besuch in dem Nachbarland; am 6. Oktober 1981 fiel Sadat einem Attentat zum Opfer. Sein Nachfolger, Husni Mubarak, entließ die Gefangenen und empfing sie in seinem Präsidentenpalast; den Papst aber ließ er erst zum koptischen Weihnachtsfest 1985 wieder frei.

Fortan war zumindest das Verhältnis zum neuen Staatspräsidenten gut; noch im Januar 2011, bei Ausbruch des *Arabischen Frühlings*, stellte Shenouda III. sich demonstrativ hinter Mubarak und warnte vor den Folgen der Revolution; eine Vorsicht, die sich heute längst als prophetisch erwiesen hat. Doch auch in der Ära des *Pharaos*, wie die Ägypter Mubarak nannten, setzte sich der Trend zur Radikalisierung der Moslems fort. Zunächst waren es militante Gruppen, dann fanatisierte Einzeltäter, die dem Ruf islamistischer Prediger folgten: die Opfer aber blieben die Kopten. Allein zwischen 1994 und 1999 wurden vom *Ägyptischen Zentrum für Menschenrechte* 561 Fälle von gewalttätigen Zusammenstößen zwischen Moslems und Kopten gezählt. Echtes Interesse, dem Einhalt zu gebieten, hatte Mubarak nicht. Er brauchte die ständigen Übergriffe, von denen einige vom Innenministerium selbst inszeniert wurden (siehe Alexandria zu Neujahr 2011), um vor dem Westen die Beibehaltung des Kriegsrechts und die Verhinderung freier Wahlen zu rechtfertigen.

Umso mehr bewunderte ich die heiligmäßige Gelassenheit Shenoudas III. selbst angesichts des Massakers von Maspero, seine weise und zutiefst christliche Entscheidung, durch kollektives Fasten und Gebet den Himmel um Hilfe zu bitten, statt durch unüberlegtes Handeln eine Eskalation zu riskieren. Doch wie beurteilte er die jetzige Lage, was war seine Vision für die Zukunft des Landes und seiner Kirche? Das wollte ich ihn gerne selbst fragen und beschloss im November 2011, um ein Interview zu bitten.

Nachdem man im koptischen Patriarchat in Kairo Erkundigungen über mich eingeholt hatte, wurde mir ein Gespräch zugesagt, sobald die Feiern zum Weihnachtsfest, auf das sich die Kopten durch ein 43-tägiges Fasten vorbereiten, vorüber seien. Natürlich war ich gerne bereit zu warten und reservierte für die zweite Januarhälfte Flüge. Gleich nach dem 7. Januar aber hieß es, Shenouda III. müsse sich zunächst zu einer medizinischen Behandlung in die USA begeben. Schon seit einiger Zeit war durchgesickert, dass der mittlerweile 88-Jährige seit Jahren nicht nur an Nierenproblemen und Diabetes, sondern auch an Lungenkrebs litt; es galt als medizinisches Wunder, dass er überhaupt noch am Leben war. Nach seiner Rückkehr in den letzten Januartagen bat sein Sekretariat um eine sechswöchige Schonfrist, ehe man mir schließlich den 14. März 2012 als Termin bestätigte. Ich war zuversichtlich, als ich hörte, dass er am 7. März seine wöchentlichen Vorlesungen wieder aufnehmen wollte.
Erst kurz vor meinem Abflug erfuhr ich, dass er diese Veranstaltung abgebrochen hatte. Am nächsten Tag jedoch, so hieß es, habe er bereits wieder Besucher empfangen. So flog ich, mit einem leicht mulmigen Gefühl, zusammen mit Yuliya am 10. März nach Kairo; so oder so mussten wir die Recherchen für dieses Buch zum Abschluss bringen.
Am Sonntag, dem 11. März, trafen wir zwei Mitarbeiter des Patriarchats, die uns noch einmal zusicherten, wir würde am nächsten Mittwoch im Anschluss an seine Mittwochsvorlesung Seiner Heiligkeit vorgestellt werden. Zudem hätte ich, wenn es sein Gesundheitszustand erlaubte, die Möglichkeit, ihm meine Fragen zu stellen. Doch dazu kam es nie. Am Morgen des 14. März erlitt der Koptenpapst einen Schwächeanfall.
Obwohl die Sorge um Shenouda III. überall spürbar war, ermöglichte man mir stattdessen ein Interview mit dem zweitmächtigsten Mann der koptischen Kirche, *Metropolit* (Erzbischof) *Anba* Bishoy. *Seine Eminenz*, so die offizielle Anrede für Erzbischöfe und Mitglieder des *Thronrates* der koptischen Kirche[44], wurde am 19. Juli 1942 als Makram Eskander Nicola in Alexandria geboren. Er studierte Ingenieurswesen, war als Hochschulassistent tätig und erhielt sein Diplom zwei Tage, bevor er seiner Berufung folgte: Am 30. Mai 1968,

zu *Christi Himmelfahrt*, trat er in das *al-Sourian*-Kloster im *Wadi Natrun* ein. 1969 erhielt er die Mönchsweihen, 1970 machte man ihn gegen seinen Willen zum Priester, 1972 bestimmte ihn Papst Shenouda III. zum neuen Bischof von Damietta, Sakha und dem Kloster der hl. Demiana (siehe Kapitel VI), am 2. September 1990 erhob er ihn in den Rang eines Metropoliten (Erzbischofs).

Seit 1985 ist Erzbischof Bishoy zudem Sekretär der Heiligen Synode und zuständig für den ökumenischen Dialog seiner Kirche. Seitdem sahen viele in ihm den nächsten Papst der Kopten. Andere verwiesen auf seine kontroversen Äußerungen zur katholischen Kirche und zu den Muslimen, die er als »Gäste in unserem Land« bezeichnete, deren Frauen er aber lobte, »sich schicklicher zu kleiden als viele unserer Frauen«.

Ich erlebte ihn als freundlich und verbindlich, aber manchmal hart in der Sache, als ich ihn in den modernen und technisch perfekt ausgestatteten Räumlichkeiten des *Coptic Orthodox Cultural Center* gleich neben dem Sitz des Patriarchen interviewte.

Eminenz, die koptische Kirche hat in den letzten 40 Jahren vier Marienerscheinungen anerkannt, nämlich in Zeitoun, Shubra, Asyut und Warraq, die jedes Mal von Zehntausenden, manchmal Hunderttausenden von Zeugen beobachtet wurden. Was hat das zu bedeuten, weshalb sind solche Erscheinungen in Ihrem Land häufiger als irgendwo sonst in der Welt, wie interpretieren Sie sie?

»Wie Sie wissen, kam die Heilige Familie nach Ägypten, als König Herodes die Kinder in Bethlehem töten ließ, und blieb dreieinhalb Jahre hier, wenn wir dem alten Manuskript Glauben schenken, das in Köln verwahrt wird. Schon der Prophet Jesaja wusste, dass dies geschehen würde. Er sagte voraus, dass der Herr sich den Ägyptern offenbart und sie ihn verehren würden. Er erwähnte den Altar, der in *Deir al-Muharraq* steht, und die Säule an Ägyptens Grenze, womit unserer Meinung nach der Thron des hl. Markus in Alexandria gemeint ist. Seine Nachfolger, der hl. Athanasius und der hl. Kyrill, waren jedenfalls Säulen des Glaubens. Unser Land wurde durch den Eintritt des inkarnierten Sohnes Gottes, des fleischgewordenen Logos, gesegnet. Die heidnischen Idole dagegen stürzten, wie prophezeit wurde, und mit ihnen ging die alte, heidnische Religion zugrunde.

Vor allem aber hat Gott durch den Propheten Jesaja Ägypten »mein Volk« genannt. Sie können im gesamten *Alten Testament* nachschauen, kein anderes Volk trägt diesen Titel. Die ägyptische Kirche nimmt also eine Sonderstellung ein, bewahrte sie doch den wahren, authentischen apostolischen Glauben.

Die Erinnerung an ihren Besuch zieht Maria an. Gleichzeitig möchte sie uns an das Versprechen Gottes erinnern, dass unser Volk eine Hoffnung für die Zukunft des Christentums in der Welt ist. Deshalb braucht unser Volk die Unterstützung des Himmels, um beständig in seinem Glauben zu sein und als Christen in dieser Weltregion Zeugnis abzulegen. Wir sollen die Botschaft des Friedens und der Versöhnung in diese Weltgegend und um die ganze Erde tragen.«

Viele Christen des Westens halten die Tradition von der Flucht der Heiligen Familie für legendär. Was kann man ihnen erwidern, weshalb sind Sie von ihrer historischen Wahrheit überzeugt?

»Die Geschichte ihrer Flucht finden wir in allen Details in den Schriften des Patriarchen Theophilus, des Onkels von Papst Kyrill dem Großen. Theophilus ist ein hoch verehrter Patriarch unserer Kirche. Wir vertrauen seinem Zeugnis. Zudem gibt es an vielen Stellen auf der von ihm beschriebenen Route uralte Klöster und Kirchen, von denen es in alten Manuskripten explizit heißt, dass sie an den Besuch der Heiligen Familie an diesem oder jenem Ort erinnern sollten. Ich selbst habe zwei solche Stätten in meiner Diözese, Sakha und Belkas, wo später die Tochter des Gouverneurs, die hl. Demiana, das erste Frauenkloster der Welt, ja das erste Kloster überhaupt gegründet hat, bevor sie zusammen mit ihren 40 Mitschwestern das Martyrium erlitt.«

Eminenz, der ökumenische Dialog mit Rom ist nach einem vielversprechenden Anfang ins Stocken geraten; es gibt nicht einmal eine gegenseitige Anerkennung der Taufe. Woran liegt das, worin bestehen die entscheidenden Unterschiede zwischen der Kirche von Papst Shenouda III. und Papst Benedikts XVI.?

»Ich bin einer der beiden Vorsitzenden der Kommission für den Dialog zwischen der katholischen Kirche und den altorientalischen orthodoxen Kirchen, erst zusammen mit Kardinal Walter Kasper und jetzt mit Kardinal Kurt Koch. Beide sind zu guten Freunden geworden. Der wichtigste Unterschied geht natürlich auf das Konzil von Chalcedon und den Streit um die Natur Christi zurück, doch dieses Problem haben wir zwischenzeitlich gelöst, indem wir eine gemeinsame christologische Erklärung herausgaben, die mittlerweile von fast allen chalcedonischen Kirchen unterzeichnet wurde und sogar von den Protestanten und Anglikanern. Der nächste Punkt ist die Frage, ob der Heilige Geist vom Vater, wie wir sagen, oder vom Vater und dem Sohn, wie die Katholiken glauben, ausgeht. Wir können nicht an einen zweifachen Ursprung glauben, weil dies die Dualität Gottes bedeuten würde. Der Sohn und der Heilige Geist können nur einen gemeinsamen Ursprung haben, sind beide doch Manifestationen des einen Gottes.

Ein dritter Unterschied ist der, dass die Katholiken an ein Fegefeuer glauben und wir nicht. Für uns gibt es derzeit nur das Paradies und die Unterwelt, nach dem Jüngsten Gericht dann das Reich Gottes und die Hölle. Aber das Fegefeuer erscheint uns als seltsame Konstruktion.

Am unbegreiflichsten für uns aber ist, dass die Katholiken glauben, auch Ungläubige würden erlöst werden, etwa Hindus oder Buddhisten. Diese Lehre wurde auf dem *Zweiten Vatikanischen Konzil* verkündet. Wir glauben einfach nicht, dass Menschen, die nicht an Jesus Christus glauben und nicht getauft wurden, erlöst werden. Diese Themen stehen bei uns auf der Tagesordnung, darüber wird diskutiert, dazu habe auch ich Positionspapiere verfasst. Ich denke, diese Vorstellung ist sehr gefährlich für das Christentum. Zwanzig Bischöfe und Theologen trafen sich in Deutschland, um die Ergebnisse des *Zweiten Vatikanums* zu diskutieren. Es gibt dazu ein Buch, das mir vorliegt. Sie argumentieren, die Katholiken wollten damit die Buddhisten in die Kirche holen, doch das Gegenteil geschah: Christen wurden zu Buddhisten!

Das gehört zu unseren Themen, ebenso Mischehen mit Nichtchristen, die innerhalb der katholischen Kirchen geschlossen werden. Wir

können nicht akzeptieren, dass ein Christ mit einer Nichtchristin verheiratet wird, denn durch die Heirat werden sie zu *einem Leib*. Jeder Christ ist ein Tempel des Heiligen Geistes, wie also kann er vereint werden mit einem anderen Leib, der nicht zum Leib Christi gehört? Auch da reden sie sich heraus und sagen, es bestünde doch die Hoffnung, der andere würde sich noch bekehren. Nun, natürlich kann man einen Menschen auch verändern, ohne ihn zuvor zu verheiraten. Doch wenn er den Glauben seines Partners nicht will, was veranlasst uns dann dazu, diese Ehe zu segnen? Der hl. Paulus hat zwar gelehrt, man solle bestehende Ehen nicht auflösen, wenn sich einer der Partner bekehrt; aber von einer neu zu schließenden Ehe ist bei ihm keine Rede. Sogar in Rom sagte ein Journalist, ich habe ihn selbst gehört: Wir verlieren unsere katholischen Frauen durch Mischehen!
Sie sehen also, dass auch Katholiken unsere Standpunkte vertreten. Wir hassen doch niemanden. Wir haben nicht das Geringste gegen Hindus oder Buddhisten. Doch wie kann jemand sagen, sie könnten erlöst werden, ganz ohne Taufe und den Glauben an Jesus Christus? Wir können sie lieben, wir können ihnen helfen, wenn sie in Not sind, aber wir dürfen sie nicht belügen. Christus kam, um die Menschheit zu erlösen. Diese Erlösung wurde jedem Einzelnen angeboten, der bereit ist, sie anzunehmen. So einfach ist das! Unser Herr sagte selbst zu Nikodemus: ›Wenn jemand nicht aus Wasser und Geist geboren wird, kann er nicht in das Reich Gottes kommen.‹ (Joh 3,5)«

Doch weshalb wird die katholische Taufe in Ihrer Kirche nicht anerkannt?

»Weil Paulus gelehrt hat: ›Ein Herr, ein Glaube, eine Taufe!‹ (Eph 4,5). Taufe und Glaube sind untrennbar miteinander verbunden. Wenn jemand glaubt, dass Nichtchristen gerettet werden, ohne an Jesus Christus zu glauben, dann ist das nicht der gleiche Glaube. Deshalb haben wir noch keine gemeinsame Taufe. Wenn wir einen gemeinsamen Glauben haben, dann können wir gegenseitig unsere Taufe akzeptieren, wie es jetzt mit der griechisch-orthodoxen Taufe der Fall ist.«

Der europäische Christ, der nach Ägypten kommt, ist beeindruckt von der Glaubenskraft der Ägypter, von ihrer archaischen Frömmigkeit, ihrem Glauben an Wunder und die Präsenz der Heiligen und des Heiligen an sich. Eine Relativierung, wie sie bei uns die Aufklärung mit sich brachte, scheint ihnen fremd. Wie beurteilen Sie die »Errungenschaften« der Aufklärung und den Glaubensverlust und Relativismus des Westens? Können wir von den Kopten lernen? Und wenn ja, was?

»Ich denke doch, dass es im Westen einen Unterschied zwischen Katholiken und Protestanten gibt, und ich denke, die Katholiken glauben an die Fürsprache der Heiligen. Aber vielleicht verloren viele Europäer ihren Glauben durch den starken Einfluss der weltlichen Gesellschaft. Wissen Sie, wenn jemand reich ist, dann glaubt er vielleicht nicht, dass er Hilfe aus dem Himmel braucht, dann ruft er vielleicht nicht die Heiligen um Fürsprache an. In einer säkularen Gesellschaft zieht das Geld die Menschen oft genug weg vom spirituellen Leben. Hinzu kommt, dass das Leben im Nahen Osten ganz allgemein religiös ausgerichtet ist, gleich ob die Menschen nun Christen oder Nichtchristen sind, sie sind gläubiger. Natürlich spüren wir den Einfluss der säkularen Gesellschaft in Form von Fernsehen, Internet und anderen Medien, doch wir bestärken die Menschen darin, ihrem Glauben treu zu bleiben.

Die größte Gefahr für den Glauben kommt aber aus der Wissenschaft in Form des Darwinismus. Wir antworten darauf, indem wir diese atheistischen Theorien widerlegen und beweisen, dass es einen Schöpfer gibt. Wenn der Mensch tatsächlich vom Affen abstammt, weshalb entwickelte sich die menschliche Zivilisation dann erst vor 5000 Jahren? Warum verläuft die Evolutionskurve zunächst horizontal, um dann plötzlich steil in die Höhe zu schießen? Hinzu kommt das Wahrscheinlichkeitsprinzip. Die Erde existiert gerade einmal 4,3 Milliarden Jahre. Aber es würde einiger Hundert Milliarden Jahre bedürfen, wenn sich so viele verschiedene Lebensformen zufällig entwickelt hätten. Jeder Mathematikprofessor wird Ihnen bestätigen, dass die Lebenszeit der Erde nicht ausreicht, um all diese vielen wunderbaren und vollkommenen Lebensformen hervorzubringen. Das ist durch einen Zufall völlig unmöglich. So widerlegen wir die Behauptungen, die von den Atheisten als Argument gegen die Religion vorgebracht werden – nicht dogmatisch, sondern durch Logik und Wissenschaft. Wir sagen nicht: Ihr müsst jetzt an Gott glauben! Wir erklären ihnen aber, dass die Wahrscheinlichkeit, dass alles das Werk eines intelligenten Schöpfers ist, weit über der Annahme eines Zufalls liegt.«

Die koptische Kirche ist eine Kirche der Wunder. Natürlich lesen wir von Wundern in den Evangelien, aber unsere modernen Exegeten behaupten, das seien mythische Ausschmückungen. Die Kopten dagegen glauben fest an Wunder, erleben sie in ihrem Alltag. Warum geschehen solche Wunder bei Ihnen und nicht bei uns in Europa? Fehlt uns der Glaube?

»Ja, Hunderttausende sahen die Jungfrau Maria, Tausende wurden geheilt. Vielleicht liegt es daran, dass unser Glaube einfacher, unkomplizierter als der verkopfte Glaube vieler Menschen im Westen ist. Gebete werden erhört, wenn sie von einem festen Glauben begleitet werden. Wenn wir im Geist Gottes beten, wirkt die Energie des Heiligen Geistes. Aber die Grundbedingung ist der Glaube, dass ein Wunder geschehen kann. Wenn der Glaube stark genug ist, dann kann er Berge versetzen – Sie kennen doch die Geschichte vom Mokattam-Berg!«

Ja, sicher. Doch kommen wir zu einem anderen Thema.
Was erwarten Sie von der Zukunft nach dem Arabischen Frühling? Einen Sommer oder einen Winter für die Kopten?

»Wir sind in der Hand Gottes. Mehr kann, will und darf ich dazu nicht sagen.«

Was können wir Europäer tun, um unsere christlichen Brüder in Ägypten zu unterstützen?

»Beten Sie für uns und treiben Sie den ökumenischen Dialog voran! Beschäftigen Sie sich mit unserer Theologie. Denn oft genug wird unsere Stimme nicht gehört im Dialog der Kirchen.«

Die koptische Kirche erlebte ein starkes Wiederaufleben unter den letzten beiden Päpsten, Kyrill VI. und Shenouda III., während wir im Westen in einer Glaubenskrise stecken und sich die Kirchen leeren. Was ist das Geheimnis dieses revivals?

»Das Geheimnis dahinter ist die Renaissance des Mönchtums und die Sonntagsschulbewegung, die mit Habib Girgis in der Zeit von Papst Kyrill V. ihren Anfang nahm. Die Früchte ernteten wir in der Zeit von Kyrill VI. und Papst Shenouda III. Es ist sehr wichtig, und Papst Shenouda war es immer ein großes Anliegen, schon den Kindern den Glauben zu vermitteln, was bei uns Aufgabe der Sonntagsschulen ist, und sich um die Jugend zu kümmern, etwa in Form von Glaubenskursen, Treffen, Konferenzen und anderen Aktivitäten. Sie sind die Zukunft der Kirche, wie Seine Heiligkeit immer sagte: Eine Kirche ohne Jugend ist eine Kirche ohne Zukunft! Wir begleiten die jungen Menschen auch, wenn sie studieren, und organisieren Treffen für Studenten jeder einzelnen Fakultät in unseren Kirchen. Ich habe selbst eine solche Gruppe geleitet, als ich in Alexandria studierte. Bei diesen Treffen geht es nicht um Politik, sondern um spirituelle Fragen, um die Heilige Schrift und die Lehre unserer Kirche.«

Es heißt, Märtyrerblut sei Christensaat. Die koptische Kirche ist eine Kirche der Märtyrer, sie wurde praktisch aus ihrem Blut geboren; sie rechnet sogar die Zeit in Jahren seit der schlimmsten Verfolgung. Hat das Ihrer Kirche diese Kraft und innere Stärke gegeben, durch die sie heute beeindruckt?

»Natürlich. Sie können ja überall sehen, wie die Ägypter ihre Märtyrer feiern, ob nun St. Demiana, St. Georg oder St. Menas. Für uns ist das Blut der Märtyrer die kostbarste Energiequelle der Kirche. Eine Kirche ohne das Kreuz ist wie eine Ehe ohne Bräutigam.«

Als ich Metropolit Bishoy gedankt hatte und die Räumlichkeiten des koptischen Kulturzentrums verließ, standen bereits Tausende junger Menschen vor der St.-Markus-Kathedrale und beteten für ihren sterbenden Papst. Nur zu gut erinnerte ich mich an die letzten Märztage des Jahres 2005, als die katholische Welt um Papst Johannes Paul II. bangte. Aufgerufen zur Vigil hatte die *Maspero-Jugend*, die Veranstalter der Demonstration vom 9. Oktober 2011, die so tragisch und blutig geendet hatte.

Mit der Absicht, sofort nach Kairo zurückzukehren, wenn es Shenouda III. besser ginge, flogen Yuliya und ich am Morgen des 17. März 2012 nach Deutschland zurück, wo mich dringende Verpflichtungen erwarteten. Doch kaum war ich wieder zu Hause, erreichte mich die traurige Nachricht vom Tod des koptischen Papstes.

Was Kairo in den nächsten drei Tagen erlebte, lässt sich durchaus mit den Zuständen in Rom nach dem Tod Johannes Pauls II. vergleichen. Die ganze Nacht über standen Hunderttausende auf den Straßen um die Kathedrale, um am nächsten Morgen von ihrem *Baba* Abschied zu nehmen. Der Leichnam Shenoudas III. war noch einmal mit seinen Patriarchengewändern bekleidet auf den Thron des hl. Markus gesetzt worden, vor dem man zwei riesige Ventilatoren platzierte. An ihm zog die Schlange der Trauernden vorbei, Mönche und Fellachen, Millionäre und Müllsammler, Ärzte und Priester. Immer wieder wurde ein Regierungsmitglied, ein muslimischer Würdenträger, aber auch ein Vertreter einer anderen Kirche oder Konfession an den Wartenden vorbeigeleitet, damit sie dem größten Ägypter des 21. Jahrhunderts Tribut zollen konnten.

Generalfeldmarschall Tantawi, Vorsitzender des regierenden *Obersten Rates der Streitkräfte*, ordnete eine dreitägige Staatstrauer an. Sogar der Sprecher der Moslembruderschaft, der stärksten Kraft im neu gewählten Parlament, nannte Shenouda »eine nationale Ikone, einen Mann, der in einer kritischen Zeit eine Lücke hinterlässt«. Nur die radikalislamistischen Salafisten weigerten sich, an einer Schweigeminute für den Toten im Parlament teilzunehmen: das sei »unislamisch«, noch dazu für einen »Ungläubigen«. Papst Benedikt XVI. dagegen erklärte, er teile die Trauer, den Schmerz und die Gebete der Kopten und erinnere sich in Dankbarkeit an Shenoudas Einsatz für die Einheit der Christen.

Als der Koptenpapst schließlich am 20. März 2012 in seinem einstigen Exil, dem *Kloster des hl. Bishoy* im *Wadi Natrun*, feierlich bestattet wurde, geschah ein Wunder. Plötzlich schien fast das ganze Land, das zuvor so gespalten war, in der Trauer vereint. Als zwei Millionen Kopten an den Beisetzungsfeierlichkeiten teilnahmen, war ihre friedliche Präsenz unübersehbar, ihre spirituelle Kraft spürbar geworden. So begriff jeder, mit Ausnahme vielleicht der radikalen Salafisten, dass diese sanfte Macht auch künftig nicht wegzudenken sein wird aus Ägyptens Gesellschaft. Die Kopten hatten durch ihre Verletzbarkeit und Trauer Stärke und Einheit gezeigt und sich vor der Welt behauptet. Der Kirchturm wächst stolz wie eh und je in den blauen Himmel des Nillandes, bereit, das Minarett zu umarmen; doch verdrängen lässt er sich nicht von ihm.

Und trotzdem weiß niemand, wie es weitergeht und wohin der nächste Papst seine Herde führen wird in einer Zeit des Bangens und Hoffens. Die Vision der Revolutionäre, ein freies und demokratisches Ägypten zu errichten, scheint seit den Parlamentswahlen im Winter 2011/12 zunächst einmal in weite Ferne gerückt. Mit 37,5 Prozent stellte die Moslembruderschaft die stärkste Fraktion, gefolgt von den Salafisten mit 27,8 Prozent, was eine 2/3-Mehrheit der Islamisten bedeutete. Unter den 508 Abgeordneten waren nur elf Christen und zehn Frauen. Ähnlich beunruhigend erschien vielen Kopten das Ergebnis der Präsidentschaftswahlen am 16./17. Juni 2012, aus denen der Kandidat der Moslembruderschaft, Mohammed Mursi, mit 51,7 Prozent als Sieger hervorging.

Völlig offen ist die Rolle des Militärs, das derzeit nicht den Anschein erweckt, als wolle es die Macht so einfach aus den Händen geben. Jetzt ist das Ausland, ist speziell Europa gefordert, die Gleichberechtigung der religiösen Minderheit zum Prüfstein für die Legitimität jeder neuen Regierung Ägyptens zu erklären. Eine weitere Diskriminierung der Kopten darf von der Weltgemeinschaft nicht länger hingenommen werden.

Gerade in dieser Zeit des Umbruchs brauchen unsere christlichen Brüder und Schwestern am Nil unsere Freundschaft und Solidarität. So ist der Westen, sind unsere Politiker, ist jeder Einzelne aufgerufen, Ägyptens Christen nicht im Stich zu lassen, wohin auch immer der Weg ihres Landes und ihrer Kirche führt. Vor allem zählt der persönliche Kontakt, die direkte Begegnung mit einer Tradition, die für den Christen, ja für jeden Menschen der westlichen Zivilisation auch eine

16 Die Flucht der Heiligen Familie, Koptische Ikone aus der Hängenden Kirche in Alt-Kairo

Rückkehr zu den eigenen Wurzeln ist. Gut möglich, dass wir von den Kopten einmal lernen müssen, auch unsere Zukunft zu meistern. So vieles können wir durch die Begegnung mit ihnen gewinnen, selbst unseren eigenen Glauben neu entdecken in dem Land, das einst der Heiligen Familie Zuflucht war.

Anstelle eines Nachworts: Die Kopten in Deutschland

Ein Interview mit Bischof Damian, Generalbischof der koptisch-orthodoxen Kirche in Deutschland

Wer den Kopten begegnen, wer ihre Kultur, ihre Spiritualität und ihr reiches Erbe erleben will, der muss nicht unbedingt nach Ägypten fahren; man kann auch ein koptisches Kloster besuchen, von denen es zwei mitten in Deutschland gibt, nämlich in Kröffelbach im Taunus und in Höxter/Ostwestfalen[45]. Wir entschieden uns für Höxter, denn dort lebt ein außergewöhnlicher Mann: *Anba* Damian, der Generalbischof für die koptischen Gemeinden in der Bundesrepublik.[46]
Höxter, einst Huxori, ist eine uralte sächsische Siedlung am Hellweg, die 822 von Kaiser Ludwig dem Frommen dem berühmten Kloster Corvey zugesprochen wurde und 1295 die Stadtrechte erhielt. Heute ist Höxter auch wegen seiner pittoresken Altstadt einen Besuch wert. Eine Tochtergründung des Klosters Corvey, in der zunächst seit 1245 Zisterzienserinnen lebten, ist das Kloster Brenkhausen. Nach einer Zeit des Niedergangs wurde es 1601 an Benediktinerinnen übergeben. In diese Zeit fällt sein Ausbau im barocken Stil, der im auffälligen Kontrast zu der gotischen Klosterkirche steht, die heute dem Dorf Brenkhausen als Pfarrkirche dient. Nach der Säkularisierung des Klosters im Jahr 1803 nutzten Bauern seine Räumlichkeiten als Viehstall, Scheune und Schnapsbrennerei. 1993 bot das Land Nordrhein-Westfalen das stark renovierungsbedürftige Gemäuer für den symbolischen Preis von einer Mark an.
Als *Anba* Damian, der damals noch ein koptischer Mönchspriester war, davon erfuhr, schlug er sofort zu. Doch auf die Freude über das »Schnäppchen« folgte die Ernüchterung, als er zusammen mit Bau-

ingenieuren den Zustand des Klostergebäudes inspizierte: Seine Mauern waren feucht und von Schimmel durchdrungen, der Boden zerstört, überall lag Müll herum; Strom und Abwasserleitungen waren nicht vorhanden.

Doch schließlich krempelten die Kopten die Ärmel hoch und machten sich ans Werk. Aus Ägypten holte Damian fleißige Bauhandwerker, darunter Restaurateure, die erfahren im Umgang mit alten Gemäuern waren und die Wände bald mit Lehm, einer Mischung aus Weserschlamm und Heu, verputzten, um sie danach mit weißer Kalk-Quark-Farbe zu streichen.

So entstand ein freundliches, einladendes Haus, das heute neben dem koptischen *Kloster der Heiligen Jungfrau Maria und des heiligen Mauritius* auch ein Bibel-Museum und andere Ausstellungen beherbergt.

Da die ehemalige Klosterkirche weiterhin als katholische Pfarrkirche genutzt wird, erhielt das Kloster seine eigene Kapelle in einem Gang, der nach Osten führt. Ein Künstler und eine Künstlerin aus Ägypten verzierten sie mit großartigen Fresken.

Trotzdem stieß die neue Gemeinschaft zunächst einmal auf skeptische Blicke seitens der Einheimischen. Zu sehr fürchteten die knorrigen Ostwestfalen, dass in ihrem Dorf eine Sekte Einzug hielt. Dass das religiöse Oberhaupt der Gemeinschaft ganz offensichtlich orientalischer Herkunft ist und noch dazu – wie verdächtig! – einen weißen Rauschebart zu einer langen, schwarzen Soutane trägt, ließ die kollektive Befremdung zunächst nicht gerade kleiner werden.

Doch diese anfängliche Skepsis ist längst einem freundschaftlich-nachbarschaftlichen Verhältnis gewichen, was zuallererst Bischof Damians liebenswürdig-bescheidenem Auftreten zu verdanken ist. Mit seiner herzlichen, warmen, stets gastfreundschaftlichen Art geht er direkt auf die Menschen zu, baut Hemmschwellen ab und gewinnt mit viel Fingerspitzengefühl Freunde für seine Sache.

Seine vielen Gäste, die sich jeden Tag buchstäblich die Klosterklinke in die Hand geben, fühlen sich bei ihm wohl. Gerne hören sie sich seine eloquenten und oft humorvollen Erläuterungen in einem blumigen, leicht orientalisch eingefärbten Deutsch an. So baut Bischof

Damian Brücken und wird zum bestmöglichen Botschafter der Ökumene, des brüderlichen Dialogs mit den Christen vom Nil.
Als er, zwischen zwei Besuchergruppen, endlich eine Stunde Zeit für uns gefunden hatte, zogen wir uns in sein kleines, gemütliches Büro zurück, wo uns nur seine anschmiegsame Katze Gesellschaft leistete. Bischof Damian, am 15. März 1955 als Refaat Ramzi Mikhail Fahmi in Kairo geboren, wurde schon früh mit dem Thema »Tod« und »Verzicht« konfrontiert. Sein Vater, ein Beamter im ägyptischen Gesundheitsministerium, starb, als Refaat zwölf Jahre alt war. Seine Mutter war damals erst 37 und »stand mitten im Leben mit fünf Kindern«. Doch sie wollte nicht noch einmal heiraten, »sie verzichtete sozusagen auf ihre Grundrechte« (Bischof Damian), um fortan ganz für ihre Kinder da zu sein.
So wurde sie für den jungen Refaat zum Vorbild, »was das Thema *Verzicht* betraf. Beide Wege, Tod und Verzicht, hätten mich schon damals zu dem Gedanken führen können, Mönch zu werden. Doch zu dem Zeitpunkt war mir das nicht möglich, denn man hätte mich für einen Versager gehalten. Mönchtum darf keine Flucht vor der Welt werden und der Verantwortung, die wir in ihr haben. Daher ist es erforderlich, zunächst einmal sein Studium oder seine Ausbildung zu absolvieren. Erst wenn man schließlich in der Lage ist, in der Welt zu leben, dann kann man auf das alles verzichten und ins Kloster gehen. Ich habe also zunächst in Ägypten meine Ausbildung als Mediziner absolviert.«
Doch schon als er im zweiten Semester studierte, holte ihn sein Lebensthema wieder ein: »Mein Cousin Sami Ramzi, am selben Tag wie ich geboren, starb bei einem Autounfall. Wir waren wie Zwillinge, unsere Mütter waren Schwestern, sein Vater trug den gleichen Vornamen wie meiner, er hat wie ich Medizin studiert, nur an einer anderen Universität in der Millionenstadt Kairo. Er war 900 Kilometer von Kairo, im Süden des Landes, verunglückt, und da ich sein engster Verwandter war, musste ich dorthin fahren, um seinen Leichnam zu identifizieren. Auf der langen Fahrt kam ich ins Grübeln, konnte an nichts anderes denken als an den großen Verlust, den sein früher Tod für uns alle bedeutete.«

Und dieses Grübeln hat Sie nie mehr losgelassen?

»Richtig. Als ich dann in Deutschland meine Facharztausbildung als Radiologe begann und mich auf Nuklearmedizin und Röntgendiagnostik spezialisierte, wurde ich immer wieder mit Fällen von jungen Menschen konfrontiert, die äußerlich gesund aussahen, doch bei denen sich, sobald wir eine Knochenszintigrafie gemacht haben, zeigte, dass sie nur noch eine ganz geringe Lebenserwartung hatten. Auch das machte mich sehr betroffen und hat mich erneut mit dem Thema ›Tod‹ konfrontiert. So wurden die Ideen von früher wieder wachgerufen. Trotzdem musste ich zunächst weiterhin als Arzt Geld verdienen, denn ich war jetzt der Mann in der Familie und hatte meine Schwestern finanziell zu unterstützen. Erst als die drei jüngeren ›unter der Haube‹ waren, fühlte ich mich frei für die Entscheidung, endlich Mönch zu werden. Also bat ich Metropolit Bishoy um ein Gespräch, indem ich meine Absicht bekundete. Er verwies mich an Papst Shenouda, der mich schließlich einlud, mich mit ihm im Kloster des hl. Bishoy im *Wadi Natrun* zu treffen.«

Vorher waren Sie aber schon in Deutschland gewesen, oder?

»Ja, ich bin zum ersten Mal 1980 nach Deutschland gekommen und blieb dort elf Jahre lang. In dieser Zeit lebte ich in Stuttgart, Ludwigsburg und im Enzkreis.«

Haben Sie in Deutschland studiert? Oder was hat Sie damals in unser Land geführt?

»Nein, ich habe Medizin in Ägypten studiert. Ich war eigentlich nur wegen meiner älteren Schwester nach Deutschland gekommen, die sich einer orthopädischen Behandlung unterziehen musste, die sehr langwierig war. Um die Zeit sinnvoll zu nutzen, kam ich auf die Idee, mich vielleicht irgendwo in einem Krankenhaus um eine Praktikantenstelle zu bewerben. Da ich damals nur Englisch sprach, kam ich per Zufall auf das *US-Army-Hospital* in Stuttgart-Bad Cannstadt und fragte dort an, ob sie eine Praktikantenstelle frei hätten. Der damali-

ge Personalchef, ein Major syrischer Herkunft, erklärte mir, man hätte derzeit zwar keinen Bedarf an einem Praktikanten, es sei jedoch eine bezahlte Stelle frei. Dann drückte er mir einen Arbeitsvertrag in die Hand, auf dem stand, ich würde mit 5500,-- DM monatlich besoldet.
Sie können sich vielleicht vorstellen, wie überrascht ich war, denn in Ägypten hatte ich gerade einmal 38 ägyptische Pfund im Monat verdient, was damals etwa 18,-- DM entsprach. Ich bin also gleich in die Schweiz gefahren und habe dort beim Deutschen Konsulat meinen Antrag auf Aufenthaltsgenehmigung und Arbeitserlaubnis gestellt. Acht Wochen lang absolvierte ich zu diesem Zeitpunkt ein Volontariat in einem Schweizer Krankenhaus, bevor ich als Arbeitnehmer nach Deutschland zurückkehren konnte.
Von 1982 bis 1988 machte ich dann meine Fachausbildung in Strahlentherapie, Nuklearmedizin und Röntgendiagnostik am Kreiskrankenhaus Ludwigsburg, bevor ich von 1988 an für drei Jahre als Oberarzt in der Radiologie im Kreiskrankenhaus Mühlacker im Enzkreis tätig war. 1991 kehrte ich schließlich, wie gesagt, nach Ägypten zurück, um Mönch zu werden.«

Wie reagierte Papst Shenouda III. auf Ihren Wunsch?

»Ich bin damals ins Kloster gekommen und habe auf das Gespräch mit Papst Shenouda gewartet, das, wie man mir sagte, in zwei Tagen stattfinden sollte. Aus den zwei Tagen sind dann schnell 50 geworden, was mich natürlich zunächst schockierte. War das eine chaotische Organisation, Unhöflichkeit oder Unpünktlichkeit? Nichts davon, wie ich später erfuhr, sondern einfach die monastische Weisheit, das Verhalten eines Kandidaten zu testen! Man wollte sehen, wie sich der Mensch, der Mönch werden will, in dieser Probezeit verhält. Nach 50 Tagen kam dann Papst Shenouda auf mich zu und erklärte mir, er würde mich als Novizen annehmen. So wurde ich in das *St. Bishoy-Kloster* im *Wadi Natrun* aufgenommen.«

Wie gestaltete sich das monastische Leben dann für Sie?

»In der ersten Zeit habe ich gedacht, wenn man als Mediziner in Deutschland gearbeitet hat, wie soll man dann seinen Tag in der Wüste ausfüllen? Da ist es bestimmt leerer, da sind keine Aktivitäten, keine Events, da sind keine Beschäftigungen, ich wusste gar nicht, wie man das Leben dort eine Woche lang aushalten kann. Aber in Wahrheit war genau das Gegenteil der Fall! Als ich ins Kloster kam, fand ich dort ein so dichtes Programm voll mit Gebet und Arbeit vor, dass ich kaum noch in der Lage war, das umzusetzen, was ich mir eigentlich gerade für den Tag vorgenommen hatte.
Es waren sehr abwechslungsreiche Aufgaben. Ich war etwa für die Praxis der Mönche zuständig, sollte mich aber auch um die ausländischen Besucher kümmern, die kein Arabisch verstanden, da ich ja einige Fremdsprachen beherrsche. Es war eine sehr, sehr schöne Zeit.«

Haben Sie, wie Papst Shenouda, auch als Eremit in der Wüste gelebt?

»Normalerweise wird man als Anfänger zunächst einmal in ein Kloster aufgenommen, denn man sollte das Leben in der Gemeinschaft erfahren und genießen. Erst wenn man diese Erfahrung gemacht hat, ist es möglich, den Wunsch zu äußern, fortan als Eremit zu leben. Da muss dann aber der Abt zustimmen. Das geschieht Schritt für Schritt, nicht abrupt.«

Wie war Ihr Tagesablauf im Kloster?

»Im Kloster verbringen wir, wie gesagt, die Zeit damit, zu beten und zu arbeiten. Unser Tag fing kurz vor 3.00 Uhr früh an. Von 3.00 bis kurz vor 4.00 Uhr früh mussten wir gewisse Gebete und Niederwerfungen verrichten. Dann kamen wir zusammen und haben gemeinsam mit allen Mönchen die Hymnen gesungen, was in der Regel bis zum Morgengrauen dauerte. Danach wurde eine Liturgie gefeiert, bevor wir in unsere Zellen zurückkehrten, um uns auszuruhen oder zu arbeiten. Um 13.00 Uhr stand die erste Mahlzeit mit den Brüdern auf dem Programm. Nachmittags zogen wir uns zurück, bevor wir unsere Arbeiten fortsetzten. Um 17.00 Uhr folgte ein gemeinsames Gebet. Danach gingen wir ein wenig in die Wüste, machten einen meditativen Spaziergang, um den Sonnenuntergang zu betrachten. Das fand schweigend statt, ohne mit jemandem zu reden, selbst wenn wir zu zweit oder zu dritt unterwegs waren.«

Eminenz, Sie sind Mediziner, also kritischer Naturwissenschaftler. Wurden Sie im Kloster auch mit Wundern, mit Übernatürlichem konfrontiert und wie hat das in Ihr Weltbild gepasst?

»Das Leben im Kloster ist eine wunderbare Lebensform, in der wir die Nähe Gottes täglich erfahren. Gott spricht jeden von uns auf die Art und Weise an, die er versteht. Er ist der Einzige, der die spezifischen Rezeptoren unserer Seele kennt und erreicht. Man hat eine absolut individuelle Beziehung zu Gott und spürt seine Gegenwart, seinen Trost und sein Mitgefühl.

Es stimmt, als Mediziner bin ich tatsächlich immer sehr kritisch gewesen in Bezug auf Wunder und habe vieles ernsthaft überprüft. Ich konnte nicht alles für wahr halten, was auch im Kloster erzählt wurde, und stand dem immer sehr skeptisch gegenüber. Trotzdem bin ich fest davon überzeugt, dass Gott gegenwärtig ist, dass er seine Kinder nicht im Stich lässt und dass er uns tröstet, wenn wir es nötig haben. Wenn jemand aber überheblich wird, wird er klein gehalten. Gott geht also auf eine absolut pädagogische Art und Weise mit uns um, so wie eine Mutter oder auch ein Vater immer genau weiß, was das Kind gerade braucht. Ganz gewiss ist die Beziehung zu Gott und die Transparenz, die man im Kloster erfährt, schon ein ganz besonderes Phänomen.«

Können Sie uns ein Erlebnis schildern, das diese Erfahrung verdeutlicht?

»Tagtäglich spürten wir die Gegenwärtigkeit Gottes. Doch ich erinnere mich an einen Spaziergang in der Wüste, als ich mir so in Gedanken gesagt habe: Jetzt bin ich schon in der Wüste, ich habe nichts

mehr von den Genüssen des Lebens, aber ich sehne mich gerade nach einem leckeren, zarten, reifen Apfel! Natürlich habe ich mich mit diesem ziemlich absurden Wunsch nicht lange aufgehalten, sondern bin weiter spazieren gegangen und habe gebetet. Irgendwann bin ich dann bei einem Einsiedler gelandet, er hieß *Abuna* Ruis.
Und *Abuna* Ruis sagte zu mir, komm, setz dich hin, ich bringe dir ein bisschen Wasser und ein paar Datteln. Und dann fragte er ganz leise und ganz höflich: ›Ich habe ein paar Äpfel, die sind reif. Ich schäme mich, dir das anzubieten, ob ich es dir trotzdem anbieten darf?‹
Da fing ich an zu spüren, dass auch so ein materieller, naiver Wunsch mitten in der Wüste in Erfüllung gehen kann, wenn Gott es will. Ich glaube, Gott wollte mir seine Gegenwart zeigen und mich wissen lassen, dass er auch unsere kleinen Wünsche nicht vernachlässigt.«

Wie ging es dann weiter, wie kamen Sie wieder nach Deutschland?

»1993 erhielt ich meine Priesterweihe durch Papst Shenouda III. Das war noch im Kloster des hl. Bishoy. Kurz darauf schickte man mich, wohl wegen meiner Deutschkenntnisse, als Priester nach Deutschland.«

War das Ihr Wunsch gewesen oder eher eine Pflicht? Wären Sie lieber noch im Kloster geblieben?

Ein Mönch ist wie ein Soldat in der Armee. Wir müssen Gehorsamkeit zeigen, wir dürfen keine Wünsche äußern. Papst Shenouda war der Überzeugung, ich müsse nach Deutschland zurückkehren, um mich um die Jugendlichen zu kümmern, die nur oder überwiegend Deutsch sprachen. Denn wenn man für sie nichts getan hätte, wäre die Gefahr sehr groß gewesen, dass sie die Bindung zur koptischen Kirche verlieren. Deshalb hat er mich damals als Seelsorger für diese Jugendlichen nach Düsseldorf geschickt.

Haben Sie Deutschland bei Ihrem zweiten Aufenthalt anders wahrgenommen?

»Die erste Erfahrung nach meiner Rückkehr hat mich tief getroffen. Ich hatte das Land im weißen Kittel verlassen, ich musste jetzt zurück im schwarzen Gewand und ich hatte keine Idee davon, worauf ich mich da eingelassen hatte. Die Reaktionen der Jugendlichen in der Straßenbahn haben mich zum Weinen gebracht. Ich zog mich zurück in meine Pfarrwohnung und fing an zu weinen, bis ich tief in mir eine Stimme hörte, die mir sagte: ›Jahrelang hast du von mir nichts erzählt. Du hast mich regelrecht geleugnet. Nun trage dein Kreuz und leiste deine Mission, auch wenn das wehtut.‹ Von diesem Moment an fühlte ich mich sehr getröstet und betrachtete dieses Gewand als eine Mission. Ich konnte dann viel gelassener mit den Reaktionen der Menschen umgehen. Aber ich stoße auch immer wieder auf Positives und Ermutigendes.«

Noch im gleichen Jahr, 1993, haben Sie dieses Kloster gekauft?

»Ja, ich hatte per Zufall davon erfahren, dass ein so altes und bedeutendes Kloster für nur eine Mark abgegeben werden sollte, und sah darin eine Herausforderung, es wieder mit Leben und monastischem Geist zu füllen.«

Bischof wurden Sie aber erst 1995?

»Richtig. Es war 1995, als ich gebeten worden bin, nach Kairo zu kommen. Dort war meine Überraschung sehr groß, dass die Heilige Synode unter der Leitung von Papst Shenouda III. beschlossen hatte, mich zu einem Generalbischof zu weihen, um für die koptische Kirche in Deutschland eine Diözese gründen zu können. Ich habe diese Aufgabe gerne übernommen und wurde dann zusammen mit vier Brüdern in der St.-Markus-Kathedrale in Kairo von Papst Shenouda im Beisein der Metropoliten und Bischöfe der koptischen Kirche zum Bischof geweiht. Seitdem bin ich ein sogenannter Generalbischof der koptisch-orthodoxen Kirche in Deutschland.«

Können Sie uns bitte kurz die Geschichte der koptischen Kirche in Deutschland skizzieren?

»Gerne. Alles begann mit Gamal Abdel Nassers Revolution von 1952, die sozialistisch orientiert war und bei der die Ländereien der Kopten enteignet wurden. Eine ganze Reihe vermögender Kopten konnte und wollte die neuen Lebensumstände nicht akzeptieren, viele sind ausgewandert – meist in die USA, nach Kanada und Australien, aber auch nach Europa.
So kamen einige Familien auch nach Deutschland und gründeten hier koptische Gemeinden. 1960 gab es eine Kooperationsvereinbarung zwischen Deutschland und Ägypten, die besagte, dass junge Ägypter nach Deutschland kommen durften, um dort eine technische Ausbildung zu absolvieren. Durch Familienbildung blieben viele von ihnen hier. 1990 kamen Flüchtlinge aus dem Sudan, ebenfalls koptische Christen, und bildeten eine Gemeinde in Bitburg in der Eifel.
Bundesweit leben heute zwischen 6000 und 7000 Kopten in Deutschland. Es gibt koptische Gemeinden in vielen großen Städten, etwa in Berlin, Hamburg, Hannover, Düsseldorf, Frankfurt, Stuttgart und München. Im Taunustal, in Kröffelbach, wurde 1980 das erste koptische Kloster gegründet, 1993 kam dann das Kloster in Höxter dazu.
Unser leider gerade entschlafene Papst Shenouda III. hat Deutschland mehrfach besucht; das erste Mal kam er nach Stuttgart, als er selbst noch Bischof war. Er hat 1990 die Kirche des St.-Antonius-Klosters in Kröffelbach und 1992 die Marienkirche in Düsseldorf geweiht, er besuchte das Kloster in Höxter 1997 und er hatte vor, noch einmal zu kommen, doch dazu kam es leider nicht mehr.«

Wie würden Sie die momentane Situation der Kopten in Deutschland beschreiben?

»Die Kopten sind sehr gut integriert. Mehr als die Hälfte unserer Gemeinde besteht aus gebürtigen Deutschen, die bei einer Eheschließung konvertiert sind. Wir sind ein Bestandteil der deutschen Gesellschaft und wohin wir kommen, fühlen wir uns nicht als Fremdkörper, sondern werden akzeptiert und freundlich aufgenommen. Fünf

Kopten haben bisher das Bundesverdienstkreuz bekommen. Ein Kopte hat sogar das Projekt Berliner Hauptbahnhof geleitet, der Bauingenieur Hany Azer. Viele Kopten üben erfolgreich verantwortungsvolle Tätigkeiten aus, ob nun selbstständig oder als Angestellte. Zu uns gehören Akademiker und Ärzte, Apotheker, Studentinnen und Studenten, die in diesem Land nicht nur sehr gut integriert sind, sondern sich auch sehr wohlfühlen.«

Und in den Nachbarländern?

»Für Österreich ist ein eigener Bischof bestimmt worden, Bischof Gabriel, der aus dem gleichen Kloster stammt wie ich, dem Kloster des hl. Bishoy. Die Gemeinden in der Schweiz werden von einem Mönchspriester in Zürich und einem verheirateten Priester in Genf betreut.«

Nun ist die koptische Kirche tief in ihrer reichen Tradition verwurzelt. Hierzulande stoßen Sie dagegen auch auf Christen, die sich ihrer Wurzeln nicht mehr so bewusst sind und von denen sich viele eher Reformen und eine moderne Kirche wünschen. Wie gehen Sie damit um, was antworten Sie diesen Menschen?

»Wir Kopten sind sehr stolz auf die Kultur, die Spiritualität und die Geschichte unserer Kirche. Wir halten das für einen Reichtum, dass diese Kirche sozusagen so geblieben ist, wie sie immer schon war, nach all den Jahrhunderten, und wir verstehen unter einer Reform immer eine Rückkehr zur apostolischen Zeit. Wir sind eine kleine Kirche, doch wir sind tatsächlich sehr traditionsbewusst. Wir denken, die Probleme, mit denen die Kirche heute konfrontiert wird, hat es alle schon mal gegeben. So brauchen wir nur in die Vergangenheit zu schauen und von unseren Vorvätern zu lernen, wie sie erfolgreich das eine oder andere Problem bewältigt haben.

Das gilt natürlich für alle Kirchen, nicht nur für uns Kopten, schließlich haben wir eine gemeinsame Geschichte und ein gemeinsames Erbe. Diese Zusammengehörigkeit gilt es zu erkennen und zu entdecken. Daher denke ich, wir sollten uns gegenseitig stärken, denn so können wir viele Probleme Seite an Seite überwinden. Ich bin der festen Überzeugung, dass die koptische Kirche hier in Deutschland den anderen Schwesterkirchen einiges zeigen kann, was auch ihnen hilft, ihre Probleme zu bewältigen. Wenn wir unser Herz öffnen, können wir reichlich voneinander lernen, uns ergänzen, Solidarität zeigen und Allianzen bilden, die uns alle stärker machen.«

Ein beeindruckendes Phänomen in Ihrer Kirche ist die monastische Renaissance, die Wiedergeburt des Mönchtums, von der ja auch Sie ein Teil sind. Nun hat unser Heiliger Vater, Papst Benedikt XVI., im September 2011 auf seiner Freiburger Rede das Stichwort »Entweltlichung« gebraucht für einen Ausweg aus der Krise, einen Weg zur Selbstreinigung und Reform der katholischen Kirche. »Entweltlichung« bedeutet aber auch ein Zurück zu monastischen Idealen. Glauben Sie, das Mönchtum kann eine Kirche stärker und authentischer werden lassen?

»Die Klöster bilden die Lungen der Kirche. Ein starkes monastisches Leben bedeutet eine starke Kirche. Daher möchten wir zurück zu den Quellen, möchten wir unsere Spiritualität vertiefen, denn dadurch verbessert sich die Glaubwürdigkeit unsere Kirchen und wir kehren zurück zu unseren Ursprüngen und Kraftquellen. Papst Benedikt hat dazu genau das richtige Stichwort geliefert, ich denke, sein Ansatz ist von allergrößer Wichtigkeit.«

Ein ganz anderes Thema: Sie haben die Opfer des schrecklichen Attentates von Alexandria am 1. Januar 2011 nach Deutschland geholt, um sie hier medizinisch behandeln zu lassen. Was waren Ihre Erfahrungen mit diesen Menschen, was haben sie erzählt?

»Wir haben festgestellt, dass diese Menschen keinen Hass und keinen Zorn in ihren Herzen tragen, sondern stattdessen christliche Nächstenliebe, sehr viel Herzlichkeit und einen tiefen Glauben. Ihre Freude und ihre Hoffnung haben alle Besucher, die zu ihnen ins Krankenhaus kamen, regelrecht angesteckt. In unserer Sprache sind diese Menschen *Bekenner*, das heißt, sie waren auf dem Weg zum Martyrium, doch sie haben ihr Leben nicht verloren. Sie haben schwere Verletzungen erlitten, vielleicht ein Organ verloren, doch sie leben noch und können Zeugnis ablegen. Durch die Begegnungen mit ihnen erfahren wir viele Segnungen und eine Stärkung unseres Glaubens.«

Ganz profan gefragt, wer kommt für die Kosten der Behandlungen auf?

»Ganz am Anfang kam der ägyptische Generalkonsul aus Frankfurt und sagte, dass drei Personen nur eine kurze und vorübergehende Hilfe vom ägyptischen Staat erfahren dürfen. So waren wir konfrontiert mit den Kosten für oft sehr lange, sehr aufwendige und kostenintensive Behandlungen. Zum Glück erhielten wir Spenden von unseren Schwesterkirchen, es fanden sogar in katholischen und evangelischen Kirchen Kollekten für diese Hilfe statt, und es haben Institutionen und Einzelpersonen gespendet. Doch nach wie vor sind viele Rechnungen offen.«

Nur drei Wochen nach dem Attentat begann in Ägypten, was man zunächst den »Arabischen Frühling« nannte. Schnell kam es allerdings zur Ernüchterung, als nicht etwa demokratische Kräfte aus den ersten Wahlen hervorgingen, sondern islamistische Parteien wie die Salafisten oder die Moslembruderschaft. Droht jetzt ein neuer Winter für Ägyptens Christen?

»Die Demonstrationen von Christen und Muslimen auf dem Tahrir-Platz, diese Hoffnung erweckenden Bilder, werden wir nie vergessen. Das waren echte, ehrliche und hoffnungsvolle Bilder von der sogenannten *Facebook-Generation*, von jungen Menschen also, die für Ägypten eine bessere Lebensqualität, Freiheit und Gerechtigkeit anstreben. Doch diese zarte Pflanze wurde von der Armee und den Islamisten zum Ersticken gebracht; auf diese Weise wurde ihnen die Revolution gestohlen. Man hat sie mit allerhand Versprechungen vertröstet, während nach wie vor das alte Regime regierte.
Wir Christen haben uns große Hoffnungen gemacht, dass es besser werden könnte und dass wir vielleicht eines Tages in Würde, Gleich-

berechtigung und Religionsfreiheit leben dürfen. Aber leider Gottes war das nicht der Fall, und es geht uns heute noch ein ganzes Stück schlechter als damals unter Mubarak.«

Wie würden Sie die heutige Situation der Kopten in Ägypten beschreiben?

»Wir haben weder Schutz noch Rechte, seit Präsident Sadat in den zweiten Artikel der ägyptischen Verfassung eingefügt hat, dass Ägypten ein islamischer Staat ist und der Koran und die Scharia die Hauptquellen seiner Gesetzgebung sind. Denn das bedeutet, dass, wenn ein Täter Moslem ist und das Opfer Christ, der Täter nicht bestraft wird. Deshalb werden wir in unserer Heimat oft zu Opfern von Kriminalität, denn wir haben keine Rechte: Wenn der Täter straffrei bleibt, ermuntert das natürlich viele Menschen, ihre Aggressionen oder kriminellen Energien gegen uns zu richten. Da werden dann Gotteshäuser in Brand gesetzt und zerstört, Geschäftsleute ausgeraubt, Juweliergeschäfte geplündert und viele wohlhabende Kopten erpresst.
Vor allem aber kommt es häufig zu Entführungen minderjähriger Mädchen, die kein Kopftuch tragen und daher als potenzielle Opfer schnell auszumachen sind. In vielen Fällen wird von den Entführern »nur« ein Lösegeld verlangt, aber andere Mädchen werden vergewaltigt, mit Moslems zwangsverheiratet und gezwungen, zum Islam überzutreten, oder man missbraucht sie zur Organentnahme. Davor haben wir alle Angst, und das macht das Leben für viele Christen in Ägypten sehr schwer.«

Was können wir Europäer denn tun, um die Kopten zu unterstützen? Wie können wir Ihnen helfen?

»Indem sie ihre religiöse Identität bewahren bzw. wiederentdecken und die christliche Solidarität stärken. Es wäre schön, wenn Sie unseren Mitmenschen in Ägypten zeigen würden, dass sie nicht alleine und vergessen sind, wenn Sie Ihre Solidarität und Verbundenheit mit ihnen zum Ausdruck brächten. Wir möchten partnerschaftliche Beziehungen zwischen katholischen und evangelischen Pfarrgemein-

den in Deutschland und koptischen Gemeinden in Ägypten aufbauen. Daher hoffen wir, dass die großen Kirchen dieses Landes das Gemeinsame entdecken, denn wir sind auf ihre Solidarität angewiesen, wenn wir leben und überleben wollen.
Zudem wenden wir uns an die deutschen und europäischen Politiker mit der Bitte, sich über die Entwicklungshilfe Gedanken zu machen. Entwicklungshilfe sollte an die Bedingung gekoppelt sein, dass der Empfänger die Menschenrechte garantiert. Sie darf nicht nur eigene wirtschaftliche Interessen berücksichtigen, ohne der Menschenrechtssituation in den Ländern, an die sie gezahlt wird, Beachtung zu schenken.
Ich wünsche mir auch, dass wir den Studentenaustausch fördern und dass jungen Menschen die Möglichkeit gegeben wird, nach Deutschland zu kommen und ihren Horizont zu erweitern, um quasi als Botschafter ihres Landes mehr von Deutschland zu lernen und ihr Wissen und ihre Erfahrungen dann mit den Menschen ihrer ägyptischen Heimat zu teilen.«

Ägypten war auch immer schon ein beliebtes Urlaubsland. Wie soll der Tourist reagieren? Soll er Ägypten boykottieren, wenn er von der Diskriminierung der Kopten erfährt oder schadet er damit vor allem den Kopten, die in der Tourismusindustrie tätig sind?

»Auch als Tourist muss man doch seine Stimme erheben und sagen: Ich komme gerne in ein Land, wenn dort die Menschenrechte respektiert werden und ich weiß, dass meine christlichen Brüder und Schwestern dort genauso respektvoll behandelt werden wie ich aus Europa, der mit harter Währung ins Land kommt. Auch Investitionen sollte man von der Menschenrechtssituation in einem Land abhängig machen.«

Ägypten ist ein heiliges Land. Gibt es nicht ein großes Potenzial, es auch für den Pilgertourismus zu entdecken?

»Ägypten hat wirklich sehr viel Potenzial. Unser Land galt immer schon als Pilgerziel, als zweites Jerusalem. Leider ist das politische

Klima, das den christlichen Pilger erwartet, oft genug alles andere als freundlich und spirituell. Wir Kopten leben offiziell in Ägypten ohne Geschichte. In den Schulbüchern gibt es eine pharaonische Zeit, eine islamische Zeit und dazwischen nichts. Also ist es sehr schwer, die Verantwortlichen zu überzeugen, dass es auch ein christliches Ägypten gab und gibt, dass das Land eine reiche christliche Geschichte hat und dass die Wiederbelebung des Pilgertourismus für das ganze Land ein Segen sein kann. Diese Idee muss erst noch in den Köpfen der Regierenden entstehen. Wir haben das große Problem, dass die Verantwortlichen diese Chance nicht wahrnehmen wollen!«

Bischof Damian, von Ihnen stammt das Zitat, an uns Deutsche gerichtet: »Unsere Gegenwart ist Eure Zukunft«. Damit warnen Sie vor der zunehmenden Entchristlichung und der Ausbreitung des Islam in Europa. Wie können, wie sollten wir Europäer mit dieser Situation, dass jetzt fast fünf Millionen Muslime allein in Deutschland leben, umgehen?

»Wir müssen die Fakten so nehmen, wie sie sind, und dürfen nicht alles unter den Teppich kehren. Wir dürfen diesem Thema nicht mit Angst begegnen, sondern sollten es mit Verantwortung behandeln. Ein wichtiger Schritt wäre, die Familiengründung in Deutschland zu fördern und Barrieren abzubauen, also die Menschen zu ermutigen, Nachwuchs zu bekommen, damit die Kultur dieses Landes eine Kontinuität erfährt und nicht allmählich ausstirbt.

Weiter bin ich der festen Überzeugung, dass man mit den Muslimen über ihren Glauben sprechen sollte, dass ihr Dasein mitten unter uns eine Chance ist, mit ihnen in Dialog zu treten, ohne bestraft zu werden, wie es etwa in meiner Heimat der Fall ist.

Und schließlich sollten die christlichen Kirchen näher zusammenrücken und eine neue Missionierung beginnen, denn 20 Millionen Konfessionslose in Deutschland sind schon eine erschreckend hohe Zahl. Wenn man daran arbeitet, dass der christliche Glaube sich wieder verbreitet, dass er breitere Kreise erfasst, dann wird niemand mehr auf die Idee kommen, Kirchen zu verkaufen, abzureißen oder zu entweihen.

Ich sage da immer wieder: Ihr Deutschen solltet von unserer Geschichte lernen, denn auch wir waren einmal die Herren in unserem Heimatland und heute kämpfen wir nur noch um das Bleiberecht, um das nackte Überleben. Wenn ihr das nicht tut, wenn ihr nicht von unserer Vergangenheit lernt, dann kann es euch genauso ergehen wie jetzt uns. So wie es derzeit aussieht, läuft leider alles geradewegs darauf hinaus. Damit möchte ich niemandem Angst machen, doch es ist nur ehrlich, die Dinge so zu sehen und über sie zu reden, wie sie sind.«

Am 17. März 2012 verstarb Ihr großer Papst Shenouda III. Während wir dieses Interview führen, sucht man in Kairo nach einem geeigneten Nachfolger, genauer gesagt: nach drei Kandidaten, von denen einer dann durch das Los ermittelt wird. Welche Erwartungen haben Sie an Ihren nächsten Patriarchen, welche Hoffnungen verbinden Sie mit ihm?

»Unsere Hoffnungen und Erwartungen sind alle sehr zeitgemäß. Wir erwarten von unserem neuen Patriarchen, dass er Fremdsprachen beherrscht, dass er sich besonders für die Ökumene engagiert und eine Wiedervereinigung der christlichen Kirchen anstrebt, dass er unsere koptische Kirche nicht von der Welt isoliert und dass er die richtigen Worte im Dialog mit den Muslimen findet. Wir wünschen uns einen Papst, der auf die Menschen zugeht, der auf ihre Bedürfnisse achtet und sich nicht vom Volk distanziert. Kurzum: Wir hoffen und möchten, dass er den Weg des entschlafenen Papstes Shenouda III. weitergeht, dass er seiner Strategie folgt.«

Das wünschen wir Ihnen von ganzem Herzen! Danke, Eminenz, für dieses Interview.

Zum Abschied zeigte uns Bischof Damian ein Foto, das von höchster Symbolkraft ist. Auf ihm ist er mit Papst Benedikt XVI. bei einer Begegnung im Rahmen des Papstbesuchs in Freiburg am 24. September 2011 zu sehen. Dabei reicht der ägyptische Bischof dem deutschen Papst ein koptisches Segenskreuz. Der Papst ergreift das Geschenk

17 Anba Damian trifft Papst Benedikt XVI. 2011 in Freiburg

und küsst es. Schöner lässt sich der gegenseitige Respekt der Konfessionen, ihre innere Verbundenheit durch den gemeinsamen Glauben an das Kreuz, wohl kaum ausdrücken.

In einer Zeit, in der die christlichen Kirchen immer häufiger Angriffen von außen ausgesetzt sind, ist es umso dringlinger geworden, sich auf das Gemeinsame zu besinnen und sich gegenseitig zu stärken. Es wäre schön, wenn dieses Buch einen Beitrag dazu leisten würde.

Anhang

Kleine Geschichte der Kopten

DIE PHARAONENZEIT

vor Christus

ca. 3000	Pharao Menes vereinigt Ober- und Unterägypten. Das ist die Geburtsstunde Ägyptens und der 1. Dynastie des Pharaonenreiches.
ca. 2000	Abraham besucht Ägypten.
ca. 1700	Josef wird als Sklave nach Ägypten verkauft. Weil er den Traum des Pharaos deuten kann und Vorkehrungen für die bevorstehenden *sieben mageren Jahre* trifft, macht er Karriere und wird zum zweiten Mann im Staat. Seiner Sippe erlaubt er wegen der Hungersnot, sich in Ägypten anzusiedeln.
ca. 1700–1532	In Ägypten herrschen die Hyksos, semitische *Hirtenkönige*, bis Pharao Ahmose sie vertreibt.
ca. 1500	Der Exodus: Moses führt das Volk Israel aus Ägypten ins Gelobte Land. Der genaue Zeitpunkt und die Begleitumstände sind umstritten. Als *Pharao des Exodus* kommen Ahmose (1550–1525), Thutmosis III. (1479–1425) oder Ramses II. (1279–1213) infrage.
ca. 1346	Pharao Amenophis IV. (1351–1334) bekennt sich zum Monotheismus. Er erklärt den Sonnengott Aton zum einzigen Gott und nennt sich fortan *Echnaton* (»Der Aton dient«).

925 Pharao Scheschonk (946–924) überfällt Jerusalem und plündert den Tempel.

ca. 720 Dem Propheten Jesaja wird die Zukunft Ägyptens offenbart. Er erwähnt die Säule von Nuweiba *an Ägyptens Grenze* und den Altar von Deir al-Muharraq *mitten in Ägypten* Jahrhunderte vor ihrer Errichtung; Gott würde sich »den Ägyptern offenbaren« und das Volk segnen.

ca. 550 Der persische Prophet Zarathustra sieht das Kommen des *Saoshyant* (»Heiland«) voraus. Ein Stern würde ihn ankündigen.

332 Alexander der Große (336–323) erobert Ägypten und wird als Pharao begrüßt. Ein Jahr später gründet er an der Mittelmeerküste die Stadt Alexandria.

DIE PTOLEMÄERZEIT

323 Nach den Diadochenkriegen regiert Ptolemaios (323–282), einer der Generäle Alexanders, das Nilland und begründet eine Dynastie. Unter ihm und seinen Nachfolgern wird Alexandria, u.a. auch durch den Bau des *Museions* mit seiner weltberühmten Bibliothek, zum geistigen Zentrum der hellenistischen Welt. Unter seinem Sohn und Nachfolger Ptolemaios II. (284–246) übersetzen 70 jüdische Gelehrte die Heilige Schrift ins Griechische: die *Septuaginta* macht das Judentum auch in der griechischen Welt bekannt.

170 Onias III., der letzte legitime Hohepriester Israels, der nach Ägypten fliehen musste, erbaut in Leontopolis einen neuen jüdischen Tempel.

48 Gaius Julius Cäsar (100–44) legt im Hafen von Alexandria an. An Bord eines seiner Schiffe bricht ein Feuer aus,

48 das auf ein Buchlager der Bibliothek übergreift und Zehntausende Schriftrollen zerstört.

37 Machtergreifung des Königs Herodes (37–4) in Judäa.

DIE RÖMISCHE ZEIT

30 Nach dem Selbstmord Kleopatras wird Ägypten römische Kolonie.

9 Kaiser Augustus (32 v. Chr.–14 n. Chr.) errichtet in Rom den *Altar des Augusteischen Friedens* und verkündet den Anbruch eines neuen Zeitalters.

5 März: Geburt Jesu in Bethlehem. Am Himmel erscheint eine Supernova, der sog. *Stern von Betlehem*;
Mitte Mai: Medische *Magoi* (Priesterastronomen) kommen nach Jerusalem, schildern König Herodes ihre Beobachtungen und setzen ihre Suche nach dem prophezeiten Heilsbringer *Saoshyant* in Bethlehem fort, wo sie das Jesuskind finden.
18. Mai: Herodes befiehlt den Kindermord von Bethlehem. Josef wurde durch einen Traum gewarnt. So gelang es der Heiligen Familie, rechtzeitig Richtung Ägypten zu fliehen.
1. Juni: Ankunft der Heiligen Familie in Ägypten.

4 April: Tod des Herodes. Die Heilige Familie macht sich auf den Rückweg.
Mai: Nach elf Monaten der Flucht kehrt die Heilige Familie nach Judäa zurück und lässt sich in Nazareth nieder.

nach Christus

27/28 Beginn des öffentlichen Wirkens Jesu von Nazareth.

30 7. April: Kreuzigung Jesu Christi in Jerusalem

30	9. April: Auferstehung Jesu Christi in Jerusalem 27. Mai: Auch Ägypter werden zu Zeugen des Pfingstwunders (Apg 2,10).
42 o. 48	Entschlafung der Gottesmutter Maria
44	Der Apostel und Evangelist Markus kommt erstmals nach Alexandria und begründet die ägyptische Kirche. Seine Missionsarbeit ist erfolgreich: Bis nach Oberägypten wird das Evangelium verbreitet, entstehen blühende Gemeinden. Im Fayum führt dies zu einer Veränderung der Bestattungsbräuche.
66	Ausbruch des Jüdischen Aufstandes, Flucht der Urgemeinde.
68	Märtyrertod des hl. Markus in Alexandria; er wird von den Heiden zu Tode geschleift und von den Christen in ihrer ersten (Höhlen-)Kirche nahe der Küste bestattet.
70	Niederschlagung des Jüdischen Aufstandes durch die Römer, Zerstörung des Tempels in Jerusalem.
um 160	Frantonius und 70 Christen gründen die erste Eremitenkolonie im Wadi Natrun; Unter Athenagoras beginnt die Blütezeit der von Markus begründeten Katechetenschule von Alexandria, des *Didaskaleion*.
202	Kaiser Septimus Severus (193–211) stellt den Übertritt zum Christentum unter Strafe. In Teilen Ägyptens kommt es zu Verfolgungen der Christen.
215/217	Origenes wird von Patriarch Demetrius als Leiter der Katechetenschule eingesetzt.
247	Der alexandrinische Patriarch Heraklas (231–247) wird erstmals als *Papst* bezeichnet, was sich fortan als Ehren-

247 titel einbürgert; erst ein halbes Jahrhundert später benutzt man ihn auch für den Bischof von Rom, seit Papst Siricius (384–399) ist er als Amtstitel im Westen nachgewiesen.

250 Kaiser Decius erlässt ein *allgemeines Opfergebot* für alle Reichsbürger; wer sich weigert, dem Kaiser und den heidnischen Göttern zu opfern, wird als Staatsfeind behandelt und zu Kerker, Zwangsarbeit, Folter, Vermögensentzug, Verbannung oder Tod verurteilt. Als Nachweis dienen sog. *libelli*, Opferbescheinigungen, wie sie auch in Oxyrhynchus gefunden wurden. Christen besorgen sich solche Dokumente durch Bestechung oder fliehen in die Wüste. Origenes wird inhaftiert und gefoltert; vier Jahre später stirbt er an den Folgen der Tortur. Der hl. Paul von Theben (228–341) flieht in die Wüste und lebt als Einsiedler.

257–258 Kaiser Valerian (253–260) erlässt ein Versammlungsverbot für Christen; Kleriker werden entweder verhaftet und getötet oder verbannt. Auch der alexandrinische Patriarch Dionysius muss in die Verbannung.

260 Valerians Sohn und Nachfolger Gallienus (260–268) beendet die Verfolgung und erlässt ein Toleranzedikt; beschlagnahmte Kirchengüter und Räumlichkeiten werden zurückgegeben. Das führt zu einer rasanten Ausbreitung des Christentums.

ca. 270 Der hl. Antonius (251–356) entscheidet sich für das Leben als Einsiedler und wird zum Vater des Mönchtums.

284 Thronbesteigung des Kaisers Diokletian (284–305), Beginn der Ära der Märtyrer, der koptischen Zeitrechnung.

293 Diokletian führt die *Tetrarchie* (»Viererherrschaft«) ein; fortan wird das Reich von zwei *Augusti* (Diokletian und

293 Maximian) und zwei *Caesares* (Constantius Chlorus und Galerius) regiert.

298 Kaiser Diokletian schlägt einen Steueraufstand in Ägypten nieder und nimmt das von den Rebellen besetzte Alexandria ein.

299 Ein misslungenes Orakel lässt den Kaiser den Zorn der Götter fürchten; den Christen wird die Schuld gegeben.

303 23. Februar: Diokletian erklärt in einem Edikt die Christen zu *Feinden des Reiches*. Damit beginnt die furchtbarste Christenverfolgung aller Zeiten; sie dauert mit Unterbrechungen acht Jahre lang an. Der christliche Gottesdienst wird verboten. Alle Christen verlieren ihren Rechtsstatus, ihre Ämter und Würden. Alle Kleriker sollen verhaftet werden, wer sich trotz Folter weigert zu opfern, wird hingerichtet. Der Opferzwang wird ein Jahr später auf alle Christen des Reiches ausgedehnt. Bei Verweigerung drohen Zwangsarbeit in den Bergwerken oder Hinrichtung. In Ägypten führt der Statthalter Hierokles eine besonders blutige Verfolgung durch, die nach koptischen Quellen über 800 000 Todesopfer fordert.

308 Die Verfolgung erreicht ihren Höhepunkt, seit nach einem Zensus die Namen aller Reichsbewohner bekannt sind. Zwei Jahre später fällt ihr auch der koptische Papst Petrus I., der während der ersten Verfolgungswelle noch geflohen war, zum Opfer. Er gilt seitdem als *der letzte Märtyrer*.

DIE CHRISTLICHE ZEIT

312 Oktober: Nach einer Kreuzesvision siegt Kaiser Konstantin der Große (306–337) in der Schlacht an der Milvischen Brücke vor den Toren Roms. Er wird Roms erster

312 christlicher Kaiser, auch wenn er erst auf dem Sterbebett das Taufsakrament empfängt. Ein Jahr später wird das Christentum durch das sog. *Toleranzedikt von Mailand* im ganzen Reich zur *religio licita* (»legalen Religion«).

318 In Alexandria bricht der erste christologische Streit zwischen dem Priester Arius und dem Patriarchen Alexander aus. Arius behauptet, Christus sei ein Geschöpf Gottes und diesem nur im Wesen ähnlich, während Alexander seine Wesensgleichheit lehrt.

324 Konstantin der Große einigt das Reich unter seiner Herrschaft.

325 Auf dem Konzil von Nicäa verwerfen die Bischöfe die Lehre des Arius und verabschieden ein gemeinsames Glaubensbekenntnis, das aus der Feder des alexandrinischen Diakons Athanasius stammt, dem Wortführer der Arius-Gegner.

325 In Oberägypten gründet Pachomius (292–346) bei Akhmim das erste Kloster der Christenheit.

325/6 Die hl. Helena bereist das Heilige Land und Ägypten und gründet zahlreiche Kirchen.

328 Nach dem Tod Alexanders wird Athanasius zum neuen Patriarchen von Alexandria (328–373) gewählt. Er wird als Kirchenlehrer und größter Papst der ägyptischen Kirche in die Geschichte eingehen.

330 11. Mai: Konstantinopel, das *Neue Rom*, wird Reichshauptstadt.

335 7. November: Nachdem sich Konstantin der Große den Arianern zugewandt hat, wird Athanasius nach Trier ver-

335 bannt. Dort begründet er das abendländische Mönchtum. In den folgenden Jahren wechseln sich Heimkehr und Verbannung immer wieder ab. Von 340 bis 341 ist er nach Rom verbannt, darf aber nach dem Scheitern des Konzils von Serdica (Sofia, Bulgarien) in seine Heimat zurückkehren, wo er sich von 351 bis 362 in der Wüste verstecken muss.

367 In seinem *Osterfestbrief* definiert Athanasius den noch heute verbindlichen Kanon des *Neuen Testaments*.

379 Einweihung der *Athanasischen Basilika* des Märtyrers Menas in Maryut. Ein Jahrhundert später wird das Heiligtum zur *Martyroupolis*, dem *Lourdes der Antike*, ausgebaut.

380 Die Kaiser Theodosius, Gratian und Valentinian III. erklären das Christentum offiziell zur Staatsreligion; die orthodoxe Lehre, definiert durch den römischen Papst Damasus und den alexandrinischen Patriarchen Petrus II., gilt als verbindlich. Ein Jahr später wird dieser Glaube auf dem Konzil von Konstantinopel 381 im *Großen Credo* (*Nicaeano-Constantinopolitanum*) definiert.

385 Patriarch Theophilus (385–412) besucht das Kloster Deir al-Muharraq. In einer Vision offenbart ihm die Gottesmutter Details über die Flucht der Heiligen Familie nach Ägypten.

391 In Alexandria kommt es zu Unruhen zwischen Christen und Heiden. Die Heiden verschanzen sich im Serapeum, foltern und töten christliche Geiseln. Schließlich gewährt Kaiser Theodosius den Heiden freien Abzug, befiehlt aber die Schließung des heidnischen Tempels, der daraufhin vom christlichen Pöbel verwüstet wird. Dabei stößt man auf das hieroglyphische Ankh-Zeichen, das

391 altägyptische Lebenskreuz. Zeitgleich kommt es im ganzen Land zu Plünderungen und Verwüstungen der heidnischen Tempel.

415 März: Ein Konflikt zwischen dem Patriarchen Kyrill (412–444) und dem kaiserlichen Statthalter Orestes führt zur Ermordung der Philosophin Hypatia durch christliche Fanatiker.

431 Auf dem Konzil von Ephesus wird der in Ägypten seit dem 3. Jahrhundert nachgewiesene Marientitel der *theotokos* (»Gottesgebärerin«) bestätigt; Patriarch Kyrill hält den Vorsitz.

449 Auf der *Räubersynode* von Ephesus versucht Patriarch Dioskur, die miaphysitische Lehre der alexandrinischen Theologie durchzusetzen.

453 Im Streit um die menschliche und die göttliche Natur Jesu kann sich die alexandrinische Theologie erstmals nicht behaupten, es kommt auf dem Konzil von Chalcedon zum Schisma. Von ihren Gegnern mit dem Vorwurf des Monophysitismus belegt, geht die ägyptische Kirche fortan zusammen mit den Syrern, Armeniern und Äthiopiern einen eigenen Weg. Die Kaiser versuchen in den nächsten 190 Jahren immer wieder, oft genug auch durch Gewalt, die ägyptische Kirche in die Reichskirche zurückzuholen. Schließlich gibt es zwei Patriarchen: den der *melkitischen* (kaisertreuen) Kirche und den der »monophysitischen« ägyptischen (»koptischen«) Nationalkirche.

482 Kaiser Zenon versucht durch das *Henotikon* (griech. »vereinigend«), ein Edikt in Briefform, die Einheit zwischen den Kirchen Ägyptens wiederherzustellen.

527 Kaiser Justinian (527–565) gründet das Katharinenkloster auf dem Sinai. Vergeblich bemüht er sich um eine Versöhnung mit den koptischen Miaphysiten, die unter dem besonderen Schutz seiner Frau, der Kaiserin Theodora, stehen.

536 Der myaphysitische Patriarch Theodosius I. (536–566) wird ins Exil geschickt; die koptische Kirche stürzt in eine schwere Krise.

539 Mit dem Isis-Tempel von Philae bei Assuan wird das letzte heidnische Heiligtum Ägyptens geschlossen.

619 Die sassanidischen Perser fallen in Ägypten ein und halten das Land zehn Jahre lang besetzt; 600 Kirchen und Klöster sowie die Menasstadt bei Maryut werden dabei geplündert und zerstört.

622 Flucht des *Propheten* Muhammad (ca. 570–632) von Mekka nach Medina. Beginn der islamischen Zeitrechnung. Bei seinem Versuch, die Stadt einzunehmen, kommt es zu einer Reihe von Schlachten und Massakern (u.a. an Juden). Schriftlich fordert Muhammad den byzantinischen Kaiser, den persischen König und den Statthalter von Ägypten auf, den Islam anzunehmen. Als keine Antwort eintrifft, ruft er seine Anhänger dazu auf, die »Ungläubigen« zu unterwerfen, sie zu töten oder von ihnen die G*izya* (»Ungläubigensteuer«) zu verlangen. Es folgen die Jahrzehnte der islamischen Expansion.

DIE ISLAMISCHE HERRSCHAFT

640 Einfall der muslimischen Araber unter Amr Ibn el-As, dem Feldherrn des Kalifen Omar. Die Kopten sehen ihn zunächst als Befreier von der byzantinischen Herrschaft,

640 da er ihnen Religionsfreiheit und günstigere Steuern garantiert. Nennenswerter Widerstand wird nur aus dem byzantinisch dominierten Alexandria und der Festung Babylon gemeldet. Fortan wird Ägypten zur Provinz des theokratischen islamischen Weltreiches. Arabisch wird Amtssprache, für höhere Beamte der Übertritt zum Islam obligatorisch.

642 Der islamische Kalif Omar ordnet an, die Bücher der Bibliothek von Alexandria zur Beheizung der öffentlichen Bäder zu verbrennen.

ab 678 Die Kopten werden zunehmend diskriminiert. Sie müssen zusätzliche Steuern bezahlen, sind diffamierenden Kleidervorschriften unterworfen, dürfen keine Waffen tragen und nur auf Eseln reiten. Rechtlich sind sie Bürger zweiter Klasse. Die Anbringung christlicher Symbole an ihren Kirchen und das Läuten der Kirchenglocken sind ihnen untersagt. Das Land verarmt, weil die Araber sich nicht um die Instandhaltung der Kanäle kümmern.

705 Emir Abd al-Aziz verlangt die Ungläubigensteuer auch von Mönchen, die bislang ausgenommen waren. Klöster werden gestürmt und verwüstet, Mönche wie Vieh gebrandmarkt, verstümmelt oder getötet.

725–829 Die Kopten wehren sich in sechs Aufständen gegen ihre muslimischen Unterdrücker, die alle blutig niedergeschlagen werden.

817 Als »Bestrafungsmaßnahme« fallen muslimische Truppen über die Klöster im Wadi Natrun her, verwüsten sie, töten und verjagen die Mönche. Nur wenige kehren zurück.

828 Raub der Gebeine des Apostels Markus aus der Markus-Kathedrale in Alexandria durch die Venezianer.

852 Den Christen wird verboten, Kreuze zu tragen; sie tätowieren sie sich fortan auf die Hand oder das Handgelenk. Immer höhere Steuern, Schikanen und Gewaltmaßnahmen führen dazu, dass viele Christen aus Not zum Islam übertreten. Eine Rückkehr zum christlichen Glauben wird mit dem Tod bestraft.

877 Auf Befehl El-Mutawakkils werden alle christlichen Gräber dem Erdboden gleichgemacht.

969 Die schiitischen Fatimiden übernehmen bis 1171 die Macht in Ägypten. Bei Babylon und dem Zeltlager Fustat gründen sie ihre neue Hauptstadt *al-Qahira* (Kairo), wo 988 die erste islamische Universität entsteht.

975 November: Das *Wunder von Mokattam* führt zur Bekehrung des muslimischen Kalifen al-Mu'izz und zu einer Zeit der Gleichberechtigung für die Kopten.

996 Unter der Herrschaft al-Hakims (bis 1021) erlebt die fatimidische Toleranz ein schreckliches Intermezzo: Kopten müssen schwarze Kleidung und ein fünf Pfund schweres Holzkreuz tragen. Kopten, die bis dahin im Staatsdienst arbeiteten, werden entlassen, ranghohe Beamte getötet, der Patriarch grausam gefoltert, 3000 Kirchen zerstört: Tausende Christen fliehen in die Wüste, andere nehmen aus Angst den Islam an. Erst nach dem Tod des Tyrannen endet die Verfolgung.

1047 Der Sitz des koptischen Patriarchen wird jetzt auch offiziell nach Babylon (Misr al-Qadima, Alt-Kairo) verlegt; die *Hängende Kirche* wird zu seiner Kathedrale.

ca. 1190 Der koptische Priester Abu el-Makarim schreibt seine *Geschichte der Kirchen und Klöster Ägyptens*.

1219 Der hl. Franziskus von Assisi besucht Damiette, das von den Kreuzfahrern besetzt gehalten wird (1218–1222). Selbst zum Martyrium bereit, um weiteres Blutvergießen zu verhindern, versucht er, den Oberbefehlshaber des muslimischen Heeres, Sultan al-Malek al-Kamil, zum christlichen Glauben zu bekehren. Schließlich schlägt er ihm sogar eine Feuerprobe vor, um die Wahrheit des Evangeliums zu beweisen. Der Sultan ist angetan von den Worten des Heiligen und beschenkt ihn, denkt aber nicht an Konversion.

1250 Beginn der Mameluckenherrschaft in Ägypten. Sultan Aybak (1200–1257) droht den Christen mit dem Feuertod, wenn sie ihm keine 500 000 Dinare zahlen. Die Summe wird unter großen Schwierigkeiten aufgebracht. Alle Kopten im Staatsdienst werden gezwungen, zum Islam überzutreten, da ihnen sonst die Hinrichtung droht.

1310 Der Sitz des koptischen Patriarchen wird nach Haret Zuwaila im Fatimidenviertel Kairos verlegt.

1321 und 1354 Fanatische Moslems brennen 54 koptische Kirchen und Klöster nieder. Die Kopten rächen sich, indem sie einzelne Moscheen anzünden. Massenhinrichtungen und Schikanen jeder Art sind die Folgen. Der Sultan erlaubt den Moslems, Christen zu töten und sich ihren Besitz anzueignen. Keiner ist mehr auf den Straßen sicher. Zudem wird der Landbesitz der Christen beschlagnahmt. Schließlich treten viele Christen, des Terrors müde, zum Islam über; die Kopten machen seitdem nur noch zehn Prozent der Gesamtbevölkerung aus. Um 1200 zählte man noch 2048 Kirchen und 834 Klöster am Nil, um 1430 nur noch 193 Kirchen und 74 Klöster; bis 1580 sinkt die Zahl noch einmal auf 112 Kirchen und fünf Klöster.

1419 Neue Schikanen gegen Christen: Sie müssen Gewänder mit engen Ärmeln tragen und sich Glocken umhängen,

1419 wenn sie ein öffentliches Bad betreten. Frauen dürfen nur gelbe, Männer nur schwarze Kleidung tragen. In Kairo ist Kopten das Reiten verboten, auf dem Land dürfen sie nur Maultiere benutzen und müssen mit beiden Beinen auf einer Seite (wie Frauen) auf ihm sitzen. Es gibt kaum noch christliche Beamte.

1438 Fanatische Muslime zerstören die Kirche von Sakha, weil es dort regelmäßig zu Marienerscheinungen kam. Zehn Jahre später »entging keine Kirche den Angriffen« (so der Chronist al-Sakhawi).

ca. 1440 Der muslimische Geschichtsschreiber Muhammad al-Maqrizi verfasst seine *Geschichte der Kopten.*

1442 Ein Vertreter der koptischen Kirche nimmt am Konzil von Florenz (1438–1445) teil.

1517–1798 Ägypten erlebt als Provinz des Osmanischen Reiches einen wirtschaftlichen und kulturellen Niedergang. Hungersnöte und Pestepidemien dezimieren die Bevölkerung.

1582 Papst Gregor XIII. (1572–1585) und der koptische Papst Johannes XIV. (1571–1585) verhandeln über eine Wiedervereinigung ihrer Kirchen, ein Plan, der allerdings am Widerstand einiger koptischer Bischöfe scheitert. Der koptische Papst Gabriel VIII. (1587–1603) unterzeichnet 1597 ein Dokument, das seinem Wunsch nach der Einheit mit Rom Ausdruck verleiht.

1798 Napoleons Ägyptenfeldzug. Aus politischem Opportunismus erklärt sich der Korse zum Freund des Islam, während er wenig Sympathie für die Kopten hegt. Trotzdem ist er auf ihre Erfahrung in der Verwaltung des Landes angewiesen. Zudem kommen zahlreiche Gelehrte ins Land und begründen eine neue Wissenschaft: die Ägyptologie.

1803 Nach dem Abzug der Franzosen übernimmt Mohammed Ali, ein gebürtiger Albaner, die Macht und wird zum Pascha ausgerufen. Er holt sich westliche Berater, modernisiert das Land, führt den Baumwollanbau ein und beginnt, das Land zu industrialisieren.

1845 An der Universität Berlin wird auf Anraten Wilhelm von Humboldts der weltweit erste Lehrstuhl für Koptologie eingerichtet.

1855 Die Kopten erhalten erstmals volle Staatsbürgerschaft, die »Ungläubigensteuer« (Gizya) wird abgeschafft.

1859–1869 Bau des Suezkanals. Ägypten gerät in Abhängigkeit von ausländischen Investoren.

ab 1860 Westliche Christen, Katholiken wie Protestanten, beginnen ihre Missionstätigkeit in Ägypten. Als sie merken, dass eine Moslem-Mission nicht erfolgreich sein kann, weil Konvertiten die Ermordung droht, wenden sie sich den Kopten zu.

1874 Wahl von Papst Kyrill V. (1874–1927); unter ihm beginnt die *al-nahda*, »das Erwachen«, die koptische Renaissance; Gründung des koptischen Laienrates *al-Maglis al-Milli*, bestehend aus 24 Mitgliedern unter Vorsitz des Papstes, der für alle weltlichen Angelegenheiten der Kirche zuständig war; Gründung der ersten koptischen Mädchenschule durch den Papst. Ein Jahr später wird das erste theologische Seminar der koptischen Kirche seit der Katechetenschule von Alexandria eröffnet, 1875 geschlossen, aber 1893 wiedereröffnet. In seinem Pontifikat ruft Habib Girgis (1876–1951) die Sonntagsschulbewegung ins Leben. Zudem überzeugte Girgis den Papst von der Notwendigkeit einer theologischen Ausbildung der Priester.

1882 Ägypten wird britisch besetzt, ab 1914 britisches Protektorat (bis 1936); britische Truppen bleiben bis 1956 im Land.

1895 Gründung der mit Rom unierten koptisch-katholischen Kirche.

1896 Bernard Pyne Grenfell und Arthur Surridge Hunt entdecken die Papyri von Oxyrhynchus.

1905 Der Deutsche Carl Maria Kaufmann beginnt seine Ausgrabung der Menasstadt von Maryut.

1908 Mit Boutros Ghali bekommt Ägypten seinen ersten koptischen Premierminister. Zwei Jahre später wird er erschossen.

1918 Habib Girgis ruft ein Zentralkomitee zur Beaufsichtigung der Sonntagsschulerziehung ins Leben, um Kindern und Jugendlichen ein solides Glaubenswissen zu vermitteln.

1942 Zweiter Weltkrieg – Deutsche Truppen unter dem Kommando des Generalfeldmarschalls Rommel bedrohen Ägypten. Der britische Feldmarschall Montgomery schlägt sie bei El-Alamein.

1945 Fellachen entdecken die gnostischen Schriften von Nag Hammadi.

1948 Papst Yusab II. beauftragt Habib Girgis mit der Gründung einer päpstlichen Kongregation für die Sonntagsschulerziehung, die der Bewegung einen offiziellen Status innerhalb der koptisch-orthodoxen Kirche verleiht. Alle Pfarrer in Kairo werden aufgefordert, in ihrer Gemeinde eine Sonntagsschule einzurichten, wenn sie noch keine haben.

1952 23. Juli: Offiziere stürzen den 1936 inthronisierten König Faruk und rufen die Republik aus. Zwei Jahre später wird Gamal Abdel Nasser (1954–1970) Staatspräsident. Er führt den Sozialismus ein, verstaatlicht Unternehmen und unterhält enge Verbindungen zur Sowjetunion.

1959 10. Mai: Azer Yusuf Atta (1902–1971) wird zum neuen koptischen Papst gewählt und nennt sich Kyrillos/Kyrill VI.
27. November: Er legt den Grundstein für das Menas-Kloster bei Maryut.

1967 Präsident Nasser fördert mit Staatsgeldern den Bau der koptischen St.-Markus-Kathedrale in Kairo. Sie wird 1968 fertiggestellt und ist mit 13 000 Plätzen das größte Gotteshaus des Nahen Ostens.
Im Sechstagekrieg dringt Israel bis an den Suezkanal vor, Ägypten erleidet eine schwere Niederlage.

1968 2. April: Beginn der Marienerscheinungen von Zeitoun, die in den nächsten drei Jahren von fast einer Million Zeugen gesehen werden.
20. Juni: Rückgabe einer Markus-Reliquie an die Kopten durch Papst Paul VI.
26. Juni: Niederlegung der Reliquie bei Einweihung der neuen St.-Markus-Kathedrale in Kairo, seitdem Sitz des Patriarchen.

1969 Papst Kyrill VI. ruft zur Wiederbelebung der Klöster im Wadi Natrun auf. Unter dem charismatischen Einsiedler Matta el-Maskin kommt es zur Renaissance des koptischen Mönchtums.

1970 Nach dem Tod Nassers wird Anwar al-Sadat, ein streng gläubiger Moslem, neuer Staatspräsident.

1971 15. Januar: Die Einweihung des Assuan-Staudamms setzt dem jährlichen Nilzyklus ein Ende. Die Schlammmassen, die sich bisher bei der Nilflut auf den Feldern ablagerten und als natürlicher Dünger dienten, werden jetzt durch den Hochdamm festgehalten.
31. Oktober: Nazir Gayed Roufail (1923–2012) wird zum neuen Papst der Kopten gewählt. Er nennt sich Shenouda III. In sein Pontifikat fällt die Globalisierung der koptischen Kirche.

1973 10. Mai: Papst Shenouda III. besucht den Vatikan und einigt sich mit Papst Paul VI. auf eine gemeinsame Auslegung der christologischen Formel des hl. Kyrill vom *inkarnierten Wort*. Mit der Unterzeichnung eines Dokuments durch beide Päpste ist die chalcedonische Spaltung zumindest formal überwunden. Bei diesem Besuch erhält Shenouda von Paul VI. Reliquien des hl. Athanasius für die St.-Markus-Kathedrale in Kairo.

1976 12. März: Bei Ma'adi wird eine Bibel entdeckt, die offen im Nil schwimmt. Die Kopten sehen darin ein Omen.

1980 6. Januar: Eine Reihe von Bombenanschlägen in Alexandrias Kirchen wird von Ägyptens Justiz ignoriert. Aus Protest sagt Papst Shenouda die Feierlichkeiten zum Osterfest ab. Präsident Sadat hetzt gegen ihn im Parlament.
24. Mai: Ägyptens Verfassung erklärt die islamische Scharia zur »wichtigsten Grundlage für jegliche Gesetzgebung«.

1981 Juni: In Kairo eskaliert die Spannung zwischen Kopten und Muslimen. Auf dem Bauplatz einer neuen Kirche legen Moslems den Grundstein für eine neue Moschee, es kommt zu tagelangen Straßenkämpfen. Die Bilanz: 18 Todesopfer, 112 Verletzte, fünf niedergebrannte Kirchen und 171 verwüstete Geschäfte. 15 000 Menschen, Christen wie Moslems, werden verhaftet.

1981 5. September: Präsident Sadat lässt 1536 Oppositionelle, meist Intellektuelle, aber auch acht Bischöfe, 24 Priester und eine Reihe engagierter Kopten verhaften. Papst Shenouda III. wird für abgesetzt erklärt und in das St. Bishoy-Kloster verbannt. Erst am 6. Januar 1985 darf er es wieder verlassen.
6. Oktober: Anwar as-Sadat wird von einem islamistischen Attentäter während einer Militärparade ermordet. Sein Nachfolger wird Husni Mubarak, der das Land bis 2011 regiert.

1984 April: In Sakha wird der legendäre *Fußabdruck Jesu* wiederentdeckt.

1986 25. März: Beginn der Marienerscheinungen über der St.-Demiana-Kirche im Kairoer Stadtteil Shubra.

1988 Grundsteinlegung für die moderne *Bibliotheca Alexandrina* durch UNESCO-Generaldirektor Federico Mayo; die Eröffnung findet 2002 im Beisein zahlreicher Staatsgäste statt.

1991 Im Kloster des hl. Bishoy kommen 120 Kirchenvertreter auf Einladung von Shenouda III. zusammen, um die letzten Differenzen um die Definition der Natur Christi beizulegen.
November: Papst Shenouda III. wird mit dem Friedenspreis der *Vereinten Nationen* geehrt.

1992 Mit Boutros Boutros-Ghali wird ein Kopte Generalsekretär der *Vereinten Nationen* (bis 1996). Die USA verhindern seine Wiederwahl, als er sich weigerte, die NATO-Unterstützung der muslimischen Kosovo-Albaner gegen die christlichen Serben abzusegnen.

2000 22. Februar: Besuch Papst Johannes Pauls II. in Kairo.

1. Juni: In Ma'adi wird die 2000-Jahr-Feier der Ankunft der Heiligen Familie in Ägypten eingeläutet.

17. August: Beginn der Marienerscheinungen über der St.-Markus-Kirche in Asyut.

2008 16. Juni: Die Kirche von Sakha wird niedergebrannt.

2009 April: Angeblich aus Angst vor einem Ausbruch der mexikanischen Schweinegrippe H1N1 ordnet das Landwirtschaftsministerium die Tötung aller Schweine in Ägypten an, die ausschließlich (bei Moslems gilt das Schwein als *unrein*) Christen gehören. Besonders betroffen sind die *Zabbalin* (»Müllsammler«) – verarmte Kopten, meist Bewohner einer slumartigen Siedlung zu Füßen des Mokattam-Hügels, die ihren bescheidenen Lebensunterhalt durch das Sammeln und die Wiederaufbereitung von Kairos Abfällen verdienen. Organische Abfälle verfütterten sie an ihre Schweine, die für sie Nahrungsquelle und (durch Verkauf) Einnahmequelle waren. Die Folge der Maßnahme ist eine rapide Zunahme des Mülls auf Kairos Straßen.

10. Dezember: Beginn der Marienerscheinungen in Warraq bei Giza.

2011 1. Januar: Eine Autobombe explodiert vor der Kirche St. Markus & St. Petrus in Alexandria, 24 Menschen kommen ums Leben, 97 werden schwer verletzt. Später wird bekannt, dass das ägyptische Innenministerium an dem Anschlag beteiligt war.

25. Januar: Mit einer Protestkundgebung in Kairo erreicht der *Arabische Frühling* Ägypten. Drei Tage später, am »Tag des Zorns«, eskaliert die Situation. Das Hochhaus der Regierungspartei NDP an der Niluferstraße wird in Brand gesetzt.

11. Februar: Der Oberste Militärrat verkündet, dass Präsident Mubarak sein Amt aufgäbe und das Militär die

211 Macht übernähme. In den folgenden Monaten kommt es im ganzen Land immer wieder zu Übergriffen fanatischer Muslime auf Kopten und ihre Gotteshäuser.

9. Oktober: Bei einer friedlichen Demonstration am Maspero-Platz in Kairo werden Kopten von Steinewerfern angegriffen und in eine Falle getrieben. Das Militär eröffnet das Feuer auf sie und überfährt mit zwei Panzerfahrzeugen in Panik fliehende Menschen. 35 Tote können geborgen werden, ca. 320 Demonstranten sind schwer verletzt, ca. 50 Menschen werden seitdem vermisst, ihre Leichen wurden in den Nil geworfen.

2012 10. Januar: Aus den Parlamentswahlen gehen die islamistischen *Moslembrüder* mit 47,2 Prozent als stärkste Fraktion hervor, gefolgt von den radikalislamischen *Salafisten* mit 24,6 Prozent. Gerade 1 Prozent der Abgeordneten sind Christen – obwohl die Kopten 15 Prozent der Bevölkerung ausmachen.

17. März: Papst Shenouda III. stirbt und löst landesweit wie international eine Welle der Anteilnahme aus. In Ägypten ordnet der Militärrat eine dreitägige Staatstrauer an, bevor das Oberhaupt der koptischen Kirche im St.-Bishoy-Kloster beigesetzt wird.

15. Juni: Das Verfassungsgericht erklärt die Parlamentswahlen vom Januar für ungültig;

17. Juni: Bei den Präsidentschaftswahlen siegt Muhammad Mursi von der islamistischen *Moslembruderschaft*.

Glossar

Abuna – *aram.* »unser Vater«; Anrede eines Priesters oder Mönches bei den Kopten.

Ära der Märtyrer (a.m.) – Koptische Zeitrechnung, beginnend mit dem Jahr des Amtsantritts von Kaiser Diokletian (284–305), der 303 die größte Christenverfolgung der Geschichte befahl.

al-Maglis al-Milli – Koptischer Laienrat, der zugleich das Kirchenvermögen verwaltet.

Anba – Titel eines Bischofs, aber auch eines Heiligen, bei den Kopten; die korrekte Anrede eines Bischofs lautet »Sayyidna« (*arab.* »Unser Herr«).

Anachoret – von *griech. anachoreo* »sich zurückziehen«: ein Mensch, der sich aus religiösen oder persönlichen Gründen aus der Gesellschaft zurückzieht, um dann entweder als Eremit in der Einsamkeit oder als Koinobit in der klösterlichen Gemeinschaft zu leben.

Ankh oder Anch – Altägyptisches Henkelkreuz, die Hieroglyphe für »Leben«.

Agape – *griech.*, wörtl. »Liebesmahl«: Gemeinschaftsessen der Gemeinde nach einem orthodoxen Gottesdienst.

Apokryphe – von *griech. apokryphos* »verborgen«: Text, der aus unterschiedlichen Gründen nicht in den Kanon der Bibel aufgenommen wurde.

Apsis – *griech.* »Wölbung«, »Bogen«: gewölbter, halbkreisförmiger Abschluss des Altarraumes an der Ostwand einer Kirche.

Asket – von *griech. askein* »üben«: Ausübender einer Praxis zum Zwecke religiöser Selbstdisziplinierung und Selbstschulung.

Baba – *arab.* für »Vater«: Titel des koptischen Papstes.

Baraka – *arab.* »Segenskraft«, die von einem heiligen Ort, einer Reliquie oder einer Ikone ausgehen kann.

Basilika – von *griech. basilike stoa* »Königshalle«: Ursprünglich der Name einer Palastaula, dann großer Hallen, die für Audienzen, Gerichtssitzungen und Handel genutzt wurden. Im Christentum ist eine Basilika meist ein Kirchenbau, der dem in frühchristlicher Zeit geprägten Schema entspricht. Dieses Grundmuster, speziell ihre Dreiteilung, finden wir bereits im Bauplan altägyptischer Tempel.

Codex – Ein Block gefalteter oder gehefteter Papyrus- oder Pergamentblätter, der vom 1. bis zum 4. Jahrhundert allmählich die klassische Schriftrolle ablöste. Die Evangelien werden schon früh in dieser Form verbreitet, denn der Codex hat den Vorteil, auf engerem Raum eine größere Zahl längerer Texte in einem »Band« umfassen zu können.

Deir – *arab.* »ummauertes Kloster«

Dhimmi – *arab.* für Nichtmuslime, denen erlaubt wird, ihrer Religion zu folgen, solange sie dafür die *Gizya* (Ungläubigensteuer) bezahlen. Als »Schutzbefohlene« dürfen sie keinen Militärdienst leisten, keine Waffen tragen und sind rechtlich schlechter gestellt als die Muslime.

Diakon – *griech.* »Diener, Helfer«: Geistliches Amt in der Kirche, das eine niedere Weihe voraussetzt. In der koptischen Kirche ist jeder, der am Altar dient, ob nun als Ministrant, Lektor, Chorsänger oder Kommunionhelfer, ein Diakon.

Doura – *arab.* für »Große Prozession«, gemeint ist eine Ikonenprozession an Kirchenfesten und zum Gedenken an Märtyrer und Heilige.

Emir – *arab.* für Befehlshaber einer muslimischen Truppe oder Gouverneur einer Provinz.

Emma – traditionelle Kopfbedeckung koptischer Priester und Bischöfe.

Enkaustik – von *griech. enkauston* »eingebrannt«: Maltechnik, bei der in Wachs gebundene Farbpigmente heiß auf den Maluntergrund aufgetragen werden. Sie wurde in Ägypten entwickelt und fand u.a. bei den Mumienporträts von Fayum, aber auch bei den ersten christlichen Ikonen Verwendung. Im 6. Jahrhundert geriet sie in Vergessenheit.

Eulogion – von *griech. eulogia* »Segen«: Segensmittel, etwa gesegnetes Brot, geweihtes Wasser oder Öl.

Evangelium – von *griech. eu* »froh« und *angelia* »Botschaft«: eigentlich die Frohbotschaft Jesu Christi; der Begriff steht aber auch für kanonische und apokryphe Bücher, die das Leben und/oder die Worte Jesu zum Inhalt haben.

Exegese – von *griech. Exegesis* »Auslegung«: Die Auslegung von biblischen Texten in der Theologie und für die Glaubenspraxis.

Exodus – *griech.* »Auszug«: a) Name des 2. Moses-Buches, das den b) Auszug der Israeliten aus Ägypten ca. 1500 v. Chr. beschreibt.

Galabiya – die traditionelle, weit geschnittene und lange Tunika ägyptischer Männer.

Gizya – *arab.* für Kopfsteuer: Steuer, die von Nichtmuslimen unter muslimischer Herrschaft bezahlt werden musste (»Ungläubigensteuer«).

Gnosis – *griech.* »Wissen«: Oberbegriff für synkretistische Selbsterlösungskulte meist aus dem Orient, die sich christlicher Symbolsprache bedienten und den Anspruch erhoben, das »wahre«, nur Eingeweihten offenbarte Christentum zu lehren.

Häresie – von *griech. hairesis* »Schule«, »Lehre«: Bezeichnung einer Irrlehre, die im Widerspruch zum Glauben der christlichen Orthodoxie steht.

Haikal – der meist dreigeteilte Altarraum einer koptischen Kirche.

Haruspex – der traditionelle römische Orakelpriester, der durch die Eingeweideschau die Zukunft vorauszusagen glaubte.

Hypostase – *griech.* »Seinsstufe« oder »Erscheinungsform«: In der Theologie das Wesen oder die Natur Gottes, also die Personen der Hl. Dreifaltigkeit oder der in Jesus vereinten Naturen.

Ikone – von *griech. Ikona* »Bild«: Kult- und Heiligenbild der orthodoxen Kirche.

Ikonodulen – *griech.* »Bilderverehrer«: Verteidiger der christlichen Praxis der Verehrung heiliger Bilder.

Ikonoklasmus – *griech.* »Bildersturm«: Zerstörung heiliger Bilder der eigenen Religion; hier speziell als bilderfeindliche Richtung im byzantinischen Bilderstreit.

Ikonostase – von *griech. Ikona* »Bild« und *stasis* »Ständer«: Altarschranke in einer orthodoxen Kirche, d.h. die Trennwand zwischen dem Altarraum, den nur die Zelebranten betreten, und dem Kirchenschiff, in dem die Gläubigen der Liturgie beiwohnen. Sie wird oft mit Ikonen geschmückt.

Intifada – *arab.* »Erhebung«; hier: Aufstand der Palästinenser gegen Israel.

Islam – *arab.* »Unterwerfung«: Die von Muhammad (570–632) gelehrte monotheistische Religion, die von seinen Anhängern durch Kriegszüge und Eroberungen in kürzester Zeit in ganz Nordafrika und Vorderasien verbreitet wurde.

Kalansoah – koptische Mönchskappe

Kalif – *arab.* für den rechtmäßigen Erben des »Propheten« Muhammad, den Beherrscher der Muslime.

Kanon – *griech.* »Richtschnur«, »Maßstab«: Die verbindliche Gesamtheit einer Sammlung; im christlichen Kontext die Gesamtzahl der Bücher, die in das *Neue Testament* aufgenommen wurden.

Koiné – *griech.* »Gemeinsprache«: Vereinfachte Form des Griechischen, basierend auf dem Athener Dialekt, die zur Weltsprache im Einflussgebiet des Hellenismus wurde.

Krypta – *griech.* »die Verborgene«: unterirdischer Kultraum einer Kirche.

Kyrie eleison – *griech.* »Herr, erbarme Dich«: Litanei in der christlichen Liturgie.

Laura (oder Lavra) – *griech.* »Gasse«: eine Kolonie von Einsiedlern, die einem gemeinsamen Abt unterstehen und gemeinsam die Liturgie feiern.

Liturgie – von *griech. leiturgia* »öffentlicher Dienst«; auch Göttliche Liturgie: Gottesdienst, hier speziell der orthodoxen Christen.

Ma'at – Kosmische Ordnung oder Harmonie in der altägyptischen Religion, verkörpert durch die gleichnamige Göttin, die zugleich die Personifikation des Wahrheitsprinzips ist.

Märtyrer – von *griech. martyrios* »Zeugnis«: Blutzeuge. Im Christentum ein Christ, der um seines Glaubens willen getötet wird, ohne Widerstand zu leisten; im Islam ein Kämpfer, der im *djihad* (»heiligen Krieg«) zur Verbreitung oder Verteidigung seines Glaubens mit dem Schwert gefallen ist.

Melkiten – von *syr. melek* »König«: Anhänger der byzantinischen (also griechisch-orthodoxen) Staatskirche.

Metropolit – von *griech. metropolis* »Mutterstadt«: Bischof einer Provinzhauptstadt, d.h. Erzbischof.

Miaphysit – von *griech. mia* »komplexe Einheit« und *physis* »Natur«: Der Miaphysit glaubt, dass die göttliche und die menschliche Natur in Jesus Christus untrennbar miteinander verbunden waren. Das Konzil von Chalcedon dagegen postulierte, dass beide Naturen unvermischt und getrennt nebeneinander existierten.

Minarett – von *arab. manara* »Leuchtturm«: Im Islam Turm neben einer Moschee, von dem aus der Muezzin fünfmal täglich zum Gebet aufruft.

Monophysit – von *griech. monos* »einzig« und *physis* »Natur«: verächtliche Bezeichnung für einen Gegner des Konzils von Chalcedon, dem unterstellt wird zu glauben, dass Jesus Christus nur eine einzige, göttliche Natur gehabt habe. Wird für *Miaphysiten* verwendet, die tatsächlich an die Untrennbarkeit der beiden Naturen Jesu glauben.

Moslem – *arab. muslim*, wörtl. »der sich Unterwerfende«: ein Monotheist, der glaubt, dass Muhammad der letzte Prophet und der von ihm diktierte Qur'an die höchste Offenbarung Gottes sei.

Muezzin – *arab.* muslimischer Gebetsrufer

Myron – das heilige Salböl der Kirche. Bei den Kopten folgt seine Herstellung aus 30 Zutaten (u.a. aus dem Balsam des Baumes von Matariya) einem besonderen Ritual, an dem die koptischen Bischöfe und der Papst aktiv beteiligt sind und das noch aus den Tagen des hl. Markus überliefert ist. In der gesamten Kirchengeschichte wurde das heilige Myron der Kopten nur 29-mal hergestellt.

Mulid – *arab.* »Geburtstag«: religiöses Volksfest ähnlich einer Wallfahrt, oft verbunden mit einer Kirmes, am Festtag eines Heiligen.

Nahda – bei den Kopten ein mehrtägiges oder mehrwöchiges Kirchenfest, vergleichbar mit einer Oktav.

Nicaeanum – Das auf dem Konzil von Nizäa 325 verabschiedete Glaubensbekenntnis, verfasst vom hl. Athanasius.

Oikonomos – *griech.*: Finanzverwalter eines (orthodoxen) Klosters

Orthodoxie – von *griech. orthos* »richtig« und *doxa* »Glaube«: Rechtgläubigkeit. Im Christentum der ursprüngliche, von den Aposteln gelehrte Glaube, wie er auf den Konzilien definiert wurde. Seit dem Schisma von 1054 wird der Begriff auch für die byzantinischen und altorientalischen Kirchen verwendet.

Ossuarium – Gebeinurne zur Zweitbestattung im Judentum des 1. Jh.

Qur'an – arab. »Lesung«: Die Heilige Schrift des Islam, die nach dem Glauben der Muslime ihrem Propheten Muhammad (570–632) durch den Erzengel Gabriel unter Gewaltanwendung offenbart wurde.

Palimpsest – von *griech. palin* »wieder« und *psaein* »abschaben«: Entfernung eines Textes, um das Schreibmaterial, meist Pergament, erneut zu verwenden.

Papyrus – Beschreibstoff, der aus dem Mark der nur in Ägypten angebauten Zyperngrasstaude angefertigt wird.

Pergament – dünner, haltbarer Beschreibstoff aus besonders präparierter Tierhaut.

Protevangelium – *griech. wörtl.*: »Vor-Evangelium«; hier: Bezeichnung für einen Bericht von der Geburt und Kindheit Mariens sowie der Geburt Christi, die dem *Herrenverwandten* Jakobus zugeschrieben wird.

Pseudepigraph – von *griech.* »Falschzuschreibung«: ein Text, der bewusst im Namen einer bekannten Persönlichkeit verfasst oder fälschlich dieser zugeschrieben wurde.

Ptolemäer – Dynastie des Alexander-Generals Ptolemaios, die Ägypten mit der Hauptstadt Alexandria regierte.

Reliquie – *lat.* »Überbleibsel«: Körperteil, meist Knochenfragment oder ein Stück aus dem persönlichen Besitz eines Heiligen, eines Märtyrers oder einer biblischen Persönlichkeit.

Reliquiar – Behältnis zur Aufbewahrung und Verehrung einer Reliquie.

Scharia – *arab.* wörtl. »Weg zur Tränke«: Die Gesamtheit aller religiösen und weltlichen Gesetze, die vom einzelnen Moslem wie von der islamischen Gesellschaft zu erfüllen sind.

Schisma – *griech.* »Spaltung«, »Trennung«: Oberbegriff für jede Form der Kirchenspaltung.

Seleukiden – Dynastie des Alexander-Generals Seleukos, die Syrien mit der Hauptstadt Antiochia regierte.

Septuaginta – von *lat.* »siebzig«: Bezeichnung für die älteste Übersetzung des Alten Testaments ins Griechische, um 250 v. Chr, von 70 oder 72 jüdischen Gelehrten im Auftrag von König Ptolemaios II. für die Bibliothek von Alexandria angefertigt.

Sketis – *griech.* für die Salzwüste des Wadi Natrun, die Wohnstätte vieler Asketen. Wahrscheinlich gaben sie der Wüste diesen Namen, obwohl auch eine Ableitung aus der altägyptischen Bezeichnung für das Natrontal, *Sechet-Hemat* (»Salzfeld«) möglich ist.

Synaxarium – auch Synaxarion: orthodoxer Heiligenkalender, der zu jedem Tag des Kirchenjahres die liturgisch gefeierten Heiligen samt einer Kurzfassung ihrer Vita aufzählt.

Synkretismus – Vermischung religiöser Ideen oder Philosophien zu einem neuen Weltbild.

Synode – *griech.*: Bei den Kopten die Versammlung aller Bischöfe.

Takris – *arab.* »Weihe«: Eine Form des Apostolats. Die Berufung zum Dienst an Gott und dem Menschen, ein Charisma des Laiendienstes in der koptischen Kirche, unabhängig von einer Weihestufe, etwa dem Diakonat. Häufig in Form der Übernahme sozialer, religionspädagogischer oder edukativer Aufgaben, etwa im Rahmen der Sonntagsschulbewegung.

Tetrarchie – *griech.*: »Viererherrschaft«: Vierkaiserherrschaft unter Diokletian (284–305).

Wadi – *arab.*: »Tal«, ausgetrocknetes Flussbett

Zabbalin – *arab.* »Müllsammler«: Verarmte Kopten, meist Bewohner einer slumartigen Siedlung zu Füßen des Mokattam-Hügels, die ihren bescheidenen Lebensunterhalt durch das Sammeln und die Wiederaufbereitung von Kairos Abfällen verdienen.

Zölibat – von *lat. caelebs* »allein lebend«: die religiös motivierte Verpflichtung zu Keuschheit und Ehelosigkeit, etwa im Mönchtum, im Sinne einer ungeteilten *Nachfolge Christi.*

Anmerkungen

1 Zur Geschichte und Bedeutung der koptischen Zeitrechnung, siehe unten.

2 Dieses Fragment überlieferte uns Petrus Diaconus in seinem Werk *De Locis Sanctis*.

3 *Abuna*, wörtlich »unser Vater«, stammt aus dem Aramäischen, der Sprache Jesu, und ist in der koptischen Kirche der gängige Titel für einen Priester; Bischöfe werden mit *Anba* betitelt.

4 Michael Hesemann: Maria von Nazareth (Augsburg 2011)

5 Kopten (von arab. *al-Qupt*) sind die Christen Ägyptens (griech. *aigyptos*), deren Liturgiesprache *Koptisch* die Sprache der Pharaonen war und die in direkter Linie von den Ägyptern der Pharaonenzeit abstammen. Hier sind speziell Mitglieder der koptisch-orthodoxen Kirche gemeint, der größten und ältesten Kirche des Nillandes, die 42 n. Chr. vom hl. Markus begründet wurde. Siehe Kasten: »Wer sind die Kopten?«

6 Seit dem 3. Jahrhundert trägt der Patriarch von Alexandria, das Oberhaupt der koptischen Kirche, den Ehrentitel »Papst«; erst ein halbes Jahrhundert später ist dieser auch für den Nachfolger Petri bezeugt, siehe Kap. VII.

7 www.bmi.bund.de

8 Einschließlich Mazedonien und Spanien, wie aus seinen Briefen hervorgeht.

9 Tiberius wurde von Augustus bereits im Jahr 13 n. Chr. (nach Sueton sogar Ende 12 n. Chr.) zum gleichberechtigten Co-Regenten ernannt, womit de facto seine Herrschaft schon vor Augustus' Tod begann. Zudem wurde in der Antike nach Kalenderjahren, nicht nach der Gesamtzeit gerechnet. Wurde ein König, rein theoretisch, am letzten Tag eines Kalenderjahres inthronisiert, begann am zweiten Tag seiner Herrschaft mit dem neuen Kalenderjahr bereits sein zweites Amtsjahr.

10 So bezeichnet der jüdische Geschichtschreiber Flavius Josephus in seinen *Jüdischen Altertümern* den tatsächlichen Statthalter von Syrien, Saturninus, und den kaiserlichen Finanzprokurator Volumnias beide als »tes Surias hegemones« (Ant. XVI,10,8).

11 Gründlicher werden die Hintergründe der Geburtsgeschichte Jesu in meinen Büchern *Jesus von Nazareth* (2009) und *Maria von Nazareth*

(2011) untersucht, daher beschränke ich mich an dieser Stelle auf eine Zusammenfassung.

12 »Die Könige von Tarschisch und von den Inseln bringen Geschenke, die Könige von Saba und Seba kommen mit Gaben. Alle Könige müssen ihm huldigen, alle Völker ihm dienen.« (Ps 72, 10–11)

13 Siehe Michael Hesemann, Das Bluttuch Christi, München 2010

14 Er wird auch Jakobus *der Kleine* genannt, um ihn von Jakobus *dem Großen*, den Bruder des Apostels Johannes und Sohn des Zebedäus und der Salome, zu unterscheiden.

15 Eine andere Lesart deutet seinen Namen als *Aba Nub* = »Vater des Goldes«.

16 Wie 2011 bekannt wurde, hatte Präsidentengattin Suzanne Mubarak, die Schirmherrin des Projektes, Spendengelder in Höhe von fast 40 Millionen Euro auf ihrem privaten Bankkonto »zwischengelagert«. Nach der Verhaftung ihres Mannes musste sie das Geld dem Staat aushändigen. Ob es je die Bibliothek erreicht, ist allerdings fraglich.

17 Der bedeutendste britische Historiker der Aufklärung, Edward Gibbon, machte in seinem Klassiker *The History of the Decline and the Fall of the Roman Empire (1776-81)* den christlichen Patriarchen Theophilus für die Zerstörung der Bibliothek verantwortlich und bezeichnete Latifs Bericht als »mittelalterliche Legende«. Allerdings war Gibbon alles andere als objektiv; er gab der Kirche a priori die Schuld für den Untergang der antiken Zivilisation. Dabei verwechselte er beharrlich das *Museion* mit dem *Serapeum* (siehe nächstes Kapitel), obwohl das eine am Nordostende, das andere in der Südwestecke der antiken Metropole lag, mehr als drei Kilometer voneinander entfernt. Tatsächlich gibt es keine einzige Quelle, auch nicht aus heidnischer Feder, die einen christlichen Übergriff auf das *Museion* erwähnt. Auch wenn über 500 Jahre zwischen den Ereignissen und Latifs Bericht liegen (wobei er sich durchaus auf verloren gegangene Berichte von Zeitzeugen berufen haben könnte), er ist und bleibt die früheste Information, die uns überhaupt zum Schicksal der Bibliothek vorliegt. Nur ein paar Jahre später wurde sie von einem weiteren Moslem, Al-Qifti (1172–1248), bestätigt, den wiederum der Christ Bar Hebraeus (1226–1286) in seiner *Historia Compendiosa Dynastiarum* zusammen mit zwei weiteren, leider verloren gegangenen islamischen Quellen zitiert.

18 Nach den apokryphen Markusakten kam der Apostel allerdings über die Cyrene (Libyen), die seine Heimat gewesen sein soll, nach Ägypten. Allerdings ist gut möglich, dass sich diese Tradition auf seinen zweiten Besuch bezieht.

19 Die Kreuze kamen laut Griggs gegen Ende des 2. Jahrhunderts auf, die Frauenstatuetten gegen Ende des 3. Jahrhunderts, worin er wohl zu Recht ein Anzeichen für »die sich entwickelnde Ikonografie der christlichen Tradition« sieht.

20 Gemeint sind der römische Papst Damasus I. (366–384) sowie der ägyptische Patriarch Petrus II. (373–380), der 21. Papst der Kopten.

21 Dass diese in Ägypten besonders intensiv betrieben wurde, hat nach Ansicht einiger Historiker daran gelegen, dass sich auch zahlreiche Christen dem Aufstand gegen Rom angeschlossen hatten.

22 Seit Papst Benedikt VIII. (1024) enthält die katholische Lesart den Zusatz »filioque«, besagt also, dass der Heilige Geist »aus dem Vater *und dem Sohn* hervorgeht«. Dieser Zusatz wird von den orthodoxen Kirchen, also auch von den Kopten, abgelehnt und bot den Anlass zum *Großen Schisma*, der Kirchenspaltung von 1054.

23 Der vollständige Text im englischen Originalwortlaut ist auf der website des Vatikans veröffentlicht: http://www.vatican.va/roman_curia/pontifical_councils/chrstuni/anc-orient-ch-docs/rc_pc_christuni_doc_19730510_copti_en.html

24 Nach einer anderen Version der Legende in die römische Provinz Phrygien in der heutigen Türkei.

25 So ist gut möglich, dass sich die Berichte über ihre wundersame Wiederauffindung noch auf das ursprüngliche Märtyrergrab in Africa oder Phrygien bezogen, die Reliquien also bereits als heilkräftg galten, bevor sie Ägypten erreichten.

26 Auf gleiche Weise stärkte Moses die Israeliten im Kampf gegen die Amalekiter, siehe Ex 17,11

27 Abt Vasilopolo behauptet weiter, der Name el-Alamein ginge auf eine griechisch-orthodoxe Menas-Kirche zurück, die den Beginn eines Pilgerweges nach Maryut markiert und auf Arabisch al-Me(i)n geheißen habe.

28 Diese Episode findet sich nicht in der *Vita Antonii* des hl. Athanasius.

29 Ein halbes Jahrhundert später, um 400, waren es dem hl. Hieronymus zufolge bereits »nahezu 50 000 Mönche«, die zu dem jährlichen Treffen der Pachom-Klöster kamen.

30 St. Patrick selbst hat sich u.a. in dem Inselkloster Lerins/St. Honorat auf seine Aufgabe vorbereitet und machte sich dort »auch mit den Regeln der koptischen Kirche vertraut«, wie Multhaupt (2011) schreibt.

[31] Die römische Geschichtsschreibung weiß nichts von diesen Kaisersöhnen, wobei natürlich möglich ist, dass sie einer unehelichen Seitenlinie entstammten. Da Valentinian in Trier residierte, wäre zumindest möglich, dass sie dort vom Mönchtum erfuhren und sich auf die Suche nach seinen Ursprüngen machten.

[32] Ebenso gut ist allerdings möglich, dass *Sketis* vom altägyptischen Namen des *Wadi Natrun*, nämlich *Sechet Hemat* (»Salzfeld«), abgeleitet ist.

[33] Al-Maqrizi wörtlich: »Auch Osama Ben Zeid el-Taunchi, Verwalter der Einkünfte, bedrängte und bedrückte die Christen, nahm ihnen ihre Habe und brannte den Mönchen ein eisernes Zeichen auf die Hand, welches den Namen des Mönches, den Namen seines Klosters und sein Alter angab, und wer ohne Brandmal angetroffen wurde, dem wurde die Hand abgehauen.«

[34] Die koptische Tradition dagegen behauptet, wie in der Einleitung erwähnt, dass dies in Ma'adi geschah. Die Nähe zur alten Reichshauptstadt Memphis spricht eher für diese Deutung.

[35] Siehe Mt 17,20

[36] Den muslimischen Chronisten war das offenbar so peinlich, dass sie behaupteten, er sei damals verstorben.

[37] Tatsächlich gibt die *Geschichte der Kopten* des Moslems al-Maqrizi (15. Jh.) dem Abuna recht. Auch ihr Autor lokalisiert das *Jesus-Kloster* in Deir al-Garnus, wenn er schreibt: »Das Kloster Jesu heißt auch das Kloster (Deir) al-Dschenus (sic!); hier ist ein Fest am 25. Bashans. In der Nacht dieses Tages wird ein dort befindlicher Brunnen, welcher den Namen *Jesusbrunnen* führt, geschlossen, und um die sechste Stunde des Tages versammeln sich die Menschen und decken den Stein von dem Brunnen ab, dann ist das Wasser darin gestiegen, hierauf nimmt es wieder ab, und sie rechnen nun von da, wie hoch das Wasser gestiegen war, bis zu dem Punkte, wo es stehen bleibt, und das Ergebnis bezeichnet nach Ellen, wie hoch der Nil in dem Jahre wachsen wird.« So bleibt einzig die Frage, ob die Geschichte vom »Wunder von Ishnin« einem übereifrigen Dorfpriester oder einem amerikanischen Geschichtenerzähler zu verdanken ist.

[38] Als sei dies noch nicht vage genug, gibt es noch eine zweite Version der *Predigt des Cyriakus*. In dieser ist von einem Buch des Joseph keine Rede mehr, sondern von einer Erscheinung, die der Priester Antonius gehabt haben soll. Ein Licht leuchtete über einem hohen Berg mit einem Haus und einem Grab daneben auf dem Gipfel. Dort sei ihm ein Engel begegnet, der zu ihm sprach: »Wusstest du nicht, dass dieses Haus das Haus des

Herrn ist und die Pforte zum Himmel und der heilige Ort, der von der Heiligen Familie und Salome besucht wurde. Das geschah am 25. Bashans (1. Juni). Wir feierten heute das Gedenken an diesen Tag. Wir segneten diesen Ort und jetzt gehen wir dorthin, woher wir kamen.« Als Cyriakus selbst das Haus aufsuchte, zu dem ihn Antonius führte, sei ihm die Gottesmutter erschienen, habe alles bestätigt und ihm aufgetragen: »Als Erinnerung daran, dass wir uns an diesem Ort der großen Stille vier Tage aufhielten, baut eine Kirche und erzählt allen Menschen, was mein Sohn ihnen hinterlassen hat.«

39 Die Grenze verlief zur Römerzeit beim 1. Katarakt gleich hinter der Insel Philae südlich von Assuan

40 Ein Umstand, der mir leider bei den Berechnungen in meinem Buch »Maria von Nazareth« noch nicht bekannt war.

41 Zitiert nach der website des Vatikans: http://www.vatican.va/holy_father/john_paul_ii/speeches/2000/jan-mar/documents/hf_jp-ii_spe_20000224_shenouda-III_ge.html

42 Wörtlich heißt es im geänderten § 2 der ägyptischen Nationalverfassung: »Der Koran ist nicht eine, sondern die Quelle des ägyptischen Rechts. Diese Bestimmung hat Vorrang gegenüber den Artikeln 40 und 46, die Religionsfreiheit und freie Religionsausübung zu garantieren.«

43 Bis zu 5000 US-Dollar zahlen die Islamisten jedem Konvertiten zum Islam; gewiss eine Versuchung in einem Land, in dem das monatliche Durchschnittseinkommen bei 50 US-Dollar (ca. 40 Euro) liegt. Die Gelder dafür stammen aus Saudi Arabien, das die ägyptischen Salafisten bislang mit 5 Milliarden Dollar unterstützte. Von diesen Geldern wurden auch bei den ägyptischen Parlaments- und Präsidentschaftswahlen 2011/12 Hunderttausende Stimmen gekauft.

44 In der katholischen Kirche werden nur Kardinäle als *Eminenz* angesprochen, für Bischöfe gilt die Anrede *Exzellenz*

45 Koptisch-orthodoxes Kloster der Heiligen Jungfrau und des hl. Mauritius, Propsteistr. 1a, 37671 Höxter-Brenkhausen, http://www.koptisches-kloster-hoexter.de/Brenkhausen/

46 Weitere Informationen: www.kopten.de

Quellen und Literatur

Quellen

Die Bibel – Einheitsübersetzung der Heiligen Schrift (Augsburg 2004)
Das Neue Testament und frühchristliche Schriften (Hrsg. & Übers. K. Berger/Ch. Nord), Frankfurt 1999

Al Armani Abu Salih (Abu al-Makarim): The Churches and Monasteries of Egypt and Some Neighboring Countries (Hrsg. & Übers. B.T.A. Evetts), Oxford o.J.
Antonini Placentini: Itinerarium (Übers. J. Gildemeister), Berlin 1889
Athanasius d.Gr.: Leben des heiligen Antonius, Kloster des hl. Antonius o.J.
Aurelius Augustinus: Bekenntnisse (Übers. Otto F. Lachmann), Wiesbaden 2008

Coptic Synaxarium: http://st-takla.org/Full-Free-Coptic-Books/Coptic-Synaxarium-or-Synaxarion_English/Eng-Synexarium-or-Synexarion-index.html
Cyril the Great: The Vision of Theophilus (Übers.: A. Mingana), Cambridge 1931

Egeria: Itinerarium (Übers.: G. Röwekamp, Georg), Freiburg 1995
Eusebius von Caesarea: Kirchengeschichte (Hrsg. H. Kraft/Übers. P. Hauser), München 1981
ders: Onomasticon (Hrsg. & Übers.: G.S.P Freeman-Grenville & J. Taylor), Jerusalem 2003
ders.: Über das Leben des glückseligen Kaisers Konstantin (Hrsg. & Übers. P. Dräger), Oberhaid 2007
Evagelia Infantiae Apocrypha – Apokryphe Kindheitsevangelien (Hrsg. G. Schneider), Freiburg 1995

Herodot: Neun Bücher der Geschichte (Übers. H. Stein), Essen 1984

Josephus, Flavius: Jüdische Altertümer (Hrsg. & Übers.: H. Clementz), Darmstadt 1985

Macrizi: Geschichte der Kopten (Hrsg.: F. Wüstenfeld), Göttingen 1845

Schneemelcher, Wilhelm (Hrsg.): Neutestamentliche Apokryphen (2 Bd.), Tübingen 1999

Socrates Scholasticus: Church History, in: Schaff, Philip & Wace, Henry: Nicene and Post-Nicene Fathers, Vol.2, Grand Rapids 1992

Sozomenus, Church History, in: Schaff, Philip & Wace, Henry: Nicene and Post-Nicene Fathers, Vol.2, Grand Rapids 1992

Terian, Abraham (Hrsg.): The Armenian Gospel of the Infancy, Oxford 2008

Literatur

Abanoub, Abuna (Hrsg.): The Biography of St. Abanoub the Martyr and The Holy Family in Egypt, Samanoud o.J.

Abdalla, Sabry: Saint Mina the Miraculous, Cairo o.J.

Amer, Tarek Ahmed: Koptisches Ägypten, Nettetal 2004

Ata, Hanna Youssef/Ava Mena, Rafael: The Life of the Saint Pope Kyrillos the Sixth, East Brunswick 1997

Atalla, Nabil Selim: Coptic Icons (2 Bd.), Cairo 1998

Ders.: Illustrations from Coptic Manuscripts, Cairo 2000

Atiya, Aziz S.: The Coptic Encyclopedia (Electronic Edition), Cleveland/OH 2001

Awa Mina, Rafael: Papst Kyrillus VI. und die geistliche Führung, Kröffelbach 2010

Badde, Paul: Ikonen aus dem Wüstensand, in: Vatikan-Magazin Nr. 2/2011, S. 66–73

Bishoy, Metropolitan: The Real Holy Grail, Rollinsford/NH 2007

Boochs, Wolfgang (Hrsg.): Ägypten und die Bibel, Langwaden 1999

Ders.: Die Flucht nach Ägypten, Langwaden 2000

Ders.: Geschichte und Geist der Koptischen Kirche, Langwaden 2004

Ders.: Echnaton und Moses, Essen 2011
Brunner-Traut, Emma: Die Kopten, Freiburg 1993

Capuani, Massimo: Christian Egypt, Collegeville/MI 2002
Coptic Orthodox Patriarchate (Hrsg.): The Holy Family in Egypt, Marriout 2000

Davis, Stephen: The Early Coptic Papacy (The Popes of Egypt, Vol. 1), Cairo 2004
Demetrius, Bishop: The Visit of the Holy Family to Mallawi, Mallawi 2001

El-Beltagui, Mamdouh (Hrsg.): The Holy Family in Egypt, Cairo 1999
Falck, Martin von (Hrsg.): Ägypten – Schätze aus dem Wüstensand, Wiesbaden 1996
Frankfurter, David: Religion in Roman Egypt, Princeton 1998

Gabra, Gawdat (Hrsg.): Be Thou There – The Holy Family's Journey in Egypt, Cairo 2001
Ders.: Coptic Monasteries, Cairo 2002
Ders.: Historical Dictionary of the Coptic Church, Cairo 2007
Ders. (Hrsg.): Christianity and Monasticism in the Fayoum Oasis, Cairo 2007
Ders.: Kairo, das koptische Museum und die frühen Kirchen, Kairo 2010
Ders. & van Loom, Getrud & Ludwig, Carolin: The Churches of Egypt, Cairo 2007
Ders. & Takla, Hany (Hrsg.): Christianity and Monasticism in Upper Egypt, Cairo 2008
Galey, John: Das Katharinenkloster auf dem Sinai, Stuttgart 1979
Gerber, Daniel: Schicksalstage am Fuße der Pyramiden, Basel 2012
Görg, Peter H.: Die Wüstenväter, Augsburg 2012
Gottschlich, Jürgen: Der Bibeljäger, Berlin 2010
Griggs, Wilfred (Hrsg.): Excavations at Seila, Egypt, Provo/Utah 1988
Ders.: Early Egyptian Christianity, Leiden 1989
Guirguis, Magdi & Doorn-Harder, Nelly van: The Emergence of the Modern Coptic Papacy (The Popes of Egypt, Vol.3), Cairo 2011

Haag, Michael: Alexandria Illustrated, Cairo 2004

Hamman, Adalbert & Fürst, Alfons: Kleine Geschichte der Kirchenväter, Freiburg 2004
Heinen, Heinz & Anton, Hans Hubert & Weber, Winfried: Im Umbruch der Kulturen (Geschichte des Bistums Trier, Bd. 1), Trier 2003
Hesemann, Michael: Geheimsache Fatima, Essen 1997
Ders.: Die Dunkelmänner, Augsburg 2007
Ders.: Jesus von Nazareth, Augsburg 2009
Ders.: Das Bluttuch Christi, München 2010
Ders.: Maria von Nazareth, Augsburg 2011
Ders.: »Steh auf, nimm das Kind und seine Mutter«, in: Vatican-Magazin Nr. 2/2011, S. 56–62
Ders.: »Zwischen Bangen und Hoffen«, in: Die Tagespost, 25.1.2011

Jackson, John & Rebecca & Kamell, Youssef: A Lady of Light Appears in Egypt, Colorado Springs 1996

Kamil, Jill: Christianity in the Land of the Pharaohs, London 2002
Kaufmann, Carl: Ikonographie der Menas-Ampullen, Cairo 1910
Ders.: Die heilige Stadt der Wüste, Kempten 1924
Ders.: Ausgraber, Mumienjäger und tote Städte, Berlin 1928
Ders.: Allah ist groß!, Freiburg 1950
Khalil, Marcus Aziz: The Principal Ancient Coptic Churches of Old Cairo, Cairo 1985
Kidger, Mark: The Star of Bethlehem, Princeton 1999
Kolta, Kamal Sabri: Christentum im Land der Pharaonen, München 1985

Lüdemann, Gerd & Janßen, Martina: Bibel der Häretiker, Stuttgart 1997

Maged, Mikhail & Moussa, Mark: Christianity and Monasticism in Wadi al-Natrun, Cairo 2009
Malaty, Tadros Yacoub: Die Gottesmutter bei den Vätern, Regensburg 1989
Ders.: Introduction to the Coptic Orthodox Church, Alexandria 1993
Martyros, Bishop: Coptic Monasticism, Cairo 2002
Meinardus, Otto: Christian Egypt – Faith and Life, Cairo 1970
Ders.: Auf den Spuren der Heiligen Familie von Bethlehem nach Oberägypten, Koblenz 1978
Ders.: The Holy Family in Egypt, Cairo 1986

Ders.: Das Heilige Land, Frankfurt 1998
Ders.: Two Thousand Years of Coptic Christianity, Cairo 1999
Ders.: Coptic Saints and Pilgrimages, Cairo 2002
Ders.: Monks and Monasteries of the Egyptian Desert, Cairo 2002
Ders.: Christians in Egypt, Cairo 2006
Meyer, Marvin: The Gnostic Discoveries, San Francisco 2005
Multhaupt, Hermann: Die Missionare von den Inseln, Augsburg 2011

Nassif, Sobhy: Out Of Egypt I Have Called My Son, Cairo 2006
Nelson, Cythia: The Virgin of Zeitoun, in: Worldview , Sep. 1973, S. 5–11

Overstreet, R. Larry: Exegetical and Contextual Facets of Israel's Red Sea Crossing, in: ZMSJ 14/1 (2003), S. 63–86

Perry, Paul: Jesus in Egypt, New York 2010
Pilichis, Dennis (Hrsg.): Apparition Phenomenon Manifest at Zeitoun, Rome/OH 1975
Polacco, Renato: Storia dell'arte marciana: sculture, tesoro, arazzi, Venezia 1997

Ritner, Robert K.: Egyptians in Ireland: A Question of Coptic Peregrinations, in: Rice University Studies, Vol. 62, No. 2 (1976), S. 65–87.
Robinson, James: The Nag Hammadi Library, San Francisco 1978

Sadek, Ashraf & Bernadette: Un fleuve d'eau vive, Cairo 2011
Samir, Khalil & Koller, Michaela: Muslime und Christen, Augsburg 2011
Schaubers, Vera & Schindler, Hanns Michael: Bildlexikon der Heiligen, München 1999
Schroedel, Joachim: Umbruch in schwieriger Zeit, in: Herder Korrespondenz 5/2008, S. 264–269
Ders.: Tausende haben das Licht gesehen, in: Vatican-Magazin 2/2010, S. 28–29
Shenouda III.: Die Natur Christi, Cairo 1992
Ders.: Die Gottheit Christi, Cairo 1995
Ders.: Der Augenzeuge Gottes, Abba Markus der Apostel, Evangelist und Märtyrer, Kröffelbach 2010
Siliotti, Alberto: Koptisches Ägypten, Cairo 2007

St. Mena Orthodox Monastery (Hrsg.): The Great Saint Mena the Miraculous, Maryut 2003
Dies: Wonders of St. Mena in Maryut, Maryut 2009
Strzygowski, Josef: Koptische Kunst, Wien 1904
Swanson, Mark: The Coptic Papacy in Islamic Egypt 641-1517 (The Popes of Egypt, Vol. 2), Cairo 2010

Thiede, Carsten Peter & d'Ancona, Matthew: Der Jesus-Papyrus, München 1996
Ders.: Ein Fisch für den römischen Kaiser, München 1998

Watson, John G.; Among the Copts, Brighton 2002

Ye'or, Bat: Der Niedergang des orientalischen Christentums unter dem Islam, Gräfelfing 2005
Yostos, Bishop: The Garden of Abba Anthony, Monastery of St. Anthony 2008
Ders.: Saint Antony, His Life and Sayings, Monastery of St. Anthony 2010

Zaloscer, Hilde: Porträts aus dem Wüstensand, Wien 1961
Zibawi, Mahmoud: Koptische Kunst, Regensburg 2004

Dank

Mein Dank gilt allen, die mich zu diesem Buch inspiriert und direkt oder indirekt zu seiner Entstehung beigetragen haben:
An erster Stelle natürlich Seiner Eminenz, Metropolit *Anba* Bishoy, der uns im Koptisch-Orthodoxen Patriarchat in Kairo empfing, und Seiner Eminenz, *Anba* Damian, Generalbischof der Koptisch-Orthodoxen Kirche in Deutschland, für seinen Rat, seine Inspiration, seine Gastfreundschaft und das schöne Vorwort sowie Seiner Eminenz *Anba* Jeremia, Leiter des Coptic Orthodox Cultural Centers in Kairo.
Weiter danke ich von Herzen Yuliya, die mich auf meinen letzten drei Reisen in das Land der Pharaonen und Kopten begleitete, und Fado Manhary, der uns zur Seite stand, sowie seiner ganzen Familie, die uns in Asyut so gastfreundlich aufnahm, Dr. Suzanne und Dr. Akram Hafez, die uns im Patriarchat der koptisch-orthodoxen Kirche in Kairo einführten, und ihren Kindern Marina und Bishoy, Monsignore Joachim Schroedel, Pfarrer der deutschsprachigen Katholiken in Ägypten und im Nahen Osten, für sein Zeugnis, Frau Madeleine und Alexandra Moussa für ihre sorgfältigen Korrekturen, Prof. Wolfgang Boochs und seiner Frau Radmila für ihre Gastfreundschaft und Herzlichkeit, der koptisch-orthodoxen Mariengemeinde in Düsseldorf und ihrem Priester Abuna Boulos Naim Shehata, Dr. Shenuda Seti u.v.a.m., den koptischen Mönchen Abuna Ruwais (St. Antonius), Abuna Philoxenos (al-Muharraq), Abuna Mercurius (St. Makarios) und Abuna Shenuda (St. Bishoy), den griechisch-orthodoxen Mönchen P. Demetrios (St. Gerasimos) und P. Gregorios (St. Katharina), den koptischen Priestern Abuna Antonios/Zagazig, Abuna Abanoub Louis/Sammanud, Abuna Zadik/Zeitoun, Abuna Dawoud/Warraq, Abuna Nehemia/Gabal al-Tayr, Abuna Suleiman, Abuna Mikhail/Ishnin al-Nassara und Abuna Shenuda/Dair el-Garnus; den Diakonen George/Musturud und Halim Mikhail/Sakha, Herrn Benjamin Raouf und der koptisch-orthodoxen Nonne Sr. Martyra (Durunka) sowie Frau Roswitha Eberwein/Göttingen, Paul Badde und Guido Horst vom *Vatican-Magazin* in Rom, Dr. Markus Reder von der *Tagespost* in Würzburg, Roland Noé von *kath.net*, Eli al-Wachsh von der *Coptic Association of Europe*, Abanob Monier, Abdul aus Nuweiba, Prof. Dr. Heinz-Josef Fabry/Universität Bonn, Ingo Espenschied, Sebastian Elsässer,

Dr. Girgis Saleh/Coptic Orthodox Cultural Center, Dr. Mahmud Umar/Universität Zagazig, Prof. Fouad Ibrahim/Universität Bayreuth, Kain/Maryut, Prof. John und Dr. Rebecca Jackson/Colorado Springs, Raafat Al-Saadani/Mediterranean Suites, Alexandria, meinem koptischen Apotheker, Herrn H. Gouda u.v.a.m.
Ein herzliches Vergelt's Gott an Peter Esser aus Düsseldorf, der ein 1500 Jahre altes Motiv in eine so schöne Vignette für dieses Buch verwandelte.
Ganz besonders danke ich meiner Verlegerin, Frau Brigitte Fleissner-Mikorey, für ihre Bereitschaft, dieses Buchprojekt zu verwirklichen, meiner Lektorin Dagmar von Keller für ihre Geduld, als es dann doch länger dauerte, Frau Anja Volkmer für die exzellente Pressearbeit und allen anderen Mitarbeitern des Herbig-Verlages für die gute Zusammenarbeit.
Möge dieses Buch dazu beitragen, Brücken zu bauen und uns nie vergessen zu lassen, dass es auch heute noch Märtyrer und Verfolgte um ihres Glaubens willen gibt. Sie haben unseren Respekt und unsere Solidarität verdient.

Wissenschaftler auf den Spuren der Auferstehung

Stammt das Turiner Grabtuch doch aus der Zeit Christi? Eine Reliquie, die nachweislich seit dem 8. Jahrhundert im spanischen Oviedo als Schweiß- oder Bluttuch Jesu verehrt wird, scheint alle Zweifel aus der Welt zu räumen. Wissenschaftler stellten bei ihr erstaunliche Übereinstimmungen mit dem Turiner Grabtuch fest und konnten damit sogar den Tod des Gekreuzigten und die Grablegung rekonstruieren.

Mit kriminalistischem Spürsinn trägt Michael Hesemann alle Ergebnisse zusammen. Sie lassen nur eine Schlussfolgerung zu: Beide Tücher umhüllten den toten Körper desselben Mannes – und dieser Mann muss Jesus Christus gewesen sein. Selbst sein Antlitz konnte wissenschaftlich rekonstruiert werden. Stumme Zeugen der Passion beginnen jetzt zu reden.

Michael Hesemann
Das Bluttuch Christi